Basil Schader

Sprachenvielfalt als Chance

Das Handbuch

Hintergründe und 101 praktische Vorschläge für den
Unterricht in mehrsprachigen Klassen

1. Auflage

D1698393

Bestellnummer 24310

Bildungsverlag EINS/Orell Füssli Verlag AG

Haben Sie Anregungen oder Kritikpunkte zu diesem Buch?
Dann senden Sie eine E-Mail an **BV24310@bv-1.de**.
Autor und Verlag freuen sich auf Ihre Rückmeldung.

www.bildungsverlag1.de

Gehlen, Kieser und Stam sind unter dem Dach des Bildungsverlages EINS
zusammengeführt.

Bildungsverlag EINS
Sieglarer Straße 2, 53842 Troisdorf

ISBN 3-427-**24310**-9

Die Originalausgabe erschien 2000 im Orell Füssli Verlag, Zürich ISBN 3-280-02719-5

INHALT

Spiele mit Sprachen

Über das Lernen von und Probleme mit Sprache nachdenken

Die Sprachen der anderen kennen lernen

Schwerpunkt Sprachbetrachtung und Grammatik

Verschiedene Kulturen kennen lernen

Interkulturelle Aspekte in fächerübergreifenden Themen und in verschiedenen Unterrichtsbereichen: Beispiele

VORWORT

Für die einen ist sie kreative Herausforderung, Bereicherung und pädagogische Verpflichtung. Andere tun einfach so, als gäbe es sie nicht, als wäre alles beim Alten. Nochmals andere sind verärgert und nehmen sie, ganz im biblischen Sinne, als babylonisches Wirrwarr und Strafe wahr.

Die Rede ist von Sprachenvielfalt bzw. Mehrsprachigkeit und von den unterschiedlichen Haltungen, die Lehrpersonen ihr gegenüber einnehmen. Wie immer die Einstellung der einzelnen Lehrerinnen und Lehrer sei – gefordert sind sie alle. Ihnen allen ist denn auch dieses Buch gewidmet. Sprachenvielfalt ist Realität in unserer Gesellschaft, in unserem Schulalltag. Rund ein Fünftel aller Schülerinnen unnd Schüler haben laut Statistik eine andere Erstsprache als Deutsch. Dabei sind all jene nicht erfasst, die von zu Hause her neben Deutsch eine zweite Sprache sprechen oder kennen, und natürlich erst recht nicht jene, die noch einen anderen als den ortsüblichen Dialekt sprechen – und damit ein Stück unserer sprachlichen Binnenvielfalt ins Schulzimmer bringen.

Mehrsprachige Klassen sind heute die Norm. Nicht die Norm ist, Schule und Unterricht auf diese unbestrittene Realität zu beziehen. Daran ändert vorerst auch die oben zuerst genannte Gruppe nichts, wodurch deren Verdienste und Pionierarbeiten freilich nicht kleiner werden.

Ob ein Buch hier etwas ändern und auslösen kann, wird sich zeigen. Der Versuch sei immerhin gewagt. Und zwar mit einem tendenziösen Buch. Sprachenvielfalt ist eine Chance, lautet seine Botschaft. Nutzen wir sie! Fixieren wir uns nicht auf die Probleme deutschschwacher Kinder, sondern wenden wir uns der zweiten Dimension zu, die für die mehrsprachige Klasse charakteristisch ist: den Ressourcen, den neuen Möglichkeiten, den vielfältigen Anlässen für zukunftsweisendes Miteinander- und Voneinanderlernen.

Was uns und unsere Klassen dabei erwartet, ist spannend. 101 konkrete Unterrichtsvorschläge im zweiten Teil des Buches illustrieren es praktisch; zusammenfassen lässt es sich so: Eine Fülle von entdeckenden, handlungs- und kommunikationsorientierten Lernanlässen. Viele schülerinnen- und schülerorientierte Projekte, die Interesse, Neugier, Kooperation und Wissen über die Grenzen der Sprachen und Kulturen hinweg fördern. Eine breite Palette von Anlässen, um sprachliches Wissen, Bewusstsein und Können zu entwickeln – gerade auch durch den Blick „von außen", zu dem uns der Vergleich mit den nicht deutschen Sprachen verhilft, und unter selbstverständlicher Einbeziehung der schulischen Fremdsprachen. Dazu kommt, speziell hinsichtlich der Kinder und Jugendlichen mit nicht deutscher Erstsprache, ein Ernstnehmen von deren bikultureller und bilingualer Identität und eine Wertschätzung ihrer Sonderkompetenzen.

Von einem Tag auf den anderen erschliessen sich alle diese Möglichkeiten nicht. Das Umdenken braucht Zeit. Das Gefühl für Nahtstellen, Möglichkeiten und Grenzen einer interkulturellen Perspektive muss sich entwickeln können. Und vielleicht müssen auch Ängste, Blockaden und Unsicherheiten abgebaut werden. Blockaden der Schülerinnen und Schüler, aber auch Unsicherheiten der Lehrpersonen, wenn die Rollen von Lehrenden und Lernenden manchmal vertauscht werden oder wenn im Umgang mit Texten aus anderen als der deutschen Sprache plötzlich nicht mehr alles einseh- und korrigierbar ist. Kleine Schritte sind hier besser als große Sprünge, die beide Seiten überfordern können.

Bei diesen Schritten will das Buch die Lehrerinnen und Lehrer – vom Kindergarten bis zum 10. Schuljahr – unterstützen. Dazu gehören zunächst einmal Hintergrundüberlegungen, Begründungen, Informationen und Hinweise. Sie sind Gegenstand des ersten, stärker theoretisch orientierten Teils. Neben dem Schwerpunkt „interkulturelle Öffnung des Unterrichts" umfasst dieser auch zwei Kapitel zur individuellen sprachlichen Förderung und zur sprachfördernden Gestaltung des gesamten Unterrichts. Ohne eigentlich Gegenstand des Buchs zu sein, hängen diese Aspekte mit dem Thema doch so eng zusammen, dass ihnen zumindest je ein „Ausblick" mit Hinweisen und konkreten Beispielen gewidmet ist.

Nicht jede und jeder wird diesen Teil vorab ganz durchlesen wollen. Dem entspricht das Handbuchkonzept, indem die einzelnen Kapitel auch unabhängig voneinander gelesen oder bei Bedarf zu Rate gezogen werden können. Ganz auf den ersten Teil zu verzichten, ist jedoch nicht ratsam; die Arbeit mit dem Praxisteil soll nicht zum unüberlegten Reproduzieren von Rezepten verkommen.

Der zweite Teil ist klar anwendungs- und umsetzungsorientiert. Er hilft, den Bogen von den theoretischen Erkenntnissen und Postulaten in die Praxis des Schulalltags zu schlagen. In 101 konkreten, anschaulich ausgearbeiteten Unterrichtsvorschlägen wird die produktive Nutzung von sprachlicher und kultureller Vielfalt illustriert. Die in neun Bereiche gegliederten Vorschläge reichen vom Kindergarten bis zum 10. Schuljahr; manche sind mit je stufenspezifisch variierten Anforderungen praktisch über die ganze Schulzeit durchführbar. Einige wurden aus der bestehenden Literatur aufgegriffen; der Großteil wurde praktisch erprobt. Umfang- und aufwandmäßig decken sie das ganze Spektrum von der kleinen Spielform bis zum mehrteiligen Projekt ab. Im Anschluss an die mehr sprachbezogenen Unterrichtsvorschläge folgt eine Reihe von Hinweisen und Bausteinen für die interkulturelle Öffnung klassischer Themen wie „Wohnen" oder „Tiere" sowie Hinweise auf die Einbeziehung einer interkulturellen Perspektive in den Fächern Mathematik, Kunst/Gestalten (Zeichnen/Malen, kreatives handwerkliches Gestalten), Sport- und Bewegungsunterricht und Gesang/Musik.

Eine ausführliche Übersicht aller Unterrichtsvorschläge findet sich am Ende des Buches (Seite 405). Sie dient als Suchhilfe und gibt Auskunft über die alters- bzw. schuljahrbezogene Zuordnung und über die Art der Aktivität (kleineres resp. größeres Projekt; besondere Eignung für klassenübergreifende Bearbeitung).

In den Text eingestreut sind viele Verweise auf weiterführende Lektüre oder auf Materialien. Eine ausführliche Bibliografie liefert die genauen Angaben und kennzeichnet die spezifisch unterrichtsbezogenen Titel.

Dank

Die Entstehung des Buches wurde in wertvoller Weise unterstützt von der Direktion und Schulleitung des Primarlehrerinnen- und Primarlehrerseminars Zürich (heute: Pädagogische Hochschule Zürich). Durch eine flexible Pensengestaltung schuf sie zeitliche Freiräume und ermöglichte mir, während gut zwei Monaten Unterrichtsvorhaben selbst zu erproben. Dies geschah in den Klassen von Sibylle Matthijs, Katharina Utzinger und Cornelia Stanger, denen ich für ihre Bereitwilligkeit und Kooperativität ebenfalls herzlich danke.

Viele Überlegungen und Hinweise gehen letztlich auf Impulse, Berichte und Fragen meiner Studentinnen und Studenten wie auch auf Gespräche mit meinen Kolleginnen und Kollegen zurück. Unter den Letzteren danke ich besonders Markus Brandenberg, Bruno Egloff und Jürg Reimann, welche die auf ihre Fächer bezogenen Ausführungen kritisch sichteten.

Mein abschließender und besonderer Dank gilt meiner Frau Erica Bauhofer Schader, deren Nach- und Weiterfragen ebenso wertvoll war wie die umfassende sonstige Unterstützung.

Bildnachweis

Die Aufnahmen in diesem Buch stammen von R. Bernays, C. Stanger, K. Utzinger, E. Bauhofer Schader, von Studierenden des PLS Irchel und vom Autor. Auf eine genaue Zuordnung wurde verzichtet. Alle Fotografinnen und Fotografen wurden während der mehrjährigen Sammlung der Bilder auf ihre Zustimmung zu einem eventuellen Abdruck hin befragt und gaben die entsprechende Abdruckgenehmigung.

Vorwort zur vorliegenden Ausgabe

Das Interesse und die positive Aufnahme, welche die 2000 im Orell Füssli Verlag, Zürich, erschienene Ausgabe von „Sprachenvielfalt als Chance" fanden, ermutigten Verlag und Autor zur einer broschierten Neuausgabe dieses Handbuchs im Bildungsverlag EINS. Sie wurde zugleich zum Anlass einer grundsätzlichen Überarbeitung, in deren Zentrum zwei Schwerpunkte standen:

Zum einen trägt die vorliegende Ausgabe den neuen Informations- und Kommunikationsmedien, insbesondere Internet und E-Mail, verstärkt Rechnung. Dank der erhöhten Präsenz von Computern stehen diese Medien in Schulen immer selbstverständlicher zur Verfügung. Mit ihren verbinden sich gleichsam wesensmäßig eine globale und interkulturelle Perspektive, und damit auch wertvolle Möglichkeiten z. B. im Hinblick auf die Erschließung von Texten aus verschiedenen Sprachen oder auf die Stärkung der erstsprachlichen Kompetenz. Fünf neue Unterrichtsvorschläge und eine Fülle von integrierten Hinweisen zeigen, wie diese Möglichkeiten vermehrt auch im Sinne eines interkulturell geöffneten Unterrichts genutzt werden können. Wichtige Hinweise verdanke ich hier Thomas Merz-Abt.

Als zweites, eher formales Anliegen wurde versucht, das Buch terminologisch so zu überarbeiten, dass es mit den zahlreichen Bildungssystemen im deutschen Sprachraum und ihren unterschiedlichen Bezeichnungen für Fächer, Stufen etc. kompatibel ist. Für ihre Hilfe bei dieser Arbeit danke ich Inge Büchner und Regine Hartung in Hamburg, Elfriede Fleck in Wien und Kerstin Maier vom Bildungsverlag EINS.

Neben den genannten Verbesserungen unterscheidet sich die vorliegende Ausgabe von ihrer gebundenen Vorgängerin durch einen erheblich reduzierten Verkaufspreis. Wir hoffen, dass auch dies dazu beiträgt, noch weitere Kreise in ihrer anspruchsvollen, spannenden Arbeit im mehrsprachigen Umfeld anzuregen und sie bei der Umsetzung dessen zu unterstützen, was Titel und Programm des Buchs ist: Sprachenvielfalt als Chance.

Verwendete Abkürzungen

DaF = Deutsch als Fremdsprache
DaZ = Deutsch als Zweitsprache
UV = Unterrichtsvorschlag bzw. -vorschläge

TEIL 1

Hintergründe

1 Veränderungen, Herausforderungen und Chancen im Umfeld der Schule

1.1 Gesellschaftlicher Wandel, Migration, Multikulturalität

Unsere Gesellschaft hat sich, das ist unübersehbar, in den letzten Jahrzehnten stark verändert. Technisierung, Globalisierung, Mediatisierung, erhöhte Mobilität und Arbeitslosigkeit sind einige der Stichworte, die diesen Prozess charakterisieren. Flexiblere Rollendefinitionen und Familienstrukturen, Veränderungen im Autoritätsgefüge und in der Ausgestaltung der Lebensabschnitte Kindheit und Jugend sind weitere; diese Letzteren betreffen die Schule und die Lehrkräfte in einem noch unmittelbareren Sinne.

Dazu kommt – und hierum geht es in diesem Buch hauptsächlich – die zunehmende kulturelle Heterogenität. Sie ist ein besonders augenfälliges und emotional aufgeladenes Merkmal unserer Gesellschaft. „Zunehmende Heterogenität": Damit soll allerdings nicht suggeriert werden, dass unsere Gesellschaft je in sich homogen war. Soziale, politische und religiöse Differenzen führten in jedem der letzten Jahrhunderte zu massiven Konflikten, und zu mehr als einem ahistorisch-folkloristischen Klischee taugt das Bild eines heilen, in sich geeinten Vaterlandes nicht.

Falsch wäre es auch, die größere kulturelle Heterogenität einseitig auf den Zuzug von Menschen aus anderen Kulturen zurückzuführen. Unsere Gesellschaft ist bereits in sich vielfältig und zunehmend heterogen. Sie setzt sich zusammen aus Angehörigen verschiedenster Teil- und Subkulturen, aus Gruppen, deren gemeinsame Basis zum Teil nur noch dünn ist. Dieser Prozess ist charakteristisch für alle hoch entwickelten Industrienationen. Er unterscheidet sie von traditionaleren, eher agrarisch orientierten Gesellschaften, wo Traditionen, Familienstrukturen und Hierarchien eine viel verbindlichere Gültigkeit besitzen (was sich bei Kindern und Eltern aus den entsprechenden Kulturen oft auch klar beobachten lässt). Die Soziologie erklärt diese gesellschaftliche Binnendiversifizierung nicht zuletzt damit, dass Konzepte wie die Religion oder der Glaube an das Vaterland im säkularisierten und globalisierten Umfeld der postmodernen Industrienation viel von ihrer ehemals sinnstiftenden und einigenden Bedeutung verloren haben. An die Stelle eines grundsätzlichen Konsens hinsichtlich übergreifender Werte und Normen ist ein Pluralismus verschiedenster individueller und gruppenspezifischer Interpretationen getreten. Dieser Pluralismus bezieht sich sehr wohl auch auf die Vorstellungen und Erwartungen gegenüber Erziehung, Schule und Autorität. Viele Lehrpersonen können dies aus eigener, nicht immer angenehmer Anschauung bestätigen.

Parallel zum inneren Wandel unserer Gesellschaft – und teilweise in Wechselwirkung mit ihm – verläuft ihr Umbau oder ihre Öffnung in Richtung einer multikulturellen Gesellschaft. Dieser Prozess ist expressiver (denken wir nur an die ungewohnten Sprachen und Kleider auf unseren Straßen), und er lässt sich auch zahlenmäßig-statistisch klarer dokumentieren. Mag sein, dass er aus diesen Gründen auch präsenter in der öffentlichen und politischen Diskussion ist (z. B. unter dem hässlichen Schlagwort „Ausländerproblematik") und bisweilen für Veränderungen oder Probleme verantwortlich gemacht wird, deren Ursachen eigentlich anderswo liegen.

Bevor wir kurz die Migrationsbewegungen der Nachkriegszeit streifen, wollen wir zumindest daran erinnern, dass Multikulturalisierung und Internationalisierung keineswegs nur demografische Phänomene sind. Schon lange finden sie auch auf anderen, oft wenig bewussten Schauplätzen statt. Der kulinarische Bereich zählt dazu (Tapas, Döner, Baked Potatoes etc.), unser Ferienverhalten, die so genannte Amerikanisierung der Sprache, die Öffnung in Richtung Europa und nicht zuletzt auch jene gut 25 Prozent gemischtnationale Ehen, die unmittelbar zu „bikulturellen Haushalten" führen.

Der demografisch fassbare Prozess der multikulturellen Umgestaltung unserer Gesellschaft lässt sich für die letzten Jahrzehnte vereinfacht durch drei verschiedene Phasen bzw. Typen der Migration charakterisieren (zur Vertiefung vgl. SASSEN 1996). Den Ausgangspunkt bildet der verstärkte Zuzug von Arbeitskräften, die in den konjunkturell starken 60er- und frühen 70er-Jahren in Südeuropa (Italien, Spanien, später auch Ex-Jugoslawien, Portugal, Griechenland und Türkei) angeworben wurden (Arbeitsmigration). Nach einer gewissen Zeit gestand das Gesetz diesen Arbeitsmigrierenden das Recht zu, auch ihre Familien, von denen sie bis dahin getrennt leben mussten, nachreisen zu lassen (Familiennachzug). Der dadurch ausgelöste Migrationsschub stellte von den späten 70er-Jahren an auch die Schulen vor neue Herausforderungen. Eine dritte Phase setzte in den 90er-Jahren ein. Dabei geht es um den verstärkten Zuzug bzw. die Aufnahme von Vertriebenen aus Krisen- und Kriegsgebieten (Balkan, aber auch Somalia und andere afrikanische Staaten, Kurden und Kurdinnen). Im Gegensatz zu den Arbeitsmigrierenden und ihren Familien, die in der Regel über eine Niederlassungsbewilligung verfügen, sind Status und Perspektiven dieser letzten Gruppe (die zahlenmäßig nur einen kleinen Bruchteil der ausländischen Wohnbevölkerung ausmacht) deutlich schlechter. Ihre Orientierung und Integration in unserer Gesellschaft wird erschwert durch die Unfreiwilligkeit ihrer Emigration, durch die oft traumatischen Erlebnisse, die sie zu verarbeiten haben, und durch die Vorläufigkeit ihres Verbleibs. Dazu kommt, als übergreifendes Merkmal der gesamten Migrationsbewegungen der letzten Jahrzehnte, eine zunehmende kulturelle Distanz zwischen den Herkunftsregionen und den Aufnahmeländern. Stammten die ersten Arbeitsmigrierenden noch vorwiegend aus dem kulturell nahen Italien, so setzten sich die späteren Gruppen vermehrt aus Angehörigen von Kulturen zusammen, die zur unsrigen hinsichtlich Sprache, Religion, Normen, Traditionen und Sitten viel prägnantere Unterschiede aufweisen. Um die Verständigung auch hier sicherzustellen, werden beiden Seiten – den schon länger hier ansässigen „Einheimischen" wie den Zugezogenen – viel größere Leistungen abverlangt. Latenter oder manifester Rassismus auf der einen, Abkapselung und Ghettobildung auf der anderen Seite zeugen davon, dass dies nicht immer gelingt.

Betrachten wir die heutige Situation, so stellen die zahlreichen ausländischen oder in den letzten Jahren eingebürgerten Mitbürgerinnen und -bürger eine in sich keineswegs homogene Gruppe dar. Angemessener wäre es, von einem Gemisch von Subgruppen zu sprechen, die sich hinsichtlich ihrer Herkunft, ihrer Aufenthaltsdauer, ihrer Perspektiven, durchaus aber auch hinsichtlich ihres Prestiges unterscheiden. Gemeinsam ist dieser großen Gruppe, neben dem oft fehlenden Pass des Gastlandes und der Aufgabe, im Umfeld unserer Gesellschaft und Kultur eine neue Identität zu finden, eigentlich nur weniges: die meist nicht deutsche Erstsprache, die Übervertretenheit in unqualifizierten Berufsgruppen, eine etwas höhere Geburtenrate und eine stärkere Betroffenheit von der Arbeitslosigkeit. Davon abgesehen aber umfasst dieses beträchtliche Bevölkerungssegment in schöner historischer Gleichzeitigkeit das ganze breite Spektrum von den hoch integrierten Kindern und Enkelkindern der ersten „Fremdarbeiter"-Generation bis hin zu Leuten, die eben erst aus einem Kriegsgebiet fliehen konnten und kein Wort Deutsch sprechen.

1.2   Rückwirkungen auf Schule und Lehrberufe

Gesellschaftliche Änderungen wirken sich zwangsläufig, wenngleich bisweilen verzögert, auch im schulischen Bereich aus. Zum einen und ganz banal, weil die Menschen im Umfeld der Schule – Kinder, Jugendliche, Eltern, Lehrpersonen – selbst Teile dieser Gesellschaft sind, weil sie die Gesellschaft gleichsam im Kleinen spiegeln. Zum andern, und hier geht es um bewusstere Prozesse, weil es zur Aufgabe und Verantwortung der Schule gehört, den Kontakt zur Realität, zur Gesellschaft nicht zu verlieren. Nur so, nur durch eine realitätsbezogene und zukunftsorientierte Vorbereitung der nächsten Generation, kann die Schule ihrem Kernauftrag gerecht werden. Und dieser lautet letztlich: den Fortbestand und die Entwicklung der Gesellschaft durch Vermittlung von Qualifikationen und Haltungen zu stützen.

Für die Lehrerinnen und Lehrer resultieren aus diesem Wandel, der sich manchmal langsamer, manchmal schneller vollzieht, neue Anforderungen, ein sich wandelndes Kompetenzprofil und ein verändertes berufliches Handlungsfeld.

Dies lässt sich für alle oben angeführten Punkte belegen. Besonders augenfällig ist der Zusammenhang natürlich etwa im Falle der Einführung von Informatikunterricht, Frühenglisch oder Medienbildung bzw. -erziehung, die unmittelbare Reaktionen auf die zunehmende Computerisierung, Globalisierung und Mediatisierung darstellen. Nicht auf diese Entwicklungen zu reagieren, hieße letztlich, die kommende Generation ungenügend auf die Zukunft vorzubereiten. Diese Zukunft verlangt zudem innovative, flexible Arbeitskräfte. Im pädagogischen und schulischen Bereich hat dies seinen Niederschlag in einem starken Umbruch der Unterrichtsformen gefunden bzw. in der Entwicklung von Formen, die Eigeninitiative, Selbstständigkeit und kreatives Denken fördern.

Rückwirkungen auf das Anforderungsprofil der Lehrpersonen haben aber auch die weniger direkt wirtschaftsgebundenen Veränderungen und Entwicklungen in unserer Gesellschaft. Die zunehmende Heterogenität der Schülerschaft verlangt eine entwickelte Wahrnehmungsfähigkeit und Kompetenzen im Bereich der individuellen Förderung. Die Heterogenität der Eltern, was die Vorstellungen von Schule und Erziehungszielen betrifft, verlangt Toleranz, Ich-Stärke und Belastbarkeit. Ein gewandeltes Autoritätsverständnis seitens der Kinder und Eltern fordert erhöhte Führungs- und Auftrittskompetenz. Veränderte Familienstrukturen können uns mit Problemen konfrontieren, die viel Einfühlungsvermögen und Aufmerksamkeit fordern. Die Veränderungen im Freizeit- und Medienverhalten verlangen Geduld und Geschick im Umgang mit gestressten, übermüdeten, unkonzentrierten und vielleicht sogar gewaltbereiten Kindern. Abgeschlossen ist die Liste damit noch lange nicht, und mehr als das Augenmerk für jene gewandelten Anforderungen und Kompetenzen schärfen, mit denen sich Lehrpersonen konfrontiert sehen, wollte sie auch nicht. Die mit der Migration verbundenen Aspekte sind dabei noch nicht einmal erwähnt.

Die Rückwirkungen, die die multikulturelle Zusammensetzung unserer Gesellschaft auf die Schule hat, sind augenfälliger und in mancher Hinsicht auch prägnanter erfassbar als die oben genannten. Auf den Schulhöfen spielen Kinder verschiedener Hautfarbe, in den Schulhäusern hört man die verschiedensten Sprachen, und die Schulstatistik belehrt uns, dass der Anteil von Schülerinnen und Schülern mit nicht deutscher Erstsprache rund 20 Prozent beträgt; mit steigender Tendenz und lokalen Spitzen von über 80 Prozent. Die mehrsprachige Klasse ist ebenso wenig eine Ausnahme wie der Betrieb mit ausländischen Arbeitnehmenden. Sie ist der Regelfall, auf den sich Lehrerinnen und Lehrer, natürlich aber auch deren Aus- und Weiterbildung, einstellen müssen. Einen eher zynischen Dispens könnten am ehesten noch Gymnasiallehrkräfte einfordern, landet doch der Großteil der Schülerinnen und Schüler mit Migrationshintergrund immer noch in weiterführenden Schulen, die zu weniger qualifizierten Abschlüssen führen, oder in Sonderklassen. Dass dieser Trend, wie es die Schulstatistik ausweist, sogar noch steigt, ist ein besonders deutlicher Hinweis auf die Schwierigkeiten, die unser Schulsystem – sowohl institutionell wie auch bezogen auf

Lehrqualifikationen – mit der Orientierung an der veränderten Realität hat. Zum gleichen Befund führen die Ergebnisse der PISA-Studien 2000 in Zusammenhang mit der Lesekompetenz von Kindern mit nicht deutscher Erstsprache.

Unterricht in einem Umfeld, wo, neben all den oben aufgeführten Veränderungen, Deutsch für manche Kinder nicht mehr Muttersprache ist und wo das Spektrum der Sozialisationshintergründe weit über die Facetten hiesiger Kultur hinausgeht, stellt hohe Anforderungen an die Lehrerinnen und Lehrer. Interkulturelle Offenheit und Kompetenz, ein Umdenken hinsichtlich der Planung von Inhalten, aber auch spezifische Kompetenzen in sprachlicher Diagnose und Förderung sowie bezüglich einer sprachfördernden Anlage des gesamten Unterrichts zählen dazu.

So anspruchsvoll die Arbeit im gewandelten Berufsfeld ist, so viele neue Möglichkeiten und Chancen bietet sie allerdings auch. Um diese geht es in diesem Buch vorrangig. Was an Problemen anfällt, soll nicht ausgeblendet werden; im Zentrum aber steht der Blick auf einen für alle Beteiligten positiven Umgang mit der veränderten Situation, mit den neuen Potenzialen. Diesem Ziel dienen sowohl die Hintergrundausführungen wie auch die unterrichtspraktischen Ideen im zweiten Teil.

„Einmal anerkannt, kann die heterogene Klassenzusammensetzung zu einer Quelle der Inspiration und des Reichtums werden. Sie fördert ständige Kreativität und die Erarbeitung eines ganzen Spektrums von pädagogischen Aktivitäten, die sich nach den Eigenarten der Kinder richten. Die Ausschöpfung des Reservoirs an Kenntnissen, Fertigkeiten und Erfahrungen, die die verschiedenen Kinder mitbringen, eröffnet neue Möglichkeiten des Lernens und Handelns. Doch ist es nicht immer leicht, die von den neuen Gegebenheiten verlangten neuen Unterrichtsformen im Schulzimmer im Alleingang umzusetzen. Teamarbeit wird zu einer Notwendigkeit" (OHLSEN in PERREGAUX 1996:21).

1.3   Chancen – und warum sie oft nicht wahrgenommen werden

Eine Klasse, wie sie heute fast zum Regelfall geworden ist: Schülerinnen und Schüler aus drei, vier, fünf Ländern oder Kulturen, ähnlich hoch die Zahl der Erstsprachen und Dialekte, und ein Netz an kulturellen und persönlichen Bindungen, das zumindest bei den neuer Zugezogenen oft weit über den Schulort hinausgeht.

Solche Vielfalt konfrontiert die Lehrkräfte mit beträchtlichen Anforderungen. Solche Vielfalt stellt aber auch ein Potenzial dar, das dem Unterricht ganz neue Möglichkeiten und Chancen bietet. Jederzeit ist sprachliches und – sei es auch durch die Eltern vermittelt – kulturelles Wissen aus drei, vier, fünf Sprach- und Kulturgemeinschaften abrufbar, können Vergleiche gezogen werden, kann der Wissenshorizont aller Kinder um authentische, über unseren Kulturkreis hinausgehende Beiträge erweitert werden, können scheinbare Selbstverständlichkeiten aus anderen Perspektiven beleuchtet werden.

Sehr oft liegen diese Ressourcen allerdings brach. Gängiger Unterricht bezieht sich bei der Planung und Gestaltung von Inhalten und bei der Nutzung von Medien in der Regel weitgehend auf den Erfahrungshintergrund und die Perspektiven von monolingual aufwachsenden, in den hiesigen Traditionen verwurzelten Kindern und Lehrpersonen.

Beispiele: Wird eine Unterrichtsreihe „Waldtiere" geplant, sind damit meist selbstverständlich die bei uns lebenden Waldtiere gemeint. Bei Themen wie „Berufe" oder „Bauernhof" geht es in aller Regel um Berufe, die hier praktiziert werden, oder um Bauernhöfe, wie wir sie von unserem Land her kennen. Sollen Gedichte zum Thema Frühling behandelt oder verfasst werden, geschieht dies meist ausschliesslich mit deutschen Texten resp. auf Deutsch – obwohl z. B. im Internet auch Material in anderen Sprachen verfügbar wäre.

Eine weitere Kategorie – um nicht zu sagen: Dimension – von Themen findet sich im traditionellen Kanon schon gar nicht. Gemeint ist die ganze Palette jener Inhalte, die überhaupt erst mit und dank den Kindern und Jugendlichen mit nicht deutscher Erstsprache möglich werden: Sprachen sammeln und vergleichen, Beizug authentischer Informantinnen und Informanten zu Themen wie Kindsein, Wohnen, Essen usw. in verschiedenen Kulturen; Vergleich von Sprichwörtern, Kinderbüchern, Fernsehsendungen aus verschiedenen Sprachen und vieles mehr.

Kompensatorische Anlässe, wie sie bisweilen durchgeführt werden („Heute singen wir einmal ein Lied aus Merimans Heimat" oder „Heute erklärt uns Maria, wie man in Italien Pizza macht") haben mit selbstverständlicher Einbeziehung wenig zu tun. In ihrer Isoliertheit laufen sie eher Gefahr, die betreffenden Kinder auf einer folkloristischen Identität zu behaften, die mit der Realität der Migrationskultur wenig zu tun hat.

Verantwortlich für die Vernachlässigung des sprachlichen und kulturellen Potenzials ist gewiss nicht böswilliger «Ethno- oder Linguozentrismus». Wenn wir ihre Ursachen durchleuchten, stoßen wir vielmehr auf ein ganzes Bündel verschiedener Faktoren.

■ Die monokulturelle, nationalstaatliche Tradition unseres Bildungswesens. Sie bildet den Hintergrund dafür, dass Migrantenkinder immer noch oft in erster Linie „als Kinder, die Probleme haben oder solche machen", angesehen werden, sofern man sie nicht gar zu Sündenböcken macht, die für „systemimmanente Widersprüche, Belastungen und Schwierigkeiten stellvertretend verantwortlich gemacht werden", wie KLAUSER (1992:94, 97) ausführt. Zu diesen systemimmanenten Problemen zählen so traditionsreiche Merkmale unseres Bildungswesens wie die Jahrgangsklasse; die relativ späte Einschulung, die (etwa gegenüber dem Balkan) frühe Selektion in unterschiedlich qualifizierte weiterführende Schultypen; die häufige Auslagerung von Förderangeboten, die meist marginale Stellung des herkunftssprachlichen Unterrichts sowie manche Modalitäten der Selektion (einer Selektion, welche die speziellen Fähigkeiten der Schülerinnen und Schüler mit Migrationshintergrund, z. B. Beherrschung einer oder mehrerer zusätzlicher Sprachen, ohnehin schon gar nicht registriert, geschweige denn honoriert). Dazu kommt – auf einer ganz anderen Ebene – das traditionelle «Einzelkämpfertum» mancher Lehrkräfte. Im veränderten Umfeld führen diese Punkte fast zwangsläufig zu Problemen – und zwar zu solchen, deren Überwindung nicht mehr Sache der einzelnen Lehrperson sein kann, sondern die auf übergeordneter Ebene (Schulhausteam, Gemeinde, größere politische Einheiten) gelöst werden müssen.

■ Die monokulturelle Tradition und Ausrichtung der Fachdidaktiken und ihrer Vermittlung in der Aus- und Weiterbildung. Die Diskussion um eine Neuorientierung der Fachdidaktiken an der multikulturellen Realität steckt in den Anfängen (vgl. REICH 1993). Noch schwächer – und oft stark personenabhängig – ist die Umsetzung in der Aus- und Fortbildung (vgl. die Befunde von POGLIA 1995, LEHMANN 1996, ALLEMANN-GHIONDA 1998). Daran ändern auch die entsprechenden Richtlinien und Empfehlungen wenig, wie sie mancherorts bestehen. Immer noch fühlen sich viele Junglehrerinnen und -lehrer ungenügend auf die mehrsprachige Schulrealität vorbereitet. Die Folge ist, dass sie nicht selten mit Überforderung reagieren, auf so genannt „Bewährtes" zurückgreifen und damit wenig dazu beitragen, den «monolingualen Habitus der multilingualen Schule» (GOGOLIN 1994b) zu durchbrechen.

■ Die Zusammensetzung des Lehrkörpers. Lehrerinnen und Lehrer im Staatsdienst sind fast immer monolingual deutschsprachig aufgewachsen, sie stammen zu einem großen Teil aus der hiesigen Mittelschicht und bewegen sich oft seit ihrer Gymnasialzeit vorwiegend unter ihresgleichen. In allen diesen drei Sozialisationsfaktoren unterscheiden sie sich konträr von den rund 20 Prozent Schülerinnen und Schülern mit Migrationshintergrund in heutigen Schulklassen. Die markanten Unterschiede brauchen natürlich kein Hindernis für interkulturelles Bewusstsein, Verständnis und Empathie gegenüber Kindern mit einem völlig anderen kulturellen Hintergrund zu sein. Eine Selbstverständlichkeit ist dieses Verständnis aber ebenfalls nicht, vielmehr muss es sich auf dem Hintergrund bewusster, differenzierter Auseinandersetzung entwickeln. Der intensivierte Dialog und die verstärkte Zusammenarbeit mit den Lehrkräften des herkunftssprachlichen Unterrichts (in der Schweiz: Kurse für Heimatliche Sprache und Kultur, HSK) können hier einen wichtigen Beitrag leisten.

■ Die immer noch geringe Anzahl praxistauglicher Modelle, Hilfsmittel und Unterrichtsvorschläge, die den Bogen von den theoretischen Postulaten der Interkulturellen Pädagogik zur konkreten Schulpraxis schlagen. Auch engagierte und interessierte Lehrkräfte stoßen an ihre Grenzen, wenn sie die ganze Umsetzung selber erbringen müssen. Wünschbar sind vermehrt konkrete Materialien und Modelle, die Anregungen und damit eine spürbare Entlastung bei der Unterrichtsvorbereitung bieten können. Dies gilt besonders für die oberen Klassen, während das Angebot für die ersten vier bis sechs Schuljahre etwas breiter ist. – Einen Überblick der bestehenden Praxismaterialien bietet die Bibliografie; die entsprechenden Titel sind speziell markiert.

■ Die Lehrmittel, die die multikulturelle Realität unserer Gesellschaft oft ungenügend aufgreifen und spiegeln. Dies zeigt sich schon bei einer oberflächlichen Durchsicht der Namen, die die Kinder und Erwachsenen in vielen Schulbüchern tragen, und es setzt sich meist folgerichtig bei der Ausgestaltung der Themen wie auch bei den (fehlenden) Hinweisen in den Kommentarbänden fort. Der Mangel an Anknüpfungsstellen zum Erfahrungshintergrund von Kindern mit Migrationshintergrund und an entsprechenden Hinweisen in den Kommentaren ist bedauerlich – zum einen, weil Lehrmittel gerade in ihrer Alltäglichkeit ein wichtiges Medium sind, in dem Realität auf selbstverständliche Weise aufgegriffen werden sollte, zum andern, weil den Lehrpersonen hier viele Anregungen zu unspektakulären, in selbstverständlicher Weise integrierbaren Anlässen interkulturellen Lernens geboten werden könnten.

Diese Reihe von Ursachen erklärt, dass das Bildungswesen auch im längst multikulturell veränderten Umfeld oft noch an seiner monokulturellen Orientierung und Tradition festhält (vgl. hierzu auch die Thesen von KRUMM 1992). Bevor wir uns den Folgen dieses Festhaltens zuwenden, wollen wir immerhin darauf hinweisen, dass sich auf allen oben angesprochenen Ebenen sehr wohl auch Änderungen und Entwicklungen abzeichnen. Zu denken ist etwa an die Integration interkultureller Aspekte in manchen Rahmeninstrumenten (Lehrpläne, Richtlinien, Sprachenportfolios, Gesamtsprachenkonzepte) und in der Ausbildung, an die Entwicklung innovativer Modelle (Beispiele bei HÄUSLER 1999), an die Schaffung einiger Unterrichtsmaterialien und Lehrmittel, die der mehrsprachigen Situation Rechnung tragen (vgl. z. B. das Regelklassenlehrmittel „Sprachfenster" von ISLER/BÜCHEL (2000) für die Elementarstufe) und – vor allem – an die Bemühungen einzelner Lehrkräfte und ganzer Kollegien im ganzen Land.
Es ist zu wünschen, dass dieser Prozess der „geistigen Ummöblierung der Schule" (STRÄULI 1995) bald und breit Fuß fasst. Wo er ausbleibt – wo die Schule sich gegen eine Ausrichtung auf gesellschaftliche Realitäten sträubt, die die Lebenswelt der kommenden Generation noch vermehrt prägen werden –, haben bei weitem nicht nur die Schülerinnen und Schüler mit nicht deutschen Erstsprachen die Folgen zu tragen.

1.4   Folgen

Aus verschiedenen Gründen, so sahen wir, werden die sprachlichen und kulturellen Ressourcen von Kindern aus kulturellen Minderheiten oft ungenügend aktiviert. Und noch viel seltener gehört ihre Einbeziehung zu den Selbstverständlichkeiten des Unterrichts. Statt positiv als Potenzial genutzt zu werden, wird dieses Mehrwissen oft eher ignoriert.

In der Wahrnehmung der betreffenden Kinder kann es leicht negativ zu etwas werden, das offenbar nicht interessiert, das nicht in die Schule gehört, das besser versteckt wird. Das folgende Zitat belegt dies anschaulich:

> **„Dass ich Italienerin bin, habe ich nicht gerne gezeigt. Man hat es auch kaum gemerkt. Nur wenn meine Mutter in die Schule kam – da habe ich mich immer ein bisschen geschämt."**

Hinter Aussagen dieser Art (vgl. ähnliche bei HÜSLER-VOGT 1987:15ff) wird ein enormer Anpassungsdruck spürbar. Das betreffende Kind – inzwischen eine junge Erwachsene – hat die Botschaft klar verstanden. Sie lautet: Die „ausländische" Seite deiner Identität ist bei uns nicht gefragt; akzeptiert bist du bei uns, wenn du dich möglichst assimiliert zeigst.

Natürlich spricht dies niemand derart grob aus. Wenn bikulturelle Identität und Sonderkompetenzen der Kinder und Jugendlichen mit Migrationshintergrund aus der Schule ausgeklammert werden, erfolgt dies indirekter und meist unbewusst. Fassbar wird der kaum reflektierte Anpassungsdruck etwa in der folgenden charakteristischen Aussage:

> **„Ich habe zwar sieben ausländische Kinder in der Klasse, aber die machen überhaupt keine Probleme."**

Die Präsenz von Kindern aus migrierten Familien wird hier primär als potenzielles Problem erlebt, als mögliche Gefährdung des reibungslosen Unterrichtsverlaufs. Selbstverständlich sind die Befürchtungen der Lehrperson, die hinter solchen Aussagen stehen, ernst zu nehmen. Dies gilt vor allem dort, wo es letztlich um Gefühle der Überforderung wegen ungenügender Ausbildung geht, was besonders für den Bereich der sprachlichen Förderung oft zutrifft.

Klar ist aber auch, dass das Hintergrundkonzept „Fremdsprachige Kinder = potenzielle Belastung bzw. Gefährdung meines Unterrichts" nicht nur nichts zur Bewältigung der neuen Realität beiträgt, sondern die Arbeit und Orientierung im veränderten Umfeld zusätzlich erschwert. Machen wir die Gegenprobe! Wenn wir den Fokus von

„Ausländisches Kind = potenzielles Problem" zu „Schülerin bzw. Schüler mit nicht deutscher Erstsprache = potenzielle Chance" wechseln, verändert sich die Perspektive der obigen Aussage (und der mit ihr verbundenen Einstellungen und Botschaften) markant:

> **„Ich habe sieben Kinder mit nicht deutscher Erstsprache in der Klasse: Das eröffnet mir eine Menge Möglichkeiten – und fordert mich natürlich auch heraus."**

Wenn wir die Folgen der – meist unbewussten und unreflektierten – Beschränkung auf den Erfahrungshintergrund monolingual deutschsprachig aufwachsender Kinder zusammenfassend betrachten, stoßen wir auf zwei grundsätzliche Ebenen.

- Zum einen wird dadurch eine für alle Kinder – solche mit deutscher wie auch mit anderer Erstsprache – wichtige Chance für authentisches, zukunftsweisendes Mit- und Voneinanderlernen verpasst. Multikulturalität und Vielsprachigkeit, prägende Charakteristika bereits der heutigen Gesellschaft, werden in noch viel stärkerem Maße die Zukunft und die gesellschaftliche Realität der kommenden Generation prägen (Öffnung gegenüber Europa, erhöhte Mobilität, zunehmende Migrationsbewegungen). Die Forderung, Pädagogik und Unterricht interkulturell zu öffnen, stellt keinen Luxus dar. Dies gilt auch für Klassen, in denen die Erstsprache aller Schülerinnen und Schüler Deutsch ist. Sie bedeutet nicht mehr als die (leicht verspätete) Reaktion und Ausrichtung der Schule auf diese gesellschaftliche Realität. Sie bedeutet ein Ernstnehmen der Aufgabe, Schülerinnen und Schüler auf Koexistenz und Kooperation in der Gesellschaft vorzubereiten – in einer Gesellschaft, die sich zunehmend aus Menschen verschiedener Kulturen und Sprachen zusammensetzt. Als getreues Abbild dieser Gesellschaft ist die multikulturelle Schulklasse der Ort schlechthin, wo Basiskompetenzen wie Toleranz, Solidarität, Offenheit und Interesse gegenüber anderen gelernt, geübt und gelebt werden können. – Nicht nur können, sondern müssen, denn „Interkulturelles Lernen ist keine Ob-Frage, sondern eine Was- und Wie-Frage" (MOSER 1997:3), wenn die Schule ihrem Auftrag gerecht werden will.
- Der zweite Punkt betrifft vorrangig die Schülerinnen und Schüler mit nicht deutscher Erstsprache. Mit Hinblick auf sie bedeutet ein einseitig auf die Gegebenheiten und Erfahrungen unseres Landes ausgerichteter Unterricht nicht nur das Verpassen von interessanten Lernanlässen und von Beiträgen, die sie aus ihrem Erfahrungshintergrund hätten liefern können. Muttersprache und kulturelle Wurzeln sind mehr als blosses Sachwissen, wie es manche Kinder z. B. über Dinosaurier oder Briefmarken haben. Sie sind Teil der Persönlichkeit und Identität. Einer Iden-

tität, die im Falle der Migrantenkinder selbstverständlich nicht mehr „rein" mono-kulturell (türkisch, albanisch …) ist, sondern bikulturell verankert in Sprache und Tradition sowohl der Herkunftskultur als auch in der des Aufnahmelandes. Die ei-ne Hälfte dieser Identität – nennen wir sie vereinfacht die Herkunftsidentität – aus der Schule auszuklammern, geht nicht an; erst recht nicht, wenn wir uns der Be-deutung der Schule für Biografie und Sozialisation bewusst sind. Genau dieser Ge-fahr aber unterliegt ein Unterricht, der unreflektiert die monokulturelle Tradition unserer Schule fortschreibt und keinen echten Raum für den Wissens- und Erfah-rungshorizont von Kindern mit Migrationshintergrund lässt. Wie die Botschaft lau-tet, die er diesen durch seine Gleichgültigkeit übermittelt, sahen wir oben. Nochmals überspitzt können wir sie auch folgendermaßen zusammenfassen: „Als Angehörige der …ischen Migrantenkultur interessierst du mich nicht; gefragt bist du hier einzig als Deutsch sprechendes Mitglied meiner deutschen/österreichi-schen/Schweizer Klasse." Die Anpassungs- und Verdrängungsleistungen, die da-mit gefordert werden, vertragen sich nicht mit der Aufgabe der Volksschule, das Kind umfassend, in der Gesamtheit seiner Persönlichkeit zu fördern. Und auch nicht mit dem Anliegen, Kulturkonflikte abzubauen und den Integrations- und Orientierungsproblemen ausländischer Kinder und Jugendlicher entgegenzuwir-ken – Probleme, deren Akutheit in oft schlechteren Schulkarrieren und erhöhter Arbeitslosigkeit überdeutlich wird.

2 Schülerinnen und Schüler mit nicht deutscher Erstsprache und ihre „Besonderheiten"

2.1 Kulturelle, bikulturelle, bilinguale Identität

Wo es um die Auseinandersetzung mit mehrsprachigen Klassen geht, rücken immer wieder Begriffe wie „Kultur", „kulturelle Identität", „bikulturelle bzw. bikulturell-bilinguale Identität" ins Zentrum der Betrachtung. Alle diese Begriffe sind schwierig zu fassen und auch wissenschaftlich nicht eindeutig definiert. Ein kurzer Zwischenhalt zur Klärung scheint sinnvoll. Zur Vertiefung sei auf die ausgezeichneten Ausführungen von AUERNHEIMER hingewiesen (1995:84ff).

Kulturelle Identität

Damit meinen wir hier die aktive Teilhabe an jenem übergreifenden System von Wertvorstellungen, Verhaltensweisen, Sitten, Traditionen, Deutungsmustern, das einer Gesellschaft gemeinsam ist, das ihre Kultur ausmacht (vgl. NIEKE 1992, ALLE-MANN-GHIONDA 1999a:22ff). Dieses System ist nicht statisch, sondern in ständiger Entwicklung. Im Falle überschaubarer, vorindustrieller Gesellschaften regelte es weitgehend alle Lebensbereiche sämtlicher Angehöriger. Für die hoch entwickelten, pluralistischen Industrienationen der Gegenwart gleicht es eher einem Fundament, auf dem einzelne Subgruppierungen einzelne Bereiche in heterogener Weise ausgestalten (und so z. B. zu einer kulturellen Identität als Punker, als Fundamentalist usw. kommen; s. Kapitel 1.1). Die „älteren" Standards wirken beispielsweise in ländlichen Gegenden Ex-Jugoslawiens oder der Türkei noch nach; sie äußern sich u. a. in einer viel größeren Verbindlichkeit von Traditionen, festgeschriebenen Rollen und einer deutlich höheren Verfügungsgewalt des Sippen- oder Familienoberhaupts über seine Angehörigen. Dass das Zusammentreffen von Vertreterinnen und Vertretern der „älteren" mit solchen der „moderneren" Standards zu Kommunikationsproblemen oder gar Konflikten führen kann, leuchtet ein – zumal es zum Wesen kultureller Identität gehört, dass jede Gruppe ihre Standards verinnerlicht hat bzw. sie als Selbstverständlichkeiten erlebt – als etwas, worüber man eigentlich gar nicht zu sprechen braucht.

Bikulturelle Identität

Bikulturelle Identität, wie sie für die fremdsprachigen Kinder charakteristisch ist, meint die Teilhabe an zwei Kulturen. Sie darf selbstverständlich nicht zur Vorstellung einer Identität führen, die in zwei Hälften zerfällt. Korrekter ist das Konzept einer

Mischidentität – auch wenn der Begriff etwas unschön klingt, indem er so etwas wie „reine Identität" suggeriert. Bikulturelle Identität entwickelt sich im Verlauf der familiären, außerschulischen und schulischen Sozialisation und ist spezifisch für die Situation und Kultur von Menschen in der Migration. Elemente aus der Kultur des Herkunfts- und des Gastlandes gehen in ihr eine Verbindung ein, deren Art, Ausmaß und Verhältnis von verschiedenen Faktoren abhängt. Dazu zählen der Grund, die Motivation und die Perspektiven des Aufenthalts im Gastland, die Dauer des Aufenthalts (1., 2., 3. Generation), die Sozialschicht, das Bildungsniveau sowie die Nähe oder Distanz der Herkunftskultur zur unsrigen (man könnte auch von der «Kompatibilität» oder dem Ausmaß an Gemeinsamkeiten der beiden Kulturen sprechen). Der bikulturelle Mensch, so GROSJEAN (1996:183) „ist weder die Summe der zwei zur Diskussion stehenden Kulturen, noch das Sammelbecken zweier unterschiedlicher Kulturen, sondern eine Entität, welche die Aspekte und Züge dieser beiden Kulturen auf neuartige und individuelle Weise kombiniert und verschmilzt".

Die Verbindung von Elementen der Herkunftskultur mit jener des Gastlands betrifft nicht alle Lebensbereiche gleichmäßig. Die Herkunftssprache bleibt bei Migrantenfamilien im Gastland beispielsweise oft über drei Generationen erhalten, noch stärker gilt dies für die Religion. Koch- und Essgewohnheiten, die ebenfalls zum häuslichen Bereich zählen, werden in den Grundzügen wohl auch mindestens in der ersten Generation beibehalten, allerdings in Abhängigkeit von der beruflichen Auslastung der Frau und beeinflusst durch „internationale" Trends (z. B. schnell zubereitete Tiefkühlkost). Zum „inneren" Bereich zählen auch Familien- bzw. Verwandtschaftsbezogenheit und die Rollenverteilung resp. die Machtpositionen innerhalb der Familie. Gerade im letzten Bereich können sich an der Konfrontation mit unseren Normen Konflikte entzünden, wenn sich etwa Kinder oder berufstätige Frauen gegen die traditionellen Autoritätsansprüche des Vaters auflehnen. Mode und Freizeitbeschäftigungen, die mehr den öffentlichen, außerhäuslichen Bereich betreffen und damit für die Integration exponierter sind, werden schneller den hiesigen Normen angepasst, sofern nicht religiöse oder sonst besonders strenge Standards einer Kultur das Festhalten z. B. an Kleidervorschriften verlangen. Vertieftes Sachwissen zum Herkunftsland, seiner Geschichte und seinen Bräuchen wie auch zur Herkunftsreligion fehlt oft schon in der zweiten Generation, kann aber mittelbar – über Eltern, Verwandte oder im Internet – noch abgerufen werden.

Auch wo sie stark von ihrer Herkunftskultur geprägt sind, unterscheiden sich die Menschen in der Migration mit ihrem veränderten Erfahrungshorizont bald deutlich von ihren Landsleuten im Herkunftsland. Der Preis der bikulturellen Identität, des Lebens in und zwischen zwei Kulturen, kann die schmerzliche Erfahrung sein, dass man plötzlich nicht nur im Gastland als Ausländer bzw. Ausländerin angesehen wird, sondern auch zu Hause nicht mehr ganz daheim ist.

Die pädagogische Aufgabe: Integration, nicht Rollenfixierung

Dass Kinder mit Migrationshintergrund (die ihr Herkunftsland ja zum Teil nur von Ferienaufenthalten kennen) im Unterricht nicht auf einer klischierten Rolle als Türkin, Albaner oder Portugiesin – bzw. als General-Expertinnen oder -experten für die entsprechenden Kulturen – festgenagelt werden dürfen, leuchtet unmittelbar ein. Dies würde eine unsensible Verkennung der Spezifik der Migrationssituation und -kultur bedeuten, und es würde die Prozesse der Integration und Identitätsfindung im Gastland nur behindern. Vergessen wir nie, dass jedes Kind, ob mono- oder bikulturell, in erster Linie den Wunsch und das Recht hat, „dazuzugehören", sich in seiner Bezugsgruppe zu integrieren und wohl zu fühlen. Es, und sei dies noch so gut gemeint, auf sein Anderssein zu behaften, ihm unreflektiert einen Status als Vertreterin oder Vertreter seiner Herkunftskultur zuzuschreiben, verletzt dieses fundamentale Bedürfnis und verkennt die identitäre Situation des Kindes.

Das heißt nun keineswegs, dass Beiträge aus den verschiedenen Sprachen und Kulturen ausgeklammert werden sollen. Im Gegenteil: Nichts ist bereichernder, als wenn Kinder Elemente und Wissen aus ihren eigenen Lebenswelten in den Unterricht einbringen, und nichts ist wünschbarer, als dass Lehrpersonen ihren Unterricht so anlegen, dass sich möglichst vielfältige Ansatzpunkte für diese Beiträge bieten. Nur müssen diese Beiträge auf freiwilliger Basis, um der gemeinsamen Sache – um des interessanten Lerninhalts – Willen erfolgen können und nicht aufgrund einer ungeliebten Rollenzuschreibung. Die unabdingbare Voraussetzung dafür ist ein Fundament des Dazugehörens, der Geborgenheit und der Wertschätzung. Dieses zu schaffen und damit die ganzheitliche Entwicklung aller Facetten der Identität und Persönlichkeit zu stützen, ist die hauptsächliche Aufgabe der Lehrperson.

> **„Worum es geht", so HANS H. REICH (1993:13), „ist die Wahrnehmung des lernenden Individuums als eines Schnittpunktes unterschiedlicher kultureller Einflüsse. Kein Schüler, keine Schülerin kann heute mehr als ‹monokulturell› beschrieben werden, die Multikulturalität ist ein Kennzeichen der Persönlichkeit aller in multikulturellen Gesellschaften. Für jeden Schüler, für jede Schülerin ist ‹Kultur› die je eigene Konstellation von Zugehörigkeit oder Nichtzugehörigkeit, Loyalität oder Opposition zu bestimmten Sprachen, Ethnien, Staaten, Lebensweisen und lokalen Gegebenheiten. (...) Worauf es also pädagogisch ankommt, ist, diese vielfältigen Ansatzpunkte zu finden und sie zu kohärenten Lernprozessen zu verbinden."**

Bilinguale Identität: Leben in und zwischen zwei Sprachen

Ein auch äußerlich markantes Merkmal der Identität ist die Sprache. Sie gibt Aufschluss über die regionale oder ethnische Zugehörigkeit, über den Bildungsstand, über die Differenziertheit eines Menschen. Migrantinnen und Migranten leben in und zwischen zwei Sprachen, so wie sie in und zwischen zwei Kulturen leben. (Von nur zwei Sprachen zu reden, ist allerdings eine Vereinfachung. Zum einen werden damit die gemischtsprachigen Familien ausgeblendet. Vor allem aber setzt volle, auch auf den Schriftzugang bezogene Sprachkompetenz in dialektsprachigen Gebieten des deutschen Sprachraums (z. B. Süddeutschland, Schweiz, Österreich) wie auch in vielen Herkunftsländern die gleichzeitige Beherrschung von zwei Varietäten, nämlich „Hochsprache" und Dialekt, voraus. Zu den Problemen von Kindern, die ihre Erstsprache nur in einer dialektalen Variante beherrschen, siehe Kapitel 4.3.2.)

Wie hoch das Niveau in der Erstsprache ist, hängt von verschiedenen Herkunfts- und Sozialisationsfaktoren ab. Eine Reihe zusätzlicher Faktoren bestimmt, wie gut die Kinder mit der deutschen Sprache (oder mit der Mundart) zurechtkommen. Einigen dieser Faktoren begegneten wir oben schon: Motivation, Perspektiven, Dauer des Aufenthalts, Sozialschicht und Bildungsniveau. Zu ergänzen wären u. a. das Ausmaß an Input, das jemand überhaupt in Deutsch bekommt, oder die kommunikativen Erfordernisse des Umfelds (vgl. hierzu KLEIN 1992, MÜLLER 1992:62f, NODARI 1993:21ff.).

Oft sind die Verwendungsbereiche von Erstsprache und Deutsch sozialräumlich klar getrennt: Erstere wird (evtl. in einer dialektalen Variante) zu Hause und im Freundeskreis gesprochen; Deutsch bzw. Mundart im Außenbereich, im Kontakt mit „Einheimischen", am Arbeitsplatz, in der Schule. Bei Schulkindern kann diese Trennung zur Folge haben, dass gewisse Teile des Vokabulars (z. B. Haushaltsgegenstände, Küchenutensilien) nur in der Erstsprache, andere Teile (schulisches Fachvokabular) nur in Deutsch verfügbar sind. Aus diesem Charakteristikum der bilingualen Identität können Mischgebilde wie „Mamma mia, o dimenticato la Badehose nel Schwimmbad" resultieren.

Sprachliche Entwicklung und Kompetenz ist von besonderer Bedeutung, sie ist ausschlaggebend für die soziale Orientierung und für die beruflichen Chancen. In der Schule ist die Beherrschung der deutschen Sprache eines der zentralen Kriterien, das über Erfolg oder Misserfolg entscheidet. Die Unterstützung des Deutscherwerbs von Kindern mit nicht deutscher Erstsprache ist insofern ein prominentes Gebot auch im Sinne der Chancengleichheit. Allerdings: Was für die Entwicklung der Gesamtpersönlichkeit und -identität des bikulturellen Kindes nahe liegt – dass sie nur ausgeglichen verläuft, wenn es in beiden „Teilidentitäten" gleichermaßen ernst genommen und gefördert wird – trifft auch für die sprachliche Entwicklung zu, wie diverse wissenschaftliche Untersuchungen belegen. Kinder, die in ihrer Erstsprache keine Förderung erfahren oder sie (als etwas, das hier nicht gefragt ist) vernachlässigen, haben von diesem schwachen Fundament her auch keine großen Chancen, eine gute Kompetenz in der Zweitsprache aufzubauen. Damit sind sie in ihrer gesamten sprachlichen und schulischen Karriere gehandicapt (vgl. zu diesen Zusammenhängen u. a. CUMMINS (1981, 1991), SKUTNABB-KANGAS (1983), EHLERS (2002), ERIKSSON (1995, 1999), GYGER/HECKENDORN (1999)).

Stärkung der bilingualen Identität

So wenig wir in dialektgeprägten Gebieten die Mundart von Kindern mit deutscher Erstsprache aus der Schule ausklammern, so wenig sollten also die Erstsprachen von zwei- oder mehrsprachig aufwachsenden Schülerinnen und Schüler ausgeklammert werden. Dies ist nicht nur ein frommer Wunsch, sondern ein Postulat, das sich sehr wohl auch in offiziellen Rahmenrichtlinien, Empfehlungen und Lehrplänen findet: „Fremdsprachige Schülerinnen und Schüler sollen in ihrer Mehrsprachigkeit unterstützt werden. Das betrifft sowohl den Erwerb der deutschen Sprache als auch die Pflege ihrer Muttersprache", fordert etwa der Lehrplan des Kantons Zürich (S. 105). Dass die Lehrkräfte damit nicht aufgerufen sind, systematisch Türkisch, Albanisch, Portugiesisch usw. zu fördern, ist klar. In mindestens dreierlei Hinsicht können sie aber diesem Auftrag sehr wohl gerecht werden:

▪ Die Eltern ermutigen, mit ihren Kindern viel in der Muttersprache zu sprechen, ihnen vorzulesen und ihnen zu altersgemäßen Büchern oder Zeitschriften in der Erstsprache zu verhelfen.

▪ Im eigenen Unterricht den verschiedenen Sprachen Interesse und Wertschätzung entgegenbringen, Interesse und Bewusstsein der Kinder gegenüber Sprachen fördern, viele Anlässe der Sprachbegegnung schaffen. Was dies für die Praxis des Unterrichts heisst, ist Gegenstand der folgenden Kapitel. Speziell auf die identitätsstärkenden Aspekte geht Kapitel 4.2 ein; konkrete Hinweise und Beispiele finden sich in Kapitel 6 und natürlich im Praxisteil.

▪ Den Besuch des herkunftssprachlichen Unterrichts (in der Schweiz: Kurse in Heimatlicher Sprache und Kultur, HSK) fördern und den Kontakt mit den betreffenden Lehrpersonen intensivieren. Diese Kurse können einen wichtigen Beitrag zur Stärkung der Herkunftsidentität und der Kompetenz in der Erstsprache leisten. Kindern, die zu Hause nur einen regionalen Dialekt sprechen, schaffen diese Kurse überhaupt erst den Zugang zu ihrer Schriftkultur.
Zu ihrem Besuch ist deshalb nur zu raten – abgesehen davon, dass von den Früchten der dort betriebenen Förderung in der Erstsprache mittelbar auch die Lehrkräfte des Gastlandes profitieren.
Die Zusammenarbeit mit den Lehrpersonen des herkunftssprachlichen Unterrichts bietet für die Regelklassenlehrerinnen und -lehrer zudem vorzügliche, leider wenig genutzte Chancen für die Realisierung spannender, im besten Sinne interkultureller und integrativer Projekte. Und nicht zuletzt können die betreffenden Kolleginnen und Kollegen aus ihrer Erfahrung bisweilen sehr aufschlussreiche Informationen über den muttersprachlichen Sprachstand, ihre Einschätzung der Entwicklung, Arbeitshaltung usw. von Kindern geben, über die sich die Klassenlehrerin evtl. noch kein so gutes Bild machen kann.

Zu hoffen bleibt, dass sich die derzeitige, oft missliche und isolierte Stellung des herkunftssprachlichen Unterrichts und seiner Lehrpersonen, wie auch die ungenügende Kooperation von Lehrkräften des Regel- und des herkunftssprachlichen Unterrichts, verbessert. Längst erkannt, aber noch längst nicht überall umgesetzt sind die dafür notwendigen institutionellen Änderungen: 1.) Integration des herkunftssprachlichen Unterrichts in die Stunden- und Lehrpläne sowie Integration der entsprechenden Lehrerinnen und Lehrer ins Schulteam, 2.) inhaltliche Koordination des herkunftssprachlichen Unterrichts mit dem übrigen Lehrplan, 3.) Aufwertung dieses Unterrichts im Rahmen einer gemeinsamen, „integrierten" Sprachenpädagogik (hier zitiert nach GESAMTSPRACHENKONZEPT, S. 14).

2.2 Sonderkompetenzen und Grenzen von Schülerinnen und Schülern mit nicht deutscher Erstsprache

2.2.1 Sonderkompetenzen

„Fremdsprachige Kinder", „Migrantenkinder", „ausländische Kinder": Alle drei Begriffe sind gängig, keiner ist präzise. Wohl nicht von ungefähr, ist doch die Gruppe, die bezeichnet werden soll, ebenso groß wie in sich heterogen. Von den hoch integrierten Kindern der zweiten oder dritten Ausländergeneration bis zu jenen von eben angekommenen Kriegsvertriebenen, von Kindern aus dem kulturell nahen Norditalien bis zu solchen aus in jeder Hinsicht weit entfernten Regionen, umfasst sie ein breites Spektrum. Dass es „das Migrantenkind" ebenso wenig gibt wie „das monolingual-einheimische Kind", wird jedenfalls schon aus der Fülle der oben angesprochenen Voraussetzungen, Determinanten und involvierten Bereiche klar, die zur individuellen Ausprägung bikultureller Identität beitragen. Und sogar dort, wo die Ausgangsbedingungen (Herkunftsregion, -kultur usw.) fast analog scheinen, können Sozialisation und Schulerfolg im Gastland markante Unterschiede aufweisen, wie LANFRANCHI (1993) in einer lesenswerten Fallstudie belegt und erklärt hat.

Gemeinsam ist diesen Kindern eigentlich nur die bikulturelle und bilinguale Identität, in welcher individuellen Ausformung auch immer sie sich im einzelnen Fall zeigt. Gemeinsam ist ihnen damit aber auch eine Reihe von Sonderkompetenzen. Diese Sonderkompetenzen – fassbar als Mehrwissen und als Expertenstatus in manchen Fragen – sind es, die das Potenzial der multikulturellen Klasse maßgeblich mitprägen. Sie beziehen sich vor allem auf die folgenden drei Bereiche:

■ Die Kenntnis einer zweiten Sprache und jener Elemente einer zweiten Kultur, die in der Familie tradiert werden (z. B. Speisen, religiöse Bräuche, Rollenverteilungen, Wertsysteme, Verhaltens- und Deutungsmuster).

■ Die (meist vorhandene) Möglichkeit, weitere authentische Informationen über das Herkunftsland und seine Kultur einzuholen (via Eltern, Verwandte, Internet oder auch über die Fernsehprogramme der betreffenden Länder). Vgl. hierzu auch Kapitel 5.6.

■ Erfahrungen im Heranwachsen in und zwischen zwei Kulturen (bzw. in der Migrationskultur). Damit verbunden sind Verarbeitungs- und (z. T. auch sprachliche) Vermittlungskompetenzen und die Möglichkeit des „Blicks von außen", die monokulturell aufwachsenden Kindern in dieser Art fehlen. Natürlich sind diese Erfahrungen eher unterbewusster Natur, und die mit ihnen verbundenen Kompetenzen können nicht beliebig abgerufen werden. Bisweilen werden sie spontan sichtbar; im Rahmen behutsamer und reflektierter Frage- und Gesprächssituationen können sie bewusster gemacht und thematisiert werden.

An spezifisch sprachlich-kommunikativen Sonderkompetenzen (die selbstverständlich nicht bei jedem Kind gleichermaßen ausgeprägt sind) sind zu nennen (erweitert nach Gogolin/Neumann 1991:9f):

■ Die Kenntnis einer weiteren Sprache: Laute, korrekte Aussprache, Wörter, Wendungen, Nonverbales (typische Gesten usw.), Satzkonstruktionen, evtl. Schriftzeichen (falls das Kind in seiner Sprache und Schrift lesen und schreiben kann).

■ Die Fähigkeit, zwischen zwei Sprachen zu wechseln.

■ Die Fähigkeit, sich in verschiedenen sprachlichen Umwelten zu orientieren und zu verständigen.

■ Die Fähigkeit, Strategien der Informationsbeschaffung und -verarbeitung (z. B. am Internet) auch in einer weiteren Sprache zu nutzen

■ Die Fähigkeit, sprachlich vermitteln/dolmetschen zu können.

■ Die Möglichkeit, Vergleiche zwischen zwei Sprachen anzustellen und insbesondere das Deutsche «von außen» her zu betrachten.

■ Die Fähigkeit, zu unterscheiden, in welchen Situationen welcher Sprachgebrauch angemessen ist.

■ Ein Repertoire an Strategien, um Situationen der Ausdrucks- und Verstehensnot zu bewältigen.

■ Metakommunikative Fähigkeiten (Reflexion über Sprache und Sprachgebrauch) in Zusammenhang mit den oben genannten Punkten.

■ Dazu kommen laut Pommerin (1988:109f) eine gegenüber Monolingualen stärkere Integration der beiden Hinhäften, eine Überlegenheit im Bereich des nichtlinearen, kreativen Denkens (produktiv-divergenten Denkens) sowie kreative Strategien der Begriffsbildung.

So beeindruckend diese Sonderkompetenzen sind, so wenig wirksam werden sie leider meist, wo es um die Vergabe von Bildungschancen geht. Auch die markanteste von ihnen – Beherrschung einer zweiten, evtl. einer dritten Sprache – wird vor allem im Fall der Migrationssprachen von der ganz auf Deutschkompetenz ausgerichteten Selektion unserer Schulsysteme nicht wahrgenommen und einbezogen. So nützt es vielfach wenig, dass diese Schülerinnen und Schüler aufgrund der oben stehenden sprachlichen Sonderkompetenzen eine „oft erstaunliche Sprachgewandtheit" (V. MASSOW 1992) im Englisch- und Französischunterricht zeigen. Denn erstens ist ihr Selbstvertrauen in schulischen Belangen oft so angeschlagen, dass sie sich zu wenig getrauen, ihre Kenntnisse oder Hypothesen einzubringen. Zweitens trauen ihnen oft auch die Lehrpersonen wenig zu und/oder sind überfordert, wenn Vorschläge oder Hypothesen kommen, die zwar klug sind, aber nicht genau in das vorgesehene Lernschema passen (vgl. zu diesen beiden Punkten ZIBERI-LUGINBÜHL 1999:30). Und drittens kommen, wie die Schulstatistik zeigt, viele Schülerinnen und Schüler mit Migrationshintergrund schon gar nicht in weiterführende Schultypen, in denen sie diese Kompetenzen voll realisieren könnten.

Ein Teil dieser Sonderkompetenzen – jene nämlich, die nicht unmittelbar mit Migrationserfahrungen verbunden sind – findet sich übrigens nicht nur bei den Kindern aus migrierten Familien, sondern auch bei den zweisprachig aufwachsenden aus „alteingesessenen" bilingualen oder bikulturellen Ehen. Mit der ganzen Palette von deutsch-französischen, deutsch(schweizerisch)-rätoromanischen oder österreichisch-südostasiatischen Paaren, quer durch alle Sozialschichten, stellen auch sie eine äußerst vielfältige Gruppe dar, die die verschiedensten Facetten kultureller Identität und sprachlicher Kompetenz umfasst. Dementsprechend wird ein Teil dieser Gruppe, unabhängig vom Pass, in der Schule wohl eher als zu den „Fremdsprachigen", andere als zu den voll integrierten „Einheimischen" zugehörig wahrgenommen.

2.2.2 Grenzen und Überforderungen

Durch ihren erweiterten sprachlichen und kulturellen Hintergrund verfügen zwei- und mehrsprachig aufwachsende Kinder in der Schule über Sonderkompetenzen und über Expertenwissen. Es zu aktivieren und einzubeziehen, kann den Unterricht für die gesamte Klasse bereichern. Selbstverständlich ist dieses Wissen nicht bei jedem Kind im selben Maße entwickelt und abrufbar. Um Überforderungen und Bloßstellungen zu vermeiden, müssen wir uns in zweierlei Hinsicht der Grenzen dieser Abrufbarkeit bewusst sein.

Sprachliche Einschränkungen

Der Expertenstatus, den wir Schülerinnen und Schülern mit nicht deutscher Erstsprache für ihre Muttersprache (oder zweisprachig Aufwachsenden für ihre zweite Sprache) zuschreiben, meint selbstverständlich nicht, dass sie über reflektiertes linguistisches Wissen zu dieser Sprache verfügen. Das intuitive Beherrschen einer Sprache und die bewusste Kenntnis von deren Regelsystem sind zwei verschiedene Dinge. Uns selbst wird dies ja schmerzlich bewusst, wenn wir, als kompetente *native speakers*, einem Kind mit nicht deutscher Muttersprache etwa die Funktionsweise der deutschen Adjektivdeklination (warum heisst es „ein armer Hund", aber „der arme Hund"?) oder die Verbstellung in verschiedenen Satztypen erklären sollen.

Auch Transferleistungen (Übersetzungen oder Vergleiche) sind nicht beliebig abrufbar. Gerade weil die Verwendung der beiden Sprachen auf jeweils ganz unterschiedliche Sinnzusammenhänge und Sozialräume verteilt ist (v.a. Elternhaus und Schule, s. o.) und manchmal ganze Teilbereiche im Vokabular fehlen, fallen solche Transferleistungen oft schwer.

Der Expertenstatus der zwei- oder mehrsprachig aufwachsenden Schülerinnen und Schüler konzentriert sich also zunächst auf drei Dinge:

- Sie sprechen eine zweite Sprache (z. T. in dialektaler Prägung; s. Kap. 4.3.2) und können uns Hör- und Kostproben von ihr geben. Bei der Verschriftlichung sind sie z.T. unsicher und brauchen, wo es um Korrektheit geht, Hilfe (Eltern, Verwandte, Lehrpersonen des herkunftssprachlichen Unterrichts).
- Sie können einfache Begriffe und Wendungen übersetzen. Mit genügender Vorbereitungszeit und wiederum mit Hilfe der Eltern usw. können diese Aufgaben auch komplexer gestellt werden (Sprichwörter, Redewendungen, evtl. Texte mitbringen usw.).
- Was drittens die – kognitiv anspruchsvollere – Fähigkeit zum Sprachvergleich betrifft, so können Kinder mit nicht deutscher Erstsprache schon früh Beiträge zu eher intuitiven Aufgabenstellungen liefern (Vergleich von Wortklang, Sprachrhythmus, -tempo usw.). Mit abstrakteren, strukturbezogenen Aspekten (z. B. zur Anzahl grammatikalischer Geschlechter in verschiedenen Sprachen; ob und wie Artikel verwendet werden; zur Stellung des Verbs in verschiedenen Satztypen) wartet man wohl besser bis zu den mittleren und oberen Schuljahren, wo ein Denken in grammatikalischen Kategorien auch vom Deutschen her schon etwas angebahnt ist.

Darüber hinausgehende Leistungen zu verlangen, kann zumindest am Anfang Gefühle der Überforderung und Bloßstellung auslösen. Wo allerdings Sprachbewusstsein und -betrachtung kontinuierlich gepflegt werden, wo Kinder Sprache und Sprachenvielfalt immer wieder als etwas Spannendes erleben dürfen, sind schon früh vertiefte Einsichten und Vergleiche möglich. Dieser Hintergrund, diese interkulturelle Tradition oder Gewöhnung im (Sprach-)Unterricht der jeweiligen Klasse ist denn auch das eigentlich Entscheidende. Das bestätigt sich auch in der Beobachtung, dass manche Lehrpersonen schon in der Primar- oder Elementarstufe Sprachenprojekte und -vergleiche durchführen, die zu diesem Zeitpunkt eigentlich noch gar nicht möglich sein dürften – während andere nach zwei, drei isolierten und vielleicht überfordernden Anläufen überzeugt sind, dass sich gar nichts machen lässt.

Keine Bloßstellungen

Nicht nur sprachliche Überforderung, sondern auch psychologisches Feingefühl kann der Abrufbarkeit von Sonderkompetenzen Grenzen setzen. Wir kamen auf diesen Punkt bereits oben (Kapitel 2.1) zu sprechen. Er betrifft die Integration, das fundamentale Bedürfnis, „dazuzugehören" und so zu sein wie die anderen. Manche Kinder und Jugendlichen mit Migrationshintergrund durchlaufen im Prozess ihrer Identitätsfindung Phasen, in denen sie mit ihrer Herkunftssprache und -kultur möglichst wenig zu tun haben wollen. Dahinter stehen oft schmerzhafte Erfahrungen – Erfahrungen, die leider nicht selten auch in einer Schule gesammelt wurden, die durch ihre monokulturelle Beschränkung die Ausklammerung der herkunftskulturellen Persönlichkeitsanteile geradezu fordert. Wird ein solches Kind unversehens auf Sonderwissen in Zusammenhang mit seiner Herkunftssprache oder -kultur angesprochen, kann es sich isoliert und in seinem Gleich-sein-Wollen gefährdet fühlen. Die Reaktion können Unwillen, Abwehr oder Blockaden sein. Diese Blockaden sind ernst zu nehmen, sie deuten auf Verletzungen und Probleme in der identitären Entwicklung. Ihr Abbau ist wichtig. Er erfordert zum einen Geduld, pädagogisches Feingefühl und die Schaffung eines Grundklimas des Dazugehörens und der Akzeptanz in der Klasse. Unabdingbar ist zum andern aber auch methodisch-didaktisches Wissen und Gefühl bei der Planung von interkulturellen Unterrichtssituationen. Mit dem Einstieg „Heute wollen wir mal etwas auf Türkisch hören; Gül, sing uns doch ein Lied vor!" sind Blockaden beinahe vorprogrammiert. Wenn wir hingegen mit der Klasse vereinbaren, das Wort „Katze" oder den Satz „Ich liebe dich" in möglichst vielen Sprachen und Dialekten zu sammeln, wird die gleiche Schülerin kaum zögern, den Beitrag in ihrer Erstsprache zu leisten. Der Grund ist klar: Im ersten Beispiel fühlt sie sich isoliert und auf ihr Anderssein festgelegt; im zweiten Beispiel ist ihr Beitrag wichtig für das gemeinsame Projekt, trägt in selbstverständlicher und unspektakulärer Weise zu dessen Gelingen bei.

2.2.3 Spezifische Schulprobleme

Es gibt nicht nur gemeinsame Sonderkompetenzen, sondern es gibt auch eine Reihe von gemeinsamen Faktoren, welche zu spezifischen Schulproblemen von Kindern und Jugendlichen mit Migrationshintergrund führen können (zu Problemen, wie sie etwa für den Bereich Leseverständnis durch die PISA-2000-Studie drastisch veranschaulicht wurden). Auch wenn sie nicht zum eigentlichen Thema dieses Buches zählen, sollen sie stichwortartig erwähnt werden. Mehr noch als oben gilt dabei, dass die einzelnen der folgenden Faktoren individuell ganz unterschiedlich stark gelten bzw. wirksam werden können.

- Bisweilen wenig Förderung in der Erstsprache (spracharmes Milieu, beide Eltern werktätig), dadurch ungünstige Voraussetzungen auch für den Deutscherwerb.
- Bei Eltern aus bildungsfernen Schichten: geringere Möglichkeiten, das Lernen in der Schule des Gastlandes zu stützen (Sprachprobleme, Ausbildungsniveau usw.).
- Lernbehindernde Motivationsschwankungen bei der Orientierung und Selbstfindung im Spannungsfeld von Herkunfts- und hiesiger Kultur (indem z. B. die Eltern ihren Aufenthalt im Gastland immer wieder als nur vorübergehend bezeichnen und ihr eigenes Leben nur mit Bezug auf die Heimkehr organisieren).
- Institutionelle Probleme: Einseitig auf die Sprache und die Erfahrungen von Kindern mit Deutsch als Erstsprache ausgerichteter Unterricht; geringe Möglichkeiten, die eigene Identität und persönliche Kompetenzen einzubringen; z.T. für Migrantenkinder ungünstige Schulstrukturen (späte Einschulung, frühe Selektion für die weiterführenden Schultypen). Fehlende Gelegenheit eines ausgewogenen Aufbaus der Sprachkompetenz in Erst- und Zweitsprache.

Spezifisch für den Bereich Zweitsprache (Deutsch, evtl. in einer dialektalen und in der Standardvariante) gilt:

- Geringere Handlungsroutine: Selbst Kinder nicht deutscher Erstsprache, die im deutschsprachigen Gastland geboren und aufgewachsen sind, haben massiv weniger Trainingsgelegenheiten im Deutschen (bzw. im lokalen Dialekt) als die Gleichaltrigen mit Deutsch als Erstsprache. Während Letztere bis zum Schuleintritt über rund 20000 Stunden aktiver und passiver Erfahrung mit „unserer" Sprache verfügen, sind es, nach einer Berechnung von EGGERS (1988:15), bei hier Aufgewachsenen mit nicht deutscher Erstsprache bestenfalls rund 5500 Stunden.
- Für die vielen dialektgeprägten Regionen z. B. im Süden Deutschlands, in der Deutschschweiz oder in Österreich ergibt sich eine zusätzliche Erschwerung durch die dort charakteristische „mediale Diglossie": Kinder mit nicht deutscher Erstsprache stehen vor der Aufgabe, parallel die regionale Mundart (als Medium der mündlichen Alltagskommunikation) und die Standardsprache (Hochdeutsch als Medium der Schule und der Schrift) zu lernen. Die Beherrschung des Dialekts ist für die soziale Integration wichtig, jene der Standardsprache ist entscheidend für die schulische Karriere. Beide Varietäten stehen sich sprachlich nahe und führen selbst bei Kindern mit Deutsch als Erstsprache zu Interferenzen bzw. zu falschen

Transfers (authentisches Beispiel aus der Schweiz: *„Ich sehe ein Mann, wo go posten [einkaufen] geht"*). Für Kinder mit nicht deutscher Erstsprache sind die Unterschiede und die unterschiedlichen Verwendungssituationen der beiden Varietäten oft auch nach längerer Zeit nicht klar. Sie zu thematisieren und zu erklären, wäre hilfreich. Vor allem aber können die entsprechenden Schwierigkeiten abgeschwächt werden, wenn Lehrerinnen und Lehrer im Unterricht konsequent hochdeutsch sprechen (reicher Input, keine Konfusion) oder zumindest den Wechsel in der Sprachform jeweils klar deklarieren (vgl. hierzu auch Kapitel 8). Dass ein konsequenter Gebrauch der Standardsprache die (hoch selektionswirksame) Orientierungskompetenz zwischen Mundart und Standardsprache stärkt, geht klar aus einer in der Deutschschweiz durchgeführten Untersuchung von über 3000 Schülerinnen und Schülern hervor (s. SCHADER 2003a), und nicht von ungefähr heben in dieser besonders stark dialektgeprägten Region auch offizielle Instanzen pointiert auf die oben genannten Punkte ab: „Der unreflektierte Umgang mit Dialekt und Standardsprache seitens der Lehrpersonen begünstigt Mischsprachen und ‹Fehler› bei zwei- und mehrsprachigen Schülerinnen und Schülern. Die Unterschiede zwischen Dialekt und Standardsprache und ihr Gebrauch müssen thematisiert werden" (aus den Empfehlungen des Integrationsprojekts der nordwestschweizerischen Erziehungsdirektorenkonferenz; zit. in GYGER/HECKENDORN 1999).

■ Andere Voraussetzungen bezüglich Sprachgefühl: Schülerinnen und Schüler mit nicht deutscher Erstsprache verfügen nicht a priori über jenes intuitive Gefühl für Sprachrichtigkeit in der deutschen Sprache (bzw. im regionalen Dialekt, wo dieser die Sprache des Alltags ist), wie es bei *native speakers* weitgehend vorausgesetzt werden kann. Erkennbar wird das z. B. an „typischen" Artikel-, Fall- oder Konstruktionsfehlern, die selbst sprachlich schwachen Kindern mit Deutsch als Erstsprache in dieser Form nie passieren würden, weil sie für unser Empfinden spontan falsch klingen („Wenn gehe ich in der Schule …").
Für den Unterricht in der mehrsprachigen Klasse heißt das, dass ein Teil der zahlreichen Lernanlässe, die ein implizites Sprachgefühl für das Deutsche voraussetzen, manche Kinder überfordert und unter Umständen durch andere, einfachere Aufgaben ersetzt werden muss. Dies betrifft nicht nur anspruchsvollere Grammatiksequenzen, sondern auch Klang- und Umstellproben, Sprachspiele usw. Sobald sie mehr an Sprach- und Normempfinden voraussetzen, als das einzelne Kind mitbringt oder derzeit erwerben kann, fruchten sie nicht.
Die genannten Punkte führen durchaus nicht immer zu offensichtlichen Deutschproblemen. Viele Schülerinnen und Schüler mit nicht deutscher Erstsprache bewähren sich in den alltäglichen, durch Mündlichkeit geprägten Kommunikationssituationen vollauf. Ihre grundlegenden Kommunikationsfertigkeiten (Englisch:

Basic Interpersonal Communicative Skills, BICS; vgl. Cummins 1980) sind gut entwickelt. Für den abstrakteren und höher schriftgebundenen Sprach- und Denkstil, wie er für die Schule charakteristisch ist, reicht dies indes nicht aus. Wo es dem Kind nicht gelingt, sich diesen (bzw. die Cognitive-Academic Language Proficiency, CALP) anzueignen, sind die Perspektiven für seine Schulkarriere massiv beeinträchtigt. Es zählt dann zu den vielen Schülerinnen und Schülern, bei denen man sich wundert, dass und warum sie in der Schule nicht besser sind, obwohl sie doch „recht gut Deutsch können". Wir werden auf diese „verdeckten" (Knapp 1999), aber folgenreichen Sprachschwierigkeiten im Kapitel 8 zurückkommen, wo es um die sprachfördernde Anlage des gesamten Unterrichts als eines wichtigen Beitrags zu ihrer Behebung geht.

3 Interkultureller Unterricht

„Wie interkulturelles Lernen aussehen könnte: Man hört sich gegenseitig zu, lernt voneinander und gibt das Wissen weiter, quer durch verschiedene Kulturen" (BARKOWSKI 1993:219).

3.1 Unterricht interkulturell öffnen: Ziele, unterrichtspraktische Konsequenzen

Bezugspunkt der nachfolgenden Ausführungen ist die Interkulturelle Pädagogik. Vergegenwärtigen wir uns kurz, bevor wir uns ihren Zielen zuwenden, worum es dabei überhaupt geht.

Interkulturelle Pädagogik beschäftigt sich mit Fragen der Erziehung und des Unterrichts im multikulturellen Umfeld. Sie hat sich, in Zusammenhang mit zunehmender Migration und gesellschaftlicher Multikulturalisierung, in den 70er-Jahren als Teildisziplin der Pädagogik etabliert und dabei selbst verschiedene Stufen der Entwicklung durchlaufen (Übersichten u. a. bei REICH 1994, AUERNHEIMER 2003, NIEKE 2000, STEINER-KHAMSI 1995, ALLEMANN-GHIONDA 1997). Wir beschränken uns hier auf die Entwicklung im deutschsprachigen Raum.

Bei der ursprünglichen „Ausländerpädagogik" stand die möglichst umfassende Assimilation der „Gastarbeiterkinder" im Zentrum, ein aus heutiger Sicht unsensibles und ethnozentrisches Anliegen. Demgegenüber geht es der interkulturellen Pädagogik, wie sie sich seit den 80er-Jahren entwickelt hat, um eine interaktive, begegnungsorientierte Integration. Die Sprachen und Kulturen der Migrantinnen und Migranten werden als gleichwertig und relevant und die Begegnung der Kulturen als Entwicklungschance für alle gewertet.

Die Entwicklung der letzten Jahre geht einen Schritt weiter, indem sie auf zusätzliche Dimensionen von Vielfalt, Heterogenität und Gleichheit hinweist, die von einer umfassenden „Pädagogik der soziokulturellen Vielfalt" zu integrieren wären (vgl. ALLEMANN-GHIONDA 1997, 1999a). Besonders bekannt geworden ist in diesem Zusammenhang das Buch von PRENGEL „Pädagogik der Vielfalt", das den Aspekten von Verschiedenheit und Gleichberechtigung aus der Sicht der interkulturellen, der feministischen und der integrativen (ehem. Behinderten-)Pädagogik nachgeht. Mit etwas anderer Akzentuierung wird als Zielvorstellung der gegenwärtigen Entwicklung auch von „pluraler" Bildung gesprochen. Von ihr sagt ALLEMANN-GHIONDA (1999b:81) „Eine ‚plurale' Bildung soll nicht vorrangig die nationale Identität stärken, sondern zur

Kommunikation über regionale, nationale, kulturelle und soziale Grenzen hinweg befähigen."

Die positive Einstellung gegenüber sprachlicher und kultureller Vielfalt und das Anliegen eines zukunftsgerichteten, umfassenden interkulturellen Lernens bleiben selbstverständlich auch bei diesem Ansatz bestehen. Da die aktuelle Diskussion insofern in Bezug auf das Thema des vorliegenden Buches nichts ändert, werden wir den Terminus „Interkulturelle Pädagogik" auch im Folgenden verwenden – im Bewusstsein allerdings, dass es sich dabei weniger um eine scharf umrissene Kategorie als um einen „pädagogischen Suchbegriff" (BÜHLMANN 1999:29) handelt.

Interkulturelle Pädagogik steuert auf verschiedenen Ebenen Ziele und Innovationen an (vgl. die Zielkataloge bei ESSINGER 1986:241–244, NIEKE 1992:198–212, TRUNIGER 1992:602–608, BENNETT 1995:13–34):

- Gesellschaftspolitische: gesellschaftliche Integration im weitesten Sinne.
- Pädagogische: Abbau von Rassismus, Erziehung zu Toleranz, zu gegenseitigem Verständnis und Interesse.
- Schulpolitische: Anpassung der Schule an die veränderten gesellschaftlichen Realitäten; Entwicklung von Modellen der Kooperation zwischen allen an der Erziehung Beteiligten.
- Unterrichtliche: mehrperspektivische, interkulturell offene Unterrichtsgestaltung, die die Ressourcen der mehrsprachigen Klasse einbezieht und nutzt.
- Spezifisch auf die sprachliche Förderung der Schülerinnen und Schüler mit nicht deutscher Erstsprache bezogene Ziele, dies in Zusammenarbeit mit Sprachwissenschaft und -didaktik.

Wir beschränken uns hier, entsprechend dem Thema unseres Buches, auf jene Ziele und Prinzipien, die unmittelbar mit der Unterrichtsgestaltung in der multikulturellen Klasse zusammenhängen. Sie betreffen, wie bei jedem anderen Unterricht in der Volksschule auch, die personale, die soziale und die fachliche Zielebene des Unterrichts. Diese drei Ebenen dienen als Gliederungsraster für die folgende Darstellung. Ergänzt wird sie um einen Hinweis auf den prinzipiellen, nicht fächergebundenen Charakter der interkulturellen Pädagogik.

Interkultureller Unterricht will jedes Kind in seiner gesamten Identität stärken, sei sie mono- oder bikulturell, mono- oder bilingual

Schülerinnen und Schüler mit Migrationshintergrund sollen ihre Bikulturalität und Zweisprachigkeit positiv erleben können und in ihr gestärkt werden. Die herkunftskulturellen Anteile ihrer Identität und das damit verbundene sprachliche und kulturelle Mehrwissen dürfen nicht aus der Schule ausgeblendet werden (vgl. Kapitel 1.4).

Für die Unterrichtsplanung in der multikulturellen Klasse bedeutet dies: Unterrichtssituationen sollen bewusst so geschaffen und Inhalte so geöffnet werden, dass die Sonderkompetenzen von Schülerinnen und Schülern mit Migrationshintergrund integriert, als Wissen zur Geltung gebracht und weiterentwickelt werden können.

> **„Kenntnisse und Erfahrungen der ausländischen Schüler sind in die Lehr- und Lernprozesse mit einzubeziehen. Dies ist mehr als Schülerorientiertheit des Unterrichts und der Curricula. Die Vorkenntnisse der ausländischen Schüler sind nicht nur Lernvoraussetzungen, sondern auch Inhalte des Unterrichts, d. h. der Unterricht soll der Pflege und Weiterentwicklung der ‚kulturgeprägten‘ Erfahrungen dienen (…)" (BURK 1985:13).**

Der Expertenstatus, den die betreffenden Kinder dabei in vielen Belangen einnehmen können, lässt sie ihre Bikulturalität als etwas Wertvolles erleben und stärkt sie in ihrer Persönlichkeit. Voraussetzungen dafür sind, wie wir oben sahen, ein Grundklima des Vertrauens und der Akzeptanz und eine Rücksichtnahme auf die Spezifik der Migrationssituation (keine unreflektierte Festlegung auf einen Status als General-Experte oder -Expertin für die Herkunftskultur).

Begünstigend für die Einlösung der personalen Ziele sind bei der Unterrichtsgestaltung insbesondere ein schülerinnen- und schülerorientierter Unterrichtsstil (der überhaupt erst den Blick auf Ressourcen und Potenzial der Kinder freigibt) sowie die Individualisierung mancher Lernanlässe (als Rahmen, individuelles Expertenwissen zu entfalten und individuelle Förderbedürfnisse abzudecken).

Interkultureller Unterricht will wegweisend sein für das Zusammenleben in der multikulturellen Gesellschaft

Die multikulturelle Lerngruppe bietet authentische und wertvolle Gelegenheiten, ein für alle Beteiligten bereicherndes Mit- und Voneinanderlernen und ein solidarisches Zusammenleben über die Grenzen der eigenen Kultur hinweg einzuüben. Für den Aufbau von gesellschaftlich so bedeutenden Einstellungen wie Toleranz, Relativieren des eigenen Standpunkts, Umgang mit Andersartigem und Konfliktfähigkeit stellt sie ein einzigartiges Lernfeld dar (vgl. Kapitel 1.4).

Erschlossen und genutzt wird dieses Lernfeld, wenn bei der Unterrichtsplanung Situationen und Lernanlässe so angelegt und Inhalte wo immer möglich so geöffnet werden, dass die Klasse ihr Potenzial und ihre Vielfalt – die Summe der individuellen (Sonder-)Kompetenzen – bewusst als Chance und Herausforderung erleben kann. Individualisierte Lernsituationen müssen deshalb eng verknüpft sein mit solchen des sachbezogenen Austauschs, des Mit- und Voneinanderlernens. Dazu kommen, als wichtige Stationen der Reflexion und Bewusstwerdung, Gruppen- und Klassengespräche, in denen das Zusammenleben und -arbeiten selbst, mit all seinen Sonnen-

und Schattenseiten, thematisiert wird. Parallel werden dadurch personale und soziale Kompetenzen aufgebaut.

Begünstigend für die Einlösung der sozialen Ziele sind kooperative und kommunikative Lernformen (Gruppenarbeit, Unterrichtsprojekte) – vor allem dann, wenn die Ergebnisse ausgetauscht werden und sich in augenfälliger Weise so ergänzen, dass sie erst in ihrer Summe und Vielfalt das Ganze ausmachen. Am besten ist dies bei Inhalten gegeben, die schon von der Themen- und Aufgabenstellung her die Nutzung des vielfältigen Expertenwissens der Klasse voraussetzen und Neugier, Austausch, entdeckendes Mit- und Voneinanderlernen quasi unerlässlich machen. Ein gutes Sozialklima und eine entwickelte Gesprächskultur sind Voraussetzung für solches Lernen. Ihrer Pflege muss entsprechend Zeit eingeräumt werden.

Interkultureller Unterricht will durch fachliche Qualifikation einen Beitrag zur Chancengleichheit leisten

Interkultureller Unterricht ist keine Sonderpädagogik für multikulturelle Klassen. Verbindlich sind für ihn dieselben Lernziele und Standards wie für jeden Unterricht auf der gleichen Stufe – auch wenn er sie zum Teil auf anderen, der Situation der Klasse angepassten Wegen einlöst.

Nur durch eine gleichwertige fachliche Qualifikation kann interkultureller Unterricht dazu beitragen, jene Chancengleichheit zu verbessern, die insbesondere für grundschichtige Kinder und solche mit Migrationshintergrund oft gefährdet ist (vgl. die extreme Übervertretung der letzten Gruppe in Sonderklassen und in den weiterführenden Schulen, die zu weniger qualifizierten Abschlüssen führen). In diesem Sinne soll, ja muss er leistungsbejahend sein. Eine gestärkte Identität und eine entwickelte Sozialkompetenz allein genügen nicht, um sich in unserer komplexen Gesellschaft orientieren und in der Arbeitswelt einen angemessenen Platz wählen zu können. Erforderlich sind überdies schulische und fachliche Qualifikationen. Damit ist allerdings, wie auch die aktuellen Lehrpläne zeigen, zu einem Großteil nicht mehr national geprägtes Detailwissen gemeint. Wichtiger sind heute viel eher Qualifikationen wie Umgang mit Informationen, Einsicht in Zusammenhänge, Flexibilität, Selbstständigkeit, Verantwortungsbewusstsein, Arbeitstechniken usw. Viele der Elemente dieses neuen gesellschaftlichen Anforderungsprofils sind problemlos auch anhand von „erweiterten" bzw. interkulturell geöffneten Inhalten einlösbar. Das gilt umso mehr, als diese Öffnung zugleich einen direkteren Bezug zu Voraussetzungen und Vorkenntnissen aller Schülerinnen und Schüler erlaubt und dadurch Lernmotivation, Eigeninitiative und Arbeitshaltung stützt. Ein grundlegendes Missverständnis wäre jedenfalls – dies zeigt gerade eben das veränderte Anforderungsprofil –, wenn Leistungsorientierung und Chancenförderung mit Rückkehr zu Drill und Lehrerzentriertheit verwechselt würden.

Der Anspruch, im Sinne der Chancengleichheit auch deutschschwache Schülerinnen und Schüler oder Klassen zur Erreichung der „normalen" Standards zu führen, fordert viel von den Lehrkräften. Inhalte und Themen müssen nicht nur teilweise um- oder neu definiert, sondern auch sprachlich so aufbereitet und dargeboten werden, dass sie auf verschiedenen Niveaus zugänglich sind; dazu tritt die Förderung der Deutschkompetenz schwächerer Schülerinnen und Schüler, die für Selektion und spätere Chancen von zentraler Bedeutung ist.

Dass die Forderung nach Chancengleichheit angesichts dieser Ansprüche und der oft wenig hilfreichen äußeren Umstände (institutionelle Einschränkungen usw.) manchmal kaum einlösbar scheint, ist begreiflich. Falsch wird sie dadurch nicht. Lassen wir sie stehen; als Ziel, dem wir uns immerhin schrittweise nähern können, und zugleich als Impuls, Strategien zu dieser Annäherung zu entwickeln.

Begünstigend wirken sich, im Sinne solcher Strategien, unter anderem die Verankerung von Partnerhilfe unter den Kindern aus; ferner eine teilweise Individualisierung des Unterrichts, die vermehrte Einzelbetreuung erlaubt; die Anlage eines Repertoires von vertrauten Übungs- und Trainingsformen; eine gründliche Einführung und Bewusstmachung von Hilfen zur Selbsthilfe (Wörterbücher, Aufgabenteams, Arbeitstechniken, Tonband). Dazu kommt als weiteres entlastendes Element die intensivierte Zusammenarbeit mit Kolleginnen und Kollegen und mit den Fachleuten im Umfeld der eigenen Klasse (Deutsch-Förder- und Herkunftssprachen-Lehrkräfte).

Interkulturalität beschränkt sich nicht auf einen Unterrichtsbereich, sie ist vielmehr ein integriertes und fächerübergreifendes Prinzip
Interkulturelles Lernen kann nicht auf einen einzelnen Unterrichtsbereich (oder gar auf isolierte Unterrichtssequenzen) beschränkt werden. So vielfältig das Hintergrund- und Expertenwissen der verschiedenen Kinder ist, so vielfältig sind die Gelegenheiten, bei denen es aufgegriffen und genutzt werden kann. Vom Sport- und Bewegungsunterricht bis zum Bereich Kunst/Gestaltung, von der Sachkunde bis zur Mathematik (Textrechnungen) und zur Medienbildung (Internet-Handling) gibt es kaum einen Unterrichtsbereich, der nicht Anknüpfungspunkte böte. Dass aus verschiedenen Gründen besonders nahe liegende Bezugs- und Schwerpunkte im sprachlichen Bereich zu finden sind (vgl. Kapitel 4), widerspricht dem nicht.

Interkulturalität sollte allerdings nicht nur Thema spannender Lernanlässe sein, sondern möglichst als durchgängiges Erziehungsprinzip wirksam werden. Das bedeutet, dass die kulturellen und sprachlichen Ressourcen der Klasse nicht nur im Rahmen von Lernanlässen zum Tragen kommen, sondern zum selbstverständlichen Element des Schulalltags mit all seinen materiellen und rituellen Aspekten werden, so zum Beispiel

- bei der Gestaltung und Bebilderung des Klassenzimmers bzw. des Schulhauses,
- bei der Gestaltung der Klassenbibliothek oder Leseecke (Einbeziehung von Texten aus den verschiedenen Sprachen der Klasse),
- bei Ritualen wie Begrüßung (Grußformeln aus allen Ländern), Festen und Feiern (aus verschiedenen Regionen und Religionen), beim Lied zum Tagesbeginn usw.

Dieser Grundstrom „gelebter", impliziter Multikulturalität ist von hoher Bedeutung. Er prägt jenes Fundament der Akzeptanz und des Vertrauens mit, dessen Bedeutung schon mehrfach angesprochen wurde. Gerade in seiner Implizitheit muss er aber – auch im Sinne einer politischen Bildung und Sensibilisierung – in doppelter Weise unterstützt und ergänzt werden: erstens durch interkulturell geöffnete und integrative Lernprojekte, in denen die Schülerinnen und Schüler das Zusammenspiel und den Reichtum ihrer gemeinsamen Ressourcen bewusst und sachbezogen erleben können, und zweitens durch reflexive Anlässe, in denen das Zusammenleben und -arbeiten selbst zum Thema wird. Diese Gespräche können und sollen den Rahmen des Klassenzimmers sprengen. Gesellschaftliche Probleme wie Rassismus, Diskriminierung, Umgang mit Minoritäten, aber auch Migrations-, Kriegs- und Flüchtlingserfahrungen sind den Kindern von den Medien her nicht unbekannt; die multikulturelle Lerngemeinschaft bietet als kleines Abbild unserer Gesellschaft einen ausgezeichneten Rahmen, sie zu thematisieren.

3.2 (Sprach-)Unterricht interkulturell öffnen: Voraussetzungen

Wie soll und kann Unterricht auf die in den Kapiteln 1 und 2 dargestellte Situation reagieren? Auf eine Realität, die sich inner- und außerhalb des Schulzimmers verändert hat, auf eine Schülerschaft, die von ihrer kulturellen und sprachlichen Heterogenität her in puncto Voraussetzungen, in puncto Sonderkompetenzen, aber auch hinsichtlich ihrer besonderen Probleme deutlich anders ist, als sie es noch vor zwanzig Jahren war?

Eine lapidare Antwort wäre: Indem sich der Unterricht stärker und nicht nur reaktiv auf diese Realität einstellt, sondern sie vielmehr bewusst einbezieht, sich interkulturell öffnet. Die Antwort ist in dieser Form allerdings in zweierlei Hinsicht zu einfach. Zum einen konzentriert sie sich einseitig auf die Multikulturalität als Hauptmerkmal des Wandels. Damit blendet sie eine Reihe anderer Veränderungen aus (vgl. Kapitel 1), die die Lehrerschaft vor nicht minder große Herausforderungen stellt. Gefordert ist eigentlich eine „Pädagogik der Vielfalt", wie sie PRENGEL (s. o.) zum Programm macht, und nicht nur eine interkulturelle Pädagogik. Zum andern bezieht sich die obige Antwort zu stark auf die einzelne Lehrperson und auf deren Unterrichtsgestaltung.

Ihr allein die Verantwortung für die Anpassung an die veränderte Realität zu delegieren, geht nicht an. Gerade was die neuen Anforderungen in Zusammenhang mit der kulturellen und sprachlichen Heterogenität betrifft, sind daneben Entwicklungsprozesse und Unterstützung auf mindestens den folgenden Ebenen nötig (vgl. auch RÜESCH 1999:101ff):

■ Politisch-institutionelle und gewerkschaftliche Ebene: Anpassung von Curricula, Rahmeninstrumenten und Strukturen, Gewährung zusätzlicher Stellen und Finanzen, Unterstützung von Schulmodellen, Integration des herkunftssprachlichen Unterrichts usw.

■ Schulische Ebene: Erarbeitung von Modellen der Kooperation zwischen Klassen-, Förder- und herkunftssprachlichen Lehrkräften, Gestaltung der Stundenpläne usw.

■ Ebene Aus- und Weiterbildung: Unterstützung des Erwerbs von Qualifikationen z. B. im Bereich der sprachlichen Förderung von Kindern und Jugendlichen, die Deutsch als Zweitsprache lernen.

Erst dann, wenn zumindest die erste und zweite Ebene zusammenspielen, findet auch die Arbeit der einzelnen Lehrperson einen Rahmen, der längerfristige und befriedigende Perspektiven eröffnet. Anderenfalls können Gefühle der Überforderung zu einem Leidensdruck und auch zu Spannungen im Team führen, auf den manche Lehrpersonen über kurz oder lang mit Stellenwechsel, Berufsabbruch oder stiller Resignation reagieren.

Wenn wir uns im Folgenden trotzdem vorrangig auf die interkulturelle Unterrichtsgestaltung durch die einzelne Lehrperson beschränken, hängt dies mit dem Thema und der Praxisorientierung unseres Buches zusammen. Die anderen Dimensionen der Veränderung wie auch die anderen Ebenen der Unterstützung im Umgang mit diesen Veränderungen sollen nicht weniger ernst genommen werden. Auf sie im Detail einzugehen, würde aber den hier gegebenen Rahmen zwangsläufig sprengen. Zu hoffen bleibt, dass die vielen Hinweise auf Kooperation und die vielen auch klassenübergreifend gedachten Unterrichtsvorschläge indirekt einen Beitrag zumindest zur Zusammenarbeit auf der schulischen Ebene leisten.

Zum Gelingen von interkulturellem Unterricht tragen, bezogen auf die einzelne Lehrperson, Voraussetzungen und Kompetenzen auf folgenden Ebenen bei:

■ Lehrerinnen- bzw. Lehrerpersönlichkeit: Offenheit, Toleranz, interkulturelles Interesse und Bewusstsein.

■ Pädagogische Grundhaltung: z. B. Integrationsbereitschaft, Schülerinnen- und Schülerorientierung, Förder- statt Defizitansatz.

■ Methodisch-didaktische Kompetenzen: Fähigkeit, Themen so zu definieren und Unterricht methodisch so zu planen, dass die kulturellen und sprachlichen Ressourcen aller Kinder aktiviert und eingebracht werden können.

Diese Punkte machen allerdings noch nicht die Summe dessen aus, was wir mit LUCHTENBERG (1993:75) als „interkulturelle Handlungskompetenz" bezeichnen können. Zu ihr zählen zusätzlich zwei weitere Bereiche. Sie gehören zwar nicht zum Kernthema unseres Buches, werden ihrer Bedeutung wegen in den Kapiteln 7 und 8 aber doch zumindest in Form eines Ausblicks gestreift:

■ Kompetenzen im Bereich der Vermittlung von Deutsch als Zweit- bzw. Fremdsprache: Stützung des Deutscherwerbs von Schülerinnen und Schülern mit nicht deutscher Erstsprache. Stichworte: Schülerbeobachtung und -beurteilung, Analyse von Förderbedürfnissen, Wahl geeigneter Maßnahmen; Unterstützung bei Arbeitstechniken und Lernstrategien, Hilfe zur Selbsthilfe (vgl. Kapitel 7).

■ Bewusstsein und Kompetenzen hinsichtlich einer sprachfördernden Anlage des gesamten Unterrichts: Gefühl für sprachliches Lernpotenzial und allfällige sprachliche Probleme beliebiger Lernsituationen; Planen von sprachfördernden, kommunikativen Lernsituationen in sämtlichen Fächern; Wahl entsprechender Unterrichts- und Sozialformen; Fähigkeit, sprachliche Komplexität bei Anweisungen, Texten usw. variieren zu können (vgl. Kapitel 8).

Gleichsam als Hintergrund kommen dazu spezifische Kenntnisse z. B. zu Erst- und Zweitspracherwerb, zu Migration, Herkunfts- und Migrantenkulturen.

Einen auch visuell anschaulichen Überblick über die Lehrkompetenzen, wie sie für den Unterricht in mehrsprachigen Klassen zu wünschen sind, bietet die auf S. 50 abgebildete „didaktische Landkarte" (modifiziert nach SCHADER 1998a:186ff). Sie geht aus von einer Reihe von Basiskompetenzen, die den Hintergrund für die drei oben genannten, spezifischen Kompetenzbereiche bilden (den Zweitspracherwerb stützen – Unterricht sprachfördernd planen – das Potenzial der mehrsprachigen Klasse nutzen). Diese „Landkarte" hat sich nicht nur zur einfachen Orientierung, sondern auch als Instrument der Selbstevaluation bewährt, indem auf ihr z. B. Stärken, Schwächen oder Weiterbildungsbedürfnisse markiert werden können.

Für die inhaltliche Dimension der Öffnung bzw. Anpassung des Unterrichts, um die es hier vorrangig geht, stellen die oben genannten Aspekte Persönlichkeit, Grundhaltung und methodisch-didaktische Kompetenzen die zentralen Voraussetzungen dar. Im Einzelnen meinen sie Folgendes:

Lehrerinnen- bzw. Lehrerpersönlichkeit, „interkulturelles Bewusstsein"
Unterricht kann nicht glaubwürdig interkulturell sein, wenn er nicht von einer entsprechenden Grundhaltung der Lehrperson getragen ist. Merkmale eines solchen „interkulturellen Bewusstseins" – wir sprechen sie hier nur sehr summarisch an – sind etwa: Offenheit, Toleranz, Interesse und Anteilnahme gegenüber anderen Kulturen; Sensibilität gegenüber Rassismus, Nationalismus und Diskriminierung; die Überzeu-

gung, dass alle Sprachen und Kulturen gleichwertig sind, und das Bestreben, alle Schülerinnen und Schüler in ihrer Eigenheit ernst zu nehmen und zu fördern. Als weitere Persönlichkeitsmerkmale, die für den Unterricht im multikulturellen Umfeld von besonderer Bedeutung sind, kommen dazu Kooperations- und Teamfähigkeit (Bereitschaft zur Zusammenarbeit mit Kolleginnen und Kollegen, mit Deutsch-Förder- und herkunftssprachlichen Lehrkräften, mit Eltern).

Pädagogische Grundhaltung

Die Voraussetzungen auf dieser Ebene sind zunächst nicht spezifisch für die multikulturelle Klasse. Ein grundsätzliches Vertrauen in die Schülerinnen und Schüler und der Wille, jedes Kind entsprechend seinen individuellen Voraussetzungen zu fördern, zur Geltung kommen zu lassen und zu integrieren, sind Rahmenbedingungen für jeden guten Unterricht. Ebenso die konkreteren Konsequenzen aus diesen Prinzipien: z. B. die Bejahung eines schülerinnen- und schülerorientierten Unterrichtsstils, eine zurückhaltende Definition der Lehrerinnen- bzw. Lehrerrolle, ein Zugang zum Kind, der sich nicht am Fehler, sondern an der Förderung des individuell Vorhandenen orientiert, die hohe Gewichtung der sozialen und personalen Ziele des Unterrichts, die Schaffung eines Klimas des Vertrauens und der Akzeptanz in der Klasse, die Erziehung zu Toleranz und Kooperativität.

Beziehen wir diese Prinzipien spezifisch auf den Unterricht in mehrsprachigen Klassen, so leiten sich daraus die folgenden Konkretisierungen ab:

- Ein Konzept von Lernerinnen- und Lernerorientierung, das sich bewusst bemüht, den Unterricht – z. B. in der Wahl und Ausgestaltung der Themen – tatsächlich auch an den Hintergründen und Fähigkeiten der Kinder und Jugendlichen mit Migrationshintergrund zu orientieren.

- Ein Verständnis von individueller Förderung, das unter diesem Begriff auch Ernstnehmen und Stärkung der bikulturellen und bilingualen Identität versteht.

- Ein Verständnis von individualisierendem Unterricht, das sich nicht (defizitorientiert) auf die Zuteilung individueller (Förder-)Angebote beschränkt, sondern auch die Planung von Unterrichtssituationen meint, bei denen die einzelnen Schülerinnen und Schüler ihre individuellen Fähigkeiten, ihr sprachliches und kulturelles (Mehr-)Wissen zur Geltung bringen können.

- Ein bewusster Bezug zur Situation der Klasse, wo es um die Erziehung zu Toleranz, Kooperation, Mit- und Voneinanderlernen geht – fassbar als Schaffung von Lernsituationen, bei denen die Klasse selbst erleben kann, dass genau sie der Ort ist, an dem authentisch gelebt und gelernt werden kann, was für das Zusammenleben in der Gesellschaft wichtig ist.

- Ein Verständnis von Interkulturalität als integriertem, fächerübergreifendem Prinzip schulischen Lernens und Zusammenlebens (vgl. Kapitel 3.1).

■ Vertrauen in die Schülerinnen und Schüler auch dort, wo diese in Sprachen lesen und schreiben, die wir nicht verstehen, und wo wir die Ergebnisse nicht unmittelbar kontrollieren können. (Manche Lehrpersonen erleben es zunächst als irritierend, wenn in ihrem Schulzimmer Texte gelesen und geschrieben werden, zu denen sie selbst keinen Zugang haben. Diese Beunruhigung ist grundlos, da wir ja in aller Regel eine Übersetzung oder Nacherzählung auf Deutsch verlangen – in erster Linie aus Interesse, sekundär aber durchaus auch mit Hinblick auf die Deutschförderung. Vgl. hierzu auch den Schluss von Kapitel 4.1.)

Methodisch-didaktische Kompetenzen, Unterrichtsgestaltung

Eine kulturell offene Lehrerinnen- bzw. Lehrerpersönlichkeit und ein sensibilisiertes pädagogisches Bewusstsein sind wichtige Voraussetzungen für interkulturellen Unterricht. Erst wenn sie ihren Niederschlag in der konkreten Praxis des täglichen Unterrichts finden, ändert sich allerdings tatsächlich etwas, wird Unterricht wirklich für alle Kinder „erfahrungsentfaltend und verständigungsorientiert", um eine alte, programmatische Formel von HEGELE/POMMERIN (1983:98) aufzugreifen. Dass sich viele Lehrerinnen und Lehrer bei genau diesem Schritt etwas hilflos fühlen, mag auch damit zusammenhängen, dass in der Aus- und Weiterbildung der Schwerpunkt (wo überhaupt) oft mehr auf der Vermittlung von Hintergrundwissen als auf der von berufspraktischer Handlungskompetenz lag.

Unterricht interkulturell und mehrperspektivisch anzulegen, hat Konsequenzen für die Planung auf verschiedenen Ebenen. Dies entspricht der Vielfalt der Kontexte, in denen interkulturelles Lernen initiiert und integriert werden kann – von der Gestaltung des Schulzimmers, die mit Unterricht an sich noch gar nichts zu tun hat, bis hin zu Großprojekten, in denen die Vielfalt der Kulturen und Sprachen selbst und explizit zum Thema wird. Eine eigene Didaktik und Methodik verlangt die interkulturelle Öffnung des Unterrichts allerdings nicht. In vielem geht es zunächst einmal darum, bekannte und anerkannte Postulate aus den Bereichen Pädagogik und Didaktik bewusst auf die Realität der multikulturellen Schulklasse und Gesellschaft zu beziehen. Chancengleichheit, Schülerinnen- und Schülerorientierung, Individualisierung zählen dazu.

In den Kapiteln 5 und 6 werden die methodisch-didaktischen Aspekte der Planung ausführlich dargestellt und mit Beispielen veranschaulicht. Wir nennen hier nur stichwortartig:

■ (Um-)Formulierung von Lernzielen mit dem Blick auf Voraussetzungen, Sonderkompetenzen und spezifischen Förderbedarf aller Schülerinnen und Schüler.

■ Wahl und Planung von Inhalten in einer Weise, die sie für den Erfahrungshintergrund aller Schülerinnen und Schüler öffnet (d. h. 1. „interkulturelle Erweiterung" traditioneller Themen und 2. lernerinnen- und lernerorientierte Planung neuer, auf das Potenzial und die Ressourcen der Klasse bezogener Inhalte).

■ Reflektierter Umgang mit Themen aus den Lehrmitteln und weiteren Materialien: Erkennen und Beheben monokultureller Einseitigkeiten.

■ Planung von Lernsituationen, die gemeinsames, interkulturelles, entdeckendes Lernen und Austauschen (aber auch gegenseitige Hilfe) ermöglichen; Wahl entsprechender Sozialformen und Medien.

■ Schaffung eines Unterrichtsklimas, das von Vertrauen, Solidarität und gegenseitiger Achtung geprägt ist (Gesprächskultur, Kooperativität).

■ Integration von interkulturellen Aspekten in den gesamten Schulalltag.

Einstellung gegenüber Zweisprachigkeit

Von einer anderen Seite her beleuchtet LUCHTENBERG (1994:209) die Voraussetzungen, die für eine mehrperspektivische Anlage des Unterrichts gegeben sein sollten. Es geht dabei um die Einstellung des Kollegiums bzw. der einzelnen Lehrperson gegenüber Zweisprachigkeit. Der Fragenkatalog, den Luchtenberg in diesem Zusammenhang formuliert, besticht durch seine Konkretheit und sein Anregungspotenzial. Wir geben ihn im vollen Wortlaut wieder:

■ Ist die Mehrsprachigkeit vieler Schülerinnen und Schüler im Schulgebäude sichtbar (z. B. mehrsprachige Beschriftungen, Wegweiser usw.)?

■ Wie gehen die Angestellten der Schule mit der Mehrsprachigkeit um? Wie werden Eltern und Angehörige der bilingualen Kinder aufgenommen?

■ Wie steht es um die Akzeptanz der Erstsprache? Werden Gespräche in ihr geduldet und positiv aufgenommen? Werden die Namen der Kinder und ihrer Herkunftsorte korrekt ausgesprochen bzw. ist ein Bemühen darum erkennbar?

■ Ist die Mehrsprachigkeit einer Klasse im Klassenzimmer sichtbar (z. B. Beschriftung von Gegenständen, Texte zu Fotos, Zeichnungen und Bastelarbeiten)?

■ Sind sprachliche Rituale entwickelt worden, die der Mehrsprachigkeit Rechnung tragen (z. B. Begrüßung in mehreren Sprachen)? Kennen alle Kinder die Namen der Erstsprachen ihrer Mitschüler und Mitschülerinnen und einige Wörter daraus?

■ Ist die Klassenbibliothek mehrsprachig (d. h. gibt es Bücher auch in den Erstsprachen aller Kinder)?

■ Gibt es Spiele und Musikkassetten auch in den Herkunftssprachen?

■ Haben alle Migrantenkinder ein zweisprachiges Wörterbuch, und wird dessen Gebrauch in der Klasse unterstützt?

Zu ergänzen wäre:

■ Werden im Unterricht auch Quellen aus anderen als der deutschen Sprache genutzt (Texte, Websites usw.)?

Zweitspracherwerb
Den Deutscherwerb des einzelnen Kindes stützen

Linguistisches Spezialwissen
- Zweitspracherwerb
- Spezifik von Deutsch als Zweitsprache
- Bedeutung der Erstsprache für Identität und Zweitspracherwerb
- Evtl. Vertiefungswissen zu weiteren Aspekten

Sprachstandsermittlung, diagnostische Kompetenzen
- Stand, Leistungen und Entwicklung im Deutscherwerb einschätzen können
- Prioritäre Förderbedürfnisse erkennen können

Förderung
- Adäquate Fördermaßnahmen festlegen können
- Strategien, Hilfsmittel, DfF-Lehrmittel kennen
- Einschätzen können, wo individuelle Behandlung nötig/wo Teilnahme am regulären Programm sinnvoll

Sprachfördernde Unterrichtsgestaltung
Sprachfördernde Situationen erkennen und planen
- Gespür für sprachfördernde, kooperative Lern- und Interaktionssituationen entwickeln
- Sprachfördernde Situationen im *gesamten* Unterricht erkennen und nutzen können
- Fremdsprachige in ihrer Zweisprachigkeit akzeptieren und fördern

Inhaltliche Öffnung des Unterrichts
Das sprachliche Potenzial der Klasse nutzen

Mehrperspektivische Planung
- Bei der Planung das sprachliche und kulturelle Potenzial der Klasse einbeziehen (inkl. dialektale Ressourcen der einheimischen Kinder); „traditionelle" Themen erweitern, neue Themen finden
- Entsprechende Modelle und Beispiele kennen

Language awareness
- Das eigene Sprach(en)-bewusstsein reflektieren und entwickeln
- Spezifische sprachen- und dialektbezogene Projekte kennen und initiieren können
- Möglichkeiten und Grenzen von Sprachenreflexion auf der Zielstufe kennen

Schule und Umfeld
- Die Mehrsprachigkeit in die Gestaltung von Schulalltag, -zimmern, -ritualen usw. einbeziehen können
- Bezüge zum Umfeld (Eltern, Quartier) herstellen können

Spezielle Kompetenzen

„Didaktische Landkarte"
Lerner/innenorientierter (Sprach-)Unterricht in mehrsprachigen Klassen: Lehrkompetenzen

Basiskompetenzen
(ohne fachdidaktisches Grundwissen)

Linguistische Grundkenntnisse
- Basiswissen zu Kommunikation, Sprachen, Schriften
- Kenntnisse zu Spracherwerb, zu Lernersprachen und Interferenzen
- Komplexität von Anweisungen usw. einschätzen und anpassen können

Methodisch-didaktisches Wissen
- Angebote individualisiert und niveaudifferenziert planen können
- Unterschiedliche Darstellungsmittel und Lehrstrategien kennen
- Arbeits- und Lerntechniken kennen und vermitteln können
- Schülerbeobachtung und -beurteilung

Interkulturelles Wissen
- Basiswissen über Migration und multikulturelle Gesellschaften
- Basiswissen zur Situation von Migrant/innen und zu bikultureller Identität
- Wissen zu interkultureller Elternzusammenarbeit

Einstellungen, Grundhaltungen
- Offenheit gegenüber kultureller und sprachlicher Vielfalt
- Schüler/innenorientierte Grundhaltung
- Integrationsbereitschaft
- Sensibilität gegenüber sozialen Interaktionen
- Kooperationsfähigkeit

3.3   Und die Kinder mit deutscher Muttersprache?

Interkultureller Unterricht wäre nicht interkulturell, wenn er nicht den kulturellen und sprachlichen Erfahrungshintergrund aller Schülerinnen und Schüler aktiv einbeziehen würde. Dazu gehören auch die Erfahrungen und das spezifische Hintergrundwissen der Kinder mit deutscher Erstsprache, und zwar auch jener aus völlig monokulturellen und -lingualen Familien. Dank der für für unsere Gesellschaft charakteristischen Mobilität und Binnenmigration und dank der „inneren Mehrsprachigkeit" großer Teile des deutschen Sprachraums (Dialekte, Landes- und Minderheitensprachen) verfügen auch sie über ein reiches Potenzial, das sich im Rahmen interkultureller Projekte entfalten kann und soll (vgl. Kapitel 4.3.1). Nichts wäre jedenfalls mit Hinblick auf die sozialen und integrativen Ziele der Schule kontraproduktiver, als interkulturelle Lernanlässe so zu planen, dass sich in ihnen die einsprachig aufwachsenden Kinder aus den „alteingesessenen" hiesigen Familien als uniforme, vielleicht sogar etwas langweilige Gruppe gegenüber den zwei- und mehrsprachig aufwachsenden erleben müssen.

Jedes Kind soll seine Erfahrungen einbringen und entfalten, sich mit seiner Kultur auseinander setzen können. Mit Hinblick auf die Kinder mit deutscher Muttersprache – aber auch mit Hinblick auf ihre Kolleginnen und Kollegen, die mit einer anderen Erstsprache aufwachsen – heißt das: Kultureller und sprachlicher Vielfalt, Eigenart, Identität soll nicht nur im europäischen oder globalen Kontext, sondern auch im Binnenraum des eigenen Landes nachgegangen werden. Multikulturalität soll und darf bewusst auch auf die binnenkulturelle, sprachliche und dialektale Vielfalt unseres Landes bezogen werden.

Die Auseinandersetzung mit der hiesigen Kultur und Sprache ist nicht nur für die Identitätsfindung der Kinder aus alteingesessen-monolingualen Familien von Bedeutung. Auch für den Großteil der Kinder mit Migrationshintergrund ist Deutschland, die Schweiz oder Österreich nicht bloß momentaner Aufenthaltsort, sondern das Land, in dem sie möglicherweise ihr ganzes Leben verbringen werden. Das Land also, mit dessen Normen, Traditionen, Gegebenheiten sie sich auseinander setzen müssen, um sich orientieren und, unter Wahrung ihrer kulturellen Eigenständigkeit, integrieren zu können.

Entscheidend ist freilich der Akzent auf „Auseinandersetzung", auf Bewusstmachung und -werdung – auch und gerade für die Kinder aus alteingesessenen Familien. Das heißt: Die hiesige Mehrheitskultur darf nicht bloß den unhinterfragten und undiskutierten Einheitshintergrund bilden, vor dem ausländische Kinder bisweilen exotische Kostproben aus fremden Ländern präsentieren. Sie soll vielmehr in ihrer Vielfalt und Eigenart ebenso bewusst und diskutierbar gemacht werden wie jede andere Kultur (*cultural awareness*, kulturelles Bewusstsein, wäre hier, in Anlehnung an *language awareness*, der Zielbegriff). Erst indem auch die bei uns gängigen Normen,

Traditionen, Ess-, Wohn-, Kleider-, Sprach- und anderen Gewohnheiten nicht einfach als gegeben hingenommen, sondern gleichwertig diskutiert, untersucht, hinterfragt und in Vergleiche einbezogen werden, ergibt sich Kulturbegegnung in einem umfassenden Doppelsinn: Als Begegnung nicht nur mit fremden Kulturen, sondern auch als Begegnung mit der eigenen Kultur und Herkunft, als Bewusstwerden der eigenen kulturellen Identität. Intra- oder binnenkulturelles Lernen wird so zum unabdingbaren Element interkulturellen Lernens.

Dass ausgerechnet die multikulturelle Klasse zum bevorzugten Ort werden kann, an dem auch „einheimische" Schülerinnen und Schüler sich ihrer Identität, Eigenart und Wurzeln auf eine differenzierte, unpathetische Art vergewissern können, ist nur scheinbar ein Paradox. Denn gerade die Vielfalt der heterogenen Gruppe und die Fülle der dadurch möglichen Fragestellungen und Unterrichtsthemen ist es, die den Blick auch auf das Eigene schärfen, die zum Impuls werden kann, der Vielfalt im Binnenraum der eigenen Kultur nachzugehen.

Und das Potenzial an Vor- und Hintergrundwissen, mit dem dabei gerechnet werden kann, ist überaus reich: Kaum ein Kind aus einer „typisch einheimischen" Familie, das nicht Verwandte in anderen Landesteilen hat, das nicht über zwei oder drei Generationen zurück selber aus einer anderen Gegend stammt, das nicht von Ferien in anderen Regionen berichten könnte, das nicht – und sei es über „Gewährsleute" aus Verwandtschaft oder Bekanntschaft – Expertenwissen zu Dialekt, kulinarischen Spezialitäten, Festen, Bräuchen usw. aus anderen Landesteilen einbringen könnte. Dieses Wissen soll aktiviert und genutzt werden, soll in Bezug gesetzt werden zu Beiträgen aus anderen Kulturen, soll zu Austausch und Dialog führen. Übergreifende Fragestellungen, die gleichzeitig intra- wie auch interkulturell bearbeitet werden können, bieten den geeigneten Rahmen dafür; behandelt im Rahmen von schülerinnen- und schülerorientierten Projekten und durchgeführt das eine Mal in kulturell homogenen, das andere Mal in gemischten Gruppen. Auseinandersetzung mit der eigenen Kultur und Horizonterweiterung durch Erfahrungen aus anderen Kulturen gehen hier Hand in Hand.

Exemplarisch für solches Lernen sind viele sprachbezogene Themen, auch wenn, wie der Praxisteil dieses Buches zeigt, sich die Inhalte selbstverständlich keineswegs auf diesen Fachbereich beschränken. Ein einfaches Projekt wie „Hörbeispiele von Sprachen und Dialekten sammeln" (*vgl. UV 30, 31, 35*) macht die Nutzung der doppelten Ressourcen anschaulich sichtbar: Die Vielfalt von Sprachen und Dialekten, die über die zwei- und mehrsprachig aufwachsenden Kinder und ihre Eltern zusammenkommen einerseits, andrerseits dieselbe Vielfalt von bei uns existierenden Dialekten, zu deren Sammlung vor allem die deutschsprachig aufwachsenden Schülerinnen und Schüler beitragen. Projekte dieser Art, bei denen anhand derselben Aufgabenstellung Wissen und Erfahrungen aus allen in der Klasse vertretenen Sprachen, Dialekten und

Kulturen zusammengetragen, verglichen, diskutiert werden, sind im besten Sinne interkulturell und integrativ. – Auf einige für die Planung bedeutsame Unterschiede zwischen Dialekt- und Mehrsprachigkeitsprojekten (bezüglich der Voraussetzungen, möglichen Fragestellungen und Arbeitsschwerpunkten) wird in Kapitel 4.3.1 detaillierter eingegangen.

4 Im Zentrum: Sprache(n)

4.1 Sprachbezogene Projekte: Kernstücke interkulturellen Unterrichts

Schule und schulische Inhalte interkulturell zu öffnen, soll – vgl. Kapitel 3.1 – als generelles Unterrichtsprinzip gelten. Es auf bestimmte Fächer oder Situationen zu beschränken, hieße, so tun, als ob wir nur in diesen Fächern und Situationen Schülerinnen und Schüler mit Erfahrungen und Wissen aus anderen Kulturen bei uns hätten.

Wenn im Zentrum recht vieler interkultureller Unterrichtsvorhaben Sprachen (bzw. Sprachen und Dialekte) stehen, bedeutet dies keinen Widerspruch zu dieser Verankerung interkulturellen Lernens im gesamten Schulalltag; und am allerwenigsten ist daraus abzuleiten, dass Interkulturalität auf das Fach Sprache/Deutsch zu beschränken sei. Allerdings bietet Sprache als zentrales Medium in allen Unterrichtsbereichen logischerweise besonders viele Anknüpfungspunkte. Bei genauerer Betrachtung sind es fünf Gründe, die die Auseinandersetzung mit sprachlichen Fragen zum bevorzugten (Einstiegs-)Thema für interkulturellen Unterricht werden lassen. Die ersten drei betreffen vor allem die Kinder mit nicht deutscher Erstsprache, die anderen den Lernzuwachs der ganzen Klasse.

Sprachbezogene Projekte sprechen das Expertenwissen von Schülerinnen und Schülern mit nicht deutscher Erstsprache in einem Bereich an, in dem sie über dieses wirklich noch verfügen

Sprache zählt – anders als etwa authentisches Wissen über das Herkunftsland und seine Bräuche und Sitten – zu jenen Elementen der Herkunftskultur, die auch nach längerer Zeit in der Migration noch verfüg- und abrufbar sind. Mit der Bezugnahme auf ihre muttersprachlichen Kenntnisse werden die Schülerinnen und Schüler mit Migrationshintergrund in einem Teil ihrer Herkunftsidentität angesprochen, bei dem sie auch dann noch über echtes Sonder- und Expertenwissen verfügen, wenn sie schon längst bei uns leben und zu ihrem Herkunftsland nur mehr eine mittelbare Beziehung haben. Bloßstellungen, Peinlichkeiten und Rollenfixierungen, wie sie etwa bei der Festlegung auf landeskundliches Wissen geschehen können, sind hier viel weniger eine Gefahr. Expertinnen und Experten für die Kultur ihres Herkunftslandes sind Kinder in der Migration oft kaum mehr; Expertinnen und Experten für dessen Sprache (mit allen in Kapitel 2.2.2 beschriebenen Einschränkungen) bleiben sie noch lange. Dass die Möglichkeit, im Rahmen von sprachbezogenen Unterrichtsvorhaben dieses Mehrwissen zur Geltung bringen zu können, gerade jene Schülerinnen und Schüler motivieren und stärken kann, die mit unserer Sprache und Schule sonst eher Mühe haben, liegt auf der Hand.

Sprachbezogene Projekte erlauben, einen wichtigen Teil der bikulturellen Identität in die Schule einzubringen und zu fördern, ohne zugleich die Intimität der Persönlichkeit zu tangieren

Sprache – die Muttersprache zumal – ist etwas sehr Persönliches, etwas, was die Identität eines Menschen mit prägt. Genau deswegen ist sie ja auch etwas, was in der Schule nicht einfach ausgeklammert werden darf. Zu den im eigentlichen Sinne individuellen Merkmalen der Persönlichkeit aber zählt sie nicht. Als Element der kulturellen Identität ist sie vielmehr etwas, was man mit den anderen Angehörigen seiner Kulturgemeinschaft gemeinsam hat, was einen mit diesen zwar verbindet, wofür man aber nicht „haftbar" ist. Reden über die eigene Muttersprache betrifft einen zwar persönlich, aber in einem Bereich, der fraglos distanzierter ist, als wenn es um ureigen individuelle Merkmale der Identität (Charakter, familiäre Situation und Prägung usw.) ginge. Und anders als andere Aspekte der kulturellen Identität und Tradition (Heiratsbräuche, Geschlechterrollen, Tischsitten usw.) ist Sprache auch etwas, was weniger anfällig auf Wertungen, Bloßstellungen oder Exotik ist.

Sprachenbezogene Projekte bieten Kindern mit Migrationshintergrund den Raum, ein konstituierendes Merkmal ihrer Herkunftsidentität einzubringen und positiv zu leben, ohne sich dabei allzu persönlich zu exponieren. Zugleich tun sie das in einem Bereich, in dem Sonderwissen auch bei Kindern noch vorhanden ist, deren sonstige Verbindung zur Herkunftskultur nur mehr dünn und mittelbar ist.

Sprachbezogene Projekte können die Stärkung der nicht genuin deutschsprachigen Schülerinnen und Schüler in ihrer muttersprachlichen Kompetenz unterstützen

Wie wichtig die Erstsprache bzw. deren Förderung auch mit Hinblick auf den Erwerb der Zweitsprache ist, sahen wir in Kapitel 2. Auch Rahmeninstrumente wie Lehrpläne, offizielle Empfehlungen oder Gesamtsprachenkonzepte verlangen die Stärkung der Muttersprache. Mehrsprachigkeitsprojekte stellen einen der im Rahmen des Regelklassenunterrichts leistbaren Beiträge zu dieser Förderung dar. Sie tun dies selbstverständlich in einem anderen, indirekteren Sinne als etwa der herkunftssprachliche Unterricht bzw. die Kurse in Heimatlicher Sprache und Kultur. Ihr Beitrag ist aber nicht zu unterschätzen, denn in ihnen erfahren und erleben das nicht deutschsprachige Kind und seine Eltern in unmittelbarer Weise, dass ihre Erstsprache Gegenstand der Wertschätzung und des Interesses auch im wichtigen Sozialraum der Schule des Gastlandes ist. Diese Wertschätzung kann in einem für Menschen in der Migration sonst oft eher kühlen Umfeld vertrauensbildend und identitätsstärkend wirken.

Sprachbezogene Projekte – unter Einbeziehung der einheimischen Dialekte – stellen bevorzugte Anlässe für gemeinsames, forschendes Lernen von Schülerinnen und Schülern verschiedener Erstsprache am selben Gegenstand dar

Aufgrund der sprachlichen Situation beträchtlicher Teile des deutschen Sprachraums verfügen auch viele monolingual deutschsprachig aufwachsende Kinder mindestens über zwei Sprachvarianten (Dialekt und Standardsprache). Dazu kommt oft die Kenntnis eines oder mehrerer zusätzlicher Mundarten (aus der Familie, aus den Ferien, vom Fernsehen her) oder zumindest die Möglichkeit, über Verwandte, Freunde oder im Internet entsprechende Informationen einzuholen.

Um dieses Wissen zu aktivieren, soll sprachliche Vielfalt immer wieder nicht nur auf den internationalen, sondern auch auf den Binnenraum unseres Landes bzw. unserer Dialekte bezogen werden. Entsprechende Projekte bieten einen besonders günstigen Rahmen für kooperatives, sachbezogenes Arbeiten von Schülerinnen und Schülern mit deutscher, resp. mit einer anderen Erstsprache. Sie wirken einer kontraproduktiven Trennung der beiden Gruppen entgegen (vgl. Kapitel 3.3) und unterscheiden sich positiv von jenen „interkulturellen" Settings, bei denen die „Fremdsprachigen" punktuell und isoliert auf den Sockel gestellt werden.

Viele der konkreten Vorschläge im Praxisteil folgen diesem erweiterten Konzept von Sprachenvielfalt, indem sie die gemeinsame Arbeit an übergreifenden Fragestellungen unterstützen. Ein Beispiel findet sich am Schluss von Kapitel 4.3.1; dort wird auch näher auf die Spezifik der Fragestellungen und Möglichkeiten im Rahmen von Dialekt- bzw. Mehrsprachigkeitsprojekten hingewiesen.

Die bisher genannten Punkte betrafen die Stärkung der bilingualen und bikulturellen Identität sowie das integrative, gemeinsame Lernen von deutsch- bzw. andersprachig aufwachsenden Schülerinnen und Schülern in einem umfassenderen Sinne. Der fünfte ist fachspezifischer. Er betrifft einen Bereich, der in mehrsprachigen Klassen fraglos von besonderer Aktualität ist.

Speziell mit Hinblick auf das Fach Deutsch und die sprachliche Förderung gilt: Sprachbezogene Projekte, interkulturell geöffnet, können allen Schülerinnen und Schülern einen Wissenszuwachs in einem Unterrichtsbereich von hoher Bedeutung bringen

Sprache ist das zentrale Medium unserer Kommunikation, dies gilt im außerschulischen wie im schulischen Leben. In der Schule nimmt Sprache eine dreifache Rolle ein: Als etwas, dessen Beherrschung maßgeblich über Schulerfolg und Chancenvergabe entscheidet, als eigener Unterrichtsgegenstand, d. h. als etwas, das verbessert und geübt wird, worüber man aber auch – gerade weil es so existenziell und zentral ist – nachdenken und „forschen" kann, und schließlich eben als selbstverständliches Medium, das die Kommunikation in allen Fächern ermöglicht.

Vor allem mit Bezug auf den zweiten Punkt, Sprachreflexion und -betrachtung, werden dem Unterricht durch die Einbeziehung der nicht deutschen Sprachen und der nicht lokalen Dialekte neue Dimensionen erschlossen. Sich mit Fragen der Kommunikation und Sprache in einem interkulturell erweiterten Rahmen auseinander zu setzen, führt zu einer Horizonterweiterung und zu einer Sensibilisierung des Sprachbewusstseins (*language awareness*, vgl. Kapitel 4.2.2). Vergleiche mit dem gestischen Repertoire anderer Kulturen, mit Klangbildern anderer Sprachen, mit Ähnlichkeiten und Verschiedenheiten von Wörtern sind von den ersten Schuljahren an möglich; sie können ausgebaut werden bis hin zu Betrachtungen im Bereich des Laut- und Zeichen bestands, der Wort-, Formen- und Satzbildung. Neben dem Blick über die Grenzen der eigenen Sprache helfen solche Lernanlässe, Eigenheiten unserer Sprache gerade im Vergleich zu anderen zu erkennen und bewusster werden zu lassen. Die in der Begegnung und im Vergleich mit anderen Sprachen geschärfte *language awareness* schlägt sich dadurch nicht zuletzt als erhöhte Bewusstheit und Aufmerksamkeit im Umgang mit der eigenen Sprache nieder. Beispiele für entsprechende Lernanlässe bieten etwa die Unterrichtsvorschläge 66 „Sprachliche Phänomene, interkulturell untersucht: Der Blick über die Grenzen und zurück" und 67 „Sprachvergleiche Wort für Wort: Spannende Einsichten im Detail"; vgl. auch OOMEN-WELKE (1998: 198ff): „Schülerinnen und Schüler als ExpertInnen im mehrsprachigen Unterricht".

Darüber hinaus kommt die Vertrautheit im Umgang mit anderen Sprachen auch dem schulischen Fremdspracherwerb zugute. Zum einen erleichtert sie, in der Art eines Propädeutikums, den Einstieg in diesen. „Fremde" Sprachen sind nicht mehr so fremd, die Begegnung mit ihnen ist nichts grundsätzlich Neues, auch wenn es nun um eine andere, systematischere Art des Lernens geht. Zum andern unterstützen das Interesse, der erweiterte Horizont und die analytischen Fähigkeiten, wie sie im Rahmen von Sprachbegegnungsprojekten entwickelt werden, die Geläufigkeit und Flexibilität auch im Umgang mit Andersheiten der schulischen Fremdsprachen wie z. B. Englisch oder Französisch.

Die Schülerinnen und Schüler mit nicht deutscher Erstsprache spielen in diesen Sprachbegegnungsprojekten eine wichtige Rolle als Fachleute und authentische Vermittlerinnen und Vermittler. Dasselbe gilt, wie oben ausgeführt, für die Kinder mit Deutsch als Erstsprache, wenn dialektale Vielfalt einbezogen wird. Ziel der Begegnungen ist natürlich nicht der lehrgangmäßige Erwerb fremdsprachiger Kompetenzen. Worum es geht, ist vielmehr die Förderung des Sprachbewusstseins, der Freude an Sprache und der Neugier gegenüber Sprachen, aber auch der Kreativität und Fantasie (vgl. Kapitel 4.2.1). Dementsprechend sind auch die Lernsituationen zu planen: In einer Weise, die in sich sprach- und kommunikationsfördernd ist, indem sie entdeckendes, handelndes und spielerisches Lernen zulässt und fördert.

Bei alledem darf sich Interkulturalität im Sprachunterricht nicht auf den Bereich Sprachbetrachtung/Grammatik beschränken, wenn Schülerinnen und Schüler mit Migrationshintergrund sich und ihre Sprachen wirklich ernst genommen fühlen sollen. Auch in den Teilbereichen Lesen, Schreiben, Hören und Sprechen ergeben sich vielfache Anknüpfungspunkte. Präsenz und Einbeziehung von Texten (Bücher, Websites etc.) aus den verschiedenen Sprachen der Klasse gehören ebenso dazu wie das gelegentliche Schreiben in der Erstsprache oder das Vortragen eines Gedichts oder einer gestisch untermalten Szene in derselben.

Bedenken, dass mit dem Lesen oder Schreiben in der Erstsprache dem Deutschunterricht etwas abgeht, braucht man nicht zu haben. Die Kinder sollen mit den für uns unverständlichen Texten ja nicht einfach still beschäftigt (bzw. „kalt gestellt") werden. Vielmehr ist es eine Selbstverständlichkeit, dass wir uns für diese Texte interessieren und erfahren möchten, was hier nun gelesen oder geschrieben wurde. Dies jedoch ist nur durch eine Übersetzung oder Paraphrase möglich – so gut es auf dem jeweiligen Stand geht –, und damit ist auf jeden Fall eine ansehnliche Leistung auch im Deutschen zu erbringen. Eine Leistung, die aber vermutlich umso bereitwilliger erbracht wird, als es dabei ja nicht einfach um eine Sprachübung geht, sondern um das echte Kommunizieren eines Inhalts, für den man als Experte oder Expertin zuständig und unerlässlich ist.

4.2 Fremdsprachen und fremde Sprachen in der Schule: Ansätze, Ziele

Eine Öffnung des Sprachunterrichts, die Raum lässt für die verschiedenen Herkunftssprachen und Dialekte der Klasse, erweist sich in vielfacher Hinsicht als sinnvoll und als förderlich für das sprachliche Lernen aller Schülerinnen und Schüler (vgl. Kapitel 4.1). Sprachen- und Dialektprojekten kommt insofern eine besondere Bedeutung im interkulturellen Unterricht zu. Wie verhält sich nun aber das in diesen Projekten initiierte Lernen zum eigentlichen schulischen Fremdspracherwerb?

Die nachfolgenden Ausführungen gehen auf die grundsätzlichen Unterschiede, aber auch auf die fruchtbaren Wechselbeziehungen zwischen Mehrsprachigkeitsprojekten und Fremdsprachenunterricht ein. Sie berücksichtigen auch die neueren Ansätze des Fremdsprachenunterrichts, die in einer Übersicht kurz zusammengefasst werden.

4.2.1 Zwei Grundtypen: Erwerbs- bzw. Begegnungsorientierung

Spricht man im Zusammenhang mit der Volksschule von Fremd- bzw. fremden Sprachen, ist in der Regel der systematische Zweit- resp. Drittspracherwerb im

Rahmen von kursorischen Lehrgängen gemeint. Gegenstand dieser Lehrgänge sind Sprachen mit hohem Gebrauchs- und Prestigewert (bei uns v. a. Englisch und Französisch). Ziel des schulischen Fremdsprachenunterrichts ist immer eine – mehr oder weniger anspruchsvoll definierte – Beherrschung der betreffenden Sprache. Fremdsprachenunterricht ist in jedem Falle erwerbsorientiert.

Methodisch ist dabei neben das traditionelle Durcharbeiten eines Lehrgangs eine Reihe neuerer Formen getreten (immersiver Unterricht, Embedding, inhaltsorientierter Fremdsprachenunterricht bzw. bilingualer Sachunterricht; vgl. die Übersicht in Kapitel 4.2.2). Diese Formen betreffen zum Teil die Einführungsphase, zum Teil ergänzen sie den kursorischen Teil. Zu den übergreifenden Merkmalen dieser Ansätze zählt der Versuch, den Fremdspracherwerb aus seiner Isolation zu lösen bzw. ihn durch die Verbindung mit Lerninhalten anderer Fächer authentischer zu gestalten. Die zu lernende Sprache wird dabei gleichzeitig als Unterrichtssprache verwendet; sie ist „nicht mehr bloß Gegenstand, sondern vielmehr Medium des Lernens" (STERN 1998:4).

Vom erwerbsorientierten Fremdsprachenunterricht in seinen verschiedenen Formen unterscheiden sich die begegnungsorientierten Sprachen- und Dialektprojekte, wie sie Gegenstand dieses Buches sind. Ihren Hintergrund bilden die Konzepte „Begegnung mit Sprachen" und *language awareness/éveil au langage*, deren Wurzeln im Überlappungsbereich von Interkultureller Pädagogik und Sprachdidaktik liegen. Die Unterschiede dieser Konzepte zum Fremdsprachenunterricht lassen sich folgendermaßen fassen:

- Ihr Ziel ist nicht der Erwerb einer Fremdsprache, sondern erstens die Begegnung mit verschiedenen Sprachen (und Dialekten) als Teil der interkulturellen Erziehung und zweitens die Entwicklung des Sprach(en)bewusstseins als Teil der sprachlichen Erziehung bzw. Sensibilisierung. Ein produktiver Transfer auf den Erst- und Fremdsprachenunterricht ist dabei zumindest intendiert.
- Ihr Gegenstand sind nicht die Weltsprachen von hohem Prestige, sondern die in der Klasse (und ihrem Umfeld) vorhandenen Sprachen. Dabei handelt es sich zumeist um die von Ansehen und globalem Gebrauchswert her tiefer rangierten Migrationssprachen (Türkisch, Albanisch, Kurdisch, usw.).
- Ihre Orientierung ist nicht „produktbezogen", sondern ressourcen- bzw. schülerinnen- und schülerbezogen.

Während die schulische Vermittlung „prestigehoher" Fremdsprachen eine lange Tradition hat, wäre es bis vor nicht allzu langer Zeit schwer denkbar gewesen, die ganze Vielfalt der Migrations- und anderen Sprachen in der Klasse zum positiven Wert zu deklarieren und sie im Rahmen von Begegnungen usw. zu thematisieren. Voraussetzung für dieses Umdenken war die Ablösung der auf Assimilation und Monolingualität ausgerichteten „Ausländerpädagogik" durch das neue Konzept einer begegnungsorientierten Interkulturellen Pädagogik (vgl. Kapitel 3.1).

4.2.2 Von CLIL bis language awareness – Übersicht der Ansätze

Zur begrifflichen Klärung und als Verständnishilfe bietet die folgende Zusammenstellung eine kurze Charakteristik der verschiedenen neuen Ansätze, die hinter der Auseinandersetzung mit Fremd- bzw. mit fremden Sprachen in der Schule stehen. Als Grobraster dient die Zweiteilung erwerbsorientiert, nicht erwerbsorientiert.

Erwerbsorientierte Ansätze

Immersion („Eintauchen"). Von Immersion spricht man, wenn der gesamte, mindestens aber die Hälfte des Unterrichts in der Zweit- bzw. Fremdsprache erteilt wird. In der Regel erfolgt dies erst nach einer mindestens zweijährigen „kursorischen" Einführung der Lernenden in die betreffende Sprache, damit diese überhaupt als Medium zur Vermittlung von Inhalten eingesetzt werden kann (vgl. WODE 1995:14, 89ff). Die Wurzeln des Immersionsansatzes liegen in Kanada; im deutschsprachigen Raum wurden Erfahrungen z. B. im Burgenland (deutsch-kroatisch), in Kärnten (deutsch-slowenisch) und im Kanton Graubünden (deutsch-rätoromanisch) gesammelt. Totale Immersion ist – wenngleich seitens der Lehrperson oft unbewusst – tägliche Realität für viele Schülerinnen und Schüler mit nicht deutscher Erstsprache, die sämtliche Lerninhalte in Deutsch zu verarbeiten haben.

Bilingualer Sachunterricht/inhaltsorientierter Fremdsprachenunterricht/content and language integrated learning (CLIL). Gemeint ist die ganze oder teilweise Vermittlung und Bearbeitung von Inhalten aus Sachfächern (z. B. Geschichte oder Geografie) in einem Miteinander aus schulischer Fremdsprache und Deutsch; dies vorrangig in den oberen Klassen (z. B. ab 7. Schuljahr) und parallel zum regulären kursorischen Unterricht in der betreffenden Fremdsprache. Vorausgesetzt sind eine Einführung und gewisse Fertigkeiten v. a. im Hörverstehen und Sprechen sowie eine „sprachdidaktische Ausrichtung der Sachfächer, damit der L2-Erwerb (= Zweitspracherwerb, BS) gezielt unterstützt und gefördert werden kann" (STERN u. a. 1998). Die Vorteile des inhaltsorientierten Fremdsprachenunterrichts, wie sie etwa in den Praxismaterialien von ERIKSSON u. a. (2000) sichtbar werden, liegen u. a. in der natürlicheren Spracherwerbssituation, in der höheren Eigenverantwortlichkeit der Lernenden und in der Nutzung von Synergien zwischen sprachlichem und sachlichem Lernen.

Embedding („Einbetten"). Der vergleichsweise neue und begrifflich noch nicht ganz scharfe Ansatz wird vor allem auf den frühen schulischen Fremdspracherwerb bezogen (z. B. Englisch ab erstem oder zweitem Schuljahr). Gemeint ist ein zweisprachiger Unterricht, der sich möglichst eng an den natürlichen Spracherwerb anlehnen möchte. Im Zentrum steht weniger die Sprachproduktion als die unbewusste Aufnahme

und Gewöhnung an die Fremdsprache im Rahmen motivierender, stressfreier Unter-
richtssettings (vgl. GALLAGHER 1999). Vom bilingualen Sachunterricht unterscheidet
sich Embedding v.a. dadurch, dass es nicht durch kursorischen Unterricht in der
Fremdsprache flankiert wird, durch die Situierung im Curriculum der ersten Schuljahre und durch eine stärker spielerische Ausrichtung. Die effektive Vermittlung von ab-
rufbarem Sachwissen ist gegenüber der Sprachgewöhnung schwächer gewichtet.
Entsprechende Versuche in der Schweiz (Kanton Zürich) wurden durch einfache Formen von CLIL (s. o.) ersetzt, welche sich für das zur Verfügung stehende geringe
Zeitbudget (rund zwei *Stunden pro Woche*) besser eignen.

Nicht erwerbsorientierte Ansätze
Begegnung mit Sprachen. Die Ursprünge des Konzepts „Begegnung mit Sprachen"
liegen in den multikulturellen Schulen Englands, wo bereits in den frühen 80er-Jah-
ren Unterrichtsmaterialien zum produktiven Umgang mit Sprachenvielfalt und Bilingualismus entwickelt wurden („The Children's Language Project"). Die damaligen
Ziele (vgl. COUILLAUD 1984) sind bis heute aktuell. Sie decken sich zu einem guten Teil
mit jenen des *language awareness*-Konzepts (s. u.), sind aber deutlicher in der Tradi-
tion der interkulturellen und antirassistischen Pädagogik verwurzelt:
- Entfaltung der produktiven Seite der Sprachenvielfalt in der Klasse.
- Beziehungen und Unterschiede zwischen Sprachen und Dialekten entdecken.
- Thematisierung von schülerinnen- und schülernahen Fragestellungen im Bereich
  Zweisprachigkeit (inkl. Standardsprache und Dialekte).
- Voraussetzungen schaffen, dass die Sprachen auch in der Entwicklung der sozialen
  Identität der Schülerinnen und Schüler die ihnen zukommende Rolle spielen können.

Der Ansatz „Begegnung mit Sprachen" ist sachgemäß stark an den individuellen
Ressourcen der einzelnen Klasse orientiert (Sprachen und Dialekte der jeweiligen Kin-
der und aus ihrem Umfeld). Insofern verbieten sich standardisierte Materialien und
Lehrmittel; hingegen liegen einige offen konzipierte und auf verschiedene sprachli-
che Situationen adaptierbare Materialien vor (vgl. die mit einem * gekennzeichneten
Titel in der Bibliografie).
Terminologisch verwandt, inhaltlich aber etwas anders gelagert sind die aus der Lite-
ratur ebenfalls bekannten Konzepte „Begegnungssprachen" und „Sprache des
Nachbarn". Sie wurden in einigen Bundesländern Deutschlands entwickelt und ha-
ben z. T. eine stärker fremdsprachenpropädeutische Ausrichtung. Bei „Sprache des
Nachbarn" liegt der Schwerpunkt auf Begegnungen mit Sprecherinnen und Spre-
chern der angrenzenden Sprachen (z. B. organisierte Schülerkontakte im Grenzbe-
reich zu Polen, Frankreich oder Holland; vgl. LANDESINSTITUT 1992b, BURK 1992,
HEGELE 1994, JACOBI 1997).

Language awareness/éveil au langage/Sprach(en)bewusstheit. Auch dieser Ansatz stammt ursprünglich aus dem englischen Sprachraum und hat von Anfang an drei Dimensionen (vgl. LUCHTENBERG 1992:65f). Zum Ersten bezieht er sich auf das Sprachenlernen im Erstsprachbereich (Kompetenzerhöhung durch Bewusstmachung und Sprachreflexion), zum Zweiten auf den Fremdsprachenunterricht (Reflexion und Vergleich als Brücke und Lernhilfe zwischen den Sprachen), und zum Dritten auf den Umgang mit Sprachenvielfalt in mehrsprachigen Klassen. In allen drei Facetten wird der Begriff auch bei uns verwendet. Die Deutschdidaktik legt den Hauptakzent dabei mehr auf den Aspekt Sprachreflexion im Binnenraum der deutschen Sprache (inkl. Vergleiche Mundart – Hochsprache). Demgegenüber stellt die interkulturelle Pädagogik (und ähnlich verschiedene Junior-Versionen des europäischen Sprachenportfolios) eher die Auseinandersetzung mit sprachlicher Vielfalt ins Zentrum.

Übergreifende Ziele sind dabei (nach JAMES/GARRETT 1992:12ff und LUCHTENBERG 1992:67):

- Neugierde und Interesse gegenüber Kommunikation, Sprache(n) und Dialekten wecken.
- Interesse und Akzeptanz gegenüber sprachlicher (und dialektaler) Vielfalt wecken.
- Sprachreflexion, -vergleich und -analyse anregen (z. B. auch Mundart – Hochsprache).
- Sprachhandeln in seiner situativen und soziokulturellen Gebundenheit bewusst machen (z. B.: Mit wem spreche ich wann wie?).
- Mittel und Strategien sprachlicher Gestaltung (inkl. Sprachmanipulation) kennen und durchschauen lernen (Aufbau von Gedichten, Sprache der Werbung usw.).
- Metasprachliche Kommunikation (Gestik, Mimik usw.) reflektieren und initiieren.

4.2.3 Fremdspracherwerb und Mehrsprachigkeitsprojekte: Fruchtbare Wechselbeziehungen

Trotz der unterschiedlichen Zielsetzungen von erwerbsorientertem Fremdsprachenunterricht und begegnungsorientierten Mehrsprachigkeitsprojekten können sich die beiden Formen gegenseitig aufs Beste ergänzen und bereichern. Neugier, Offenheit und Selbstverständlichkeit im Umgang mit nicht deutschen Sprachen, wie sie in frühen Sprachbegegnungsprojekten geweckt werden, wirken sich auch auf die Begegnung mit der ersten schulischen Fremdsprache aus und reduzieren entsprechende Schwellenängste. Die im Experimentieren mit und im Nachdenken über Sprachen und Dialekte geschulte *language awareness* kommt dem Fremd- wie dem Muttersprachunterricht in Form von sprachlichen Einsichten, Kompetenzen, Strategien zugute.

Umgekehrt verfügen die Schülerinnen und Schüler dank dem Fremdsprachenunterricht mit der Zeit über immer mehr Kenntnisse von Strukturen und Wortschatz einer zweiten Sprache. Dazu treten das grammatikalische Know-how und die entsprechenden Begriffe, wie sie im Deutschunterricht auf- und ausgebaut werden. Alle diese Kompetenzen sind in den oberen Schuljahren verfügbar und erlauben anspruchsvollere Frage- und Aufgabenstellungen bei Betrachtung und Vergleich von sprachlichen Phänomenen in anderen Sprachen bzw. Dialekten.

Ein unspektakuläres Beispiel soll die vielfältigen Bezugsmöglichkeiten von Fremdsprachen- und interkulturellem Sprachunterricht illustrieren:

5. Klasse, Frühfranzösisch: Die Namen von fünf Früchten werden auf Französisch gelernt, aufgeschrieben und in kleinen Rollenspielen gefestigt. Im Anschluss sammeln die Kinder die Namen dieser Früchte in ihren Sprachen und Dialekten und notieren sie auf kleinen Zetteln, je mit Angabe der Sprache. Sie legen die Zettel auf fünf große Plakate, die bereits mit dem Namen und evtl. einem Bild der betreffenden Frucht auf Französisch versehen sind. In fünf Gruppen setzen sie sich nun mit den Zetteln zu ihrem Plakat auseinander und gruppieren sie nach eigenen Kriterien (Ähnlichkeit im Wortbild oder -klang). Anschließend stellen sich die Gruppen ihre Plakate vor. Gemeinsam werden Rückfragen (Aussprache usw.) geklärt und evtl. zusätzliche Einsichten erarbeitet (z. B.: Warum klingen die Wörter in den romanischen Sprachen oft ähnlich?). Das Beispiel ist selbstverständlich schuljahr- und anforderungsmäßig transferierbar (Frühenglisch: „cat" in verschiedenen Sprachen; 7./8. Klasse: Stellung der Satzglieder im Französischen und Englischen – wie ist das in den anderen Sprachen unserer Klasse?).

4.3 Dialekt- und Mehrsprachigkeitsprojekte

4.3.1 Feine, aber wichtige Unterschiede

In den Kapiteln 3.3 und 4.1 war von den doppelten Chancen die Rede, von denen interkulturell geöffneter Sprachunterricht in der spezifischen Situation des deutschen Sprachraums profitieren kann: Neben die „internationale" Vielfalt an Sprachen, wie sie vor allem durch die Schülerinnen und Schüler mit Migrationshintergrund präsent und abrufbar ist, tritt die für ihn charakteristische Binnenvielfalt an regionalen und lokalen Dialekten; ergänzt im Falle der Schweiz um die drei weiteren Landessprachen und im Falle von Deutschland und Österreich um die dortigen Minderheitensprachen

(Dänisch, Friesisch, Slowenisch, Kroatisch, Romanes etc.). Hier kommt vor allem das Expertenwissen der einheimischen Schülerinnen und Schüler mit deutscher Erstsprache zum Zuge.

Der Hauptakzent liegt dabei weniger auf den nicht deutschen Landes- oder Minderheitensprachen (die für die meisten Kinder ja ebenfalls Fremdsprachen sind) als auf der dialektalen Vielfalt. Auch in Klassen, in denen kein Kind einen anderen als den ortsüblichen Dialekt spricht, bestehen via Eltern, Verwandte und Bekannte meist zahlreiche Bezüge zu anderen Regionen. Entsprechend unaufwändig sind Informationen aus anderen Dialekten einzuholen. Dazu kommt, dass manche „typischen" Dialekte ohnehin vom Fernsehen her zumindest passiv bekannt sind und zusätzlich im Internet mit dem Suchbegriff „deutsche Dialekte" eine Fülle von Hörproben zu finden ist.

Durch die Einbeziehung der dialektalen Vielfalt – sei sie beschränkt auf das eigene Land oder erweitert auf den ganzen deutschen Sprachraum – eröffnen sich neue und spannende Möglichkeiten und Fragestellungen, die Sprachbewusstsein und -reflexion fördern. Sie lassen sich gut durch Rollenspiele, Hörbeispiele, Bezug zur schulischen Verwendung, zum Fernsehen usw. anreichern. Sie aktivieren die Ressourcen der monolingual deutschsprachig aufwachsenden Schülerinnen und Schüler und vermitteln jenen mit nicht deutscher Erstsprache einen zusätzlichen Einblick in eine Eigenheit unseres Landes und Sprachraums. Nicht von ungefähr wird in neuerer Zeit auch von der Sprachdidaktik her auf die unterrichtlichen Chancen hingewiesen, die eine dialektal geprägte Sprachensituation mit sich bringt (vgl. KLOTZ/SIEBER 1994). Klar ist, dass das Thema „Dialekte" in stark mundartgeprägten Gebieten wie Bayern, Tirol oder der Deutschschweiz aktueller ist als in Regionen, in denen sich Umgangs- und Standardsprache nur wenig unterscheiden.

Projekte, in denen (auch) im Bereich der Dialekte gearbeitet wird, unterscheiden sich von sprachübergreifenden Mehrsprachigkeitsprojekten allerdings in einigen Punkten, die auch für die Planung von Bedeutung sind. Wir gehen auf sie ein, nachdem wir kurz die didaktischen Seiten der Unterscheidung Sprache – Dialekt beleuchtet haben, die ja bei Dialektprojekten implizit immer vorausgesetzt wird.

Diese Unterscheidung (Sprache – Dialekt) ist in vereinfachter Form zumindest für Kinder mit deutscher Erstsprache schon früh zu leisten. Eine empirische Untersuchung (HÄCKI-BUHOFER 1994:208f, vgl. 1998:21ff) zeigt, dass bereits Kinder der Elementarstufe durchaus fähig sind, gröbere Unterschiede zwischen Sprachvarietäten zu erkennen. Das Erkennen feinerer Differenzen und die korrekte Benennung der Varietäten können hingegen bei 6–8-Jährigen noch nicht vorausgesetzt werden. Dies gilt fraglos erst recht bei Kindern mit nicht deutscher Erstsprache, die über kein genuines Sprachgefühl im Deutschen verfügen. Dies zeigt sich auch darin, dass deren Orientierungskompetenz zwischen Mundart und Hochsprache deutlich schwächer ist als jene von Kindern und Jugendlichen mit Deutsch als Erstsprache (vgl. SCHADER 2003a).

In den ersten sechs Schuljahren können im Themenfeld Sprache – Dialekt mindestens die folgenden drei Begriffspaare thematisiert werden:
- „Unsere" Sprache (= der regionale Dialekt oder die Standardsprache) – verschiedene (Fremd-)Sprachen (die wir und die sich gegenseitig nicht verstehen).
- Unsere Sprache (= unser Dialekt) – Hochdeutsch.
- Unser Dialekt – andere deutsche Dialekte.

Unterschiedliche Voraussetzungen

Viele Unterrichtsvorschläge im Praxisteil beziehen die Dialekte mit ein; dies oft als zusätzliches Untersuchungsgebiet für die Schülerinnen und Schüler mit Deutsch als Erstsprache (vgl. z. B. *UV 6, 8, 31, 35, 81*). Dabei ist bei der Planung immer zu bedenken, dass Fragestellungen in Zusammenhang mit den einheimischen (deutschen) Dialekten (oder mit den Unterschieden zwischen Dialekt und Standardsprache) ein gut entwickeltes Sprachgefühl für Mundart und Hochsprache voraussetzen. Über ein solches Sprachgefühl verfügen nur deutschsprachig aufgewachsene *native speakers* oder Kinder, die sich bereits außerordentlich gut in unseren Sprachformen zurechtfinden. Für die anderen Schülerinnen und Schüler können solche Fragestellungen leicht eine Überforderung darstellen und Verwirrung auslösen. Am ehesten zugänglich sind ihnen vermutlich Vergleiche zwischen Mundart und Hochsprache, die, bei angemessener didaktischer Aufbereitung, sogar zur Klärung der Spezifik der beiden Varietäten beitragen.

Die fehlenden Voraussetzungen mancher Kinder mit nicht deutscher Erstsprache für die Bearbeitung gewisser Themen im Bereich deutsche Dialekte stellen allerdings meist kein großes Problem dar. Sehr oft lässt sich die gleiche sprachliche Fragestellung übergreifend bearbeiten: Einige Gruppen gehen ihr im „internationalen" Rahmen nach, andere im Binnenraum der hiesigen Dialekte. Auf diese Weise ergeben sich zugleich gute Möglichkeiten zur Schülerinnen- und Schülerorientierung und zur Differenzierung. Damit wirklich produktives Lernen stattfindet, müssen die Aufträge an die einzelnen Gruppen allerdings bisweilen spezifiziert werden und ist die Gruppenzusammensetzung gut vorzuüberlegen.

Unterschiedliche Frage- und Aufgabenstellungen

Die Möglichkeiten und Fragestellungen bei eigentlichen Mehrsprachigkeitsprojekten sind nicht ganz dieselben wie bei Projekten, bei denen es um Dialekte (inkl. Vergleich Dialekt – Standardsprache) geht. Sie unterscheiden sich in folgender Hinsicht:

■ Bei dialektbezogenen Themen ist der Input (das Sprachmaterial) in der Regel verständlich. Wörter, Endungen usw. können als solche identifiziert werden; Unterschiede zwischen den Dialekten (wie auch zwischen Mundart und Hochsprache) können bewusst gemacht und untersucht werden. Bei unbekannten Sprachen ist dies nicht gegeben. Damit werden auch differenziertere Fragestellungen möglich.

Beispiel: „Sammelt die gängige Grußformel, die Wörter für ‚Mädchen', ‚ziehen', ‚schneien' oder die Zahlwörter in möglichst vielen Dialekten. Benennt die Unterschiede möglichst genau. Lassen sich die Wortvarianten nach gewissen Kriterien ordnen? Steckt Fähnchen mit den Wörtern auf eine Landkarte. Gibt es Beziehungen zwischen der Verteilung auf der Karte und den Gruppen, in die ihr die Wörter sortiert habt? Kennt ihr weitere Wörter aus den beigezogenen Dialekten, wo der gleiche Mechanismus (z. B. ‹ü:› statt ‹ie› wie in ‹flüüge› – ‹fliegen›) spielt? Haltet eure Beobachtungen zu jedem Punkt fest."

■ Auf dem Boden der binnensprachlichen Vielfalt sind Tiefenbohrungen möglich. Demgegenüber ermöglicht der weite Horizont der „fremden" Sprachen zunächst (Kindergarten, 1.–3./4. Schuljahr) eher globale, intuitive Erkenntnisse und Vergleiche. Ihr Wert für das Vertrautwerden mit anderen Sprachen und das Wecken von Neugier und Interesse ist deswegen nicht geringer. Voraussetzung ist natürlich, dass auch diese Lernanlässe nicht bloßes Hörspektakel bleiben, sondern durch differenzierte Höraufträge und anschließende Gespräche strukturiert werden.

Beispiel: „Eva, Gül und Igor tragen uns eine kurze Mausgeschichte zuerst auf Deutsch, dann auf Türkisch und dann auf Russisch vor. Hört gut zu und achtet besonders auf folgende Punkte (evtl. in mehreren Durchgängen): Gibt es in den Fremdsprachen Wörter, die ihr erkennt? Wie würdet ihr den Klang der beiden Sprachen beschreiben? Wie unterscheidet er sich vom Deutschen? Wie wirken die beiden Fremdsprachen im Vergleich auf euch? Wie ist ihr Tempo, wie ist ihre ‚Melodie'? Gibt es Wörter, die in beiden Sprachen ähnlich klingen?"

Sobald die Klasse über ein gewisses grammatisches Reflexionsvermögen verfügt, lassen sich auch über die Grenzen der deutschen Sprache hinweg spezifischere, weniger globale Fragestellungen beantworten. Den Schülerinnen und Schülern mit nicht deutscher Erstsprache kommt dabei eine wichtige Rolle als Expertinnen und Experten zu. Der Wert dieser Lernanlässe liegt nicht nur in der Horizonterweiterung und in ihrem Bezug zum schulischen Fremdsprachenunterricht (Vertrautwerden mit sprachlichen Möglichkeiten, die das Deutsche nicht kennt; Einbeziehung der schulischen Fremdsprachen). Vielmehr lässt uns der Blick über die Grenzen der eigenen Sprache oftmals deren Eigenheiten prägnanter erscheinen; und nicht zuletzt wird in den entsprechenden Lernanlässen oft ganz beiläufig grammatisches Wissen aktiviert und verfestigt.

Beispiel (vgl. UV 67: „Sprachvergleiche Wort für Wort: Spannende Einsichten im Detail"): Ausgangspunkt bildet ein deutscher Satz (oder einer aus einer schulischen Fremdsprache), z. B. „In diesem Augenblick erschien der Fuchs". Dieser Satz steht mehrfach, mit Abständen, an der Wandtafel, oder aber es erhalten verschiedene sprachgemischte Paare je einen Satz. Auftrag: „Schreibt denselben Satz in euren Sprachen und in der Mundart darunter. Besprecht Probleme, die es beim Übersetzen vielleicht gibt; erklärt einander die Gründe. Verbindet die einander entsprechenden Wörter. Kommen alle Wörter in allen Sprachen vor? Sind Zusätze oder Änderungen nötig (vgl. die köllsche und die zürichdeutsche Fassung des obigen Satzes: „Em selve Augebleck kom der Fuss", resp. „I dem Momänt isch de Fuchs choo". Vergleicht die Reihenfolge. (Evtl.: Markiert zuerst im deutschen Satz, dann in den anderssprachigen Sätzen die Wortarten und/oder die Satzteile.) Präsentiert, vergleicht und diskutiert eure Ergebnisse."

4.3.2 Dialekte in den Herkunftssprachen

Wenn im Kontext dieses Buches von „Dialekt" bzw. Dialekten die Rede ist, sind damit in aller Regel die lokale Mundart bzw. die verschiedenen in unserem Land (oder im weiteren deutschen Sprachraum) gesprochenen Dialekte gemeint.

Dialekte gibt es selbstverständlich auch in anderen Sprachen, so auch in jenen der Migrationsbevölkerung. Die teilweise beträchtlichen Unterschiede können, wie im deutschsprachigen Raum, dazu führen, dass die Kommunikation zwischen Angehörigen derselben Sprache ernsthaft gefährdet ist, weil sie aus verschiedenen Dialektregionen (z. B. Norditalien und Kalabrien) kommen. Zur Sicherstellung der überregionalen Verständigung gibt es wie im Deutschen in der Regel eine Standardsprache, die auch als Schriftsprache fungiert. Ihre Vermittlung, die überhaupt erst den Zugang zur Schriftkultur ermöglicht, ist Aufgabe der Schule.

Für Schülerinnen und Schüler aus bildungsfernen Schichten, in deren Elternhaus nur Dialekt gesprochen wird und die keine oder wenig Schulerfahrung im Herkunftsland haben, können aus dieser Situation beträchtliche Probleme resultieren. Ihr Zugang zu Texten in ihrer Erstsprache ist erschwert oder gar unmöglich, da diese Texte ja in der Standardvariante und nicht im Dialekt verfasst sind. Ebenso ist ihnen das zweisprachige Wörterbuch dort keine Hilfe, wo es anstelle des dem Kind vertrauten Dialektworts die ihm unvertraute hochsprachliche Entsprechung bringt. Das Problemfeld wird auch für Lehrpersonen spürbar, deren Absicht zu muttersprachlicher Förderung hier auf unerwartete Hindernisse stoßen kann.

Ein prägnantes Beispiel sind manche aus Kosova stammenden albanischen Schülerinnen und Schüler. Vom Elternhaus her sprechen sie einen der vielen Subdialekte des Gegischen. Dieses ist neben dem Toskischen der zweite Hauptdialekt des Albanischen und enthält u. a. viel mehr türkische Lehnwörter. Eine vereinheitlichte albanische Schriftsprache gibt es zwar seit 1972; allerdings basiert sie stark auf dem Toskischen. Ihre Beherrschung in Wort und Schrift verlangt mehr Schulbesuch, als es angesichts der politischen und kriegerischen Wirren für viele Kinder möglich war. Bei in der Migration Aufgewachsenen aus bildungsfernen und dialektsprechenden Familien entfällt selbst dieses Minimum. Die Konsequenz ist, dass nicht wenige der bei uns lebenden Kosova-albanischen Schülerinnen und Schüler ihre Schriftsprache kaum oder gar nicht kennen und entsprechend kaum oder nur sehr eingeschränkt von den Hilfsmitteln (Wörterbücher, Textsammlungen) profitieren können, die für sie geschaffen wurden. Umso wichtiger ist für sie der Besuch des herkunftssprachlichen Unterrichts, da dieser ihnen den Weg zu ihrer Schriftkultur öffnet.

In den Unterrichtsvorschlägen des Praxisteils wird nur am Rande auf die Dialekte der Herkunftssprachen Bezug genommen. Dahinter steht die Überlegung, dass die „internationale" Dimension des Themas Dialekte mehr Hintergrundwissen über die verschiedenen sprachlichen Regionen verlangen würde, als seitens der Lehrpersonen und der Schülerinnen und Schüler realistischerweise vorausgesetzt werden kann. Dies stellt einen Unterschied zur überschaubaren Sprachen- bzw. Dialektlandschaft bei uns dar, die quasi vor der Haustür liegt und zumindest den Lehrpersonen einigermaßen vertraut ist.

Der Verzicht auf „systematischere" Untersuchungen im Bereich der nicht deutschen Dialekte bedeutet indes keineswegs, dass diese Dialekte ausgeklammert werden sollen. Wo entsprechendes Wissen und Bewusstsein vorhanden ist, soll es einbezogen werden. Direkt angesprochen wird es in *UV 81*: „Mundart(en) – Standardsprache: Ein Thema, zu dem auch die Schülerinnen und Schüler mit nicht deutscher Erstsprache etwas zu sagen haben". In diversen anderen Unterrichtsvorschlägen, angefangen mit der „Sprachentabelle" (*UV 1*), lässt es sich ohne jedes Problem einbauen und stellt eine willkommene Bereicherung dar.

Gelegenheiten, entsprechendes Wissen zu aktivieren, ergeben sich auch in der direkten Ansprache von Kindern aus verschiedenen Regionen derselben Erstsprache. Schon von der 2./3. Klasse an lassen sich Fragen stellen wie „Sprecht ihr beiden eure Sprache eigentlich genau gleich oder gibt es z. B. Wörter oder Betonungen, bei denen ihr Unterschiede merkt?".
Über vertieftes Wissen verfügen die Lehrpersonen des herkunftssprachlichen Unterrichts. Dies kann besonders dort wertvoll sein, wo die Klassenlehrperson bei einem Kind Widerstände oder Auffälligkeiten im Umgang mit Texten aus seiner Sprache wahrnimmt.

4.4 „Was ich eh schon kann": Fremdwörter und Internationalismen als Gegenstand von Sprachenprojekten

Neben den Herkunftssprachen und den dialektalen Ressourcen darf ein weiterer sprachlicher Bereich nicht vernachlässigt werden, der in verschiedener Hinsicht ergiebig und integrativ ist. Gemeint ist die „Binnenmultikulturalität" unseres Alltagswortschatzes, der bereits bei Kindern der ersten Schuljahre markant mit Fremd- und Lehnwörtern durchsetzt ist. Ein Teil davon sind Internationalismen, die sich in analoger Form auch in vielen Herkunftssprachen der zugezogenen Schülerinnen und Schüler finden (Auto, Krise, Kino, Computer, Pop, Internet usw.).

Bereits Ende des zweiten Schuljahres kennen und verwenden Kinder durchschnittlich 55 englische Wörter und Wendungen, wie BEBERMAIER (1992:28f) in Deutschland ermittelte. Würde man die Untersuchung wiederholen (was im kleinen Rahmen der eigenen Klasse allemal ein lohnendes Projekt ist!), würde sich der Befund fraglos bestätigen. Noch produktiver ist es, die Fragestellung auszuweiten: „Schreibt alle Wörter und Wendungen aus anderen Sprachen auf, die ihr kennt!". Neben den englischen, französischen und italienischen Wörtern erweitert sich das Repertoire so auch um den ganzen (nicht immer sehr salonfähigen) Wortschatz aus den Migrationssprachen, den die Kinder und Jugendlichen informell erworben haben und z. T. zur Anreicherung ihres Gruppenslangs verwenden. (Zum informell erworbenen Albanischrepertoire von Schweizer Jugendlichen – durchschnittlich vier Einheiten – vgl. SCHADER 2003b; zu erinnern ist auch an den vielerorts beliebten Balkan- oder Türk-Slang.) Von der Allgegenwart „fremder" Wörter zeugt aber auch, dass ein strikte grundwortschatzorientiertes Elmentar-Rechtschreibewörterbuch wie „Die Wörterkiste" (SCHADER [1]1994) ein eigenes Register („Mini-Lexikon für schwierige und fremde Wörter") von 170 englischen, französischen und italienischen „Fremd-"Wörtern enthält, die aus dem täglichen Sprachgebrauch von Kindern dieser Altersstufe nicht mehr wegzudenken sind.

Dieses Wissen, das sich kontinuierlich erweitert und zu dem spätestens in den oberen Klassen noch Kenntnisse von Subgruppensprachen und -slangs kommen können, soll bewusst gemacht und in Sprachprojekte eingebracht werden. Das funktioniert allerdings nur, wenn auch die Lehrperson ein entspanntes Verhältnis zu „Fremdem" in der eigenen Sprache und zu Sprachwandel hat und wenn sie ihre „Einstellungen gegenüber Entlehnungsprozessen, Sprachpurismus und Fremdwortphobie" (VOLMERT 1999:13) überprüft. Unter dieser Voraussetzung aber werden Einbeziehung und Thematisierung der Binnenmultikulturalität unserer Sprache in verschiedener Hinsicht produktiv. Im Detail werden die unterschiedlichen Zielebenen sowie konkrete Möglichkeiten des Unterrichts in *UV 80* („Deutsch – echt multikulti") dargestellt. Wir verweisen auf die dortigen Ausführungen und nennen hier nur die zwei zentralen Dimensionen:

- Bei einsprachig-deutsch aufwachsenden Schülerinnen und Schülern kann die Bewusstwerdung dessen, was man auch als scheinbar monolinguales Kind alles „eh schon kann", das sprachliche Selbstgefühl stärken und dazu beitragen, potenzielle Ängste gegenüber dem schulischen Fremdspracherwerb abzubauen.
- Für sprachübergreifende Projekte ergeben sich anregende Fragestellungen, wenn man der „Wanderung" bzw. Entlehnung von Wörtern aus einer Sprache in die andere nachgeht. Solche Entlehnungen gibt es natürlich nicht nur vom Englischen und Französischen ins Deutsche, sondern z. B. auch vom Türkischen ins Albanische, und interessant ist nicht nur ihre Dokumentation, sondern auch das Nachdenken über die Ursachen und Hintergründe. Eine Sonderstellung nehmen die oben genannten Internationalismen ein. Sie führen zu unerwarteten Ähnlichkeiten zwischen Sprachen, die sonst grundverschieden sind; zugleich machen sie manchmal Unterschiede und Besonderheiten der nationalen Orthografien sichtbar.

Ohnehin soll auch in Klassen, in denen alle Kinder Deutsch als Muttersprache haben, nicht auf Mehrsprachigkeitsprojekte verzichtet werden. Die mit ihnen verbundene sprachliche Sensibilisierung, ihre propädeutische Wirkung mit Hinblick auf den schulischen Fremdspracherwerb und die Vorbereitung auf eine mehrsprachige Zukunft sind Grund genug, Sprachenvielfalt auch in der vordergründig monolingualen Klasse zu thematisieren. Und tatsächlich sind, neben den hiesigen Dialekten, fremde Sprachen ja überall so präsent, dass sie sich leicht auch in die Schule holen lassen. Die unmittelbare Einbeziehung von Angehörigen der entsprechenden Sprachgruppen (Nachbarn, Bekannte), Interviews, eine Klassenkorrespondenz mit einer mehrsprachigen Partnerklasse usw. sind Wege dazu.

5   Methodisch-didaktische Überlegungen

Die Planung von interkulturell geöffneten Unterrichtssequenzen verlangt gewisse methodisch-didaktische Kompetenzen, auf die in Kapitel 3.2 eingegangen wurde. Um eine eigene „Sonder-"Didaktik oder -Methodik geht es dabei nicht; wichtig sind vielmehr ein Sensorium für mehrperspektivisch bearbeitbare, interkulturell integrative Themen und Fragestellungen sowie die Fähigkeit, diese in altersgerechte, produktive Lernsituationen zu überführen. Im Übrigen richtet sich die Konzeption interkultureller Unterrichtssequenzen, was die Wahl von Sozial- und Unterrichtsformen usw. betrifft, genauso nach den übergeordneten Zielen und Inhalten, wie dies bei jeder anderen Planung auch gilt.

Wenn sich für eine Reihe der in diesem Buch vorgeschlagenen Vorhaben dennoch eine gewisse Gemeinsamkeit in der didaktischen Anlage ergibt, hängt dies mit der spezifischen Zielsetzung vieler interkultureller Lerninhalte zusammen (vgl. Kapitel 3.1): Sie wollen integrativ sein, sie wollen Bewusstsein und Kenntnisse im sprachlichen Bereich erweitern, und sie wollen Akzeptanz, Neugier und Interesse über die Grenzen der Sprachen und Kulturen hinweg fördern.

5.1   Sozialformen

Von den sozial-integrativen Zielsetzungen her ergibt sich für die Wahl der Sozialformen automatisch ein Schwerpunkt im Bereich von Partner- oder Gruppenarbeiten (vgl. hierzu OHLSEN 1995:19, HÖLSCHER 1997:3), ein Schwerpunkt, den wir allerdings ergänzen möchten um Gesprächs- und Austauschrunden im Ganz- oder Halbklassenverband.

Die Kleingruppe (zwei bis fünf Lernende) eignet sich bevorzugt zum gemeinsamen, sachbezogenen Arbeiten. Kommunikation und Kooperation sind hier besser möglich als in der Großgruppe. Auch sprachlich können und müssen sich die einzelnen Schülerinnen und Schüler in der Kleingruppe mehr engagieren. Sie kommen – was unter dem Aspekt der Sprachförderung besonders für Kinder mit nicht deutscher Erstsprache von Bedeutung ist – mehr zum Zuge, es bieten sich ihnen mehr Gelegenheiten zu authentischer, themenbezogener Interaktion in der deutschen Sprache. Entscheidend dafür ist natürlich die Zusammensetzung der Gruppen. Sie muss von Fall zu Fall überlegt und angepasst werden. Für viele Lernanlässe sind sprach- und/oder niveaugemischte Lernteams das Richtige, für andere eher sprach- oder leistungshomogene. Eine Gewöhnung an das Zusammenarbeiten in verschiedenen Zusammensetzungen ist auch von den sozialen Zielen der Erziehung her sinnvoll – obwohl gut eingespielte

Teams für die Lehrkräfte einfacher sind und manche Kinder ohnehin am liebsten immer nur mit denselben Freundinnen oder Freunden zusammenarbeiten möchten.

Die Großgruppe (Halb- oder Ganzklasse) ist jene Sozialformation, in der sich die Klasse als Ganzes erlebt und sich des Zusammenspiels ihrer Ressourcen und Perspektiven bewusst werden kann. Sie bietet den idealen Rahmen erstens für die gemeinsame Vorbesprechung und Planung von Projekten und zweitens für das Zusammentragen, Präsentieren, Vergleichen, Bewerten und Diskutieren der Ergebnisse. Neben den unmittelbaren „Produkten" soll dazu besonders bei längeren Projekten auch der Prozess des Arbeitens und der Kooperation selbst thematisiert und reflektiert werden.

5.2   Lernarten

In den meisten interkulturellen Projekten steht entdeckendes, reflexives, kommunikatives Lernen im Zentrum (und nicht der „enge" Erwerb von Fachwissen oder das Einschleifen bzw. Üben fachlicher Fertigkeiten). Dabei kann der Hauptakzent eher im sozialen Bereich liegen (Entwicklung von Einstellungen und Haltungen) oder im kognitiv-fachlichen (Zusammenhänge erkennen und formulieren, z. B. im Themenfeld Sprachen und Dialekte, Wohnformen usw.). Oft greifen die beiden Bereiche ineinander: Durch das Erkennen größerer Zusammenhänge kann ein Einstellungswandel initiiert werden; durch eine veränderte Einstellung wird Offenheit und Neugier gegenüber größeren Zusammenhängen geweckt.
Bei der Planung interkultureller Unterrichtssituationen muss der für sie charakteristischen Art des Lernens Rechnung getragen werden. Das bedeutet: Der vorgesehene Inhalt muss sich für eine interkulturelle, mehrperspektivische Bearbeitung eignen; er muss Interesse und Neugier der Schülerinnen und Schüler wecken (Lernpotenzial, Motivation), und er muss so aufbereitet werden, dass seine Bearbeitung kooperatives, entdeckendes Lernen, Handeln und Nachdenken ermöglicht. Hierbei ist auch an die Wahl der geeigneten Sozialformen (s. o.) und Medien sowie an die Evaluation des Lernerfolgs zu denken. Dieser lässt sich nicht nur anhand von Tests oder „Produkten" messen; Auskunft geben z. B. auch Lernprotokolle der Kinder oder die Qualität der Beiträge im Schlussgespräch.

5.3   Unterrichtsformen

Bezogen auf die Unterrichtsformen resultiert aus den bisherigen Überlegungen, dass sich für viele interkulturelle Lernvorhaben besonders gut Kombinationen von Formen eines offenen, zum Teil in Kleingruppen individualisierten Unterrichts mit eher geschlossenen Sequenzen eignen. Ein häufiges Muster ist dabei, vereinfacht dargestellt, die folgende Abfolge: Einstieg mit einer Sequenz Klassenunterricht – Hauptteil zur Bearbeitung der Aufgabenstellung in Kleingruppen (mit einem gemeinsamen oder verschiedenen differenzierten Aufträgen) – Schlusssequenz im Klassenunterricht (Zusammentragen, Auswerten, Reflexion). Die Bearbeitung der Aufgabe im zentralen Mittelteil – sie erfolgt normalerweise in Kleingruppen – kann auch in Formen wie Werkstatt- oder Wochenplanunterricht erfolgen, sofern man wechselnde Lernteams in Kauf nimmt und das Lernmaterial entsprechend aufbereitet. Mit Klassenunterricht sind Großgruppenaktivitäten wie z. B. das Klassengespräch oder die gemeinsame Gestaltung und Diskussion einer Ausstellung gemeint.

Die Nähe dieser Gesamtanlage zum Projektunterricht ist unübersehbar. Allerdings sind Mitbestimmung der Schülerinnen und Schüler wie auch die zeitliche Dauer beim klassischen Projektunterricht (vgl. Frey 1995) größer als bei vielen der im Praxisteil dargestellten Vorschläge.

Bezüglich der Unterrichtsformen, aber auch der Lernarten bleibt ein wichtiger Punkt zu ergänzen, auf den Ohlsen (1995:22) in Zusammenhang mit neu zugezogenen Kindern hinweist: „Offene Unterrichtsformen, in denen eigenständiges Handeln und Entdecken geübt wird, können von einem Kind, das zuvor überwiegend Vorgeschriebenes auswendig lernte, als Bedrohung erlebt werden. Sich selbst, im Vergleich mit Schweizer [resp. deutschen oder österreichischen; BS] Kindern, über lange Zeit als unfähig zu erleben, kann tiefe Versagensgefühle hervorrufen. Das Lernen kann auch gänzlich scheitern." Tatsächlich ist die Umstellung in der Unterrichts- und Schulkultur, die manche Kinder bei der Migration durchmachen, beträchtlich. Sie betrifft nicht nur die Eingewöhnung an die hierzulande üblichen Lernarten, Medien und Unterrichtsformen, sondern auch das Verhältnis Lehrperson – Schülerin bzw. Schüler, die disziplinarischen Normen und die vergleichsweise luxuriöse materielle Ausstattung unserer Schulen. Um den begreiflichen Kulturschock und die potenzielle Desorientierung abzufedern, sind Einfühlungsvermögen und Rücksichtnahme notwendig. Dazu gehört auch, dass jene schulischen Fertigkeiten, die das neu zugezogene Kind mitbringt, honoriert und produktiv genutzt werden. Die im Zitat erwähnten Qualifikationen Auswendiglernen und Abschreiben etwa lassen sich sehr wohl für den Deutscherwerb nutzbar machen. Zumindest aber sollen die betreffenden Schülerinnen und Schüler während der Phasen offenen Unterrichts in besonderem Maße beobachtet und unterstützt werden. Dabei können auch Kinder der gleichen Sprachgruppe helfen, die schon länger hier leben.

5.4 Ziele, Einstieg, klare Aufgabenstellungen

Damit entdeckendes, forschendes, kooperatives Lernen zustande kommt (und dies nicht nur im interkulturellen Kontext!), ist ein hinsichtlich Motivation, Aufgabenstellung, Unterrichts- und Sozialformen günstiges Lernumfeld Voraussetzung. Das heißt lapidar: Die Schülerinnen und Schüler müssen sich durch die Lernaufgabe herausgefordert fühlen, sie müssen genau wissen, was erwartet wird (klare Ziele und Aufträge), und sie müssen über genügend Zeit und Muße verfügen, um sich auch tatsächlich aktiv und selbstständig mit der Aufgabe auseinander zu setzen.

Die Aspekte Einstieg, Ziele und Auftragsformulierung wollen wir etwas näher beleuchten.

Einstieg/motivierende Fragestellung/Lernaufgabe

Dabei kann es sich z. B. um ein spannendes Thema handeln („Wie unsere Großeltern als Kinder lebten") oder um eine „merkwürdige" Beobachtung („Wenn man im Deutschen eine Frage formuliert, stellt man das Verb an den Satzanfang. Ist das eigentlich überall so?"). Dieser Initialimpuls kann aus dem Kreis der Klasse stammen, von der Lehrperson eingebracht werden oder auf eine äußere Anregung zurückgehen. Entscheidend ist, dass die Neugier der Schülerinnen und Schüler geweckt ist. Das Interessenpotenzial bewusst zu machen, erste eigene Beiträge einzubringen und vor allem mögliche Ansätze und Vorgehensweisen zur Bearbeitung zu klären, ist Gegenstand einer ersten Gesprächsrunde in der Großgruppe.

Zielsetzung

Dass die Schülerinnen und Schüler über das unmittelbare Ziel der anstehenden Arbeit informiert werden, v. a. was die Erwartungen an deren Erfolg bzw. Produkt betrifft, versteht sich. Seitens der Lehrperson müssen diese Überlegungen noch ein paar Schritte weitergehen. Sie muss die jeweilige Sequenz in Bezug zum Lern- und Zielkontinuum der Klasse oder Altersstufe stellen, sie muss sich Gedanken über die sozialen und integrativen Ziele der betreffenden Sequenz machen (ohne dass diese Ziele immer explizit deklariert werden müssen), und sie muss, wo nötig, die Anforderungen und Ziele individualisieren, da eine einheitliche Formulierung angesichts der heterogenen Voraussetzungen und Levels innerhalb vieler Klassen oft wenig sinnvoll ist.

Klare Aufträge

Von entscheidender Bedeutung für das Gelingen der Arbeit ist eine inhaltlich, sprachlich und organisatorisch präzise Aufgabenstellung. „Eine gute Aufgabe macht deutlich, was das Ziel der Arbeit sein soll, und erlaubt eine Einschätzung des Resultats durch die Arbeitenden" (PORTMANN 1998:120). Nur wenn die Schülerinnen und

Schüler genau wissen, was sie zu tun haben, mit wem und evtl. mit welchen Hilfsmitteln sie arbeiten sollen, ist das ungestörte, selbstständige Lernen und Entdecken möglich, um welches es geht. Dazu kommt natürlich, dass die Aufgabe den Voraussetzungen der Schülerinnen und Schüler angepasst sein muss, sowohl was deren Ressourcen und Sonderwissen wie auch was ihre sprachlichen und kognitiven Fähigkeiten betrifft. Gerade im Falle größerer Projekte bedeutet dies oft, dass derselbe Grundauftrag für die verschiedenen Lernteams inhaltlich oder auch anspruchsmäßig variiert werden muss. Nur so können in heterogenen Klassen alle Kinder auf ihrem Stand arbeiten und ihre spezifischen Ressourcen aktivieren.

Zu einer guten Aufgabenstellung gehört, dass sie Impulse zu differenzierter und vielschichtiger Bearbeitung gibt und nicht zu globalen, diffusen Antworten verführt. Ein negatives Beispiel im Zusammenhang mit einem Sprachvergleich, bei dem anhand eines Mundart- und eines Hochdeutschtexts Eigenheiten der beiden Varietäten erkannt werden sollen, wäre (variiert nach PORTMANN 1998:120):

„Besprecht die Texte zehn Minuten lang in der Gruppe!"

Differenziertere Beobachtungen würde ein schriftlicher Auftrag in der Art des Folgenden (ganz oder gekürzt) auslösen:

> **„Ihr habt 30 Minuten Zeit. Vergleicht die beiden Texte. Notiert eure ersten Beobachtungen. Vergleicht jetzt einen Satz nach dem anderen. Achtet auf Unterschiede bei diesen Punkten und schreibt sie auf: Klang/Aussprache – Wörter, die es in einer der beiden Sprachformen nicht gibt – unterschiedliche Formen (Zeitformen, Mehrzahl) – Stellung der Wörter im Satz. Macht eure Notizen so, dass ihr sie bei der Schlussbesprechung brauchen könnt."**

Selbstverständlich ist die Formulierung des zweiten Auftrags aufwändiger als die des ersten. Dieser Aufwand wird dadurch nicht geringer, dass man bei Gruppenarbeiten die Aufträge manchmal zusätzlich nach Thema und Anforderungsniveau differenzieren muss. Allerdings hat diese Mühe auch ihren Lohn: Je sorgfältiger – nicht: je einengender! – das Lerngelände vorbereitet ist, desto tiefer müssen und werden sich die Schülerinnen und Schüler mit dem Inhalt auseinander setzen. Dazu kommt, dass die höhere Klarheit und Verbindlichkeit der Aufgabenstellung zugleich eine viel präzisere Einschätzung des Lernerfolgs erlaubt.

5.5 Unterrichtliche Kontexte

Wenn Interkulturalität im Unterricht so selbstverständlich sein soll, wie es die Präsenz von Kindern mit nicht deutscher Erstsprache ist, darf sich die Einnahme einer interkulturellen Perspektive nicht auf isolierte Themen oder Sequenzen beziehen (vgl. Kapitel 3.1). Die verschiedenen Kontexte oder Ebenen, in denen sie bei der Planung mitbedacht werden muss, gliedern wir im Folgenden in vier Gruppen. Ausführliche Beispiele finden sich im Anschluss an die Merkpunkte zur Planung in Kapitel 6.2.

Rahmen, „außerunterrichtlicher" Schulalltag und Umfeld

Eine positive Einstellung gegenüber kultureller und sprachlicher Vielfalt kann schon beim Schulhauseingang signalisiert werden, indem dieser z. B. mit Willkommens-Sprechblasen in allen Sprachen dekoriert ist. Bei der Gestaltung des Klassenzimmers wird der Präsenz von Kindern verschiedener Herkunft im Wandschmuck und in der Leseecke Rechnung getragen, und auch die Rituale und Feiern im Schulalltag werden so erweitert, dass sie sie in selbstverständlicher Weise aufgreifen (vgl. *UV 1–3, 6, 11–13, 15, 52, 87–89*).

Interkulturelle Perspektive/Erweiterung bei kursorisch vermittelten Inhalten

Einzelne Fächer oder Teile von Fächern werden oft nicht projektartig und blockweise, sondern eher lektionenweise („kursorisch") und orientiert an einem festen Lernprogramm oder Lehrmittel geplant (Mathematik, Fremdsprachen, „konventionelle" Phasen im Sprach- und Sachunterricht usw.). Dieser Bereich verdient doppelte Beachtung, weil er anteilmäßig oft einen beträchtlichen Raum im Schulalltag einnimmt, zugleich aber Lehrmittel und sonstige Materialien selten genügend Bezüge zur Vielfalt heutiger Klassen herstellen. Es liegt damit weitgehend in der Verantwortung der Lehrpersonen, die betreffenden Sequenzen so zu planen, dass der Bezug zu den Hintergründen aller Kinder offen ist. Dabei geht es vorrangig darum, ein (mit der Zeit verinnerlichtes) Gefühl für die entsprechenden Anknüpfungspunkte zu entwickeln und diese dann didaktisch produktiv zu nutzen. Hierzu zählt auch die Formulierung anregender Fragestellungen, die echte Auseinandersetzung initiiert. Bleibt es beim monotonen „Und wie ist das in deiner Sprache/bei euch?", ist dieser Anspruch nicht eingelöst.

Interkulturelle Nahtstellen oder Bezüge ergeben sich besonders augenfällig vom Sprach- und Fremdsprachenunterricht aller Altersstufen her (vgl. das Beispiel in Kapitel 4.2.3). Sie bleiben aber keineswegs auf sie beschränkt, wie die Beispiele in Kapitel 6.2 und viele Anregungen im Praxisteil zeigen (siehe v. a. *UV 97–101*): Rechnen auch mit fremden Währungen/Briefmarken, Textrechnungen mit interkulturellem Hintergrund; Collagen zur Sprachenvielfalt, Mobiles mit Requisiten aus den verschiedenen Regionen; mehrsprachige Internet-Recherchen im Sachunterricht; Präsentation regionaler Pop- und Sportgrößen usw. Diese interkulturellen „Erweiterungen" aktivieren natürlich auch das Potenzial der deutschsprachig aufwachsenden Kinder, die ja oft auch Wurzeln oder enge Beziehungen in anderen Landesteilen oder Regionen haben.

Interkulturelle Perspektive/Erweiterung bei themenbezogener, projektartiger Arbeit
Vor allem für die Fächer Sachkunde/Sachunterricht und Deutsch hat sich eine Unterrichtsplanung bewährt, die weniger von Einzelstunden als von einer projekt- und blockweisen Anlage ausgeht. Sie begünstigt selbstständiges, oft auch fächerübergreifendes Arbeiten und die Nutzung offener oder individualisierender Unterrichtsformen. In der Wahl der Inhalte haben die Lehrpersonen große Freiheiten, allerdings hat sich eine Reihe von Themen einen fast schon festen Platz im Curriculum erobert (z. B. Wasser, Zirkus, Wohnen, Freizeit, Unser Wohnort, Unsere Klasse, Medien, Bücher, Comics, Gedichte). Sozusagen zu allen bestehen inner- und außerhalb der Lehrmittel viele Materialien (Werkstätten usw.), die allerdings, wie bereits bemerkt, nur im Ausnahmefall Bezug auf die Möglichkeiten und Ressourcen der mehrsprachigen Klasse nehmen.

Auf der Ebene dieser auch bei den Schülerinnen und Schülern beliebten thematisch-projektorientierten Arbeit stellt sich die Aufgabe der interkulturellen Orientierung des Unterrichts in einem doppelten Sinne.

Erstens: Bei „gängigen" Themen (siehe die Beispiele oben) geht es, wie auch beim „kursorischen" Unterricht, vor allem um das Festlegen geeigneter Nahtstellen und Anknüpfungspunkte bzw. um die Einbeziehung einer interkulturellen Perspektive (vgl. auch LIFE 1.1.2.1:1). Die didaktische Gestaltung dieser Projekte kann, entsprechend den großzügigeren Rahmenbedingungen, aufwändiger geplant sein. (Beispiele zum Thema Wasser: Themenschwerpunkt für alle „Die Bedeutung des Wassers bei uns und anderswo". – Spezielle Werkstattaufträge mit Wasserwörtern oder -gedichten in verschiedenen Sprachen. – Gruppenarbeiten und -präsentationen zu interkulturellen Teilaspekten in gemischten Gruppen. – Bearbeitung desselben Aspekts in sprach- und regionenspezifischen Expertenteams usw.) Meist schlägt sich die inhaltliche Öffnung auch als Modifikation der Themenformulierung nieder. Aus dem Thema „Freizeit" wird dann, zumindest als Arbeitstitel für die Lehrperson, „Freizeit bei uns und anderswo" oder „Unsere Freizeit – Die Freizeit unserer Großeltern".

Zweitens: Ressourcenorientierter Unterricht sollte nicht beim Kanon bzw. bei der Erweiterung „traditioneller" Themen stehen bleiben, sondern bei der Planung auch neue Inhalte wahrnehmen, die überhaupt erst dank der sprachlichen und kulturellen Vielfalt möglich werden. Sprachen und Dialekte in unserer Klasse, die Herstellung mehrsprachiger Bücher, Essen in verschiedenen Kulturen sind einige Beispiele; weitere finden sich in Kapitel 6. 2 und im Praxisteil (z. B. *UV 28, 31, 32, 36ff*).

Für beide Kontexte kommt dazu die intensivierte Nutzung der neuen Informations- und Kommunikationsmedien. Sie sind für ein grenzen- und sprachenübergreifendes Arbeiten nachgerade prädestiniert und erleichtern dieses beträchtlich.

Konkrete Beispiele für die Einbeziehung einer interkulturellen Perspektive in die Planung „traditioneller" Themen geben *UV 91 bis 96* (Wohnen; Tiere; Zirkus; Landwirtschaft; Familie; Schule). Daneben gibt es selbstverständlich eine Fülle weiterer Themen, die sich ebenfalls eignen. Wir nennen nur einige: Märchen; Frauen (berühmte Frauen; typische Frauenberufe; Frauenalltag); Interkulturelles in unserer Nähe (Materialien, Rohstoffe, Zutaten, Lebensmittel); Freizeit; Quartier; die vier Elemente; Reisen; Essen; die Jahreszeiten; Flora und Fauna; Figuren aus der Geschichte unseres Landes; Persönlichkeiten aus unserer Kultur.

Großprojekte, Projektwochen
Was für die Planung themenzentrierter projektunterrichtlicher Phasen in der Einzelklasse gilt, gilt auch auf der Ebene größerer Projekte: klassenübergreifende Projekte, Schulfeste, Projektwochen usw. Durch die größere Anzahl der an ihnen beteiligten Schülerinnen und Schüler und die in puncto Stundenplan und Gruppenbildung veränderte Unterrichtsorganisation sind hier zusätzliche Möglichkeiten gegeben. Umso mehr lohnt es sich, bei der Planung nicht nur „gängige" Inhalte thematisch zu erweitern (was z. B. bedeuten würde, bei einer Projektwoche „Märchen" Vorlesestunden mit Märchen aus verschiedenen Kulturen und Workshops zu mehrsprachigen Märchenbüchern und -theaterspielen einzuplanen). Die vielfältigen Ressourcen des multikulturellen Schulhauses fordern vielmehr geradezu heraus, selbst zum Thema und Mittelpunkt gemacht zu werden. „Sprachen, Dialekte, Kulturen in unserem Schulhaus" wäre ein Paradebeispiel für ein solches Thema; gemeinsam geplant von Kindern, Eltern, Lehrpersonen des regulären und des herkunftssprachlichen Unterrichts und realisiert als attraktives Angebot von (schülerinnen- und schülergeleiteten) Mini-Sprachkursen, Länder-Präsentationen, typischen Speisen und Spielen (vgl. hierzu die ausführliche Darstellung in *UV 17* „Projektwochen: Vielfalt als Thema und Programm"). – Da „Großanlässe" in der Art von Projektwochen auch von der Öffentlichkeit besonders wahrgenommen werden, darf man sogar auf eine gewisse Signalwirkung hoffen, wenn ihre Gestaltung bewusst von der Wertschätzung sprachlicher und kultureller Vielfalt zeugt.

Neben der „realen", schulinternen Durchführung ist auch an die (für die oberen Klassen reizvolle) Möglichkeit zu erinnern, schul-, regionen- und länderübergreifende Projekte mit Partnerklassen im Internet zu realisieren oder an einem bestehenden Internet-Projekt teilzunehmen. Vgl. hierzu *UV 47, 51, 62.*

5.6   Exkurs: Großeltern und Eltern als Informationsquellen

In größeren oder kleineren Unterrichtsprojekten, bei denen Sachthemen interkulturell bearbeitet werden, müssen oft Informationen aus den verschiedenen Herkunftsregionen zusammengetragen werden. Dies betrifft auch traditionelle, von der Lebenswelt der Kinder her wichtige Themen wie „Wohnen", „Haustiere" usw., zu denen auch die Lehrmittel viel (wenngleich oft etwas einseitig nur auf unser Land bezogenes) Material beitragen. Von den Schülerinnen und Schülern mit Migrationshintergrund kann und darf dabei aus den in Kapitel 2 ausgeführten Gründen nur in Ausnahmefällen unmittelbar abrufbares Expertenwissen erwartet werden. Wie weit authentische Erfahrungen aus dem Herkunftsland noch vorhanden sind, hängt von der jeweiligen Situation und Aufenthaltsdauer ab. In manchen Fällen (etwa bei Kindern der dritten Generation, die kaum mehr Beziehungen zu ihrer ursprünglichen Heimat haben) wird man darauf ganz verzichten. In anderen Fällen leisten Internet und E-Mail gute Dienste (vgl. u.a. *UV 47 und 62*). Eine wichtige und gegenüber den elektronischen Medien persönlichere, interaktivere Vermittlungsfunktion übernehmen die Eltern, die Lehrkräfte des herkunftssprachlichen Unterrichts und die Großeltern. Diese mittelbaren Informationsquellen spielen in fast allen Projekten eine Rolle, bei denen der Rahmen entweder des Hier oder aber des Jetzt gesprengt wird (Wohnen hier und anderswo; Kindheit heute und früher usw., vgl. u. a. *UV 33, 39, 44, 86, 87, 91ff*). Auch die monokulturell aufwachsenden Kinder sind auf solche Quellen angewiesen, und auf dem Hintergrund eines Klimas des Vertrauens und der Kooperation darf man ihre Nutzung sicher auch beanspruchen.

Von Bedeutung ist insbesondere die Rolle der Großeltern. Sie können uns überall dort konkrete, authentische Informationen bieten, wo wir ein Thema auch historisch – zumindest mit Blick auf die jüngere Vergangenheit – angehen: Wie lebte man vor 50 Jahren; wie waren Kindheit, Schule, Freizeit damals; womit spielte man; wie kaufte man ein, was aß man usw. Was uns die Großeltern hierüber zu sagen wissen, ist authentischer und betrifft uns persönlicher, als was in Büchern steht – und es eröffnet uns, in der Zusammenschau, Einblicke in die verschiedenartigsten Welten. Diese geschichtliche Achse ist umso wertvoller, als sie in vielen Fällen die gegenwärtigen Unterschiede zwischen den ärmeren Ländern und unseren reichen, in den letzten Jahrzehnten stark entwickelten Industrienationen relativieren hilft. Vieles, was uns heute in anderen Ländern ärmlich oder antiquiert anmutet, war bei uns noch zur Zeit der Großeltern ganz ähnlich und funktionierte trotzdem. Immer wieder führt die Rückschau zu unerwarteten Parallelen. Etwa wenn sich zeigt, dass die Beschreibung, die Susannas Großmutter von ihrer Kindheit als Bergbauerntochter im Fichtelgebirge oder im Wallis gibt, viel Gemeinsames mit derjenigen von Serdars Großmutter in einem anatolischen Bergdorf hat – mehr Gemeinsames jedenfalls als mit der Kindheit von Olafs Großmutter in Hamburg, die dafür in mancher Hinsicht der von Marias Nonna in Florenz ähnelt. Ohne kulturelle Unterschiede irgendwie verwischen zu wollen, kann der Blick in die jüngere Vergangenheit damit helfen, Klischees abzubauen, Gegenwärtiges für weniger selbstverständlich zu halten und es schon gar nicht als Anlass zu Überheblichkeit zu nehmen.

Die Informationen der Großeltern sind nicht immer einfach einzuholen, obwohl viele der eingewanderten Familien auch ihre (Groß-)Eltern bei sich haben. Wo dies nicht der Fall ist, besteht natürlich grundsätzlich die Möglichkeit, Auskünfte schriftlich zu beschaffen (evtl. auch via andere Verwandte im Herkunftsland); allerdings kann dies an mangelnder Schreibgewöhnung scheitern. Oft ist es zweckmäßig, Projekte, bei denen Informationen von Großeltern eine wichtige Rolle spielen, vor den Sommerferien anzukünden und zu planen (Fragen, evtl. Leitfaden für Interview zusammenstellen, Art der Schrift-, Ton- oder Bilddokumentation vereinbaren) und sie im Anschluss an die Ferien durchzuführen.

Neben der Möglichkeit, Informationen von Großeltern in ein Thema einzubeziehen, können natürlich auch die Großeltern selbst zum Thema werden. Vgl. hierzu *UV 44* „Großeltern-Geschichten". Ein gut dokumentiertes Großeltern-Projekt aus einer zweiten Klasse beschreiben GLUMPLER/APELTAUER (1997:81ff).

6   Unterricht interkulturell öffnen: Merkpunkte, Beispiele und Hinweise

Was oben (v. a. Kapitel 5) ausführlich zur Planung von interkulturellem Unterricht dargestellt wurde, wird im Folgenden stark verkürzt in einer Liste von sieben Merkpunkten zusammengefasst. Sie gliedert sich in die Bereiche Unterrichtsplanung, Schulalltag und Umfeld.

Ziel der Merkpunkte ist, die tägliche Arbeit und Reflexion zu unterstützen. Damit wollen sie beitragen, Interkulturalität als für alle Schülerinnen und Schüler bedeutsames Unterrichtsprinzip zu verankern, die Schülerinnen und Schüler mit Migrationshintergrund in ihrer bikulturellen und bilingualen Identität zu stärken und der ganzen Klasse wertvolle Anlässe eines zukunftsgerichteten, in sprachlicher und sozialer Hinsicht bedeutsamen Lernens zugänglich zu machen.

Im Anschluss an die Liste werden zu jedem Merkpunkt mehrere Beispiele gegeben (Kapitel 6.2). Dadurch soll veranschaulicht werden, wie die Umsetzung der einzelnen Punkte im Unterricht aussehen könnte. Eine Fülle weiterer Ideen findet sich im Praxisteil dieses Buches.

Den Schluss des Kapitels bildet eine Checkliste zur Planung und Auswertung von Unterrichtssequenzen (Kapitel 6.3; unter Beiziehung ähnlicher Kataloge bei EWALD 1993:143 und LUCHTENBERG 1994:207). Sie ist als Hilfsmittel und Medium der Selbstkontrolle bei der Planung gedacht. Die Merkpunkte sind hier etwas aufgefächert und zu Fragen umformuliert, wie man sie sich bei der konkreten Planung einer Lernsequenz (Lektion, Lektionsreihe, Thema, Projekt) stellen könnte.

Eine mehrsprachige Klasse adäquat zu unterrichten, verlangt allerdings nicht nur die Fähigkeit, Inhalte mehrperspektivisch zu planen und Unterricht interkulturell zu öffnen, auch wenn dies der Schwerpunkt unseres Buches ist. Die Stützung des Deutscherwerbs von Schülerinnen und Schüler mit nicht deutscher Erstsprache, ihre Stärkung in der Erstsprache und eine sprachfördernde Anlage des gesamten Unterrichts sind weitere Kompetenzen, die Lehrpersonen im veränderten Umfeld brauchen (vgl. Kapitel 3.2 und die „didaktische Landkarte" S. 51).

Diesem Umstand wird im vorliegenden Kapitel zumindest andeutungsweise Rechnung getragen (vgl. Merkpunkt 3 und die Beispiele dazu in Kapitel 6.2). Vertiefte Hinweise zu den zusätzlichen Kompetenzbereichen geben die Kapitel 7 und 8 (Zweitspracherwerb und Stärkung der Erstsprache bzw. sprachfördernde Gestaltung des gesamten Unterrichts). Entsprechend ihrer Stellung am Rand des eigentlichen Themas des Buches verstehen sie sich als Ausblicke und Ergänzung. Anregungen für die zusätzliche Vertiefung, die auch sie verdienen, bieten die Literaturangaben im Text und in der Bibliografie.

6.1 Zusammenfassende Merkpunkte

Unterrichtsplanung

1. Ziele so formulieren und Inhalte so wählen, dass sie Erfahrungshintergrund und Sonderwissen aller Schülerinnen und Schüler ansprechen und einbeziehen. Das heißt:

1a Ausgangspunkt Ziele/Lehrplan: Inhalte in einer Weise wählen und planen, die die Integration der unterschiedlichen sprachlichen und kulturellen Ressourcen und Perspektiven ermöglicht und sie nutzt.

1b Ausgangspunkt Inhalte: „Traditionelle" Themen wie auch Lehrmittelangebote und weitere Materialien daraufhin überprüfen, inwiefern sie mit Hinblick auf Ressourcen und Perspektiven der Schülerinnen und Schüler mit Migrationshintergrund erweitert oder modifiziert werden müssen.

1c Ein Sensorium für neue Inhalte entwickeln, die spezifisch durch die multikulturelle Zusammensetzung der Klasse möglich geworden sind.

2. Arbeits- und Sozialformen sowie Mediennutzung so planen, dass sie Lernen in kooperativen, kommunikativen, entdeckenden und handelnden Formen sowie Begegnung bzw. Austausch in sprachlicher und kultureller Hinsicht ermöglichen.

3. Unterricht so planen, dass die Schülerinnen und Schüler bei ihren sprachlichen Voraussetzungen abgeholt und von ihnen ausgehend gefördert werden. Das heisst:

3a Lernangebote wo nötig auf verschiedenen Niveaus sprachlicher Komplexität aufbereiten; in der Beurteilung den verschiedenen Voraussetzungen Rechnung tragen.

3b Den Deutscherwerb von Schülerinnen und Schülern mit nicht deutscher Erstsprache verfolgen und stützen sowie Möglichkeiten zur Stärkung der muttersprachlichen Kompetenz kennen und nutzen.

3c Unterricht in allen Lernbereichen bewusst sprachfördernd und interaktionsorientiert anlegen.

   (Die Punkte 3a–3c sind nicht eigentlich Gegenstand dieses Kapitels bzw. Buchs, dürfen aber der Vollständigkeit halber nicht fehlen. Detaillierter wird auf sie in den Kapiteln 7 und 8 eingegangen.)

Schulalltag

4. An einem Unterrichtsklima arbeiten, das Zusammenarbeit ermöglicht und sich an den Leitwerten Vertrauen, Toleranz, Solidarität, gegenseitiges Interesse und Offenheit orientiert.

5. Nicht nur die eigentlichen Lernanlässe, sondern auch die informellen Situationen und die Rituale des Schulalltags interkulturell öffnen.

6. Die kulturelle und sprachliche Vielfalt der Klasse auch in die Gestaltung des Klassenzimmers und des Schulhauses einbeziehen.

Umfeld

7. Die Zusammenarbeit mit allen an der Erziehung Beteiligten aufnehmen bzw. intensivieren; die entsprechenden Ressourcen nutzen.

6.2 Beispiele zur Umsetzung der Merkpunkte

Zu 1a: Ausgangspunkt Ziele/Lehrplan: Inhalte in einer Weise wählen und planen, die die Integration der unterschiedlichen sprachlichen und kulturellen Ressourcen und Perspektiven ermöglicht und nutzt.

- Deutsch, gestaltender Umgang mit Texten (klanggestaltendes Lesen): Als Basis nicht nur deutsche Texte, sondern (mitgebrachte oder im Internet gefundene) Gedichte, Verse, Texte in den verschiedenen Erstsprachen verwenden, inkl. deutsche Mundarten (vgl. z. B. *UV 54, 55, 62*).
- Mathematik 2.–4. Schuljahr, Maßeinheiten: Rechnen mit Währungen und Briefmarken aus verschiedenen Ländern. Alle Schuljahre: Textrechnungen selber erfinden/austauschen, mit Namen und „Handlung" aus dem Kontext verschiedener Kulturen (vgl. *UV 45, 97*).
- Sport- und Bewegungsunterricht, Spiele: Abzählreime und Spiele aus verschiedenen Herkunftsgegenden zusammentragen (evtl. mit Hilfe von Eltern oder Verwandten); in einem multikulturellen Spielbuch sammeln, durchführen (vgl. *UV 100*).

Zu 1b: Ausgangspunkt Inhalte: „Traditionelle" Themen wie auch Lehrmittelangebote und weitere Materialien daraufhin überprüfen, inwiefern sie mit Hinblick auf Ressourcen und Perspektiven der Schülerinnen und Schüler mit Migrationshintergrund erweitert oder modifiziert werden müssen.

- Sachunterricht; Thema „Wohnen": Kartonmodelle (in Schachteln) oder Zeichnungen des eigenen Wohnzimmers, die wichtigsten Möbel in den verschiedenen Erstsprachen anschreiben; Bilder von Häusern in den verschiedenen Herkunftsregionen beschaffen, Gleiches und Unterschiedliches hinsichtlich Hausbau, Bewohnerinnen und Bewohner diskutieren; Zusammenhang Hausbau – Klima usw. (vgl. *UV 91*; ähnlich *UV 92–96*).
- Thema Medien: Zeitungen und ihre Machart im interkulturellen Vergleich; dasselbe für Fernsehnachrichten und -programme (vgl. *UV 61–63, 88*).

■ Geografie, 7.–9./10. Schuljahr: Grundbedürfnisse des Menschen und ihren Zusammenhang mit geografischen, geschichtlichen und anderen Faktoren kulturübergreifend diskutieren.

Zu 1c: Ein Sensorium für neue Inhalte entwickeln, die spezifisch durch die multikulturelle Zusammensetzung der Klasse möglich geworden sind.

■ Deutsch: Mehrsprachige Texte und/oder Tonbandkassetten herstellen: Bilderbücher, (Wand-)Zeitungen, Witzsammlungen, Gedicht- und Liedkassetten (vgl. *UV 36ff, 47, 62*).

■ Sachkunde und soziales Lernen/Lebenskunde: Interviews (oder schriftliche Fragestellungen) mit den (Groß-)Eltern zu deren Kindheit/Freizeit/Schule usw.; Gemeinsames und Verschiedenes je nach Kultur, aber auch z. B. nach Stadt/Land suchen. Evtl. Eltern oder Großeltern zum Erzählen einladen (s. o. Kap. 5.6; vgl. *UV 44, 91, 95, 96 usw.*).

■ Sprachbetrachtung/Grammatik ab 7., evtl. 5. Schuljahr: Vergleich von Satzbau (z. B. Arten von Befehlssätzen, Stellung des Verbs in ihnen) und Formenbildung (z. B. Markierung von Mehrzahl, Vergangenheit) in verschiedenen Sprachen, inkl. der schulischen Fremdsprachen (vgl. *UV 35, 65–84, v. a. 66, 67*).

Zu 2.:   Arbeits- und Sozialformen so planen, dass sie gemeinsames Lernen, interkulturellen Austausch und Kulturbegegnung ermöglichen und unterstützen.

■ Gruppenarbeit in gemischten Gruppen: Gruß- und Abschiedsformeln in verschiedenen Sprachen und Dialekten sammeln (in der Klasse, in der Schule, bei den Eltern, im Viertel; schriftlich, evtl. auf Tonband). Austausch in der Klasse: Was bedeuten die Formeln in wörtlicher Übersetzung? (Rollen- und Rate-)Spiele mit den Formeln; evtl. einige lernen (vgl. *UV 76, 28–32, 35*).

■ Gruppenarbeit in herkunftsspezifischen Gruppen, Thema Essen: Grundbestandteile/wichtigste Nahrungsmittel und Speisen in den verschiedenen Küchen (evtl. bezogen auf die Küche der (Groß-)Eltern). Austausch in der Klasse; Zusammenhang zur jeweiligen Landwirtschaft besprechen. Oder: Kartoffel- bzw. Reisgerichte aus den verschiedenen Regionen sammeln, nachkochen, mehrsprachiges Kochbuch herstellen.

■ Kleinprojekt: Zählen in verschiedenen Sprachen/Dialekten, eingeführt durch Schülerinnen und Schüler der betreffenden Sprache, evtl. weitergeführt in Spielformen mit einfachen Rechnungen (vgl. *UV 27, 28, 97*).

■ Großprojekt: Projektwoche der ganzen Schule zum Thema „Sprachen", mit Workshops zu den einzelnen Sprachen (einige Wendungen und Zahlen lernen), Kochen, Liedern usf. (vgl. *UV 17, 28, 35*).

Zu 3.:   Unterricht so planen, dass die Schülerinnen und Schüler bei ihren sprachlichen Voraussetzungen abgeholt und von ihnen ausgehend gefördert werden. Stichworte (siehe die Hinweise und Beispiele in Kapitel 7 und 8):

■ Potenzielle sprachliche Schwierigkeiten von Lernaufgaben reflektieren; Maßnahmen zu ihrer Behebung planen.

Beispiele: Bewusst einfache Auftragsstellung (mündlich und schriftlich, z. B. auf Arbeitsblättern und bei Werkstattaufgaben); schwieriges oder „Fachvokabular" (z. B. bei Sachthemen) sorgfältig erarbeiten; Lernteams so bilden, dass deutschschwächere Kinder Unterstützung erhalten.

■ Ein Gefühl für sprachliches Lernpotenzial von Unterrichtssituationen entwickeln.

Beispiel: Im Anschluss an Textlektüre oder Vorlesegeschichten Planung von Rollenspielen, motivierten Formen von Nacherzählungen, Berichten usw., in denen der sprachliche Input verarbeitet und angeeignet wird. Kinder auffordern, Handlungen und Einsichten zu verbalisieren (z. B. beim handwerklichen Gestalten/ Basteln in Partnerarbeit „Besprecht und kommentiert vor und während der Arbeit, was ihr tun wollt bzw. was ihr tut").

■ In dialektgeprägten Gebieten: Möglichst konsequente Verwendung der Standardsprache; kontrollierter und deklarierter Umgang mit den Varietäten Mundart und Standardsprache.

■ Wo nötig, für denselben Inhalt Zugänge auf verschiedenen Anforderungsniveaus schaffen.

Beispiele: Texte zu einem Thema in verschiedenen Umfangs- und Komplexitätsvarianten bereithalten bzw. in vereinfachter Form umschreiben. Im Rahmen von Werkstattunterricht die sprachorientierten Aufgaben niveaudifferenziert anbieten. Formative Beurteilung statt Orientierung am Klassendurchschnitt.

■ Differenzierte Analyse der Leistungen, Angebot entsprechender Fördermaßnahmen.

Beispiel: Sorgfältige Analyse schriftlicher Texte: Was ist vorhanden? Welche Fehler fallen am meisten auf? Ist ihre Behandlung von der Sprachentwicklung des betreffenden Kindes her sinnvoll? Wenn ja: Welche gezielten Fördermaßnahmen wären anzubieten?

■ Lernstrategien finden helfen (Hilfe zur Selbsthilfe); Hilfsmittel bereitstellen (z. B. Wörterbücher); Lernteams bewusst und lernfördernd gruppieren.

■ So weit als möglich auch Lernanlässe schaffen, die der Pflege und Stärkung der muttersprachlichen Kompetenz dienen (Beispiel: Briefe, Gedichte usw. auch einmal in der Erstsprache schreiben; ausgewählte Sprachaufgaben (Entwürfe für Texte; Wortfelder) zuerst in der Erstsprache, dann in Deutsch lösen usw.). Vgl. *UV 36ff, 52ff.*

Zu 4.:   Unterrichtsklima

▪ Planung vielfältiger Aktivitäten, in denen sich die Klasse als Gemeinschaft erleben kann oder die den Kontakt zwischen unterschiedlichen Schülerinnengruppen festigen: Spiele, Ausflüge, gemeinsame Aktionen und Klassenprojekte initiieren (z. B. eine Ausstellung/den Schulhof/eine Schülerzeitung gestalten), soziale Spiele im Sport- und Bewegungsunterricht, Gruppenarbeiten in wechselnden Zusammensetzungen und in verschiedenen Fächern (vgl. *UV 3, 11–13, 17, 39* usw.; Spiele: *UV 18ff*).

▪ Aufbau und Pflege der Gesprächskultur; Schaffung vielfältiger Anlässe hierzu.

▪ Bewusster Umgang mit Konflikten und Konfliktlösungen: Im Gespräch, im Rollenspiel, in gestalterischen Formen der Verarbeitung.

Zu 5.: Informelle Situationen und Rituale des Schulalltags

▪ Lieder zum Unterrichtsbeginn in verschiedenen Sprachen; „Happy birthday", „Bruder Jakob/Frère Jacques" usw. mehrsprachig (vgl. *UV 101*).

▪ Begrüßung/Verabschiedung auch mit den Formeln aus den verschiedenen Herkunftssprachen (vgl. z. B. *UV 4, 76*).

▪ Vorleserunden anhand von (übersetzten) Texten aus den verschiedenen Kulturen, evtl. mit vorgängiger „Hörprobe" in der Originalsprache (inkl. Mundarttexte aus verschiedenen hiesigen Dialektregionen). Vgl. z. B. *UV 29, 35, 53, 54, 56*.

▪ Einführen von integrativen und kommunikativen Spielen, die auch in der Pause und in der Freizeit gespielt werden können; prüfen, ob sich bestehende Spiele mehrsprachig öffnen lassen. Vgl. *UV 18ff, 33*; viele Spielideen für Kindergarten und erste Schuljahre ferner bei NAEGELE/HAARMANN 1993.

▪ Festtage anderer Religionen und Nationen aufgreifen (Festkalender machen), sich erklären lassen, mitfeiern (vgl. *UV 89*).

▪ Periodisches Frühstück in der Schule, bei dem jedes Kind mitbringt, was es daheim isst: Gemütliches Beisammensein, Vergleich der Speisen und ihrer Namen, evtl. „Gib mir bitte" und „Danke" in verschiedenen Sprachen. Variante: Picknick mit den Eltern (informeller als Elternmorgen/-abend).

Zu 6.:   Gestaltung des Klassenzimmers und des Schulhauses

▪ Willkommensplakat an der Türe (Begrüßungsformeln in den Sprachen aller Kinder); große Sprechblasen mit „Guten Tag" in allen Sprachen an den Fenstern (vgl. *UV 4*).

▪ Mehrsprachige Wegweiser im Schulgebäude.

▪ Tabelle mit allen Sprachen der Klasse im Klassenzimmer, evtl. weitere Visualisierung durch Karten usw. (vgl. *UV 1, 2, 5, 6, 8*).

▪ Mehrsprachige Homepage der Schule (vgl. *UV 51*).

- Bilder aus den Ferien, Poster aller Art, Objekte usw. Ausbaubar zu eigentlichen Ausstellungen, entweder themenspezifisch (z. B. Landschaftsbilder/Zeitungsseiten/Lebensmittelpackungen aus allen Regionen) oder länder-/regionenspezifisch (im Turnus gestalten die verschiedenen Gruppen eine Wand). Vgl. *UV 87, 88.*
- Schülertexte (z. B. Beschriftung von Bildern und Objekten) in verschiedenen Sprachen (vgl. *UV 15*).
- In der Klassen- oder Schulbibliothek und in der Leseecke: Einbeziehung von Büchern, Kinderzeitschriften usw. in allen Sprachen (vgl. *UV 52, 53*).
- Großer Kalender mit Wochentagen und Monatsnamen in allen Sprachen, die im Klassenzimmer vertreten sind. Er kann Anlass zum Umgang mit den Zahlwörtern werden; die Zusammenschau der verschiedenen Monats- und Wochentagnamen regt Sprachbetrachtung und -vergleiche an. Feste, Feiern, Geburtstage eintragen (vgl. *UV 89*).

Zu 7.:   Zusammenarbeit mit allen an der Erziehung Beteiligten; Nutzung der Ressourcen.

Lehrpersonen des Deutsch-Förderunterrichts: Sie sind Fachleute für sprachliches Lernen und können uns kompetente Beratung (auch hinsichtlich von Schülerinnen und Schülern, die keine Deutsch-Förderstunden mehr haben) in folgenden Punkten bieten:

- Beurteilung der Leistungen und des Sprachstands.
- Hinweise auf sinnvolle Fördermaßnahmen, auf Übungstypen und -materialien.
- Beratung, wie Regelunterricht und Deutsch-Förderunterricht besser vernetzt werden können.

Lehrkräfte des herkunftssprachlichen Unterrichts (in der Schweiz: Kurse in Heimatlicher Sprache und Kultur): Sie verfügen über Fach- und Sprachwissen zu ihrem Land und sind fähig zur Einschätzung des muttersprachlichen Fundaments.

- Beurteilung von Leistungen und Sprachkompetenz in der Erstsprache.
- Diskussion von Maßnahmen, um die Sprachkompetenz in beiden Sprachen zu verbessern.
- Hilfen und Hinweise für die Elternzusammenarbeit.
- Wertvolle Partnerinnen und Partner für übergreifende Projekte, bei denen herkunftssprachlicher und Regelklassenunterricht streckenweise koordiniert werden (z. B. gemeinsames Projekt „Gedichte", „Häuser", landeskundliche Aspekte usw.)

Eltern: Sie stellen eine (unterschiedlich abrufbare) Quelle für Wissen zu Herkunftsland und -sprache dar (vgl. auch Kapitel 5.6: „Großeltern und Eltern als Informationsquellen").

- Oft gute Informantinnen und Informanten, wenn es um das Zusammentragen von Sachwissen aus den verschiedenen Herkunftsregionen geht (in vermittelter, aber auch in direkter Form: Einbeziehung der Eltern in den Schulalltag; z. B. für authentische Berichte zu einem Thema/um der Klasse etwas zu zeigen/um etwas zu kochen mit der Klasse/als Mitplanerinnen und -planer eines multikulturellen Eltern-Schülerinnen-Picknicks usw.).

■ Wichtige Partner bei der Diskussion von Fördermaßnahmen für ihr Kind. Elternarbeit kann gerade bei „schulscheuen" oder weniger gebildeten Eltern doppelt wichtig sein: Hinweise auf die Bedeutung der Pflege der Erstsprache und des muttersprachlichen Unterrichts, auf Möglichkeiten der Aufgabenhilfe usw. Wenn die Eltern bei Sprachbarrieren eine eigene Dolmetscherin oder einen eigenen Dolmetscher mitbringen können/sollen, schafft dies z. T. mehr Vertrauen als gegenüber einem „offiziellen" Schuldolmetscher. Vgl. zur Zusammenarbeit mit Eltern mit Migrationshintergrund MÜLLER (1992: 101ff), LANFRANCHI (1999:147ff), PERREGAUX (1998:95ff).

Lehrerkolleginnen und -kollegen: Sie sind gleichsam die Partnerinnen und Partner „im gleichen Boot".

■ Oft erfahrene Anlaufstellen für Fragen und Probleme, für Ideen- und Materialaustausch, für die Planung von klassenübergreifenden Projekten und Projektwochen.

■ Partnerinnen und Partner (zusammen mit den herkunftssprachlichen und den Deutsch-Förderlehrkräften) bei der Entwicklung schulinterner Modelle; potenzielle „Mit-Strateginnen" beim Versuch, Einzelgänger- und -kämpfertum zu überwinden und dadurch die Arbeitsqualität für alle zu erhöhen.

6.3   Checkliste: Fragen für die Planung und Auswertung von Unterrichtssequenzen

Unterrichtsplanung

■ Sind die Ziele der geplanten Sequenz für alle Schülerinnen und Schüler relevant und realistisch? Berücksichtigen sie deren Voraussetzungen, Sonderkompetenzen, Förderbedürfnisse?

■ Bezieht der Inhalt der geplanten Sequenz den Erfahrungshintergrund und das Wissen aller Kinder ein? Sollte er erweitert/modifiziert werden?

■ Welche neuen Inhalte oder inhaltlichen Akzente wären angesichts der Zusammensetzung meiner Klasse möglich?

■ Trägt die geplante Sequenz etwas zur Forderung bei, Schülerinnen und Schüler mit Migrationshintergrund in ihrer bikulturellen und bilingualen Identität zu stärken?

■ Worum geht es mir bei den interkulturellen Aspekten des Inhalts? (z. B. Wissenserweiterung für die ganze Klasse, Erarbeitung von Gemeinsamkeiten/Unterschieden, Vertiefung in Gruppen.) Welche Arbeits- und Sozialformen entsprechen diesen Zielsetzungen?

■ Wo kann ich auf Vorwissen oder Möglichkeiten in der Klasse zurückgreifen? (Schülerinnen und Schüler als Informantinnen oder Informationsvermittler; schülerorientierte Planung, Nutzung von Websites in den Sprachen der Klasse.)

■ Gibt es weitere Quellen? (Einbeziehung von Eltern, Lehrkräften des muttersprachlichen Unterrichts oder anderen Informationsquellen; Geschichten, Sachtexte, Bilder, Internet-Links, Objekte, Lieder, Filme.)

■ Können Produkte entstehen, die den Prozess des Zusammenarbeitens und der Vielfalt in der Klasse positiv sichtbar werden lassen?

■ Welche sprachlichen (und allenfalls anderen) Schwierigkeiten bietet der geplante Inhalt für Schülerinnen und Schüler mit schwachen Deutschkenntnissen?

■ Mit welchen Hilfeleistungen kann ich diesen Schwierigkeiten begegnen? (Individualisierung, vereinfachte/zweisprachige Texte und Arbeitsanweisungen; Sozialformen, Partnerhilfe.)

■ Wo bieten sich Ansatzpunkte für sprachfördernde Anlässe? (Interaktionsorientierte Lernformen, implizites Wortschatztraining usw.) Siehe hierzu auch die Hinweise in Kap. 7 und 8.

Schulalltag

■ Wo bietet die geplante Lernsequenz Möglichkeiten zur Arbeit am Sozialklima (Vertrauen, Toleranz, Solidarität, gegenseitiges Interesse)?

■ Wie weit können die Schülerinnen und Schüler mit nicht deutscher Erstsprache sich und ihre Sprachen auch außerhalb des geplanten Lernanlasses im Schulalltag finden? (Informelle Situationen, Rituale, Spiele, Gestaltung des Klassenzimmers, Klassenbibliothek usw.)

Umfeld

■ Gibt es Aspekte, zu denen Eltern, Lehrpersonen des herkunftssprachlichen Unterrichts oder andere Kolleginnen und Kollegen etwas beitragen könnten?

■ Gibt es Möglichkeiten, den geplanten Inhalt mit den Themen des herkunftssprachlichen Unterrichts zu vernetzen?

■ Sind sprachliche Probleme absehbar, bei denen mir eine Deutsch-Förderlehrkraft weiterhelfen könnte?

7 Ausblick 1: Zweitspracherwerb und Stärkung der Erstsprache. Hinweise zur Integration und Förderung der Erstsprache und zur Förderung im Deutschen

Das Thema „Förderung der individuellen Sprachkompetenz" steht außerhalb des eigentlichen Fokus unseres Buches. Allerdings ergeben sich vielfältige Bezugspunkte; auch ist seine Bedeutung für die Arbeit in der mehrsprachigen Klasse, um die es letztlich geht, unbestritten. Zumindest in der Form eines Ausblicks sollen deshalb einige Anregungen für gut integrierbare Formen der individuellen Sprachförderung gegeben werden. Damit wird der Bogen von den vielen Projekten, die Begegnungen, Entdeckungen, Freude und Interesse gegenüber Sprache(n) im Rahmen der Großgruppe unterstützen, zur Förderarbeit mit dem einzelnen Kind immerhin angedeutet.

Ausgewählt wurden die Hinweise unter dem Gesichtspunkt, dass sie sich in unaufwändiger Weise in den Regelklassenunterricht einbauen lassen. Dementsprechend geht es mehr um allgemeine Hilfsstrategien und nicht um eine Sammlung von Fördermaterialien oder gar um Vorgaben für eigentliche Deutsch-Aufbauprogramme.

Die Hinweise sind grob gegliedert nach den Teilbereichen des Sprachunterrichts, wie sie sich in den meisten Lehrplänen finden (Hören und Sprechen, Lesen, Schreiben, Sprachbetrachtung/Grammatik). Auf die im Rahmen der Fremdsprachendidaktik übliche Einteilung (Hör- und Leseverstehen, Sprechen und Schreiben, Wortschatz, Grammatik; z. T. mit weiteren Unterteilungen; s. z. B. NODARI/NEUGEBAUER 2002) verzichten wir bewusst; sie würde den Rahmen des Ausblicks und der Orientierung des Buchs am „normalen" Regelklassenunterricht sprengen.

Mit Ausnahme des Teilbereichs Sprachbetrachtung/Grammatik beschränken sich die Hinweise selbstverständlich nicht auf die Arbeit im Sprachunterricht. Sprech-, Schreib- und Leseanlässe gibt es auch in anderen Fächern, und je breiter Förderung stattfindet, desto wirksamer ist sie.

Zu jedem Teilbereich finden sich Hinweise für die zwei zentralen Dimensionen der individuellen sprachlichen Förderung, nämlich:

- ■ Stärkung der muttersprachlichen Kompetenz. Gezeigt werden Möglichkeiten, dieses Anliegen auch im Rahmen des Regelklassenunterrichts zu unterstützen. – Zur Bedeutung des muttersprachlichen Fundaments für den Aufbau der Zweitsprache siehe Kapitel 2.1.
- ■ Unterstützung des Deutscherwerbs der einzelnen Kinder (siehe den Kompetenzbereich „Zweitspracherwerb: Den Deutscherwerb des einzelnen Kindes stützen" auf der „didaktischen Landkarte" in Kapitel 3.2).

Zur vertieften Auseinandersetzung mit dem Thema Deutsch als Zweitsprache/Stufen des Deutscherwerbs sei auf die in der Bibliografie verzeichneten Titel von KLEIN (1992), GYGER (1999:75ff), DIEHL (2000) und NODARI/NEUGEBAUER (2002; Kommentarband 1) verwiesen.

Materialien finden sich u. a. bei SANDFUCHS (1990), GLUMPLER/APELTAUER (1997), BELKE (1999), ULICH u.a. 2001, NODARI/NEUGEBAUER 2002/03, in der DaZ-Box (2002), in der „Werkstatt Deutsch als Zweitsprache" (Autorenkollektiv, 2003), in beinahe allen Nummern von „Grundschule Sprachen", in den LÜK-Übungsprogrammen und diversen Lehrmitteln für Deutsch als Zweitsprache – sowie natürlich bei den Kolleginnen des Deutsch-Förderunterrichts im Team.

Hinweise

Hören und Sprechen

a) Integration und Förderung der Erstsprache

- Gelegenheiten schaffen, bei denen die verschiedenen Sprachen für Vergleiche und Hörproben oder in Rollenspielen bewusst gebraucht werden (vgl. u. a. *UV 19–22, 62, 65ff* usw.).
- Mündliche Ausdrucksschulung (Gedichte usw.) auch anhand muttersprachlicher Texte durchführen.
- Muttersprachliche Gespräche und gegenseitige Hilfeleistungen nicht unterbinden, sondern als Lernchance und -strategie ernst nehmen und nutzen. Neu zugezogenen Kinder mit schwachen Deutschkenntnissen wenn möglich ein Dolmetscherkind der gleichen Sprache zuteilen, mit dem es ein Team bilden kann.
- Die Eltern ermuntern, mit dem Kind die Erstsprache zu pflegen.

b) Förderung im Deutschen

- Korrekte Aussprache und Identifikation der deutschen Laute sicherstellen.
- Rollenspiele. Varianten: Soziale Rollenspiele zu geläufigen Kommunikations- oder Konfliktszenen (Training von Handlungskompetenz und Reaktionsfähigkeit). – Rollenspiele im unmittelbaren Anschluss an Erzählungen oder Lektüren (Aneignung des Inputs durch eigene Reproduktion); – Rollenspiele zum fokussierten Training eines sprachlichen Musters (Beispiel: „Spielt ‚Einkaufen' und übt dabei ‚Ich-hätte-gern-Sätze'").
- Auswendiglernen und/oder Vortragen von dialogisierten Szenen oder von Gedichten.

■ Zusammenfassung/Nacherzählung von Texten, von Ergebnissen von Gruppen- arbeiten usw. (Entlastung, da Vokabular vorgegeben).

■ Gesprächs-, Erzähl-, Spielrunden mit einfachen Vorgaben: Kettengeschichte; Rucksack-Spiel; kurze Berichte von gestern Nachmittag; Meinungen zu etwas; Äußerungen zu einem Bild.

■ Spielerische Formen von Verständnistraining und -kontrolle: Etwas nach münd- licher Anweisung ausführen („Öffne das hintere Fenster") oder etwas nach An- weisung zeichnen (Bilddiktat).

■ Sprechanlässe vorgeben, in denen gewisse Wörter oder Konstruktionen vor- kommen bzw. angewendet/vertieft werden müssen.

Lesen

a) **Integration und Förderung der Erstsprache**

■ Muttersprachliche Lesetexte (inkl. Comics, Illustrierte usw.) in die Klassenbiblio- thek integrieren (vgl. *UV 52* usw.).

■ Texte in verschiedenen Sprachen im Klassenzimmer/im Schulgebäude gleichbe- rechtigt aufhängen; Schreibanlässe begünstigen, die zu solchen Texten führen (Wandzeitungen, E-Mails usw.). Vgl. *UV 2, 4, 11–13, 36ff, 59–61* usw.

■ Bei Vorleserunden auch Situationen schaffen, in denen muttersprachliche Texte zum Zuge kommen (Gedichte als Kost- und Klangproben, mit anschließender Paraphrase auf Deutsch; Sprachratespiele; Vorleserunden, in denen sich die Kin- der einer Sprachgruppe etwas in ihrer Erstsprache vorlesen (vgl. *UV 29, 53, 54, 36ff* usw.).

■ Bei Recherchen im Internet auch Websites in den Herkunftssprachen der Klasse einbeziehen lassen (vgl. *UV 62*).

■ Bei Kindern mit schwachen Deutschkenntnissen Teilaspekte der Lesefertigkeit auch anhand muttersprachlicher Texte üben lassen (Tempo, Klanggestaltung usw.).

b) **Förderung im Deutschen**

■ Hilfs- und Vereinfachungsstrategien zum Textverständnis: Wörterbücher; Lek- türe evtl. gemeinsam mit einem Dolmetscherkind; Texte für Kinder mit schwachen Deutschkenntnissen sprachlich vereinfachen (kann evtl. auch durch andere Kinder gemacht werden); Bilder als Unterstützung; evtl. vorgängige Erarbeitung des Wortschatzes.

■ Zum Training von Aussprache und Artikulation: Arbeit mit Tonband oder Partnerkind.

■ Wahl von Lesetexten, in denen auch die Kinder mit Migrationshintergrund sich, ihre gegenwärtige Situation, ihre Kultur und evtl. ihre Sprache finden können.

■ Verständniskontrolle und -förderung: Wiedergabe/Nacherzählung/Zusammenfassung in eigenen Worten; Szenen aus dem Text zeichnen; seine Meinung zum Text äußern; den zerschnittenen Text oder Bilder oder Stichwörter zum Text richtig ordnen; schriftliche Anweisungen korrekt ausführen.

Schreiben

a) Integration und Förderung der Erstsprache

(Achtung: Die schriftliche Sprachkompetenz in der Erstsprache ist oft sehr schwach entwickelt. Wo formale Korrektheit wichtig ist, Lehrperson des herkunftssprachlichen Unterrichts, Eltern o. a. hinzuziehen. Die Vernetzung mit den herkunftssprachlichen Kolleginnen und Kollegen ist in diesem Bereich ohnehin besonders sinnvoll.)

■ Schulung der schriftlichen Ausdruckskompetenz: Ermutigung zu freien Texten in der Erstsprache (auch zu Hause), diese in der Schule paraphrasieren/nacherzählen. Evtl. eigenes Heft hierfür. Vgl. *UV 36ff.*

■ Stichwörter, Notizen, Cluster usw. im Vorfeld von Texten bei Bedarf in der Erstsprache machen lassen (vgl. *UV 42*).

■ Schreibanlässe mit muttersprachlichen Adressatinnen und Adressaten ermöglichen (Briefe; E-Mails; mehrsprachige (Bilder-)Bücher und Textsammlungen für die Klassenbibliothek; Tagebuch). Vgl. *UV 46, 47, 91–96.*

■ Skizzen, Modelle, Grafiken, Arbeitsblätter zu grundwortschatzmäßig wichtigen Sachverhalten in der Erstsprache und in Deutsch anschreiben lassen (ggf. mit Hilfe von Wörterbüchern), dies im Sinne einer gleichmäßigen Förderung und Vernetzung der beiden Sprachen (vgl. *UV 91, 94* usw.).

b) Förderung im Deutschen

■ Häufige, von Umfang und Anspruchsniveau her zu bewältigende Schreib- und Lesesituationen schaffen, in motivierende Sinnzusammenhänge einbetten.

■ Bei thematisch gebundenen Schreibanlässen (z. B. bei Bildbeschreibungen) Wortfelder vorher erarbeiten / zur Verfügung stellen; dasselbe evtl. auch für Satzmuster, die brauchbar sein könnten.

■ Hilfsstrategien wie Benutzung zweisprachiger Wörterbücher, Arbeit mit Partnerkind, (muttersprachliche) Notizen einführen.

■ Einfache Sachverhalte nach mündlicher Anleitung und Vorbesprechung schriftlich festhalten (z. B. Einladung, Steckbrief, Programm, Tagesablauf).

- Nacherzählungen (diese sind auch zur Aneignung von Wörtern, Wendungen, Konstruktionen aus der Vorlage wertvoll, falls Letztere nicht zu schwierig ist).
- Bildlegenden und -beschreibungen.
- Schreibaufträge mit klaren, einfachen Inhalten, die vorher gut besprochen oder mündlich vorformuliert wurden (z. B. Brief zu einem Thema).
- Formen von kreativem Schreiben (vgl. *UV 42 und 43* mit vielen diesbezüglichen Hinweisen).
- „Schreib-Tandems": Texte zusammen mit einem Kind, das schon gut Deutsch kann, (oder mit der Lehrerin) schreiben. Die Handlung stammt primär vom Kind mit nicht deutscher Erstsprache, die korrekte Versprachlichung wird im Tandem gemeinsam geleistet. Vorgehen z. B. so, dass das nicht genuin deutschsprachige Kind die Geschichte, die es erzählen will, zuerst mündlich „probiert" (evtl. mit Aufnahme auf Tonband), dann gemeinsame Verschriftlichung Satz für Satz, je zuerst mündlich, dann schriftlich. Ausgangspunkt kann auch ein (evtl. muttersprachlicher) Cluster oder Notizzettel sein. Am Schluss stellen die beiden Kinder „ihre" Geschichte vor.
- Texte schreiben, in denen bewusst gewisse Wörter oder Konstruktionen vorkommen bzw. angewendet/vertieft werden müssen (zu einem Bild; zu einer Szene z. B. im Lebensmittelladen; zum Tagesablauf).
- Kumulation von inhaltlichen und sprachlichen Anforderungen in der Entwurfsphase dadurch vermeiden, dass Kinder mit nicht deutscher Erstsprache erste Notizen, einen Cluster oder Stichworte in ihrer Erstsprache machen dürfen. Techniken wie Cluster, stichwortartiges Textgerüst usw. müssen eingeführt sein!
- Reflektierte, behutsame Korrektur: Orientiert an dem, was schon vorhanden ist, mit den Fragestellungen: Was vom Vorhandenen soll weiter ausgebaut werden; was von dem, was noch nicht korrekt ist, soll und kann prioritär geübt werden; wie könnte das geschehen?
- Rechtschreibung: Bei der gemeinsamen Erarbeitung eines Themengrundwortschatzes auch Wörter in der Erstsprache notieren lassen, wenn das deutsche Wort noch fehlt. Sicherstellen, dass alle zu übenden Wörter verstanden werden.
- Rechtschreibung: Die korrekte Artikulation aller Laute bzw. die korrekte Aussprache der Wörter (Lang-/Kurzvokale bzw. Dehnungen/Schärfungen usw.) sicherstellen; sie ist die unerlässliche Voraussetzung zur richtigen Verschriftlichung.

Sprachbetrachtung/Grammatik

a) **Integration und Förderung der Erstsprache**
   Bezugnahmen, Nachfragen, Interesse hinsichtlich der verschiedenen Erstsprachen, dies sowohl in Zusammenhang mit gemeinsamen Anlässen der Sprachbetrachtung als auch dort, wo es um individuelle Hilfen geht. Vgl. *UV 24–26, 62, 65ff.*

b) **Förderung im Deutschen**
   Viele Übungen lassen sich gut mündlich in Partnerarbeit mit einem deutschsicheren Kind machen (Vorteil: sofortige Korrektur, Entlastung der Lehrerin); anschließend evtl. schriftlich mit Partner- oder Lehrerkorrektur. Wichtig: Die Kinder müssen den Sinn der Übungen begreifen; die Übungsphasen sollen so angelegt sein, dass intensive und zielgerichtete Arbeit am Problem möglich ist (klare Anweisungen, keine Störungen); das Training soll in kurzen, aber mehrfach wiederholten Sequenzen stattfinden (langfristige Speicherung). Quellen für vorgefertigtes Übungsmaterial s. oben, lohnend ist auch die Nachfrage bei der Deutsch-Förderlehrperson.

■ Bezugnahme zur Erstsprache (Nachfragen) und Bewusstmachen der Unterschiede in Bereichen, wo dies hilfreich sein kann. Bsp.: Umstellung des Verbs im Nebensatz (in den meisten Sprachen unbekannt), Groß-/Kleinschreibung.

Handlungsorientierte Lern- und Trainingsanlässe schaffen; z. B.:
■ Selbst gebaute „Maschinen", „Satzcomputer" usw. zum spielerischen Training von Satzmustern, Mehrzahl, Deklination usf.; wenn möglich in Zusammenarbeit mit einem Kind, das schon gut Deutsch kann. Vgl. *UV 68–70.*
■ Spielformen wie „Konjugieren mit dem Würfel" (zu zweit oder in Kleingruppen zu spielen): Würfel, auf dessen sechs Seiten die Personalpronomen stehen, dazu ca. 30 Kärtchen mit Verben in der Grundform. Kind 1 würfelt, Kind 2 nimmt ein Kärtchen und bildet die betreffende Form. Kann auch mit anderen Zeitformen gespielt werden.
■ Ortspräpositionen zu zweit mit der „Fliegen-Pantomime" üben: Ein im Deutschen sicheres Kind führt mit der Hand eine imaginäre Fliege, die auf den Kopf, hinter das Buch, über den Tisch fliegt (oder auf dem Kopf, hinter dem Buch sitzt), das andere Kind sagt die passenden Sätze dazu.
■ Reihensätze/Pattern-Drill zu bestimmten Problemen (Fälle nach Präpositionen usw.). Zuerst z. B. fünf Beispiele als Lückentext („Maria gibt … Vater das Buch"; „Der Hund ist auf … Straße"; dann selber angefangene Sätze vervollständigen („Oskar liegt …"); dann selber fünf Sätze zum betreffenden Problem bzw. Themen erfinden. Alles evtl. zuerst mündlich mit deutschsicherem Partnerkind, dann schriftlich.

8 Ausblick 2: Sprachfördernde Gestaltung des gesamten Unterrichts.
Merkpunkte, Hinweise, Beispiele

„Jede Unterrichtsstunde eine Deutschstunde", postulierte sinngemäß vor über hundert Jahren Rudolf HILDEBRANDT, und sein Schüler Linde doppelt nach „So wird in der Schule jede Disziplin zum deutschen Unterricht (...)" (zit. bei GOGOLIN (1994b:86f). „Sprachunterricht umfasst mehr als das Fach Deutsch. Er findet in allen Fächern statt" lautet eine dritte Variation des Themas – nur stammt sie nicht vom Ende des letzten Jahrhunderts, sondern aus offiziellen Empfehlungen, die die nordostschweizerischen Erziehungsdirektoren im Jahr 1999 erlassen haben (s. GYGER/HECKENDORN S. 129). Die alte Forderung – auch wenn sie in einem ganz anderen, deutschnationalen, Zusammenhang stand – hat im Kontext der multikulturellen Schule unversehens an neuer, veränderter Aktualität gewonnen.

In heutigen Klassen ist Deutsch für rund ein Fünftel der Schülerinnen und Schüler nicht die Erstsprache. Auch Kinder, die in der von Mündlichkeit geprägten Alltagskommunikation nicht mehr als fremdsprachig auffallen, sind durch den spezifischen, von Schriftlichkeit geprägten Sprach- und Denkstil oft überfordert, der die Schule in den mittleren und oberen Klassen zunehmend charakterisiert. Ihre „verdeckten Sprachschwierigkeiten" – so der Titel eines lesenswerten Aufsatzes von KNAPP (1999) – werden ihnen dort zum Verhängnis, wo globales, vielleicht durch Gestik und Kontextinformationen zusätzlich unterstütztes Verständnis nicht mehr reicht.

„Es genügt nämlich nicht, dass das Kind einfach eine Alltagskommunikation führen kann, um den sprachlichen und nichtsprachlichen Anforderungen der Schule zu genügen. Es ist demgegenüber von größter Bedeutung, dass das Kind neben seinen grundlegenden Kommunikationsfertigkeiten (Basic Interpersonal Communicative Skills, BICS) zusätzlich noch kognitiv-schulbezogene Sprachfähigkeiten (Cognitive-Academic Language Proficiency, CALP) ausbildet" (MÜLLER 1992:58, vgl. NEUGEBAUER/NODARI 1999:164f und oben Kapitel 2.2.3). Die Charakteristika dieses schulischen Sprach- und Denkstils, der sich durch alle Fächer zieht, sind: höhere Themengebundenheit und Abstraktion, hoher Stellenwert des geschriebenen Wortes, komplexere, „schriftnähere" Sprach- und Denkanforderungen auch im Mündlichen. PORTMANN, der sie in seinem Buch „Sprachförderung im Unterricht" erläutert (1998:24f), ist mittels differenzierter Unterrichtsbeobachtungen den Problemen und Überforderungen nachgegangen, die sich vor allem für Schülerinnen und Schüler mit nicht deutscher Erstsprache täglich im Mikrobereich einzelner Lernsequenzen ergeben können – und die durch ein geschärftes Bewusstsein reduziert werden könnten.

Angesichts der zentralen Stellung, die die Kompetenz in der Beherrschung der deutschen Sprache für Selektion, Schulerfolg oder -versagen hat, leuchtet die Forderung ein, dass Sprachförderung – genau so wie Interkulturalität – sich nicht auf einzelne Fächer oder Schulstunden beschränken darf, sondern bei der Planung des gesamten Unterrichts möglichst umfassend mitbedacht werden sollte. Ein entsprechend geschärftes Bewusstsein der Lehrperson kann helfen, den oft übergroßen Schritt zur Beherrschung der spezifisch kognitiv-schulbezogenen Sprachfähigkeiten in kleinere, bewältigbare Teilschritte zu gliedern. Da es dabei keineswegs um die Integration geheimnisvoller fremdsprachendidaktischer Sonderformen geht, profitieren natürlich auch die Kinder mit Deutsch als Erstsprache von einem bewusst auf Sprachförderung hin angelegten Unterricht.

Von den Lehrerinnen und Lehrern verlangt die Integration sprachfördernder Aspekte Aufmerksamkeit und Sensibilität in dreierlei Hinsicht:

Sensibilität gegenüber potenziellen sprachlichen Schwierigkeiten von Lernaufgaben. Sie bezieht sich auf mündliche und schriftliche Auftragsstellungen, auf das themenbezogene „Fachvokabular", auf die Komplexität von Lesetexten und auf die Voraussetzungen bezüglich der sprachlichen Mittel, die bei den Schülerinnen und Schülern für die Bearbeitung einer Aufgabenstellung vorausgesetzt werden.

Fähigkeit, sprachliches Lernpotenzial von Unterrichtssituationen zu erkennen und umzusetzen. Gemeint ist die kooperative, interaktionsorientierte Anlage von Lernsituationen; die Vermittlung von viel sprachlichem Input und vielen Gelegenheiten zu Verarbeitung, Anwendung und Transfer desselben. „Arbeitsformen sollten so ausgewählt und definiert werden, dass für die Lernenden mit der thematischen Arbeit ein möglichst vielseitiger, anspruchsvoller Sprachkontakt entsteht" (PORTMANN 1998:59, vgl. auch das Kapitel „Lernwirksame Arbeitsformen", ebd. S. 118ff).

In dialektgeprägten Regionen: Möglichst konsequente Verwendung der Standardsprache und ein kontrollierter Umgang mit den Varietäten Mundart und Standardsprache. Auf die Schwierigkeiten und Lernbehinderungen, die aus dem Durcheinander von Mundart und Standardsprache im Unterricht resultieren können, geht Kapitel 2.2.3 ein.

Die folgende Zusammenstellung von Merkpunkten und Hinweisen führt die obige Liste näher aus. Sie ist als Unterstützung für die sprachfördernde Planung von Unterricht in beliebigen Fächern gedacht. Drei abschließende Kontrollfragen können der Selbstevaluation bei der Unterrichtsplanung dienen.

Merkpunkte, Hinweise, Beispiele

- Sich bewusst sein, dass Unterricht für Schülerinnen und Schüler mit nicht deutscher Erstsprache immer auch Deutsch-Immersion bedeutet. Immersion heißt „Eintauchen" und kann sehr produktiv sein. Werden die sprachlichen Ansprüche aber zu hoch gesetzt, geschieht zwangsläufig eher Submersion: Untertauchen, Untergehen.

- Mögliche sprachbedingte Schwierigkeiten bei Lernaufgaben mitreflektieren. Texte, mit denen gearbeitet werden soll, auch auf diese potenziellen Schwierigkeiten hin anschauen. Vorbeugemaßnahmen und Hilfsstrategien bedenken. Beispiele:
  - Bei sachthemenbezogenen Gesprächs- und Lernanlässen im Sachunterricht, beim handwerklichen Gestalten, im Sport- und Bewegungsunterricht usw. einschlägiges „Fachvokabular" (Wörter, Wortfelder, Wendungen usw.) vorher oder parallel zur Situation sicherstellen.
  - Bei Lektüreaufgaben in Deutsch, Sachunterricht, Mathematik usw.: Vorab mündliches Erarbeiten des Textes, Klären von schwierigen Wörtern und Wendungen. – Texte in vereinfachter Version abgeben (umschreiben). – Zum selben Thema Texte in zwei oder drei niveaudifferenzierten Varianten bereitstellen. – Lernteams bilden.
  - Bei Schreibaufträgen, v. a. zu Sachthemen: Notwendigen Wortschatz zuerst zusammentragen und festhalten; mündlich mit der Klasse ein Beispiel (auch hinsichtlich Aufbau usw.) durchspielen.

- Bewusst klare, einfache Formulierungen bei mündlicher und schriftlicher Auftragserteilung, bezogen auf die Aspekte inhaltliche Klarheit, sprachliche Komplexität und Umfang (siehe auch Kapitel 5.4).
  Die Bedeutung dieses Punkts ist klar: Wo schon die Auftragsstellung nicht oder falsch verstanden wird, können die beabsichtigten Lernprozesse nicht in Gang kommen. Verständnisschwierigkeiten bei mündlichen Aufträgen können im besten Fall durch Nacherklärungen aufgefangen werden, sofern nicht einzelne Kinder bereits von Anfang an resignieren. Bei schriftlichen Aufträgen führen gehäufte Nacherklärungen infolge nicht genügend klarer Formulierung leicht zu Unterrichtsstörungen. Dies gilt besonders bei Formen offenen, selbstgesteuerten Unterrichts, wo die Aufgabe der Lehrperson in der individuellen Betreuung und nicht im Erklären von zu anspruchsvoll formulierten Aufträgen liegt. Es lohnt sich insofern unbedingt, bei der Vorbereitung einen zusätzlichen Arbeitsgang für die bewusste sprachliche Vereinfachung von Arbeitsblättern, schriftlichen Aufträgen im Werkstattunterricht usw. einzuschalten (bzw., bei gekauften Materialien, für deren Nachbearbeitung).

- Sprach-produktive Formulierung von Aufträgen/Lernaufgaben.

Enge, lehrerzentrierte Fragen lassen wenig Freiraum zu eigenem Sprachhandeln. Im Klassengespräch und bei schriftlichen Aufgabenstellungen sind weite Fragestellungen oder, besser noch, Impulse vorzuziehen. Sie bieten erheblich mehr Raum und Möglichkeiten zum Ausbau der eigenen Sprachroutine und -kompetenz. Diese Möglichkeiten können nicht nur in quantitativer Hinsicht, sondern auch qualitativ-inhaltlich gesteuert werden. Das geschieht z. B., wenn Aufträge so formuliert werden, dass ihre Bearbeitung automatisch die Anwendung und Vertiefung von vorher erworbenen Redemitteln (Wörter, Wendungen, Konstruktionen) verlangt. (Beispiel: Sequenz erarbeitenden Unterrichts in einem beliebigen Fach, unterstützt durch Verständnishilfen und Festhalten wichtiger Stichwörter an der Wandtafel. Anschließend Auftrag: „Besprecht das, was wir gelernt haben, zuerst nochmals kurz zu zweit, fasst es dann einzeln auf einer halben Seite zusammen.")

■ Sprachliche Lernpotenziale von Unterrichtssituationen in allen Fächern in die Planung einbeziehen und nutzen; Verbalisierung fördern.

Die Forderung, sprachliche Aspekte bei der gesamten Unterrichtsplanung bewusst mit zu bedenken, bezieht sich nicht nur auf potenzielle Schwierigkeiten. Ebenso sehr meint sie das Wahrnehmen von sprachlichen Lernpotenzialen, die einzelnen Sequenzen innewohnen. Der Blick dafür verlangt ein gewisses Umdenken, eröffnet aber reiche Möglichkeiten integrierter Sprachförderung. Beabsichtigt ist natürlich nicht eine sprachliche Vereinnahmung oder Verschulung des gesamten Fächerkanons, sondern die beiläufige Akzentuierung der sprachlichen Seite von schulischen Lern- oder Interaktionsprozessen. Der bloße Auftrag zur Verbalisierung von geplanten oder durchgeführten Aktivitäten trägt dazu schon viel bei. Oft kann implizites Training unterstützt werden durch Aufträge wie „Redet beim Arbeiten miteinander, besprecht und kommentiert, was ihr machen wollt oder was ihr gerade macht"). Beispiele:

– Kunst/Zeichnen (Blumencollage, Einzelarbeit): „Überlegt, wie ihr euer Blatt gestalten möchtet, erklärt und besprecht euer Vorhaben gegenseitig, bevor ihr beginnt." Und/oder, nach Beendigung der Arbeit: „Besprecht eure Bilder zu zweit, erklärt, wie ihr vorgegangen seid, worauf ihr geachtet habt."

– Sachunterricht und Deutsch; Thema „Wohnen"; eine Wohnung einrichten (aus *UV 91*): Die Schülerinnen und Schüler erhalten einen Grundriss und ein Ausschneideblatt mit Möbeln, die angeschrieben sind (Nomen stets mit dem Artikel). In sprachgemischten Partnergruppen (ein deutschstärkeres und ein -schwächeres Kind) richten sie die Wohnung ein. Dabei sind sie angehalten, ihr Tun immer gleich zu kommentieren („Ich will die Lampe lieber links vom Sofa aufstellen"). Mit diesem hohen Grad von Verbalisierung ergibt sich ein intensives Wortschatz- und Präpositionen-Training. Die Arbeit mit den Grundrissen kann auch als „Einrichte-Diktat" weitergeführt werden („Stell das Bett hinter die Türe" usw.).

– Sport- und Bewegungsunterricht (Übungen an Geräten): „Rekapituliert, bevor ihr beginnt, zu zweit nochmals kurz die Punkte, auf die es bei diesem Gerät ankommt!"

– Gesang/Musik (nach Liedeinführung): „Was gefällt euch an diesem Lied? Was war schwer zu lernen?"

Partner- oder Klassengespräche – inhaltsbezogene wie auch solche zur Lernreflexion – bieten viele Gelegenheiten für sachbezogene, freie Sprechanlässe. Analog können natürlich auch Schreibanlässe geplant werden, was allerdings mehr Zeit verlangt und zusätzliche Anforderungen an die Schülerinnen und Schüler stellt. Eine gute und zumindest formal niederschwellige Form ist das Führen eines Lerntagebuchs in der Art, wie es GALLIN/RUF unter dem Titel „Reisetagebuch" vorstellen (1993:107ff).

Denkbar ist auch die Integration engerer, bis in den Bereich des formalen Trainings reichender Aufträge. Dies soll allerdings nur in wenigen und spielerisch angelegten Situationen angeregt werden, z. B. um Satzstrukturen, Formen oder den Wortschatz zu verfestigen. Beispiele:

– Handwerkliches Gestalten, Basteln, Partnerarbeit: „Seid ausnahmsweise sehr höflich zueinander und fangt jeden Satz (auf Deutsch!) mit ‚Ich möchte gern … / Könntest du bitte … / Würdest du bitte …' an".

– Kunst/Zeichnen: „Redet beim Arbeiten miteinander; beschreibt alles, was ihr macht, genau (als ob der/die andere blind wäre). Braucht dabei möglichst oft die Namen der Materialien/Farben/Werkzeuge, die wir jetzt gelernt haben!"

– Mathematik: „Stellt euch ‚Tier-Rechnungen' auf Deutsch (z. B. Fünf Hunde und drei Hunde sind …); achtet darauf, ob die Mehrzahlform richtig gebildet ist."

■ Lernsituationen kommunikativ anlegen.

Nur in der Interaktion können Schülerinnen und Schüler sprachlich aktiv werden und damit einerseits ihre Sprechpraxis ausbauen, andrerseits Neues anwenden und einschleifen. Dabei sind die Gesprächsanteile bzw. die Möglichkeiten zu eigenem Sprachhandeln umso größer, je kleiner die Gruppe der Interagierenden ist. Dies spricht für die Planung häufiger Sequenzen in Partner- oder Kleingruppenarbeit (vgl. die obigen Beispiele). Damit es in ihnen tatsächlich zu einer Entwicklung kommt, ist allerdings die Zusammensetzung der Gruppen zu beachten und muss die Arbeit so organisiert sein, dass der Lehrperson Zeit für Beobachtungen und eventuell nötige Hilfen oder Interventionen bleibt.

■ Lernsituationen handlungs- und sprachlich anwendungsorientiert anlegen.

In authentischen Handlungssituationen, bezogen auf einen realen Inhalt oder eine reale Tätigkeit, geschieht (Sprach-)Lernen organisch, motiviert und weniger „künstlich". Diese Einsicht liegt auch dem bilingualen Sachunterricht zugrunde. Sie ist selbstverständlich nicht als Gegensatz zu Sequenzen bewusster und bewusst machender Arbeit an sprachlichen Strukturen gemeint; die beiden Formen ergänzen sich vielmehr. Ganz von selber und ohne große Planung ergeben sich handlungsorientierte Situationen in Fächern wie Kunst/Zeichnen, handwerkliches Gestalten, Sport- und Bewegungsunterricht. Sprachförderung bedeutet hier vor allem, dieses Handeln auch zu verbalisieren, wie die Beispiele oben zeigen. Handlungsorientiert lassen sich Unterrichtssituationen aber natürlich auch in allen anderen Fächern anlegen. Der sprachliche Bezug ist dabei z. T. unmittelbar gegeben, etwa wenn Texte oder lebenskundliche Themen in Rollenspielen aufgearbeitet werden. In anderen Fällen muss dieser Bezug geschaffen werden, indem die bloße Handlungsdimension durch die Aufforderung zum Verbalisieren dieses Handelns ergänzt wird.

Beispiel: Im Rahmen eines sachkundlichen Werkstattunterrichts Experimente zu machen – z. B. zum Thema Wasser –, ist handlungsorientiert; sprachfördernd bzw. sprachlich anwendungsorientiert wird es erst durch den Zusatzauftrag, die gemachten Einsichten zu kommentieren und zu kommunizieren.

■ Sozialformen und Zusammensetzungen von Lerngruppen bewusst planen, Möglichkeiten der Partnerhilfe nutzen.

Sequenzen in Klassenunterricht bieten einen guten Rahmen für korrekten sprachlichen Input (s. o.), lassen aber weniger eigenes Sprachhandeln der Schülerinnen und Schüler zu. Sie müssen ergänzt werden um Partner- und Kleingruppenarbeiten, die besonders kommunikationsintensiv und sprachfördernd sein können (vgl. Kapitel 5.1), vor allem dann, wenn in ihnen die Verwendung der Standardsprache verlangt wird und wenn die Zusammensetzung der Lernteams entsprechend angelegt wird. Teams, bei denen ein Kind im Deutschen sicher ist und zusätzlich seine Tutor-Rolle kooperativ und bewusst erfüllt, stellen hinsichtlich der Förderung der deutschschwächeren Kinder sicher das Optimum dar.

Für frisch aus einem anderen Sprachraum Zugezogene ist in der Anfangsphase die Zusammenarbeit mit einem Kind derselben Sprachgruppe besonders fruchtbar; dieses kann als Dolmetscher fungieren und eine Menge Erklärungsarbeit übernehmen. Die große Bedeutung dieser Dolmetscherinnen und Dolmetscher aus derselben Sprachgruppe wird immer wieder angesprochen, wenn wir mit Zugezogenen über die erste Zeit ihres Deutscherwerbs sprechen. Welche Leistungen sie erbringen, zeigen die folgenden, authentischen Zitate:

„In Bülach habe ich Deutsch gelernt aber dafür habe ich fiel glük gehabt weil dort war eine Mädchen aus Bosnien. Und sie hat mir alles übersetzt. So habe ich Deutsch gelernt."

„Wie ich Doitszh gelernt habe. Meine Froindin hat mir gelernt, wen ich etwas nicht gekand abe hat mier gezeigt was ist das."

„Ich habe deutch gelernt mit meinen Freindin sie heist Emine."

Wichtig ist, dass bei Lernteams die Hilfslehrerrolle des sprachlich sichereren Kindes nicht überstrapaziert wird; erstens mit Hinblick auf dessen eigene Entwicklungsmöglichkeiten und zweitens, um nicht Rollen und Abhängigkeiten zu zementieren. Dies spricht in vielen Fällen für eine gelegentliche Durchmischung der Teams.

- Möglichst umfassende Verwendung der Standardsprache in der Schule. Vermeiden von Verwirrungen im Bereich Mundart und Standardsprache.

In Kapitel 2.2.3 gingen wir auf die Probleme ein, zu denen das Nebeneinander der beiden eng verwandten Varietäten Mundart und Standardsprache in dialektgeprägten Regionen führen kann. Die entsprechenden Vermischungen (falsche Transfers, wie wir sie auch von Texten deutschsprachig aufgewachsener Schulanfängerinnen und Schulanfänger kennen) sind denn auch oft kennzeichnend für die Sprache von nicht genuin deutschsprachigen Kindern und Jugendlichen. Eine möglichst umfassende Verwendung der Standardsprache ist die logische Folgerung für die Schule, dies ganz besonders angesichts der hohen Selektionswirksamkeit, die ihre Beherrschung bei uns hat.

Dass ein ganz oder weitestgehend auf Deutsch geführter Unterricht bereits im Kindergarten und auf der Elementarstufe gut möglich ist, dass sich die Standardsprache sehr wohl auch für emotionale und persönliche Themen und für informelle Situationen eignet, dass auch Partner- und Gruppenarbeiten in Standardsprache verlangt werden können und dass die Mundart dabei nicht verkommt, ist inzwischen durch die Praxis vieler Lehrpersonen mehr als erwiesen. Wo die Sprachform gewechselt wird, soll dies klar deklariert werden, so dass Kinder mit nicht deutscher Erstsprache sich orientieren können. Damit kann den problematischen und für die Schulkarriere hinderlichen Orientierungsproblemen vorgebeugt werden, wie sie in der oben erwähnten Untersuchung (SCHADER 2003a) zu Tage traten.

- Reicher sprachlicher Input, gefolgt durch Sequenzen der Anwendung und des Transfers.

Auch dieser Punkt ist in dialektgeprägten Regionen von besonderer Bedeutung. Schule ist hier (z. B. in Bayern, Österreich oder in der Deutschschweiz) in aller Regel der einzige Ort, an dem die Standardsprache gelernt und geübt werden kann. Auch aus diesem Grund soll Hochdeutsch möglichst in allen Teilen des Unterrichts verwendet werden. Kinder mit Deutsch als Erstsprache sind dabei im Vorteil. Einerseits können sie von ihrer Erstsprache – dem lokalen Dialekt – her viel leichter Analogien und Umwandlungen zum Deutschen entwickeln. Zweitens ist ihnen dieses schon vom Fernsehen her gut bekannt und verständlich. Bei Schülerinnen und Schülern mit nicht deutscher Erstsprache fallen diese Voraussetzungen weg; sie brauchen dementsprechend „mehr Impulse in der hochdeutschen Sprache (…), um zielsprachliche Kompetenzen aufzubauen (…)" (ZIBERI-LUGINBÜHL 1999:19). Erwerb wie auch Training der Standardsprache sind nur dann erfolgreich, wenn die

Schülerinnen und Schüler einen reichhaltigen Input, aber auch ausreichend Gelegenheit zu Verarbeitung und Anwendung erhalten.

Die Lehrperson kann diesen Input in besonders vorbildlicher und formal korrekter Weise liefern, allerdings muss sie ihn hinsichtlich Quantität und Komplexität den Voraussetzungen der Klasse anpassen. Neben mündlichen Erklärungen und Anweisungen ist dabei auch an das klassische Vorlesen und Geschichtenerzählen zu erinnern. Es erhält, abgesehen vom Gemüthaft-Sozialen, durch den Aspekt Sprachförderung und -vorbild eine zusätzliche, aktuelle Begründung. Eine Menge an sprachlichem Input und Verarbeitung erfolgt aber auch in den kommunikationsintensiven Partner- und Gruppenarbeiten. Diese Formen werden besonders sprachwirksam genutzt, wenn hier ebenfalls Standardsprache als Norm vorgeschrieben ist. Das geht problemlos vom Kindergarten – und spätestens von der ersten Klasse – an. Bisweilen geäußerte Bedenken („unnatürlich" usw.) begründen sich weniger in der Sache als im etwas steifen Verhältnis mancher Lehrpersonen zur Standardsprache.

Dosierter und angepasster Input ist das eine; um ihn auch lernpsychologisch möglichst wirksam werden zu lassen, braucht es anschließende Phasen der Anwendung und des Transfers. Dabei geht es für eine erste Aneignung um die Wiedergabe des Gehörten oder Gelesenen in eigenen Worten oder um Situationen, in denen einzelne Elemente – z. B. Wendungen, Wörter oder bestimmte Satzmuster aus der „Vorlage" – selbst angewendet werden müssen (s. die Beispiele unten). Diese erste eigene Anwendung soll möglichst eng an den eigentlichen Input anschließen, da hier noch vieles „im Ohr" bzw. via Kurzzeitgedächtnis abrufbar ist. Besonders sinnvoll ist es, wenn diesen ersten Sequenzen eigener Verarbeitung weitere folgen, in denen das bei der ersten Anwendung Gelernte aktualisiert und vertieft wird. Nur auf diese Weise kann die Überführung ins Langzeitgedächtnis bzw. in die eigene Sprech- und Schreibpraxis wirksam unterstützt werden. Die nachfolgenden Beispiele zeigen, dass es sich dabei um keine Hexerei, sondern bloß um eine bewusstere Beachtung von Sprachverarbeitungsprozessen handelt.

– Deutsch, soziales Lernen/Lebenskunde, der Input ist eine problemorientierte Geschichte. Erste Verarbeitung/Anwendung: Nacherzählen des Inhalts (im Klassenverband oder in Kleingruppen); Diskussion der Geschichte. Vertiefung zwei Tage später: Auf die Problematik zurückkommen, Geschichte evtl. nochmals zusammenfassen, ähnliche Erlebnisse der Kinder sammeln und mit Bezug auf das Gelesene besprechen. Ein Teil dieser Sequenzen kann auch schriftlich bearbeitet werden.

– Deutsch, der Input ist ein Märchen. Besprechen des Inhalts, dann szenische Darstellung einer oder mehrerer Sequenzen aus dem Text. Spätere Vertiefung: Geschichte nochmals nacherzählen lassen (z. B. in Partnerarbeit); Teile daraus gestalterisch umsetzen (z. B. Bilder mit Legenden oder Sprechblasen).

– Handwerkliches Gestalten, Basteln eines Roboters aus Altmaterialien in Partnerarbeit. Input: Sichtung und Benennung des mitgebrachten Materials, Diskussion möglicher Arbeitstechniken (kleben, schrauben usw.) und Werkzeuge. Begriffe evtl. an der Wandtafel festhalten. Verarbeitung, Vertiefung und implizites Training in der Werksituation selbst, unterstützt durch den ausdrücklichen Auftrag, jeweils vorzubesprechen und zu kommentieren, was man tun will bzw. tut (Verbalisierung; natürlich in Standardsprache).

– Mathematik, den Input bilden einfache Textrechnungen zu einem Thema. Unter mathematischen Gesichtspunkten besprechen, dann aber auch unter sprachlichen: „Wir wollen selber solche Textrechnungen machen. Wie müssen wir dabei vorgehen?" (Aufbau). Gemeinsam Beispiele machen. Vertiefung: Jedes Kind macht auf Streifen eigene Textrechnungen. Weitere Vertiefung beim gegenseitigen Lösen.

– Sachunterricht/-kunde zu einem beliebigen Thema, als Input dienen mehrere niveaudifferenzierte Sachtexte. Unklarheiten besprechen. Vertiefung: Den Text in eigenen Worten zusammenfassen, um den anderen die in ihm enthaltenen Informationen zugänglich zu machen (zuerst in Partnerarbeit mündlich, dann alleine schriftlich). Am (über)nächsten Tag kurzer mündlicher Vortrag dieser Zusammenfassung (vorbereitet, aber nicht abgelesen, sondern aus dem Kopf).

■ Hilfsstrategien erarbeiten und nutzen.

Zur Partnerhilfe in verschiedenen Formen von Teams siehe oben; hier liegen besonders reiche Möglichkeiten der Förderung.

Das klassische Hilfsmittel für die Hand von Schülerinnen und Schülern mit nicht deutscher Erstsprache ist das zweisprachige Wörterbuch. Es beschränkt sich allerdings auf den isolierten Bereich des Wortschatzes und trägt nichts zu korrekter Sprachverwendung auf der Ebene des Satzbaus bei. Nachschlagen in zweisprachigen Wörterbüchern ist eine komplexe Technik, die gründlich geübt werden muss. Dies gilt auch für die von Aufbau und Präsentation stark vereinfachten Schul-Fremdwörterbücher, welche für die wichtigsten Migrationssprachen vorliegen („Die Wörterbrücke", SCHADER [1]1996). Ohne gründliche Einführung erfüllen sie ihre Hilfsfunktion nicht.

Zu den Hilfsstrategien zählen wir auch die schon mehrfach angesprochene Zusammenarbeit mit anderen an der Erziehung beteiligten Erwachsenen. Die Lehrkräfte für Deutsch als Zweitsprache (DaZ; z. T. auch DaF und in der Schweiz DfF genannt) können auf spezifische Förderbedürfnisse einzelner Kinder wie auch auf Materialien, die sich im individualisierten Unterricht integrieren lassen, hinweisen. Die Lehrkräfte des herkunftssprachlichen Unterrichts können Auskünfte, Einschätzungen und Maßnahmen aus ihrer Sicht vorschlagen. Die Eltern können den außerschulischen Teil der Förderung unterstützen, und sei es auch nur dadurch, dass sie die Bedeutung einer ruhigen Aufgabenecke und einer für die Aufgaben freigestellten Zeit erkennen (Literaturverweise zur Elternzusammenarbeit vgl. Kapitel 6.2).

Kontrollfragen zur sprachfördernden Unterrichtsplanung

■ Welches sprachliche Lernpotenzial liegt in der geplanten Unterrichtssituation? Wie kann ich es nutzen?

■ Welche sprachlichen Mittel (Wörter, Wendungen, Satzmuster) sind nötig zum Verstehen/Durchführen der Lernaufgabe? Ist das, was ich den Schülerinnen und Schülern zumute oder abverlange, für alle leistbar; verfügen insbesondere Schülerinnen und Schüler mit nicht deutscher Erstsprache über die entsprechenden sprachlichen Mittel, oder muss ich diese zuerst bereitstellen?

■ Wie kann ich den Erwerb und die Festigung dieser sprachlichen Mittel steuern bzw. sicherstellen? (Passives Verständnis; Überführung in den aktiven Wortschatz.)

TEIL 2

101 konkrete Unterrichtsvorschläge

Sprachliche und kulturelle Vielfalt bewusst machen und erleben

 ## „Minimal Standard": Die Sprachentabelle im Schulzimmer

Sie müsste eigentlich zur Grundausstattung gehören, fast wie die Wandtafel: die schön gestaltete und gut sichtbar aufgehängte Tabelle, auf der zumindest die Namen der Schülerinnen und Schüler und alle ihre Sprachen aufgeführt sind. Und natürlich die Dialekte der Kinder mit deutscher Muttersprache, machen doch auch sie einen integralen Teil der Sprachenvielfalt aus.

Die Sprachentabelle, selbstverständlich ausbaubar um die Sprachen der Eltern oder weitere, im Umfeld abrufbare Sprachen, ist aus zwei Gründen so wichtig: Erstens hält sie das Bewusstsein für die sprachlichen Ressourcen permanent wach, und zweitens dient sie in diversen Anschlussprojekten zur Orientierung.

Schuljahr/Klasse: 1. bis 10.
Zeitbedarf: Je nach Art der Tabelle 1 Lektion oder mehr.
Vorbereitung: Großes Packpapier.

Verlauf

Der Gestaltung der eigentlichen Tabelle muss eine mündliche Sequenz vorausgehen. Ziel und Inhalt dieses Klassengesprächs ist es, die Vielsprachigkeit der Klasse als etwas Spannendes bewusst zu machen – als etwas, mit dem man viel machen kann, als besonderes Potenzial.

Mögliche Rubriken für die Tabelle:
Basis: „Name" – „Meine Sprache(n)" oder „So spreche ich zu Hause" (Muttersprache bzw. zu Hause gesprochener Dialekt; bei zu Hause zweisprachig Aufwachsenden evtl. zwei Einträge).

Zusätzliche Spalten, auch später erweiterbar:

- „Ich kann/verstehe auch noch …" oder „Andere Sprachen" (Sprachen/Dialekte, die die Schülerinnen und Schüler neben der Erstsprache sprechen oder verstehen).
- Herkunftsregion oder -land; evtl. visualisiert auf Karte (s. u. und *UV 6* „Wo spricht man so? – Vielfalt auf Landkarten sichtbar machen").
- „Meine Eltern sprechen/können auch …" oder „Sprachen/Dialekte in unserer Familie".
- „Ich kenne Leute, die … sprechen". Wichtige Rubrik, wenn es um umfassendere Sprachen- oder Dialekt-Sammelprojekte geht.
- Sprache (und Herkunftsregion) der Großeltern. Damit wird nicht zuletzt die kulturelle und sprachliche Durchmischung sichtbar, die auch für viele monolingual-"alteingesessene" Familien charakteristisch ist (vgl. *UV 8*: „Stammbäume – Vielfalt in der eigenen Familie").

Ausbau und Weiterführung

- Landkarten mit Fähnchen, wo die einzelnen Sprachen und Dialekte gesprochen werden; Bilder aus den verschiedenen Regionen.
- Einfache Statistiken (interessant v. a., wenn Tabellen von mehreren Klassen zusammengenommen werden können). In Zusammenhang mit den Tabellen und Statistiken können die Schülerinnen und Schüler vom 4./5. Schuljahr an evtl. Textrechnungen erfinden.
- Stammbäume (vgl. *UV 8* „Stammbäume – Vielfalt in der eigenen Familie")
- Integration der Sprachentabelle auf der Homepage der Klasse, vgl. *UV 51* „Das Fenster nach außen: Unsere multlinguale Homepage".

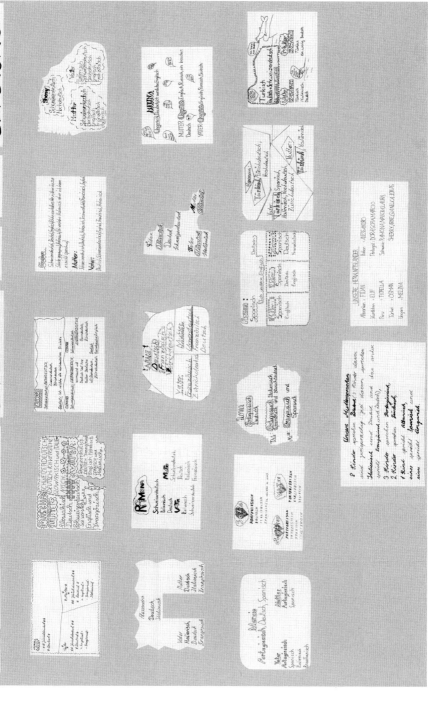

2 Sich kennen lernen: Mehrsprachige Selbstporträts und Steckbriefe

Sich selbst darzustellen, macht Spaß. Ob es in Form eines illustrierten Steckbriefes geschieht oder als Porträt (dessen Herstellung vielleicht durch einen Spiegel unterstützt wird), spielt dabei keine Rolle: Das Sujet liegt einem immer nahe.

Zur Selbstdarstellung gehört in der mehrsprachigen Klasse natürlich auch ein Hinweis auf die Sprachen oder Dialekte, die man spricht. Schließlich betreffen sie einen wichtigen Teil der Persönlichkeit, und in der Klasse stellen sie einen Teil der Ressourcen dar, die ihr spezielles Profil ausmachen.

Der Unterrichtsvorschlag eignet sich auch als Einstiegsaktivität mit einer neuen Klasse.

Schuljahr/Klasse:	Ab Mitte/Ende 1. bis 10.
Ziele:	Sich besser kennen lernen; Sprachenvielfalt positiv bewusst machen.
Zeitbedarf:	Ca. 2–4 Lektionen, davon 1–2 Zeichnungsstunden.
Unterrichtsbereiche:	Deutsch, Kunst/Zeichnen, Soziales Lernen/Lebenskunde

Verlauf

Beginn mit einer mündlichen Sequenz (Gesprächsrunde), in der die Anwesenheit der verschiedenen Sprachen und Dialekte als Besonderheit und spezielles Potenzial der Klasse thematisiert wird. Dabei sollte auch bei den scheinbar einsprachigen Schülerinnen und Schülern nachgefragt werden, ob sie von zu Hause her noch eine andere Sprache oder einen weiteren Dialekt kennen bzw. sprechen. Auf einer Landkarte kann gezeigt werden, wo die einzelnen Sprachen gesprochen werden.

Anschließend Diskussion, in welcher Art sich die Schülerinnen und Schüler darstellen möchten. Basis sollen A3-Blätter bilden. Gegeben ist bloß, dass eine Kombination aus Bild und Text entstehen soll und dass das Blatt Angaben zu bestimmten, vorher vereinbarten Rubriken enthalten soll (Minimum: Namen; Sprachen bzw. Dialekte). An diese Rubriken sollen sich wegen des anschließenden Vergleichs alle Schülerinnen und Schüler halten.

Wer mehrere Sprachen oder Dialekte spricht, schreibt alle hin. Die Textteile können auf Deutsch oder in der Erstsprache bzw. im zu Hause gesprochenen Dialekt verfasst werden.

Zwei Gestaltungsmöglichkeiten:

■ Selbstporträt mit Sprechblase oder Textbalken „Ich heiße …", „Ich spreche …" in der Erstsprache.

■ Steckbrief mit Angabe zu Name, Wohnort, Sprache(n), Geburtstag, Hobbys usw.

Die beiden Möglichkeiten lassen sich natürlich auch kombinieren. Die Blätter können mit Requisiten aus der Herkunftsregion verziert werden (Postkarten, Muscheln usw.).

Abschließend werden die Porträts oder Steckbriefe ausgestellt und besprochen. Schülerinnen und Schüler, die ihren Text nicht auf Deutsch geschrieben haben, lesen ihn vor vor und erklären die Bedeutung. Impulse für diese Sequenz: Unbekanntes nachzusprechen versuchen. – Vergleich der Klänge. – Versuchen, Bekanntes herauszuhören. – Welche Sprachen klingen ähnlich?

◼3 Unsere mehrsprachige Klasse lebensgroß

Die Klasse „live" und lebensgroß an der Wand, auf Packpapierbahnen gemalt und ausgeschnitten: Das ergibt eine witzige und dauerhafte Dekoration im Zimmer oder im Flur des Schulgebäudes. Und wenn die Kinder mittels Sprechblasen erst noch in allen Sprachen grüssen, ist klar, dass es sich hier nicht um irgendeine Klasse handelt, sondern um unsere mehrsprachige Klasse mit all ihren besonderen Möglichkeiten.

Die größere Gemeinschaftsarbeit eignet sich gut als Einstiegsaktivität ins Thema Mehrsprachigkeit, dies auch mit einer neuen Klasse.

Schuljahr/Klasse:	Ab Mitte/Ende 1. bis 10.
Ziele:	Sich besser kennen lernen. – Zusammenarbeit fördern. – Sprachenvielfalt positiv bewusst machen.
Zeitbedarf:	Ca. 3–4 Lektionen, davon 2–3 Zeichnungsstunden.
Unterrichtsbereiche:	Kunst/Zeichnen, Deutsch.
Vorbereitung:	Eine große Fläche an einer Wand oder, noch besser, im Flur bzw. Korridor freistellen. Wasserfarben; Zeitungen zum Abdecken; Packpapier oder große Blätter.

Verlauf

Beginn mit einer mündlichen Sequenz, wie bei UV 2 „Sich kennen lernen".
Information, dass ein großes Gemeinschaftswerk entstehen soll, in dem sich die Klasse mit allen ihren Sprachen und Dialekten selbst darstellt.

Jedes Kind malt sich selbst mit Wasserfarben in Lebensgröße auf Packpapier. Zuvor hat es sich auf das Papier gelegt und ein anderes Kind hat die Umrisse nachgezeichnet. Die Figuren sollen nicht steif dastehen; mögliche Gesten und Posen werden vorher besprochen.

Die ausgemalten Figuren werden ausgeschnitten und an der Wand zu einem möglichst lebendigen Bild gruppiert.

Jedes Kind gestaltet zu seiner Figur eine große Sprechblase (DIN A3 oder A4), in die es in seiner Sprache z. B. „Guten Tag!" oder „Ich heiße …" schreibt. Damit sich die Sprechblasen nicht in die Quere kommen, muss die Anordnung zuerst besprochen werden.

Abschließend gemeinsame Würdigung des Werks. Die Sprechblasen in den verschiedenen Sprachen nachsprechen lernen. – Ähnlichkeiten besprechen. – Versuchen, Bekanntes herauszuhören. – Über die Bedeutung der Namen sprechen (siehe *UV 71* „Vor- und Nachnamen untersuchen") usw.

Ausbau und Weiterführung

Die Sprechblasen können periodisch ausgewechselt werden (Dialoge; ein Satz in allen Sprachen; Zahlen usw.). Das lebensgroße Klassenporträt wird so zum attraktiven Träger für weitere Sammlungen und Sprachvergleiche.

Unsere Schule grüßt in allen Sprachen

Schon von weitem ist es unübersehbar: In diesem Schulhaus kann man mehr als Deutsch sprechen. Sprechblasen mit Grüßen in allen Sprachen rufen den Passantinnen und Besuchern ihr Willkommen entgegen – und geben damit auf fröhliche Art ein Signal der kulturellen Offenheit und Akzeptanz.
Das ebenso unaufwändige wie ausdrucksstarke Kleinprojekt eignet sich bevorzugt zur klassenübergreifenden Bearbeitung.

Schuljahr/Klasse: Ab Mitte/Ende 1. bis 10.
Zeitbedarf: Ca. 1–2 Lektionen.
Vorbereitung: Absprache im Kollegium (wenn klassenübergreifend);
                    Papier DIN A3.

Verlauf

Jedes Kind gestaltet und verziert eine große Sprechblase mit „Willkommen" oder „Guten Tag!" in seiner Sprache, seinem Dialekt. Wer will, kann den Gruß in weiteren Sprachen oder Dialekten sammeln und zusätzliche Sprechblasen gestalten. Am Rand der Sprechblase wird klein der Name der Sprache angegeben; dazu bei Bedarf eine Aussprachehilfe.
Die Sprechblasen werden in der Eingangshalle des Schulgebäudes, noch besser aber an den Fenstern im Erdgeschoss befestigt. Offenheit und eine positive Einstellung zur Vielfalt der Schülerschaft wird dadurch anschaulich und fröhlich visualisiert; migrierte Eltern finden sich und ihre Sprache im Schulhaus wieder.

Die Sprechblasen sollen angeschaut und nachgesprochen werden. Sie können gute Ausgangspunkte für kleine Sprachvergleiche und -begegnungen sein, z. B.: Was klingt ähnlich? Was bedeuten die Grüße in wörtlicher Übersetzung? Wie viele Sprachen und Dialekte haben wir? Dieses Potenzial soll nicht brachliegen, indem die Arbeit mit dem bloßen Aufhängen abgeschlossen wird. Eine Fortführung in dieser Richtung ist beschrieben in *UV 76* „Gruß-, Abschieds- und Dankformeln bei uns und anderswo".

Redimensionierte Formen, nicht klassenübergreifend:
- Sprechblasen an der Wand vor dem eigenen Schulzimmer oder an dessen Fenstern.

- Kleinere Sprechblasen an der Schulzimmertüre.
- Virtuelle Variante: Mehrsprachige Grüße auf der Homepage der Schule; vgl. *UV 51* „Das Fenster nach außen: Unsere multilinguale Homepage".

Wer kann mit wem in welcher Sprache sprechen?

Dass Gespräche nicht nur auf Deutsch ablaufen können, hört man im mehrsprachigen Schulhaus schon auf dem Schulhof. Der Unterrichtsvorschlag „Wer kann mit wem in welcher Sprache sprechen" macht die Möglichkeiten von Mehrsprachigkeit anschaulich bewusst und sichtbar.

Das kommunikationsorientierte Kleinprojekt eignet sich vor allem für Klassen mit vielen Sprachen, die nicht nur von je einem Kind gesprochen werden. Es lässt sich gut zu verschiedenen Sprachbegegnungen und Rollenspielen weiterführen. Problemlos ist auch die Integration in Projektwochen mit sprachgemischten Gruppen.

Schuljahr/Klasse: Ab Mitte 1. bis 6., evtl. 10.
Zeitbedarf: 1 Lektion.
Vorbereitung: Kärtchen, großes Packpapier, verschiedenfarbige Wollfäden
                     (oder Wandtafel, Magnetknöpfe, Farbkreiden).

Verlauf

Jeder Sprache bzw. jedem Dialekt der Klasse oder Lerngruppe wird eine Farbe zugeordnet. Diese Zuordnungen werden auf einem Blatt festgehalten, das anschließend als Legende dient. Jedes Kind schreibt ein Kärtchen mit seinem Namen.

Nun werden die Täfelchen mit den Namen aller Schülerinnen und Schüler großflächig auf einem großen Packpapier oder an der Wandtafel verteilt bzw. angeheftet. Mit verschiedenfarbigen Wollfäden oder Strichen (gemäß Farblegende) werden diejenigen Kinder verbunden, die miteinander in einer bestimmten Sprache sprechen können. Deutsch und der lokale Dialekt als allen gemeinsame Sprachen werden nicht oder erst am Schluss eingetragen, da sonst ein Wirrwarr von Linien entsteht.

Ausbau, Veranschaulichung
- in Rollenspielen (sich begrüßen, nach dem Befinden fragen).
- Im Sitzkreis die Redemöglichkeiten mit einem Wollknäuel praktisch durchspielen, z. B. anhand einfacher Fragen und Antworten.

Geeignet auch als Anschlussprojekt nach der Herstellung eines Sprachenposters oder einer Sprachentabelle.

Idee nach: DIE GRUNDSCHULZEITSCHRIFT, Heft 43/April 1991.

Wo spricht man so? – Vielfalt auf Landkarten sichtbar machen

Woher kommen eigentlich alle die Sprachen und Dialekte, die man in unserer Klasse, in unserer Schule hört? Wo auf der Welt spricht man sie?

Mit Steckfähnchen visualisieren wir auf Landkarten (Landeskarte, Europa-, evtl. Weltkarte) die geografischen Hintergründe der Sprachenvielfalt. Die Internationalität bzw. die globalen Wurzeln der Klasse werden in eindrücklicher Weise sichtbar.

Der Unterrichtsvorschlag stellt eine anschauliche Ergänzung zur Arbeit mit der Sprachentabelle dar (s. o. *UV 1* „Sprachentabelle"). Er eignet sich gut zur klassenübergreifenden Durchführung. Das „Produkt" – die Karten mit den vielen Fähnchen – wird im Flur präsentiert.

Schuljahr/Klasse: 2. bis 10.
Zeitbedarf: Ca. 1 Lektion.
Vorbereitung: Landkarten, Stecknadeln, Wollfäden.

Verlauf

Nachdem die Karten aufgehängt und kommentiert sind, erfolgen zwei Arten von Markierungen. (Zur Markierung dienen „Fähnchen", d. h. Stecknadeln mit angeleimtem Zettelchen.)

1. „Namensfähnchen" für die Herkunftsorte der Kinder bzw. ihrer Eltern (im Ausnahmefall: Großeltern).
2. „Sprachfähnchen" für die dort vorherrschende Sprache. Damit diese Fähnchen bei Orten oder Regionen, von wo viele Schülerinnen und Schüler stammen, nicht unter den Namensfähnchen untergehen, müssen sie größer und andersfarbig sein.

Diese Variante eignet sich vor allem bei klassenübergreifender Durchführung oder wenn wenig Platz zur Verfügung steht. Bei der Durchführung in bloß einer Klasse kann die folgende, platzaufwändigere Alternative zu den „Namensfähnchen" gewählt werden:

Um die Karten herum sind kurze Steckbriefe der Kinder aufgehängt (Name, Herkunftsort, -land oder -region, Sprache, die dort gesprochen wird, evtl. Bilder oder Postkarten). Von jedem Steckbrief führt ein Wollfaden zum Herkunftsort auf der Karte.

Hinweis: Bei Unsicherheiten, welche Sprachen in welchem Land gesprochen werden, hilft die ausgezeichnete Website www.ethnologue.com/country_index.asp? weiter.

Die Veranschaulichung der unterschiedlichen Herkünfte auf Landkarten wird zum Anknüpfungspunkt für verschiedene Gespräche, Frage- und Aufgabenstellungen. In sprachlicher Hinsicht kann es dabei um Fragen in der Art der folgenden gehen:
- Wo werden die verschiedenen Sprachen sonst noch gesprochen? Evtl. Fähnchen ergänzen.
- Welche Sprachen spricht man eigentlich in jenen Ländern und Gegenden, wo wir gar keine Fähnchen haben?

Das Schaubild kann aber auch zum Einstieg in andere Themen dienen, z. B.:
- Hintergründe von Migration.
- Reisedistanzen (ausbaubar mit Fahrplänen usw., kann in der Mathematik zum Anlass für selbst gemachte Textrechnungen oder Rechnungsgeschichten aller Art werden: „Wie weit müsste X reisen, um zu Y zu kommen?"; „Sucht Zug- oder Flugverbindungen von X Heimatort zu dem von Y"; „Wie lange hätte X bei einer durchschnittlichen Reisegeschwindigkeit von …?"). Vgl. *UV 45* „Geschichten, mit denen man rechnen kann" und *UV 97* „Interkulturelles im Mathematikunterricht".

Ausbaumöglichkeit: Vgl. *UV 7* „Woher wir kommen, wohin wir wollen".

Woher wir kommen, wohin wir wollen

Das Hier und Heute im Klassenzimmer nicht als etwas Fixes, sondern als Momentaufnahme betrachtet – als Schnittpunkt von Wegen, die aus verschiedenen Richtungen kommen, sich kreuzen, wieder in verschiedene Richtungen auseinander gehen: In einer Welt, die von Mobilität und Migration geprägt wird, ist dies kein Hirngespinst, sondern Realität.

Der Unterrichtsvorschlag veranschaulicht Migrationsbewegungen und Mobilität altersgerecht und lässt Raum für eigene Zukunftsfantasien.

Gutes Anschlussprojekt zu *UV 6* „Wo spricht man so? – Vielfalt auf Landkarten sichtbar machen".

Schuljahr/Klasse:	3. bis 10.
Zeitbedarf:	2–4 Lektionen oder mehr, je nach Ausbau.
Vorbereitung:	Welt-, Europa-, Landeskarte; Stecknadeln, Wollfäden in zwei Farben.

Verlauf

Vorbesprechung: Ausgangspunkt und Gesprächsimpuls ist das folgende Gedankenspiel auf dem Zeitstrahl:

Heute, in der Gegenwart, sind wir hier als Klassengemeinschaft beieinander. Wir und – in der Regel – unsere Familien leben alle hier. Aber: Wo wären wir eigentlich, wenn unsere Eltern (oder Großeltern) nie umgezogen wären? (Vergangenheitsdimension; Herkunftsregionen der Eltern/Großeltern). Und: Wo sind wir wohl in 30 Jahren? (Zukunftsvorstellungen und -wünsche).

Die erste Frage ist einfacher zu beantworten. Für die zweite, die Entwicklung der Zukunftsfantasien, muss man der Klasse Zeit lassen. Sie wird zuerst mündlich andiskutiert und anschließend in Form von Notizen oder eines Textes zum Thema „Wie und wo ich mir mein Leben in 30 Jahren vorstelle" beantwortet. Dabei sollen die Schülerinnen und Schüler unbedingt auch Angaben zum Wo machen.

Visualisierung auf der Karte:
Herkunft/Vergangenheitsdimension: Nadel mit Namensfähnchen am Herkunftsort der Schülerinnen und Schüler einstecken (bezogen auf die Herkunft von deren Eltern, evtl. Großeltern). Mit roten Fäden mit dem gegenwärtigen Wohn- bzw. Schulort verbinden (zwei Fäden, wenn die Eltern aus verschiedenen Gegenden stammen). Das

Hier und Jetzt bildet sichtbar den Knotenpunkt, in dem die Fäden aus allen Regionen zusammenlaufen. Von hier aus laufen auch alle „Zukunftsfäden", die nun mit gelber Farbe gesteckt werden (Zukunftsdimension). Am Schluss eines jeden Fadens steht wiederum ein Namensfähnchen.

Das so entstandene Schaubild gibt Anlass zu vielfältigen Überlegungen, denen sowohl in Gesprächen wie auch in Schreibanlässen nachgegangen werden kann:

- Hintergründe von Migration. Wieso verließen viele unserer (Groß-)Eltern ihren Herkunftsort?
- Warum stellen sich auch einige von uns die Zukunft im Ausland vor?
- Vergleich dieser Migrationsmotive.
- Vergleich der Herkunftsgegenden mit den Ländern oder Orten, die wir für unsere Zukunft ausgewählt haben.
- Gründe für die drei Varianten: Rückkehr – Hier bleiben – Anderswohin ziehen.
- In den oberen Klassen: Historische Auswanderungswellen aus unserem eigenen Land und ihre Gründe (politische Emigration im Zweiten Weltkrieg; Arbeitsemigration aus der Schweiz im 19. Jahrhundert etc.).

Dass auch die Texte zu den Zukunftsfantasien aufgegriffen werden, versteht sich. Erfahrungsgemäß sind solche Texte oft sehr eindrücklich und können zu entsprechend tiefen Gesprächen und Vergleichen führen.

Hinweis: Gute Materialien zu den Themen „In der Vergangenheit" resp. „In der Zukunft" finden sich bei NODARI/NEUGEBAUER 2003 (Pipapo 2).

„Stammbäume" – Vielfalt in der eigenen Familie

Vielfalt in der Klasse – Vielfalt auch in der eigenen Familie? Mit einem „Stammbaum" – realistischerweise auf die Generation der Eltern und Großeltern beschränkt – öffnen wir den Blick auf diese Dimension. Nicht selten werden dabei unerwartete und interessante Einsichten zu Tage gefördert. Zum Beispiel, dass Mobilität, Migration und Vielsprachigkeit auch in vielen „alteingesessenen" Familien etwas ganz Normales sind.
Das Projekt ist gut kompatibel mit Themen wie „Ich und meine Familie", Einführung in geschichtliches Denken usw. Es eignet sich auch als Weiterführung der Arbeit mit Sprachentabellen (vgl. *UV 1* „Sprachentabelle").

Schuljahr/Klasse: 4./5. bis 10.
Zeitbedarf: Je nach Ausgestaltung und Tiefe der Auswertung zwei oder
                       mehr Lektionen, verteilt auf zwei oder mehr Tage.
Unterrichtsbereiche: Soziales Lernen/Lebenskunde, Geschichte, Deutsch.

Vorbereitung

„Stammbaum-"Schema vervielfältigen oder als Vorlage an Wandtafel zeichnen. Muster für einfaches Schema über drei Generationen: DIN A4 quer, zuunterst ein Kreis („ich"), darüber (d. h. in der Mitte) zwei Kreise für die Eltern, zuoberst vier für die Großeltern. In jedem Kreis Linien für Name und Vorname, Muttersprache/Dialekt und Herkunftsort bzw. -land.
Für die oberen Klassen oder für interessierte Schülerinnen und Schüler kann das Schema noch eine Generation weitergeführt werden; oder aber man macht einen richtigen Stammbaum. Bei diesem steht zuoberst das (Ur-)Großelternpaar, das sich nach unten generationenweise verzweigt. Heiraten werden mit ∞ angegeben. Dieses Schema erfasst natürlich auch Onkel, Tanten, Cousins usw. und gibt für die Benennung der Verwandtschaftsbezeichnungen viel mehr her (siehe unten den Verweis auf *UV 73*).

Verlauf

Einführung ins Thema, Begründung („Wir wollen unserer Vergangenheit und den Sprachen/Dialekten in unseren Familien nachgehen"). Evtl. Veranschaulichung durch

einen „richtigen" Stammbaum. Erklärung des Schemas. Auftragsstellung („Erfragt zu Hause die entsprechenden Angaben und tragt sie ins Schema ein").
Ausfüllen und evtl. Verzieren des Stammbaums zu Hause.

Zusammenschau und Diskussion der im Klassenzimmer aufgehängten Stammbäume. Mögliche Fragestellungen dabei:

- Wie viele Sprachen und Nationen kommen zusammen? Wie viele in jeder Generation?
- Visualisierung auf Karten/auf dem Globus (z. B. mit Fäden, die von den verschiedenen Herkunftsorten zum gegenwärtigen Wohnort führen. Grüne Fäden für die Großeltern, rote für die Eltern). Vgl. *UV 6* „Wo spricht man so – Vielfalt auf Landkarten sichtbar machen".
- Gründe der Vielfalt in vielen Stammbäumen/Gründe und Motive von Migration und Mobilität: Klassengespräch und/oder Schreibanlass „Wieso verlassen Menschen ihre Heimat?".
- Kulturelle und sprachliche Vielfalt auch in den Stammbäumen von „einheimischen" Familien diskutieren. Einsicht: Migration ist keine Besonderheit von zugezogenen „Fremdsprachigen", sondern etwas Normales.

Ausbau und Weiterführung
(siehe auch *UV 95* „Familie")

- Verwandtschaftsbezeichnungen in verschiedenen Sprachen (siehe *UV 73* „Wie heißt die Tante auf Albanisch? – Verwandtschaftsbezeichnungen im Vergleich").
- Stammbäume weiter zurückverfolgen; Auswertung wie oben.
- Recherchen/Bericht zu einem besonders interessanten Familienmitglied oder zu einem ausgewanderten Zweig der Familie.
- Unterrichtsprojekt „Warum verlassen Menschen ihre Heimat?" mit Interviews, Fotos, Recherchen usw. (vgl. GOGOLIN-NEUMANN 1991:10).
- Geschichte, obere Schuljahre: Unser eigenes Land als Auswanderungsland: Emigrationswellen und ihre Gründe.
- Familienalben oder Bilder der Eltern und Großeltern als Kinder mitnehmen, unter bestimmten Gesichtspunkten in Kleingruppen diskutieren: Mode, Frisuren, was wirkt auf uns anders oder lustig. Vergleich der Bilder aus verschiedenen Kulturen und Zeiten.

Sprachbilder: Die eigene Sprachensituation zeichnen

Dieser Unterrichtsvorschlag lässt uns darüber nachdenken, welche Gefühle und Vorstellungen wir mit den Sprachen, die wir sprechen, verbinden.

Den Einstieg bildet bewusst nicht ein intellektueller Zugang, sondern eine ruhige, fast meditative gestalterische Arbeit. Sie holt jedes Kind an seinem Ort ab und kann zum Ausgangspunkt für wichtige und klärende Gespräche werden.

Schuljahr/Klasse: Ab Ende 1. bis 6., evtl. 10.
Zeitbedarf: 1–2 Lektionen.
Unterrichtsbereiche: Deutsch, Kunst/Gestalten.
Vorbereitung: Evtl. DIN A4-Blatt mit den Umrissen eines Mädchens bzw. eines Jungen (als Kopien abgeben).

Verlauf

Jedes Kind erhält die Umrisszeichnung eines Mädchens oder eines Jungen (oder stellt selber einen Umriss von sich her). Zuerst soll es sich überlegen, welche Farbe es für jede seiner Sprachen wählen will (inkl. Hochdeutsch, evtl. lokalem Dialekt, schulischen Fremdsprachen). Die Zuordnungen schreibt es in der Art einer Legende oben oder unten auf das Blatt (z. B. rot = Türkisch, blau = Hochdeutsch, gelb = lokaler Dialekt usw.).
Anschließend malen die Kinder ihre Umrisse so aus, dass man sieht, welche Bedeutung die verschiedenen Sprachen für sie haben, welche Gefühle sie mit ihnen verbinden. Dies lässt sich mit der Wahl der Farbe, mit der Größe der Fläche und mit der Zuordnung zu bestimmten Körperregionen ausdrücken.

Wichtig ist eine sorgfältige Einführung. Sie erfolgt in Form eines Gesprächs darüber, dass man eine unterschiedliche Beziehung zu verschiedenen Sprachen haben kann (die ja auch in verschiedenen Situationen gesprochen werden) und dass man diese Beziehung auf verschiedene Weise gestalterisch ausdrücken kann (s. o.). Während der Arbeit an den Umrissen soll nicht gesprochen werden.

Die Bilder können als Einstieg zu vielfältigen Gesprächen dienen und den Schülerinnen und Schülern helfen, sich ihrer sprachlichen Einstellungen und Praxis bewusst zu werden. Das auf den Bildern Dargestellte kann im Anschluss auch als Text ausformuliert werden. Für die Lehrerin können die Zeichnungen aufschlussreich sein, was die sprachliche Situation und Befindlichkeit der einzelnen Kinder betrifft.

Erweiterung

Mit welchen Sprachen habe ich es in meinem Umfeld zu tun? Diesen ebenfalls Farben zuordnen, und den Raum außerhalb des Umrisses entsprechend ausmalen.

Idee nach GOGOLIN/NEUMANN 1991:11f, 59; vgl. KRUMM 2002:36-39 „Mein Bauch ist italienisch".

Was kann ich wie?
Genau dokumentierte Sprachkompetenzen

Was heißt das: „Ich kann eine Sprache"? Heißt das, ich verstehe sie? Oder ist gemeint, dass ich mich fliessend ausdrücken kann? Oder muss ich sie sogar lesen und schreiben können? Und – welche meiner Sprachen „kann" ich eigentlich wie gut?
Diesen Fragen nachzugehen und sie für sich selbst zu beantworten, führt zu interessanten Lernanlässen, Gesprächen und Standortbestimmungen. Die genaue, „belegbare" Dokumentation der eigenen Sprachfähigkeiten kann das sprachliche Selbstbewusstsein stärken; vor allem, wenn der Rahmen ein schulisches Projekt ist und die Ergebnisse gemeinsam gewürdigt werden. Dies gilt besonders für Kinder in der Migration, deren oft erstaunliche Sprachenpalette von unserem Schulsystem kaum zur Kenntnis genommen wird (vgl. Kapitel 1.3 und 2.2.1).

Ein offizielles und standardisiertes Instrument zur Dokumentation die Kompetenzen in verschiedenen Sprachen ist das Europäische Sprachenportfolio, das in verschiedenen nationalen Versionen existiert. Es erfasst die Fähigkeiten in den Bereichen Verstehen, Sprechen und Schreiben und ordnet sie sechs Kompetenzlevels zu. Es eignet sich vor allem für Erwachsene. „Junior-Versionen" für die Altersstufe 11–15, wie sie z. B. in Thüringen, Frankreich, England und der Schweiz erarbeitet wurden bzw. werden, folgen hoffentlich bald auch in den andern Ländern, zumal der zum Portfolio gehörende „Sprachenpass" ein in vieler Hinsicht motivierendes Dokument ist.

Bei unserem Vorschlag setzen wir den Schwerpunkt anders, nämlich auf die Konzeption eines eigenen Fragebogens zu den individuellen Sprachkompetenzen und zur Sprachbiografie. Er wird nicht die Präzision des Sprachenportfolios haben und ersetzt dieses natürlich auch nicht.

Dafür ergeben sich hier zusätzliche authentische Lernanlässe im Umfeld der folgenden Fragen: Wie konzipiert man eine Umfrage? Wie formuliert man Fragen sinnvoll, d. h. auswertbar und nicht manipulativ? Wie wertet man Befunde aus? Wie präsentiert man sie? usw. Dieses befragungstechnische und -kritische Know-how wird quasi beiläufig erworben. Im Vordergrund stehen indes die Gespräche über die eigenen Sprachkompetenzen und die eigene Sprachbiografie, die das Thema der Befragung sind.

Das Unterrichtsvorhaben ist gut in Projektwochen integrierbar. Es eignet sich bestens als Begleitaktivität zur Arbeit mit dem Europäischen Sprachenportfolio oder als Vorprojekt zu dessen Einführung.

Inhaltliche Bezüge bestehen zu *UV 26* „Über Sprache nachdenken und philosophieren II: Wie lernt man eine neue Sprache?".

Schuljahr/Klasse: 5. bis 10. (in einfachen Formen oder mit vorgegebenen Fragen früher).

Zeitbedarf: 3–5 Lektionen.

Verlauf

Information und Diskussion über das Vorhaben und die Ziele: Es soll eine Sprachendokumentation als eigene Standortbestimmung und zur Information der anderen erarbeitet werden. Verweis auf das Sprachenportfolio als ähnliches Instrument, das in ganz Europa verwendet wird und wenn möglich auch in der eigenen Klasse eingeführt werden soll.

Gemeinsame Konzeption des Fragebogens. Welche Fragen soll er enthalten (siehe die Anregungen unten)? Wie können wir auch die – meist auf einige wenige Wörter und Wendungen beschränkten – Kenntnisse in den Herkunftssprachen unserer Mitschülerinnen und -schüler dokumentieren (s. Kap. 4.4 und *UV 80*)? Wie kann man die Fragen so formulieren, dass sie präzise beantwortet werden können? Wie soll der Fragebogen aufgebaut sein? Wo sind Ankreuz-Fragen sinnvoll, wo braucht es Wort-Antworten? Wie soll der Fragebogen nachher besprochen und ausgewertet werden? Wer soll befragt werden? (In erster Linie die Klasse oder Lerngruppe selbst, da nur mit ihr die anschließenden Gespräche geführt werden können.) Falls ein Nebenakzent auf der mathematischen Auswertung der Daten liegt (Anlage von einfachen Statistiken usw.), kann eine Kurzfassung mit den quantitativ auswertbaren Fragen auch breiter gestreut werden (in der Schule, unter Bekannten).

Die eigentliche Erarbeitung des Fragebogens im Anschluss an die Vorbesprechung kann gemeinsam erfolgen, ebenso gut aber in Gruppen, deren Vorschläge nachher diskutiert und zur Grundlage einer gemeinsamen Schlussfassung gemacht werden. Der fertig gestaltete Fragebogen wird individuell beantwortet.

Impulse zur anschließenden Diskussion: Erfahrungen und Probleme beim Beantworten. Was war schwierig, was ging gut? Diskussion einzelner Befunde (z. B. wer hat gemerkt, dass er bei einer Sprache deutlich verschiedene Niveaus in puncto Sprechen resp. Lesen hat?). Kurze Berichtrunden zu den einzelnen Fragen. Ausblicke und Konsequenzen (wem ist beim Ausfüllen was aufgegangen usw.).

Schriftliche/grafische Auswertung der Fragebogen: Was wollen wir wie darstellen? (Tabelle, Statistik bei quantitativen oder Ankreuzfragen; Zusammenfassung bei Wortantworten). Aufgabenverteilung. – Schlusspräsentation der Auswertung. Evtl. weitere Arbeit mit den Daten im Mathematikunterricht (Prozentrechnen, Textrechnungen erfinden usw.) und/oder inhaltliche Anschlussprojekte zum Thema Mehrsprachigkeit (siehe z. B. UV 6, 25, 26, 82).

Anregungen für die Erhebung

Basisteil
- Welche Sprachen/Dialekte „kann" ich? (Liste.)
- Für die einzelnen Sprachen anzugeben (in Form einer Tabelle gestalten):
    ... spreche ich: sehr gut – gut – ein bisschen – nicht*,
    ... verstehe ich: sehr gut – gut – ein bisschen – nicht*,
    In ... lese ich: sehr gut – gut – ein bisschen – nicht*,
    In ... schreibe ich: sehr gut – gut – ein bisschen – nicht.*
    In ... kann ich nur einzelne Wörter und Wendungen, nämlich:

* „Sehr gut" usw. sind subjektive und unscharfe Rubriken. Sie müssen diskutiert, präzisiert und mit Beispielen illustriert werden. Die vielen konkreten Formulierungen im Raster des Sprachenportfolios sind hier eine große Hilfe.

Zusatzfragen
- Wo oder von wem habe ich die einzelnen Sprachen/Dialekte gelernt?
- Welche Sprache(n)/Dialekt(e) spreche ich am häufigsten; mit wem?
- Welche Sprachen/Dialekte werden bei mir zu Hause gesprochen?
- In welcher Sprache lese ich am häufigsten?
- Welche Sprache(n) würde ich gerne besser lernen? Warum?
- Welche Sprache(n)/Dialekt(e) mag ich am liebsten? Warum?

Erweitert nach GRABMÜLLER 1992, 5. Klasse, Heft 3:11f.

Hinweis: Informationen zum Europäischen Sprachenportfolio finden sich im Internet (z. B. übergreifend unter http://culture2.coe.int/portfolio; vgl. ferner die nationalen Homepages).

Mit Sprachen gestalten I: Sprachenwand

Sprachen als Gestaltungselement, visualisierte Sprachenvielfalt als Blickfang: Eine reich mit Texten aller Art und Sprachen gestaltete Wand im Klassenzimmer oder Flur bildet das sprachliche Potenzial der Klasse ab, verführt zum Betrachten, animiert zu Leseversuchen. Sie weckt Bewusstsein und Neugier gegenüber den jeweils „anderen" Sprachen und gibt jedem Kind Gelegenheit, sich und seine Sprache in die Gestaltung des Klassenzimmers oder des Schulgebäudes einzubringen.

Schuljahr/Klasse:	Ab 2./3. bis 6.; gut auch klassenübergreifend möglich.
Zeitbedarf:	Ca. 2–3 Lektionen, verteilt auf zwei Tage; nachher am Rande des Unterrichts weitergeführt.
Unterrichtsbereiche:	Deutsch, Kunst/Gestalten.
Vorbereitung:	Die Schülerinnen und Schüler müssen vorab von zu Hause authentisches Material (s. u.) mitbringen. Eine größere Wandfläche muss freigestellt sein.

Verlauf

Im Anschluss an eine Gesprächsrunde über die mehrsprachlichen Möglichkeiten der Klasse wird abgemacht, eine Wand z. B. unter dem Titel „Aus unseren Sprachen" zu gestalten. Bereits dieser Titel soll in allen verfügbaren Sprachen und Dialekten gestaltet werden. Selbstverständlich werden auch die schulischen Fremdsprachen (Englisch, Französisch, evtl. weitere) einbezogen.

Die Schülerinnen und Schüler erhalten den Auftrag, alle möglichen Schriftdokumente oder -züge in ihren Sprachen mitzubringen. Diese sollen sie so auswählen, dass sie für ihre Kolleginnen und Kollegen interessant sind. Impulse/Beispiele hierfür: Bildorientierte Texte (Witze, Comics, Bilder mit Legende), Verpackungen von Lebensmitteln usw., kalligrafisch besonders schön gestaltete Texte (Schriftzüge, Zeitungstitel), Briefe oder Postkarten, (kopierte) Seiten aus Kinderbüchern usw. Beiträge der Kinder mit Deutsch als Erstsprache: Dialekttexte (z. B. Gedichte oder Liedtexte), evtl. auch Schriftzüge oder Artikel aus Zeitungen aus ihren Herkunftsgegenden, selbst wenn diese in Hochdeutsch verfasst sind. Unter Umständen brauchen diese Kinder hier etwas mehr Hilfe.

Die mitgebrachten Dokumente werden gesichtet, einander erklärt und kommentiert. Diese für Sprachbegegnung wichtige Sequenz kann in Kleingruppen stattfinden, mit dem Auftrag, pro Gruppe z. B. sechs Dokumente für die Wand auszuwählen. Anschließend Probe-Layout am Boden; schließlich definitive Gestaltung der Wand. Jedes Dokument soll mit einem kleinen Aufkleber versehen werden, der über die Sprache/den Dialekt Auskunft gibt. Dazu kann ein Verweis auf die betreffenden Sprecherinnen oder Sprecher und, wo nötig, eine Kurzangabe zum Inhalt kommen.

Ist die Wand fertig gestaltet, muss selbstverständlich Zeit eingeräumt werden, damit die Kinder einander ihre Beiträge erklären können. Auch sonst soll immer wieder einmal auf die Wand hingewiesen oder ein dort aufgehängtes Dokument thematisiert werden.

Weiterführung

Das Projekt sollte zumindest in verkleinerter Form (z. B. in der Art einer Pinnwand) am Rande des Schulalltags weitergeführt werden, da es unaufwändig und aktuell die Präsenz der verschiedenen Sprachen in Erinnerung behält. Die Gestaltung kann dabei weitestgehend an die Schülerinnen und Schüler oder an ein speziell hierfür verantwortliches Kind übergeben werden.

Ausbau/Ergänzung

- Einbeziehung weiterer Sprachen, zu denen die Schülerinnen und Schüler Zugang haben (vgl. *UV 30* „Wörter, Sätze, Sprachen, Schriften sammeln").
- Einrichtung einer Walkman-Station mit Hörbeispielen bzw. Tondokumenten zu den verschiedenen Sprachen: etwas Vorgelesenes, ein Witz, ein Gedicht usw.; je mit Angabe der Sprache und mit Übersetzung/Paraphrase des Tondokuments. Auch dieses Projekt wird zuerst im Klassenverband gestartet und läuft nachher weitgehend selbstständig weiter.

Mit Sprachen gestalten II: Sprachencollagen

Große Collagen, gemeinsam mit Schere und Leim aus Textfragmenten, Verpackungen und beschrifteten Objekten aus allen Sprachen gestaltet: Diese lustvolle Gruppenarbeit vereint Kreativität, Sprachbegegnung und soziales Lernen. Die entstandenen Produkte visualisieren die sprachliche Vielfalt in dekorativer Weise.

Schuljahr/Klasse:	Ab 2./3. bis 10.
Zeitbedarf:	Ca. 2–3 Lektionen.
Unterrichtsbereiche:	Deutsch, Kunst/Gestalten.
Vorbereitung:	Auftrag an die Schülerinnen und Schüler (s. u.). Große Blätter (DIN A2) oder Packpapierbögen; Leim.

Verlauf

Information der Klasse. Die Schülerinnen und Schüler erhalten den Auftrag, von zu Hause geeignete Materialien für die geplanten Collagen mitzubringen: beschriftete Verpackungen, Schlagzeilen oder Titelbalken von Zeitungen, Witze, Comics, Werbung, Text-/Bildkombinationen, handschriftliche Zettel usw. Die Kinder mit Deutsch als Erstsprache sind für die deutschen (und, falls zu finden, dialektalen) Objekte und Dokumente zuständig.

Alle Kinder sind zudem aufgefordert, Objekte und Texte in weiteren Sprachen zu suchen. Besonders ergiebig sind mehrsprachig angeschriebene Verpackungen oder Gebrauchsanweisungen. Letztere enthalten z. T. auch Sprachen und Schriften, die niemand kennt. Diesen nachzugehen, kann vom 4./5. Schuljahr an eine spannende Herausforderung sein.

Zur Anreicherung der Materialauswahl kann die Lehrperson beitragen, indem sie an einem großen Kiosk Zeitungen in kyrillischer, arabischer oder griechischer Schrift kauft.

Die Gruppen (3–4 Kinder) werden gemischtsprachig zusammengesetzt. Jede Gruppe sichtet, kommentiert und selektioniert zuerst ihr Material. Wichtig im Sinne von Sprachbegegnung: Die Schülerinnen und Schüler sollen sich die einzelnen Objekte erklären (vorlesen, Bedeutung erläutern). Was mit Hinblick auf die Größe des Blattes zu viel ist, kommt in einen gemeinsamen Pool. Die Gruppen können Material untereinander austauschen und sich im Pool bedienen. Vor der eigentlichen Gestaltung der Collage wird ein Probelayout am Boden gemacht. Abschließend stellt jede Gruppe ihre Collage vor und kommentiert einzelne Objekte (wie oben: vorlesen, erklären).

Varianten

■ Beschränkung auf einen Typus von Objekten/Texten. Geeignet sind Zeitungen, da sie in allen Sprachen beschafft werden können.

■ Dasselbe Wort oder dieselbe Wendung in möglichst vielen Sprachen (auch solchen aus dem weiteren Umfeld der Klasse) sammeln; Collage als Gemeinschafts- oder Gruppenwerk.

Beispiele:
Auf Papierblumen das Wort für „Blume" schreiben, gemeinsam eine mehrsprachige Blumenwiese gestalten. (Desgleichen mit Tieren, Früchten usw.)
Auf verschiedenfarbige, gleich lange Papierstreifen dasselbe Wort (z. B. „Sprache") oder denselben Satz in verschiedenen Sprachen, Dialekten, Schriften schreiben. Gestaltungsaufgabe mit den Streifen. Um genügend Material zu erhalten, werden pro Sprache einige Streifen gemacht.
Dieser Typus von Collagen bietet sich besonders im Anschluss an Sprachsammelprojekte an (vgl. *UV 30* „Wörter, Sätze, Sprachen, Schriften sammeln").

Mit Sprachen gestalten III: Sprachenvielfalt dreidimensional; Mobiles, Objekte

„In Müll Sprache finden" (vgl. GOGOLIN/NEUMANN 1991:13) ist ein äußerst anregender Impuls, der zu dreidimensionalen Objekten aus Verpackungen, Prospekten usw. führt. Wie schon die Sprachencollagen (*UV 12*) vereint er kreatives, handelndes und soziales Lernen mit Sprachbegegnung. Letztere geht hier über die Sprachen der Klasse hinaus.

Schuljahr/Klasse: Ab 2./3. bis 10.
Zeitbedarf: Ca. 4 Lektionen, verteilt auf zwei oder mehr Tage.
Unterrichtsbereiche: Deutsch, Kunst/Gestalten.
Vorbereitung: Die Schülerinnen und Schüler müssen von zu Hause geeignete Objekte mitbringen.

Verlauf

Einstiegsimpuls und Klassengespräch zum Thema „Unser Abfall ist voller Sprachen", illustriert durch einige von der Lehrerin mitgebrachte Beispiele (Cornflakes- und Schokoladepackung, Gebrauchsanweisung, mehrsprachig beschriftete Schachtel eines Computers oder Radios; Zeitungen, Dosen). Such- und Sammelauftrag für solche Objekte; möglichst auch solche mit Beschriftungen in den Herkunftssprachen der Klasse.

Die über einige Tage zusammengetragenen Materialien werden in einem großen Pool gesammelt. Sichtung des Materials. Diskussion zur Frage, was man damit alles machen könnte.

Möglichkeiten, für die sich eine Versuchsklasse schließlich entschied:
- Sprachenmobile aus verschiedenen beschrifteten Verpackungen.
- Sprachenstuhl (d. h. ein ganz mit Zeitungen in allen Sprachen eingepackter Stuhl).
- Sprachenturm aus Schachteln und Dosen mit Anschriften in verschiedenen Sprachen.
- Sprachencollage, eher mit zweidimensionalen oder leichteren Objekten.

Gruppenbildung. Jede Gruppe sucht sich das geeignete Material und organisiert ihre Arbeit. Wichtige Regel im Sinn von Sprachbegegnung und -betrachtung: Bei jedem Objekt herauszufinden versuchen, in welchen Sprachen es beschriftet ist, wie man die Wörter ausspricht und was die Texte bedeuten. Dies geht natürlich nur begrenzt, aber gerade bei den Sprachen der Klasse können die betreffenden Kinder ihr Expertenwissen einbringen und helfen.

Schluss: Jede Gruppe präsentiert ihr Objekt und kommentiert es auch mit Hinblick auf die Texte und Sprachen, die auf ihm zu finden sind.

Ausbau, Vertiefung in sprachlicher Hinsicht

In Zusammenhang mit der Sichtung des gesammelten Materials wird eine Liste angelegt. Auf ihr werden alle Sprachen eingetragen, die sich auf den Objekten finden. Zusätzlich wird notiert, welche Sprache wie oft erscheint (Strichliste).

Organisatorisch lässt sich das so bewältigen, dass Gruppen von drei bis vier Schülerinnen und Schülern je z. B. zehn Objekte sichten und die betreffenden Sprachen eintragen. Dabei muss ihnen die Lehrperson helfen. Deshalb sollen die verschiedenen Gruppen diesen Auftrag zu unterschiedlichen Zeitpunkten erledigen.

Ist die Tabelle fertig, wird im Klassengespräch besprochen, wieso manche Sprachen (z. B. Deutsch, Englisch, Französisch) so oft vorkommen, andere – bei uns ebenso wichtige, wie z. B. der lokale Dialekt, Kurdisch oder Albanisch – nicht oder kaum.

Ausgehend vom authentischen Material rücken damit interessante Fragen wie Gebrauchswert, Verbreitung, Prestige, Schriftlichkeit von Sprachen ins Zentrum.

Weiterführung: *UV 82* „Über Einstellungen gegenüber Sprachen nachdenken".

„Sprachenchaos" spielen und erleben

Babylonische Zustände, ein Sprachenwirrwarr, „dass keiner mehr des anderen Sprache verstehe": Was in der Bibel (1. Mos. 11:7) als harte Strafe gedacht war, wird im Klassenzimmer als fröhliche Kurzsequenz aufgegriffen – mit dem Ziel, die verschiedenen Sprachen klingen zu lassen, ihre Vielfalt lustvoll und sorglos zu erleben.

Schülerinnen und Schülern, die noch Hemmungen haben, ihre nicht deutsche Erstsprache in die Schule einzubringen, kann das spielerische Szenario mit seinem geschützten Rahmen vielleicht beim Abbau dieser Barrieren helfen.

Schuljahr/Klasse: Kindergarten bis 3./4.
Zeitbedarf: 5–10 Minuten, wiederholbar.

Verlauf

Die Kinder gehen im Klassenraum herum. Jedes spricht nur in seiner Erstsprache bzw. in seinem Dialekt, dies entweder frei oder zu einem vereinbarten Thema („Ferien", „Schimpfen", „meine Freundin").

Längere Gespräche unter Kindern derselben Sprache sind nicht das Ziel, hingegen dürfen Kinder verschiedener Sprache versuchen, sich gegenseitig etwas klarzumachen. Auch die schulischen Fremdsprachen dürfen verwendet werden. Die Lehrerin kann sich z. B. in Englisch oder Französisch beteiligen.

Anschließend kurze Unterhaltung über die Erfahrung (wen habe ich verstanden; was habe ich zu verstehen geglaubt) und eventuelle Nachfragen.

„Sprachenchaos" ist eine spielerische Form zur Auflockerung zwischendurch oder zum Einstieg in größere Projekte. Reflexive Aspekte stehen im Hintergrund; siehe hierzu aber z. B. *UV 24* „Sprachbarrieren und -strategien im Rollenspiel bewusst machen".

Ein Tisch ist eine table ist ein stol ist eine tavolina …: Mehrsprachige Beschriftungen

Ab und zu Objekte mehrsprachig anzuschreiben (im Schulzimmer, auf Bildern, an Modellen), vergegenwärtigt unaufwändig die Präsenz all „unserer" Sprachen und gibt auch im Rahmen von Sachthemen Gelegenheit zu Sprachbegegnung und -vergleich. Für die Kinder mit nicht deutscher Erstsprache kann es eine Hilfe beim Wortschatzerwerb bedeuten und dem Auseinanderfallen von Muttersprache und Deutsch entgegenwirken (Stärkung der bilingualen Identität, siehe Kapitel 2.1).

Wichtig: Beschränkung auf Wörter mit hohem Gebrauchswert (Grundwortschatz); keine Fachausdrücke.

Der Unterrichtsvorschlag ist besonders gut kompatibel mit dem schulischen Fremdspracherwerb, vgl. Kapitel 4.2.3.

Schuljahr/Klasse: Ab Ende 1. bis 6.
Zeitbedarf: Ca. 1 Lektion, je nach Ausgestaltung; wiederholbar.

Durchführungsbeispiele

- 1. bis 3./4. Schuljahr; Projekt „Die Dinge haben viele Namen" (oder „Der Tisch heißt nicht nur Tisch"): Mittels Klebezettelchen werden verschiedene Objekte im Klassenzimmer in allen Sprachen der Klasse angeschrieben.
  Das anschließende Anschauen und Besprechen bietet Anlässe zu Sprachbegegnung und zur Konfrontation mit Problemen der Aussprache. Beim Vor- und Nachsprechen haben die Kinder der betreffenden Sprache eine wichtige Rolle als Hilfslehrpersonen. Auch Vergleiche können angestellt werden: Was klingt ähnlich? Wer versteht von seiner Sprache her was?

Zur Vertiefung können einige Wörter in spielerischer Form gelernt werden.

Vgl. hierzu *UV 27* „Spielerisch fremde Wörter lernen: Memory, Quartett, Domino".

- 4. bis 6. Schuljahr; Beschriftung eines Schaubildes, eines Modells, einer Skizze oder eines Arbeitsblattes (z. B. Schulwandbild Bauernhof, Modell der Glühbirne). Ziel: Wortfelderarbeitung und Sicherstellung des Grundwortschatzes; dies evtl. mit Hinblick auf einen Schreibanlass.

  Die wichtigen Wörter, inkl. Verben und Adjektive, werden auf Deutsch zusammengetragen und mit Pfeilen um das Bild herum an die Tafel geschrieben.

  Gleichzeitig (oder anschließend in einer kleineren Gruppe) werden die wichtigsten Begriffe auch in den anderen Sprachen eingeholt und mit verschiedenen Farben hingeschrieben. Bei diesem Arbeitsgang können zwei Dinge auffallen: Erstens das Fehlen mancher Begriffe in der Erstsprache (hier ist ein Wörterbuch nützlich) und zweitens die Verständnisprobleme im Detailbereich, die vielen Schülerinnen und Schülern mit passabel entwickeltem globalen Hör- und Leseverständnis zum Stolperstein werden (vgl. Kapitel 2.2.3 und 8).

  Die Übersetzungsschwierigkeiten, mit denen unter Umständen zu rechnen ist, liefern für Kinder und Lehrperson authentische Anlässe, mit dem zweisprachigen Wörterbuch zu arbeiten. Zu potenziellen Überforderungen siehe Kapitel 2.2.2.

- 4./5. bis 6. Schuljahr; Kontext Fremdsprachenunterricht: Ein ausführliches Beispiel hierzu findet sich am Schluss von Kapitel 4.2.3. (5. Schuljahr, mehrsprachige Beschriftung von Früchten, nachdem deren Namen auf Französisch gelernt wurden; Vergleich der verschiedenen Wörter.)

- Soll die Sammlung möglichst breit angelegt werden, so helfen die Hinweise in *UV 30* „Wörter, Sätze, Sprachen, Schriften sammeln" und *UV 35* „Sprachliche Entdeckungen im Internet".

16 Erst-Klassiges:
Sprachenvielfalt bei der Buchstabeneinführung

„Apfel soll ein M-Wort sein?! Das fängt doch mit A an!" So könnte der Einstieg in eine interkulturelle Sprachbetrachtung aussehen, wenn wir in der ersten Klasse Anlaut-Wörter auch aus den Herkunftssprachen sammeln. Dass der Apfel nicht nur mit M wie mela und molla, sondern auch mit E wie elma anfangen kann, weiß Yusuf, und er ist stolz darauf.

Führt das nicht zu Verwirrungen? Ganz sicher nicht, wenn wir die Situationen klar deklarieren und auseinander halten. Und so klein sind Erstklässlerinnen und Erstklässler nun auch wieder nicht, dass sie nicht merken, wann es um das Deutsche und wann es um andere Sprachen geht.

Die folgenden Vorschläge beziehen sich auf die Einführung neuer Buchstaben im Rahmen herkömmlicher Erstleselehrgänge. Sie lassen sich aber ebenso bei der fokussierten Arbeit an einem Buchstaben im Rahmen von alternativen Ansätzen wie „Lesen durch Schreiben" durchführen.

Schuljahr/Klasse: 1.

Zeitbedarf: Je ca. 15 Minuten; integriert in die regulären Übungen. Beliebig wiederholbar.

Verlauf

■ Mündlich (akustische Identifikation und Differenzierung): Wörter sammeln, die mit dem Laut beginnen, um den es geht (oder solche, die ihn als In- oder Auslaut haben; je nach Zielsetzung).
Zuerst werden deutsche Wörter gesammelt, anschließend auch solche aus den anderen Sprachen. Die Kinder mit nicht deutscher Erstsprache erklären den anderen, was die Wörter aus ihrer Sprache bedeuten; die anderen sprechen sie nach.
Hinweis: Bei Kindern mit nicht deutscher Erstsprache ist es von großer Bedeutung, die Artikulation der einzelnen Laute im Deutschen sicherzustellen bzw. zu überprüfen, da ihnen evtl. von ihren Erstsprachen her manches nicht vertraut ist. Dies gilt nicht nur bei der synthetischen Methode, sondern auch bei den anderen Ansätzen. Wo die korrekte Artikulation und Unterscheidung der Laute nicht gewährleistet ist, muss man mit Problemen auch bei der Verschriftlichung rechnen.

„Riskante" Bereiche sind z. B. unsere Umlautvokale (ä, ö, ü), die in vielen Sprachen nicht oder nur teilweise vorkommen, die Unterscheidungen z/s und b/w oder die Artikulation des in manchen Sprachen unbekannten h (vgl. auch BÜCHEL 1990:42).

■ Schriftlich: Zu jedem oder zu manchen der neuen Buchstaben wird ein großes Poster angelegt, auf dem der betreffende Buchstabe groß in der Mitte steht, evtl. mit einem Merkbild.

Auftrag: „Schneidet aus Zeitungen Wörter aus (oder schreibt selber welche auf), die mit diesem Buchstaben beginnen. Klebt sie um den Buchstaben herum auf, lest sie vor, soweit das schon möglich ist." Dies wird zuerst in Deutsch gemacht, anschließend auch mit Wörtern aus den weiteren Sprachen. Rechtschriftliche Probleme sind zweitrangig.

Sinnvoll ist, die Wörter/Bilder aus den nicht deutschen Sprachen nicht mit den deutschen zu mischen, sondern sie in vorbereitete und angeschriebene Kreise oder

„Tüten" zu schreiben bzw. zu kleben (Etikette „türkische Wörter" usw.). Die Kinder der betreffenden Sprachgruppe erklären den anderen, was diese Wörter/Dinge bedeuten.

■ Variante (speziell geeignet für die Anfangsphase): Poster, auf dem der neue Buchstabe groß in der Mitte steht. Diesmal werden Bilder von Dingen gesammelt (oder Dinge mitgebracht), die mit ihm beginnen. Für die nicht deutschen Sprachen stehen wiederum separate Bereiche zur Verfügung. Dort tauchen nun wundersamerweise Bilder auf, die im Deutschen ganz woanders wären; so etwa auf dem M- und E-Poster der oben zitierte Apfel oder auf dem A-Poster eine Orange (ital. arancia) und ein Flugzeug (aeroplan, avion). Wieso diese Dinge hier sind, müssen uns die betreffenden Kinder natürlich erklären!

Zu interkulturellen Aspekten in Zusammenhang mit der Einführung der Zahlen vgl. *UV 97* „Interkulturelles im Mathematikunterricht".

Projektwochen:
Vielfalt als Thema und Programm.
Hinweise und ein Beispiel

Projektwochen mit Workshops, aber auch größere Formen projektartigen Arbeitens eignen sich gut für die produktive Thematisierung von sprachlicher und kultureller Vielfalt. Durch die Möglichkeiten, die die veränderte Unterrichtsorganisation bietet und durch ihren Erlebniswert können sie das Selbstverständnis und die Solidarität der Schülerschaft als vielsprachiger, multikultureller Gemeinschaft aktiv unterstützen.

Dies gilt sowohl für den eigentlichen Projektunterricht (vgl. K. FREY (⁹2002): Die Projektmethode) wie auch für Projektwochen im herkömmlichen Sinne, obwohl sich die beiden Formen z. B. hinsichtlich der Einbeziehung der Schülerinnen und Schüler in die Planung oder bezüglich der Lernreflexion unterscheiden.

Wir beschränken uns im Folgenden auf den zweiten, häufigeren Typus, nämlich die klassenübergreifenden Projektwochen einer Schule oder einer Schulstufe. Dabei geht es meist um ein vom Kollegium geplantes Angebot von Workshops oder Wahlkursen und gemeinsamen Aktivitäten. Der reguläre Klassenverband und Stundenplan ist in der Regel zugunsten neuer Arrangements aufgelöst. Durch die Einbeziehung des Expertenwissens der Schülerinnen und Schüler mit Migrationshintergrund und durch deren unerlässliche Funktion als Hilfslehrkräfte werden der Projektcharakter und die Schülerorientierung solcher Wochen unterstrichen.
Projektwochen bieten einen idealen Rahmen für Zusammenarbeit und gemeinsame Planung mit den Lehrkräften des herkunftssprachlichen Unterrichts und mit Eltern. Diese Chancen sollten auf keinen Fall verpasst werden. Reizvoll ist, wenn eine oder mehrere Partnerschulen am selben Projekt arbeiten und eine gemeinsame Dokumentation im Internet entsteht (s. *UV 47 und 51*).
Während der Dauer des Projekts soll das Schulhaus in einer Weise gestaltet werden, die die kulturelle und sprachliche Vielfalt ganz besonders aktualisiert und visualisiert. Mögliche Gestaltungselemente: Tabelle mit allen Ländern und Sprachen, Sprachenstatistik der Schule, illustrierte Plakate zu den verschiedenen Ländern, Landkarten, Plakate, „Hörboxen" mit Walkmen zu den einzelnen Sprachen. Diese Gestaltungselemente können z. T. auch als Produkte einzelner Workshops entstehen.

Manchen der folgenden Anregungen liegt eine teilweise Gruppierung nach Sprachen bzw. Ethnien zugrunde. Schülerinnen und Schüler, die eine zu kleine Gruppe bilden bzw. ganz allein bleiben würden, können entweder zu einer „internationalen" Gruppe zusammengefasst werden oder aber sich einer Gruppe nach eigener Wahl anschließen. Die Kinder mit Deutsch als Erstsprache können, je nach Thema, regionen- oder bundesland-, resp., in der Schweiz, kantonsbezogene Gruppen bilden. Zu methodisch-didaktischen Aspekten in Zusammenhang mit Projektwochen siehe Kapitel 5.5, wo auch auf Möglichkeiten und Grenzen des Expertenstatus der Schülerinnen und Schüler mit Migrationshintergrund hingewiesen wird (vgl. hierzu auch Kapitel 2.2.2).

Die nachfolgende Liste bietet einige mögliche Themen für klassenübergreifende Projektwochen, jeweils ergänzt um Hinweise auf passende Wahlangebote. Diese sind teilweise austausch- und kombinierbar. Vorangestellt ist eine Reihe von übergreifenden, mit allen Themen kompatiblen Modulen.

Übergreifende Planungsmodule
- Mittagessen oder Zwischenverpflegung/Pausensnack gemeinsam; jeden Tag ist eine andere Gruppe zuständig.
- Zu Beginn eines jeden Tages studiert eine Gruppe ein Lied mit allen Teilnehmenden ein (bei zu großer Zahl: zwei Gruppen mit je der Hälfte).
- Zum Abschluss jedes Tages Rückblick bzw. Reflexion in der Gruppe zu Fragen wie „Wie war der Tag für mich? Was habe ich gelernt? Wie lief die Zusammenarbeit in der Gruppe? Was möchte ich ändern?".
- Plakat/Stellwand im Flur für Wörtersammlungen zum Thema der Woche (thematisch zentrale Wörter in einer Tabelle in allen Sprachen zusammentragen).
- Plakat/Stellwand, wo sich die Schülerinnen und Schüler in freier Form zu Impulsen äußern können wie „Was gefällt mir an der Projektwoche? Was möchte ich anders haben, was fehlt mir?".
- Tägliche News und Berichte von der Projektwoche auf der Homepage der Schule („virtuelle Zeitung", vgl. *UV 51*).
- Gegen Ende der Woche Tag der offenen Tür für Eltern und Interessierte.
- Als Abschluss gemeinsame Veranstaltung in der Aula; nochmalige positive Akzentuierung und Bewusstmachung der gemeinsamen Arbeit sowohl unter den Schülerinnen und Schülern wie auch unter den Regelklassen- und den herkunftssprachlichen Lehrkräften und vielleicht Eltern.
- Tägliche Koordinations- und Evaluationstreffen der Leitenden.

Anregungen: Themen und Bausteine bzw. Wahlangebote für Projektwochen
- Thema „Sprachen und Kulturen in unserer Schule/in unserem Stadtviertel bzw. Ort" Bausteine: Von Schülerinnen und Schülern geleitete Mini-Sprachkurse zu den verschiedenen Sprachen (Grußformeln, Zahlen, Farben usw.). Die betreffenden

Kinder planen vorab mit den Regelklassen- und den herkunftssprachlichen Lehrkräften, was und wie vermittelt werden könnte (vgl. *UV 28* „Mini-Sprachkurse"). – Sprachsammelprojekte im Stadtviertel bzw. Ort (vgl. *UV 30 und 31*). – Angebote zum Einstudieren kleiner Szenen oder Sketches. – Vorleserunden mit Geschichten oder Märchen aus verschiedenen Regionen. – Beiträge zu einem großen internationalen Geschichten-, Gedicht- oder Comicbuch, das als Schlussprodukt der Woche entsteht. – Schülerinnengeleitete Angebote, um eine neue Schrift (z. B. Kyrillisch) zu lernen. – Beiträge (z. B. Gedichte) für eine multilinguale Hör-Station im Flur.

■ Thema „Musik, Lieder, Tänze" (siehe auch *UV 101* „Interkulturelles im Bereich Gesang/Musik")
Bausteine: Workshops/Wahlkurse, in denen Lieder und Tänze einstudiert werden. – Angebote, welche einen Einblick in die Volksmusik bieten. – Angebote, welche anhand von Musikvideos, die in den verschiedenen Ländern und Regionen aktuelle Pop-Musik zeigen. – Internationale Disko. – Instrumente basteln.

■ Thema „Wohnen hier und anderswo" (siehe auch *UV 91* „Wohnen, Häuser, Hausbau")
Bausteine: Verschiedene Gruppen richten je einen Teil eines Klassenraums in einer für ihr Herkunftsland typischen Art ein. – „Spezialitätenrestaurants". – Bau von Modellen eines charakteristischen Hauses oder Zimmers. – Aufstellen von Informationswänden mit Bildern zum Thema Häuser und Wohnen in der betreffenden Region. – Berichte von Eltern und Großeltern zu Themen und Fragen im Umfeld des Wohnens.

■ Thema „Essen, Kochen, Haushalten"
Bausteine: Mit Eltern zusammen Spezialitäten aus verschiedenen Ländern/Regionen kochen. – Jede Gruppe liefert Beiträge zu einem großen internationalen Kochbuch, das als Schlussprodukt entsteht. – Gestaltung großer Plakate zu den hauptsächlichen Speisen/zu den landwirtschaftlichen Produkten/zu den Gewürzen (mit Riechproben)/zum Thema Festessen. – Traditionelle Küchen (Modell oder Zeichnung) und Küchengeräte. – Gesprächsrunden/Interviewpräsentationen mit älteren und jüngeren Frauen aus den verschiedenen Regionen (Frauenbiografien, Pflichten, Arbeiten, Freizeit, Wünsche usw.).

■ Thema „Bücher, Geschichten und andere Texte"
Bausteine: Große Ausstellung mit Büchern, Zeitschriften, Zeitungen, Comics. – Vorleserunden mit Geschichten oder Märchen aus verschiedenen Regionen. – Schülergeleitete Angebote zum Einstudieren eines Gedichtes/Sketches in einer anderen Sprache. – Angebote zur Arbeit an einer mehrsprachigen Zeitung zur Projektwoche (am Computer). – Gestaltung einer multilingualen Homepage der Schule (s. *UV 51*). – Selber ein mehrsprachiges Buch gestalten (vgl. *UV 37*).

– Beiträge zu einem großen internationalen Geschichten-, Gedicht- oder Comicbuch (Schlussprodukt der Woche). – Beiträge (z. B. Gedicht) für eine multilinguale
Hör-Station im Flur. – Schülerinnengeleitete Mini-Sprachkurse (s. o.). – Schülerinnengeleitete Angebote, um eine neue Schrift (z. B. Kyrillisch) zu lernen. – Angebote zu kalligrafischer Gestaltung.

Ein Praxisbeispiel

Projektwoche „Sprachen" (Primarschulhaus Hardau, Zürich). Zeitliche und thematische Organisation:

- Täglich 8–9 Uhr: Sprachkurse (von Kindern der betreffenden Sprache erteilt; in der
  Vorbereitung und z. T. in der Durchführung assistiert durch Lehrkräfte). Die nicht
  als Lehrerinnen und Lehrer engagierten Kinder wählten vorher, welchen Kurs sie
  belegen wollten (1.–3. Wahl); jeder Kurs dauerte 4x1 Lektion (Mo–Do).
- 9:00–9:30 Uhr: Pause; Gelegenheit, die Produkte der „Wochenkurse" (s. u.) an-
  zuschauen.
- 9:30–12 Uhr: sog. „Wochenkurse": Workshops im Umfeld Sprachen/Kulturen.
  Wahlangebote: Plakate malen (Wörter in verschiedenen Sprachen); Spiele und
  Volkstänze aus verschiedenen Ländern; Theater/Rollenspiele in verschiedenen
  Sprachen (plus ein Angebot Pantomime); Sprachforschung im Stadtviertel; Geschichten, Märchen und Gedichte aus verschiedenen Ländern; Erfahrungen mit
  der Körpersprache; Kochen; Geografie (hier wurde eine große Europa- und Weltkarte auf den Schulhof gemalt); Dokumentation (Videofilm über die Projekt-
  woche). Die Planung und Leitung dieser Kurse lag bei den Lehrpersonen; bedarfs-
  bezogen wurden Ressourcen von Schülerinnen und Schülern, Eltern und
  Lehrpersonen des herkunftssprachlichen Unterrichts aktiviert. (Ein vollständiger
  Einbezug dieser Lehrerinnen und Lehrer in Planung und Leitung der Woche war
  aus organisatorischen Gründen leider nicht möglich.)
- Mittagszeit: Hier so organisiert, dass jedes Kind einmal in der Schule essen konnte
  (Spezialitäten aus den verschiedenen Ländern).
- Nachmittag: Vorbereitung der Sprachkurse mit den als Lehrkräfte engagierten
  Schülerinnen und Schülern; Planung der Wochenkurse in den Leiterteams. Für die
  nicht als Leiterinnen und Leiter engagierten Kinder schulfrei (denkbar wäre aber,
  dass die Sprach- oder Wochenkurse am Nachmittag weitergeführt würden).
- Abschlussveranstaltung am letzten Tag.

Spiele mit Sprachen

18 Mehrsprachiges Namenspiel

Ein Kreisspiel mit den eigenen Namen, den eigenen Sprachen; ein Spiel, bei dem man nicht nur die anderen Kinder, sondern auch ein Stück aus der Sprache der anderen Kinder kennen lernt: Das ist das mehrsprachige Namenspiel.

Es eignet sich als Kennenlernspiel bei einer neuen Klasse. Ebenso gut kann es aber bei bestehenden Gruppen zum spielerischen Erlernen eines Satzes in anderen Sprachen aufgegriffen werden – eines Satzes, den man anschließend natürlich auch brauchen kann!

Schuljahr/Klasse: Kindergarten bis 3.
Zeitbedarf: 10–15 Minuten, sollte an mehreren Tagen wiederholt werden.
Vorbereitung: Kreisbestuhlung.

Verlauf

Variante 1
Die Kinder sitzen im Kreis, die Lehrerin gibt einem Kind einen Ball und sagt: „Ich heiße XY, und wie heißt du?" Das angesprochene Kind antwortet mit dem gleichen Satz in seiner Erstsprache („Mi chiamo …, come ti chiami?") und gibt den Ball weiter. Das nächste Kind sagt den Satz in seiner Sprache, gibt den Ball weiter usw., quer durch die Klasse.
Bei dieser Form geht es primär darum, die sprachliche Vielfalt erlebbar zu machen. Bei mehrmaliger Wiederholung werden die Wendungen aus den verschiedenen Sprachen immer vertrauter, sodass die Klasse nach einiger Zeit auch aufgefordert werden kann, im Chor mitzusprechen.

Variante 2
Die ganze Runde in nur einer Sprache. Jedes Kind spricht den Satz in dieser Sprache nach. Hier liegt der Schwerpunkt darauf, einen Satz in einer anderen Sprache zu lernen bzw. einzuüben. Wiederholung am nächsten Tag: Können wir die Sätze der Kinder aus anderen Sprachen noch?

Idee nach NAEGELE/HAARMANN 1993:3; dort auch weitere Variationen.

Genau hinhören! – „Gemüsesuppe" und „Löffelspiel international"

Genau hinhören und der Erzählerin/dem Erzähler nicht auf den Leim gehen! Die beiden hier beschriebenen Spielformen fördern Konzentration und sprachliche Aufmerksamkeit, aber auch die Ausdrucksfähigkeit. Dies geschieht zuerst im vertrauten Bereich des Deutschen, dann auch in jenem der anderen Sprachen der Klasse.

Die dabei spielerisch geschulte Sprachaufmerksamkeit ist eine wichtige Voraussetzung auch in „ernsteren" Zusammenhängen; sie kommt dem Deutschunterricht wie auch der Sensibilisierung gegenüber den anderen Sprachen zugute.

Schuljahr/Klasse: 1. bis 3./4.
Zeitbedarf: Ca. 15 Minuten; wiederholbar.
Vorbereitung: Gemüsesuppe: keine. Löffelspiel: Löffel mitnehmen (einen weniger als die Klasse Schülerinnen und Schüler hat).

Verlauf

Gemüsesuppe
Demonstration auf Deutsch: Die Lehrerin erzählt eine Geschichte, eine improvisierte oder eine nacherzählte. Später kann diese Rolle auch ein Kind übernehmen. Immer wenn ein bestimmtes (vorher bekannt gegebenes) Wort vorkommt (z. B. „Gemüsesuppe"), klatschen alle in die Hände (oder pfeifen, stampfen). Natürlich versucht der Erzähler oder die Erzählerin, dieses Wort möglichst kunstvoll in seine Geschichte zu schmuggeln …

Nun wird dasselbe auch in anderen Sprachen versucht. Falls nötig, macht es die Lehrerin zuerst vor, z. B. anhand einer französischen Geschichte. Das Wort, auf das geachtet werden soll, wird selbstverständlich ebenfalls vorher bekannt gegeben, samt Angabe seiner Bedeutung.

Spontanere Kinder improvisieren einen Text, andere lesen etwas vor. Am Schluss könnte man raten, worum es in der anderssprachigen Geschichte wohl ging, dann erfolgt eine kurze Zusammenfassung durch das erzählende Kind.

Diese Übung verlangt konzentriertes Zuhören, wie es auch in verändertem Kontext erforderlich ist (Sprachaufmerksamkeit im Deutsch- und Fremdsprachenunterricht; genaues Zuhören bei Gedichten, Liedern in anderen Sprachen).

Je nach Altersstufe können im Anschluss Beobachtungen thematisiert werden, die in puncto Sprachvergleich und -betrachtung interessant sind (z. B. das Problem, bei „verschliffenen" Sprachen wie Französisch eine Klangfolge zu isolieren; Veränderungen des Suchworts durch Endungen usw.).

Löffelspiel international
Die Kinder sitzen im Kreis; auf einem Hocker in der Mitte liegen Löffel, und zwar einer weniger als es Kinder hat. Ein Kind beginnt (frei) zu erzählen. Es kommt drauf an, irgendwann das Wort „Löffel" zu verwenden. Sobald dieses Wort fällt, versuchen alle, sich einen Löffel zu greifen. Das Kind, das keinen erwischt hat, erzählt weiter, nachdem die Löffel wieder in die Mitte gelegt wurden.
Zunächst auf Deutsch durchspielen, dann auch in anderen Sprachen probieren. Als Merkhilfe an die Tafel schreiben, was „Löffel" in der betreffenden Sprache heißt!

Ideen nach NAEGELE/HAARMANN 1993:104.

Gut hinhören, genau wiedergeben: Internationale Flüster-Telefone

Eine wichtige Botschaft, die man zugeflüstert bekommen hat, möglichst unverfälscht weitergeben, und das erst noch in einer anderen Sprache: Darum geht es bei dieser mehrsprachigen Variante des alten Telefon- oder Gerüchtespiels.

Anders als die in *UV 19* beschriebenen Spiele „Gemüsesuppe" und „Löffelspiel international" schult das Telefonier-Spiel nicht nur das konzentrierte Zuhören. Es verlangt darüber hinaus die genaue Wiedergabe des Gehörten. Die Begegnung mit ungewohnten Klängen erfährt dadurch eine zusätzliche, aktive Dimension. Spielerisch und unbewusst wird jene Aufmerksamkeit im Hören und Artikulieren geübt, die im Fremdsprachenunterricht so wichtig ist. Die gleiche Sensibilisierung erfahren Kinder mit nicht deutscher Erstsprache für den Bereich des Deutschen.

Die kurze, beliebig wiederholbare Sequenz eignet sich auch als Konzentrationsübung, zur Einstimmung in andere Sprachenprojekte oder – mit Schwerpunkt Englisch oder Französisch – als Einstieg in Fremdsprachenlektionen.

Schuljahr/Klasse: Kindergarten bis 3./4.
Zeitbedarf: 10 Minuten, beliebig wiederholbar.
Vorbereitung: Kinder im Kreis (oder verstreut, z. B. in der Turnhalle).

Verlauf

Die Schülerinnen und Schüler sitzen in einem großen Kreis. Ein Kind denkt sich ein längeres Wort oder einen Satz aus. Es flüstert („telefoniert") ihn seinem Nachbarskind ins Ohr. Dieses flüstert ihn wiederum dem neben ihm sitzenden Kind ins Ohr und so quer durch die Klasse.

Das letzte Kind sagt laut, was es verstanden hat. Vergleich mit dem ursprünglichen Input; Erklärung von dessen Bedeutung; Nachsprechen in korrekter Aussprache. Vielleicht werden auch ein paar Zwischenstufen abgefragt, um die Veränderungen zu verfolgen.

Hinweise

■ Das Spiel soll zuerst auf Deutsch geübt werden. Bei den Wörtern und Sätzen in den anderen Sprachen müssen die Anforderungen hinsichtlich der Länge reduziert werden.

■ Die Ausgangssituation kann angereichert werden, indem man sich eine Rahmengeschichte dazudenkt („Stellt euch vor, ihr wärt auf einer einsamen Insel und könntet einen einzigen, letzten Rettungsruf durchgeben" oder durch die Aufforderung, etwas Lustiges, etwas Geheimnisvolles oder etwas zu einem bestimmten Thema, z. B. Tiere, zu sagen. Bevor die Bedeutung des fremdsprachigen Satzes verraten wird, kann man in diesem Falle auch selber darüber spekulieren.

■ Das Spiel lässt sich auch in der Turnhalle spielen und mit sportlicher Bewegung verbinden. Dabei sitzen sich die Kinder in zwei Gruppen an den beiden Längsseiten der Turnhalle gegenüber. Die Botschaft wird nun im Zickzack weitergegeben, immer quer durch die Halle. Die Zeit, während der man die Botschaft speichern muss, wird dadurch natürlich erhöht, was vermehrte Konzentration verlangt.

„Obstsalat international" – ein Spiel mit den Sprachen der Klasse

Das unaufwändige Spiel, auch als „Plätze tauschen" bekannt, eignet sich gut als Auflockerungs- oder Randaktivität zum Anfang oder Abschluss einer Unterrichtsstunde. Es fördert das genaue Hinhören, verschafft den Kindern Bewegung – und beiläufig werden erst noch ein paar Wörter in einer anderen Sprache gelernt.

Das Spiel kann selbstverständlich auch im frühen Fremdsprachenunterricht eingesetzt werden.

Schuljahr/Klasse: 1. bis 3./4.
Zeitbedarf: Ca. 10 Minuten, beliebig wiederholbar.
Vorbereitung: Kreisbestuhlung.

Verlauf

Einüben auf Deutsch
Kinder im Kreis; jedem ist der Name einer Frucht zugeordnet. In größeren Gruppen kommt jede Frucht zweimal vor. Ein Kind steht in der Mitte und ruft zwei Obstsorten auf. Diese müssen schnell ihre Plätze wechseln. Dabei versucht das Kind in der Mitte, einen der Plätze zu ergattern. Das übrig gebliebene Kind ruft nun seinerseits zwei Obstsorten auf.
Statt die Namen zweier Obstsorten kann das Kind auch „Obstsalat" rufen. In diesem Fall müssen alle ihre Plätze wechseln.
Falls manche Kinder im Deutschen noch sehr unsicher sind, macht man Tafeln mit den Namen der Obstsorten, die die Kinder in den Händen halten oder sich umhängen.

Obstsalat international
Dasselbe in einer anderen Sprache. Vorher werden die Namen der Obstsorten an die Wandtafel geschrieben und die Aussprache gut geübt. Bei Bedarf werden auch hier Tafeln geschrieben, die die Kinder vor sich halten oder umhängen.

Am Anfang läuft das Spiel in dieser Form vielleicht etwas schwerfällig. Dafür vermittelt es einen anschaulichen Eindruck, wie schwierig es ist, in einer fremden Sprache rasch zu reagieren.

Variationen: Anstelle von Früchten können selbstverständlich auch Tiere, Farben, Blumen, Zahlen usw. genommen werden. In der deutschen Fassung kann das Spiel bewusst als Trainingsform für neue Themenwörter eingesetzt werden.

Idee nach NAEGELE/HAARMANN 1993:100.

Spiele mit Klängen, Buchstaben und Reimen – in den Sprachen, quer durch die Sprachen

Manche Sprachspiele kann man nur in einer Sprache spielen. Spiele mit Reimen oder mit Buchstabentauschen funktionieren nicht nur in allen Sprachen, sondern sogar über die Sprachen hinaus, wie die Beispiele unten zeigen.

Die verschiedenen Möglichkeiten, die nachfolgend aufgeführt sind, führen zu spielerischen, kooperativen Situationen, in denen die sprachlichen Ressourcen aller Beteiligten nicht nur gefragt, sondern für den gemeinsamen Spielerfolg geradezu unerlässlich sind. Mehrsprachigkeit ist hier unmittelbar Bereicherung und Vorteil.

Neben den vielen Sprachbegegnungen, zu denen die Buchstabenspiele führen, fordern und fördern sie die Kinder mit nicht deutscher Erstsprache in einem speziellen Sinne: Erstens müssen sie permanent ihre beiden sprachlichen Repertoires – das deutsche wie das muttersprachliche – aktivieren; bezogen jeweils auf dieselbe Vorgabe (z. B. ein Reimwort zu „Hut" zu finden). Und weil sie zweitens die Wörter aus ihren Sprachen natürlich übersetzen oder umschreiben müssen (als „Kontrolle"), findet ein intensives Hin und Her zwischen den beiden Sprachen statt. Beides trägt – ähnlich wie das mehrsprachige Geografiespiel (*UV 23*) – zur Vernetzung und Förderung der beiden Sprachen bei. Dazu kommt die Wortschatzerweiterung im Deutschen, denn als Regel gilt bei allen Spielen, dass man jedes Wort verstehen und erklären können muss.

Hinweise

Die Spiele (mit Ausnahme von Variante 1) sind anspruchsvoller, als sie auf den ersten Blick aussehen. Damit sie ihren sprachpädagogischen Zweck erfüllen, sollen die Regeln sehr milde gehandhabt werden.

Die Wiedergabe von Lauten in Schriftzeichen ist sprachspezifisch (vgl. z. B. Hut – boot – voûte). Am besten hält man sich an das Klangbild und erlaubt beim Aufschreiben auch fonetische Wiedergaben.

Spiele in der Art des Reimwörterfindens sind durch die spezifischen Strukturen der unterschiedlichen Sprachen z. T. erschwert. Im Deutschen enden viele Wörter auf Konsonanten, in den romanischen auf -a oder -o. Das Problem lässt sich mit der

Vereinbarung entschärfen, dass man sich auf den Wortstamm konzentriert und z. B. die Endungen -a oder -o „nicht gelten". Als Reim auf „Knall" ist dann halt auch ital. „gall-o, der Hahn" erlaubt.

Als Anfangswörter wählt man am besten einsilbige Wörter ohne die für das Deutsche charakteristische Konsonantenhäufung (gut, rot, Tier, aber nicht: Herbst).

Als Hilfsmittel und zur Kontrolle können in höheren Klassen mehrsprachige Wörterbücher hinzugezogen werden, deren Handhabung damit zugleich gefördert wird.

Vor allem in den unteren Klassen (z. B. im Kontext der ABC-Einführung) bietet eine „ABC-Schiene" gute Unterstützung beim Finden von Wörtern. Sie besteht aus drei bis fünf nebeneinander gelegten farbigen Blöcken, die je die 26 Buchstaben des ABCs sowie sch, ch, ä, ö und ü enthalten. Damit können beliebige Buchstabenkombinationen geblättert und auf ihre Bedeutung in verschiedenen Sprachen hin geprüft werden. Dasselbe Hilfsmittel lässt sich – etwas weniger übersichtlich – durch drei bis fünf gegeneinander verschiebbare ABC-Papierstreifen herstellen.

Schuljahr/Klasse: 2. bis 9./10. (Anspruchsniveau variierbar).
Zeitbedarf: Beliebig wiederholbare Kurzsequenzen von 10–30 Min. Dauer.

Spielmöglichkeiten
(weitere Varianten sind selbstverständlich denkbar)

Allgemeine Regeln
Die Spiele werden in sprachgemischten Kleingruppen gespielt. Die Wörter dürfen aus allen Sprachen gewählt werden, müssen aber jeweils übersetzt oder umschrieben werden. Die Wörter (plus Übersetzung) werden auf einem Papierstreifen aufgeschrieben. Es lassen sich verschiedene Wettbewerbsformen einbauen (Zeitlimit; welche Gruppe hat am schnellsten zehn Wörter; welche Gruppe bringt die meisten Sprachen zusammen).
Doppelkonsonanten, tz, ck, Dehnungen usw. gelten als ein Buchstabe.

Variante 1: Freie Klangassoziationen
Ausgangspunkt bei dieser einfachsten Variante ist ein kurzes Wort in einer der Sprachen der Gruppe. Auftrag: Wörter aus allen Sprachen sammeln, die denselben Klangkern (bzw. dieselbe Signalgruppe, z. B. -ack-, -ett-, -upp-) enthalten.
Beispiel: Wetter – better (engl.) – Bett – det (alban.: Meer) – nett – sretan (bosn.: glücklich) – Fett – perfett(o) (ital.) usw.

Variante 2: Reimwörter, einfachere Variante
Ausgangspunkt ist ein kurzes Wort in einer der Sprachen der Gruppe. Auftrag: Reimwörter dazu finden. Die Anzahl Buchstaben muss nicht konstant bleiben.
Beispiel: Tier – vier – here (engl.) – wir – pire (franz.) – mysafir (türk./alban.: Gast) – Bier – dirigir (port.: steuern) – mir (kroat.: Frieden) – Klavier usw.

Variante 3: Anfangsbuchstaben tauschen (= Reimwörter, schwierigere Variante)
Ausgangspunkt ist ein – am besten einsilbiges – Wort in einer der Sprachen der Gruppe. Auftrag: Durch Austauschen des Anfangsbuchstabens möglichst viele neue Wörter finden.
Beispiel: Hut – Mut – i butë (alban.: zart) – er tut – put (kroat.: der Weg) – voûte (franz.: Gewölbe) – gut – boot (engl.: Stiefel) usw.

Variante 4: Fortlaufender Buchstabentausch
Ausgangspunkt ist ein kurzes Wort in einer der Sprachen der Gruppe. Auftrag: Durch Austausch eines beliebigen Buchstabens zu einem neuen Wort gelangen. Bei diesem wieder einen Buchstaben ändern usw.
Beispiel: Ball – vallë (alban.: Tanz) – well (engl.) – hell – quelle (franz.) – Fell – tel (türk./alban.: Draht) – toll – sol (serb.: Salz) usw.

Variante 5: Freier Buchstabentausch im selben Wort
Ausgangspunkt ist ein kurzes Wort in einer der Sprachen der Gruppe. Auftrag: Durch Austausch eines beliebigen Buchstabens des Anfangsworts neue Wörter bilden. Bezogen auf das Ausgangswort darf immer nur ein Buchstabe geändert werden.
Beispiel: Ball – dal (türk.: Ast) – Bad – bol(o) (port.: Kuchen) – vallë (alban.: Tanz) – Bar – bull (engl.: Stier) usw.

„Stadt, Land, Fluss" – fairer und anregender dank mehrsprachiger Anlage

Eine Stadt mit B: Berlin. Und: Beograd. Wieso Beograd? So heißt Belgrad auf Serbisch. Ein Gemüse mit F: Fenchel. Fagiolo. Oder Fasulye. Fagiolo? Fasulye? Das heißt „Bohne" auf Italienisch und auf Türkisch. Ist doch ein Gemüse, oder?

Wer hätte es gedacht: Das gute alte Geografiespiel „Stadt, Land, Fluss", bekannt von Familienfeiern und Ferienlagerabenden, entwickelt neue Qualitäten im mehrsprachigen Umfeld. Nötig sind nur zwei Modifikationen.

Erstens entfällt die unkreative Einschränkung auf geografische Begriffe. Ebenso gut wie für Städte und Länder kann man wahlweise Rubriken für Tiere, Gemüse, Blumen, Vornamen bilden.

Zweitens: Erlaubt sind auch Begriffe in den Herkunftssprachen. Das ist nichts als fair, schließlich sind sie den betreffenden Kindern oft präsenter. Allerdings: Das Wort muss umgehend übersetzt oder umschrieben werden. Dasselbe gilt, wenn Wörter aus den schulischen Fremdsprachen verwendet werden, was nicht nur erlaubt, sondern erwünscht ist.

Damit geht zwar alles ein bisschen länger, dafür ist das Spiel gerechter und führt für alle Kinder beiläufig immer wieder zu Sprachbegegnungen. Die Schülerinnen und Schüler mit nicht deutscher Erstsprache unterstützt das permanente doppelspurige Suchen und Übersetzen bei der Vernetzung ihrer beiden Sprachen. Das Spiel kann so, durch die selbstverständliche Einbeziehung der Herkunftssprachen, einen kleinen Beitrag gegen das Auseinanderfallen der Sprachverwendungsräume Schule und Elternhaus leisten.

Schuljahr/Klasse: 3. bis 10.
Zeitbedarf: 15–30 Minuten, beliebig wiederholbar.
Vorbereitung: Papierblätter.

Verlauf

Das Spiel wird vorzugsweise in der Halbklasse gespielt.
- Vereinbaren von (altersspezifisch anspruchsvollen) Rubriken; Vorbereiten der Blätter (abgemachte Rubriken plus eine Kolonne für die Punkte).

- Ein Kind sagt still das ABC auf. Ein anderes ruft stopp. Das erste Kind nennt den Buchstaben, bei dem es war.
- Alle Kinder versuchen, möglichst schnell zu jeder Rubrik einen Begriff aufzuschreiben, der mit dem genannten Buchstaben beginnt – auf Deutsch oder in der Muttersprache.
- Wer fertig ist, ruft stopp. Niemand darf jetzt weiterschreiben.
- Jedes Kind liest seine Begriffe vor. Nicht deutsche Wörter müssen übersetzt oder umschrieben werden.
- Für jeden richtigen Begriff erhält man einen Punkt. Die Punkte werden in die entsprechende Kolonne geschrieben und zusammengezählt. Schärfere Regelung: Wenn jemand denselben Begriff verwendet hat, gibt es keinen Punkt.
- Nächste Runde.

Über das Lernen von und Probleme mit Sprache nachdenken

 ## 24 Sprachbarrieren und -strategien im Rollenspiel bewusst machen

Sprachlosigkeit oder -not am eigenen Leib zu erleben, sich mit Grenzen und Barrieren der Kommunikation zumindest im Rollenspiel zu konfrontieren, ist eine eindrückliche Erfahrung. Sie macht uns die Leistung bewusst, welche Menschen, die Deutsch nicht „einfach so" beherrschen, in unserem sprachlichen Umfeld selbstverständlich und täglich zu erbringen haben, und sie fördert Verständnis und Toleranz gegenüber Verständigungsschwierigkeiten.

Zugleich führt die Reflexion der im Rollenspiel gemachten Erfahrungen zu Einsichten im Bereich der Sprachbetrachtung. Möglichkeiten und Grenzen des nonverbalen Repertoires werden bewusst, Strategien zur Überwindung von Sprachnot können diskutiert und erprobt werden.

Schuljahr/Klasse: 2. bis 10.
Zeitbedarf: Kürzere, wiederholbare Sequenzen von maximal einer Lektion.

Möglichkeiten

■ Ein oder mehrere Kinder derselben Sprachgruppe stehen vor der Klasse und erzählen etwas in ihrer Erstsprache. Anschließendes Gespräch: Worum ging es wohl? Was haben wir verstanden? Was half uns beim Verstehen (ein aufgeschnapptes Wort, die Gestik).

■ Dasselbe, aber nun näher an der schulischen Realität (Inhalt vorher mit der Lehrerin absprechen): eine Sacherklärung in der Fremdsprache (Variation: Erklärung eines Gegenstandes oder eines Bildes); eine Anweisung (nehmt die Rechenbücher hervor, macht ...).

Gespräch: Wie ging es uns? Was half uns beim Verständnis? Was hätte uns noch besser geholfen (z. B. Bilder, Vormachen statt bloßes Erklären)? Wie verhielten wir uns aus der Sicht des Kindes, welches die Sequenz in seiner Erstsprache leitete? usw.

- Transfer zur Situation von Kindern mit schwachen Deutschkenntnissen: Wo befinden sie sich in ähnlichen Situationen? Wie behelfen sie sich? – Die betreffenden Kinder berichten als Expertinnen und Experten von ihren Erfahrungen.
- Eigentliche Spielszenen mit Requisiten, z. B. „Im Lebensmittelgeschäft", „Bei der kommunalen Verwaltung ein Formular für … verlangen", „Im Restaurant etwas bestellen": Ein Kind mit nicht deutscher Erstsprache spielt in derselben die Rolle der Verkäuferin bzw. des Kellners/der Beamtin, das oder die andern versuchen, ihr Anliegen auf Deutsch zu vermitteln. Bewusster Einsatz von Hilfsmitteln wie Gestik, Mimik, evtl. Skizzen und Wörterbüchern. Anschließend Reflexion: Was haben wir gelernt (vielleicht sogar ein paar Wörter aus der anderen Sprache)? Wie haben wir uns geholfen usw. Transfer zur Situation von Fremdsprachigen in ähnlichen Situationen.

Alle Möglichkeiten sind auch in der Kleingruppe denkbar. Wichtig ist, dass die Übungen weder auf einer Lach- oder Rate-Ebene bleiben (damit würde ihr sprachreflexives Potenzial ungenutzt bleiben) noch moralisierend werden.

Lesehinweis 2./3. Klasse: Verständigungsprobleme in der mehrsprachigen Klasse und Vorschläge, die die Kinder zu ihrer Überwindung entwickeln (darunter auch witzige und absurde), sind das Kernthema der illustrierten Geschichte „Hilfe! Help! Aiuto!" (SCHADER 1999; mit didaktischem Begleitheft).

Über Sprache nachdenken und philosophieren I: Sprachbiografie, Muttersprache, Babysprache

Was waren eigentlich meine ersten Worte auf der Welt? Und wie schaffte ich den weiten Weg vom ersten „Mama" zu dem, was ich heute sprachlich alles kann? Wer brachte mir – oder wie brachte ich mir – die Sprache bei?

Ausgehend von einem persönlich-biografischen Zugang werden bei diesem Unterrichtsvorschlag Sprachbewusstsein und -reflexion angeregt. Im vertieften Nachdenken über Sprache wird der Begriff Muttersprache aufgefächert und das Bewusstsein für die spezifische Situation von Menschen geschärft, die bei uns mit einer anderen Erstsprache als Deutsch aufwachsen und leben.

Der Unterrichtsvorschlag lässt sich gut z. B. im Kontext eines größeren Rahmenprojekts „Sprache untersuchen" (vgl. *UV 65*) oder im Zusammenhang mit Themen aus dem Bereich Soziales Lernen/Lebenskunde – z. B. „Wer bin ich", „Ich und du" – durchführen.

Schuljahr/Klasse:	3. bis 10.
Zeitbedarf:	Pro Teilaspekt 1–3 Lektionen, je nach Breite der Ausgestaltung.
Unterrichtsbereiche:	Deutsch, Soziales Lernen/Lebenskunde.

Das Thema umfasst verschiedene Teilaspekte und -inhalte, die unabhängig voneinander sind und zu unterschiedlichen Zeitpunkten behandelt werden können.

Möglichkeiten

Eigene Sprachbiografie: Impulse für Gesprächs- und Schreibanlässe

- Meine ersten Wörter und Sätze (Eltern fragen; Vergleich der ersten Wörter in den verschiedenen Sprachen, Plakat).
- Lustige Fehlleistungen in der eigenen Sprachbiografie.
- Plakat/Steckbrief mit Fotos, ersten Wörtern usw. von sich als Kleinstkind.
- Lieblingswörter früher/jetzt.
- Wie haben wir eigentlich in bloß knapp sechs Jahren so gut sprechen gelernt? Alltagstheorien und Spekulationen zum kindlichen Spracherwerb. – Wer dieser Frage als Lehrerin oder Lehrer selbst nachgehen will, sei auf das ebenso fundierte wie unterhaltsame Buch von DIETER E. ZIMMER „So kommt der Mensch zur Sprache" verwiesen; siehe Bibliografie).

- Was erleben Kinder, die in ein Land mit einer anderen Sprache umziehen? Was erleben solche, die in zwei Sprachen aufwachsen? Berichte, Gespräche. Evtl. Rollenspiele zum Nachvollzug von Verständigungsproblemen (siehe auch *UV 24* „Sprachbarrieren und -strategien im Rollenspiel bewusst machen").
- Was war/was ist für die zugezogenen Kinder besonders schwierig bei unserer Sprache? Berichte über den Deutscherwerb: Schwierigkeiten, Missverständnisse, Strategien usw. Siehe hierzu auch *UV 81* „Mundart(en) – Standardsprache: Ein Thema, zu dem auch Schülerinnen und Schüler mit nicht deutscher Erstsprache etwas zu sagen haben".

Zum Begriff Muttersprache

- Wieso heißt die Muttersprache „Muttersprache"? Wie heißt sie in anderen Sprachen?
- Welche Muttersprachen und Dialekte haben wir in unserer Klasse (vgl. die Sprachentabelle, *UV 1*)? Sind das tatsächlich immer auch die Sprachen resp. Dialekte der Mütter?
  Muttersprach-Stammbaum bzw. matrilinearer Sprachstammbaum: Die ursprüngliche Sprache der Mutter, der Großmutter, der Urgroßmutter. Vergleich mit der effektiven Familiensprache. Vgl. auch *UV 8* „Stammbäume – Vielfalt in der eigenen Familie".
- Welches ist eigentlich die Mutter- oder Erstsprache von Serdar, der hier aufgewachsen ist, zu Hause mit den Geschwistern deutsch und nur manchmal mit den Eltern türkisch spricht? Erfahrungsberichte solcher Kinder. Vgl. *UV 9* „Sprachbilder: Die eigene Sprachensituation zeichnen".

Babysprache bei uns und anderswo

- Wie spricht die Mutter mit dem Säugling, wie sprechen Leute allgemein mit Kleinstkindern (sprachliche Vereinfachungen, spezieller Tonfall, Mimik usw.)? Wie klingt es in anderen Sprachen, wenn man mit Babys spricht (unbedingt spielen lassen!)?
- Ausbau: Spielerische Übersetzung von Normalsätzen ins „Mutterische", anschließend Versuch, Regeln für diese spezielle Sprachvariante zu finden.
- Zum Thema „Schrumpfsprachen" und deren Regeln vgl. auch *UV 84* „,Du nix verstehen Deutsch? – Ich dir schon lernen!' – ,Gastarbeiter-' oder ,Schrumpfdeutsch' und seine Regeln".

Lesehinweis: Albert BREMERICH-VOS: Nachdenken über Sprache: kontrastiv. Grundschulkinder untersuchen Aspekte des Spracherwerbs; in: Grundschule 5/1999, S. 27-30.

Über Sprache nachdenken und philosophieren II: Wie lernt man eine neue Sprache?

Eine neue Sprache lernen: Was heißt das? Was gehört eigentlich alles dazu? Wann kann man sagen: „Ich kann das jetzt"?

Fragen in Zusammenhang mit dem Erwerb einer neuen Sprache werden in verschiedenen Kontexten aktuell. Beispielsweise beim Beginn des schulischen Englisch- oder Französischunterrichts. Oder im Verlauf desselben, wenn Misserfolgserlebnisse, Lern- und Motivationsschwierigkeiten auftauchen. Oder aber beim Zuzug einer Mitschülerin bzw. eines Mitschülers, der oder die noch kaum Deutsch kann.

Je nach Ausgangssituation werden unterschiedliche Zielsetzungen und Schwerpunkte für die schulische Behandlung des Themas gesetzt. Im ersten der obigen Fälle geht es um Lernreflexion und Abbau eventueller Ängste. Im zweiten können lerntechnische und motivationale Aspekte im Zentrum stehen, und im dritten geht es vor allem darum, Verständnis und Bewusstsein für die große Lernaufgabe zu schaffen, vor der die neue Mitschülerin, der neue Mitschüler steht.

Leistungen im Bereich (Fremd-)Sprachenlernen werden von allen Schülerinnen und Schülern verlangt. Zu reflektieren, was damit eigentlich gemeint ist, ist insofern von unmittelbarer Aktualität. Eine besondere Rolle kommt in diesen Sequenzen den Schülerinnen und Schülern mit nicht deutscher Erstsprache zu, die diese Leistung ohne großes Aufheben erbringen oder bereits erbracht haben. Die Erfahrungen und Strategien, von denen sie berichten können, stellen authentisches und wertvolles Expertenwissen dar.

Das Thema steht in vielfältigen Bezügen zu anderen Unterrichtsvorschlägen und kann gut mit diesen kombiniert werden. Speziell verwiesen sei auf *UV 25* „Sprachbiografie, Muttersprache" (als möglicher Einstieg), auf *UV 10* „Was kann ich wie? Genau dokumentierte Sprachkompetenzen" (als mögliche Weiterführung) und auf *UV 28* („Mini-Sprachkurse"), wo sich Hinweise zur praktischen Veranschaulichung und Erprobung finden.

Schuljahr/Klasse: 3. bis 10.; in einfacheren Formen schon früher.
Zeitbedarf: Je nach Breite und Vertiefung durch Schreibanlässe 1–3 Lektionen.

Impulse für Gesprächsrunden und Schreibanlässe
(gegliedert nach den obigen drei Ausgangssituationen)

Kontext „Einstieg in eine neue schulische Fremdsprache". Ziele: Reflexion über Sprachenlernen, Abbau potenzieller Ängste und falscher Fantasien.

■ Wie sieht das wohl aus, wenn wir eine andere Sprache lernen? Fantasien und Vorstellungen zum Fremdsprachenunterricht und -lernen. Diese „lerntechnischen" Spekulationen geben seitens der Lehrperson zugleich Anlass für Klärungen und vielleicht für eine erste Kostprobe spielerischen oder kommunikativen Lernens, z. B. anhand einiger Wörter oder Wendungen.

■ Evtl. Eltern und Großeltern befragen, wie sie Fremdsprachen lernten, oder ältere Schülerinnen und Schüler einladen, die von ihren Erfahrungen berichten.

■ Worauf freuen wir uns beim Lernen der neuen Sprache? Was macht uns Angst?

■ Perspektiven: Was werden wir in einem halben, in einem ganzen, in zwei Jahren schon alles können?

■ Informationen zur neuen Sprache: Wo spricht man sie? In welchen Ländern könnten wir sie anwenden? (Auf Karte zeigen.) Wie viele Leute sprechen sie? Ist sie verwandt mit einer der Sprachen der Klasse? (z. B. Französisch – romanische Migrationssprachen.)

■ Wer kennt schon Wörter in der neuen Sprache? Zumindest bei Englisch kommt sicher eine beträchtliche Liste zusammen; vgl. Kapitel 4.4 und *UV 80* „Deutsch – echt multikulti".

■ Was gehört eigentlich zum Lernen einer neuen Sprache? Ausgangspunkt dieser Überlegung kann die deutsche Sprache sein, die wir ja schon können. Frage: Was können wir denn eigentlich im Deutschen? Aufgrund welcher Teilfertigkeiten können wir sagen „Ich kann deutsch"? (Mögliche Antworten: Wortschatz; korrekte Formen und Sätze bilden können; verstehen, sprechen, lesen, schreiben können.) Die vermutlich erste Antwort – nämlich, dass man hauptsächlich Wörter kennen muss – lässt sich in witzigen Experimenten relativieren (bloße Anhäufungen von Vokabeln reichen noch nicht für eine vernünftige Kommunikation; Formenbildung und Satzbau sind ebenfalls unerlässlich).

■ Anschlussfrage: Wie lernt man das? Wie lernt man Wörter, wie lernt man korrekte Formen- und Satzbildung? Hier sind Hinweise der Lehrperson wichtig, die den Schülerinnen und Schülern Unterstützung und Hilfe signalisieren und potenzielle Ängste abbauen. Seitens der zwei- oder mehrsprachig Aufwachsenden können vielleicht ebenfalls Tipps oder Erfahrungen vermittelt werden.

■ Was ist eigentlich das Wichtigste, wenn man sich in einer neuen Sprache orientieren muss („kommunikative Grundbedürfnisse")? Was muss man zuerst lernen? Diese Reflexion der inhaltlichen Aspekte hat verschiedene Dimensionen:

a) „Grundwortschatz". Frage: „Welche 30 Wörter und Wendungen würdet ihr als ‚Überlebensration' kennen wollen, wenn ihr für einen Monat in ein Land mit einer anderen Sprache ziehen würdet?" In Gruppen Listen zusammenstellen und anschließend vorstellen und begründen. Vielleicht kristallisiert sich eine Anzahl gemeinsamer Wörter und Wendungen heraus, die dann tatsächlich auch in der neuen Sprache gelernt werden.

Einbeziehung der Erfahrungen von Schülerinnen und Schülern, die aus einem anderen Sprachraum zugezogen sind: Welches waren für sie die ersten und wichtigsten Wörter?

b) Welche Bedeutung haben Korrektheit in Formenbildung und Satzbau für das sprachliche Überleben? Die Einsicht in deren zunächst untergeordnete Bedeutung fördert das Verständnis für „komische" Fehler mancher Mitschülerinnen und -schüler, deren Deutscherwerb noch nicht abgeschlossen ist. Trotzdem: Wo, wann, inwiefern wird es wichtig, dass man eine Sprache auch in dieser Hinsicht beherrscht?

Kontext „Misserfolgserlebnisse, Lern- oder Motivationsstörungen beim Fremdsprachenerwerb". Ziel: Zuversicht und Motivation wieder aufbauen.

■ Klärendes Gespräch und Standortbestimmung (nach vorgängiger individueller schriftlicher Reflexion) über die Ursachen der Probleme. Was bereitet Unlust? Was löst Gefühle der Überforderung aus? Wie hat sich die Motivation seit Beginn des Unterrichts in diesem Fach verändert? Was könnte verändert werden? Wo sind Hilfeleistungen seitens der Lehrperson möglich?

■ Diskussion ähnlicher Frustrationserlebnisse im gleichen Fach oder in anderen Fächern.

■ Wie ging oder geht es diesbezüglich den Kindern aus nicht deutschsprachigem Elternhaus mit der deutschen Sprache? (Welche sie ja unter erschwerten Bedingungen lernen, indem für sie Deutsch immer zugleich auch Unterrichtssprache in allen Fächern ist.) Gab es Momente, wo sie ebenfalls den Mut oder die Motivation verloren?

■ Austausch von Lernstrategien unter den Schülerinnen und Schülern, ergänzt um Tipps der Lehrperson („Wie gehen die Erfolgreichen vor, was machen sie anders?"). Dieser Austausch, der sich z. B. auf das Vokabellernen oder auf die richtige Aussprache beziehen kann, darf und soll ins Detail gehen. Er soll unterstützt werden durch praktische Erprobungen einzelner Strategien.

■ Bildung von Lernteams oder Finden von anderen Formen, in welchen schwächere Schülerinnen und Schüler unterstützt werden (die betreffenden Aufgaben bei und mit einem anderen Kind machen; Angebot für Unterstützung durch die Lehrperson usw.).

Kontext „Deutscherwerb von Kindern mit nicht deutscher Erstsprache" (z. B. anläss-lich des Zuzugs einer neuen Mitschülerin, eines neuen Mitschülers). Ziel: Verständnis und Toleranz aufbauen; sich der Lernaufgabe bewusst werden, vor der dieses Kind steht.

- Wie ist die Situation für ein Kind, das ohne Deutschkenntnisse aus einem anderen Sprachraum zu uns zieht? Wer hat im Ausland etwas Ähnliches erlebt? (Thema Verständigungsprobleme; zur Veranschaulichung und Vertiefung siehe *UV 24* „Sprachbarrieren und -strategien im Rollenspiel bewusst machen".)
- Erfahrungsberichte von Kindern (oder Erwachsenen), die aus einem anderen Sprachraum zu uns zugezogen sind: Wie habe ich Deutsch gelernt? Wie ging es mir dabei? Was hat mir geholfen? Was war/was ist in der deutschen Sprache schwierig?
- Vor welchen speziellen Problemen und Anforderungen sehen sich Menschen, die aus einem nicht deutschen Sprachraum in ein dialektgeprägtes Gebiet (z. B. Bay-ern, Deutschschweiz, Tirol) mit dem dort charakteristischen Nebeneinander von Mundart und Hochsprache zuziehen? Erfahrungsberichte zur Differenzierung der beiden Sprachformen und zu ihrem parallelen Erwerb. Vgl. *UV 81* „Mundart(en) – Standardsprache – ein Thema, zu dem auch Schülerinnen und Schüler mit nicht deutscher Erstsprache etwas zu sagen haben".
- Was könnten und sollten wir tun, um einem Kind, das z. B. aus Russland oder Nigeria zugezogen ist, beim Erwerb des Deutschen behilflich zu sein? Was raten uns Kinder, die diesen Prozess schon einigermaßen hinter sich haben?
- Wo könnten die Gründe liegen, dass manche Erwachsenen mit nicht deutscher Erstsprache Deutsch oder Mundart auch nach Jahren nur gebrochen sprechen? Was für Lerngelegenheiten zur Verbesserung haben oder hätten sie? Wie verhal-ten sich die deutschsprachig aufgewachsenen Einheimischen ihnen gegenüber? Vgl. *UV 84* „Du nix verstehen Deutsch? – Ich dir schon lernen!"

Die Sprachen der anderen kennen lernen

 ## Spielerisch fremde Wörter lernen: Memory, Quartett, Domino

Hier geht es um drei Spielformen, mit denen einige Wörter in anderen Sprachen gelernt werden können. Das ist allerdings nicht Selbstzweck. Denn ganz beiläufig wird neben dem Spiel der Umgang mit anderen Sprachen, die Gewöhnung an andere Klänge und die Aufmerksamkeit gegenüber ungewohnten Artikulationen geübt – alles Aspekte, die auch dem schulischen Fremdsprachenerwerb zugute kommen erden. Für die Kinder mit nicht deutscher Erstsprache kommt dazu, dass sie eine echte Rolle als Expertinnen und Experten für korrekte Aussprache und Betonung übernehmen.

Ebenso wichtig wie das eigentliche Spiel ist das gemeinsame Herstellen der Materialien. Es bietet einen guten Anlass zu handlungsorientiertem und kooperativem interkulturellem Lernen an einem sprachbezogenen Gegenstand.
Alle drei Spielformen eignen sich natürlich auch für die schulischen Fremdsprachen.

Schuljahr/Klasse:	Ab Ende 1. bis 4.
Unterrichtsbereiche:	Deutsch, Kunst/Gestalten.
Zeitbedarf:	Materialproduktion je ca. eine Lektion; Spielsequenzen ca. 15–20 Minuten, wiederholbar.
Vorbereitung:	Material (s. u.); dieses soll mit der Klasse gemeinsam hergestellt werden.
Wichtig:	Bei den deutschen Nomen immer den Artikel angeben!

Spielformen

Memory
Beispiel Türkisch – Deutsch: Kärtchen machen. Auf je zweien ist der gleiche Gegenstand gezeichnet, auf einem mit deutscher Beschriftung, auf dem anderen mit türkischer (evtl. mit Aussprachehilfe).

Kärtchen mischen und ausbreiten (Bilder nach unten). Der Reihe nach aufdecken. Partnerkarte suchen, Wort in der anderen Sprache zu sagen versuchen, Partnerkarte aufdecken. Wer richtig geraten hat, darf die Karte behalten. Am Anfang mit wenig, später mit mehr Karten spielen.

Etwas schwierigere Variante: Die Kartenpaare bestehen aus einer Karte mit dem Bild des Gegenstands und einer mit seinem Namen in der Fremdsprache (evtl. mit Aussprachehilfe). Als Hilfe kann auch die Übersetzung auf das Kärtchen geschrieben werden, oder es wird ein Blatt mit den Übersetzungen dazugelegt.

Sprachenquartett

Acht Begriffe suchen, die leicht zu zeichnen sind (die Blume, der Baum, das Haus). Jeden Begriff auf vier Spielkarten zeichnen. Darunter das entsprechende Wort in vier vorher abgemachten Sprachen untereinander hinschreiben, mit Abkürzung für die Sprache (z. B. „Dt. das Haus, Türk. ev, Alban. shtëpia, Port. a casa").

Auf jeder Karte wird das Wort in einer anderen Sprache eingerahmt (auf der ersten Haus-Karte „das Haus", auf der zweiten „ev" usw.). Karten mischen und verteilen. Ziel: Alle vier Karten zu einem Gegenstand zusammenbringen. Dazu müssen Fragen gestellt werden wie „Hast du die Karte, wo „ev" eingerahmt ist?". Vollständige Quartette können abgelegt werden. Ziel ist, möglichst viele Quartette zu haben. Variante: Mit nur drei Sprachen als „Terzett".

Zweisprachiges Domino

Aus Karton oder Holzleisten 28 (oder weniger) Rechtecke in der Art von Dominosteinen machen. Mit je zwei verschiedenen Wörtern beschriften (ein deutsches, eins in einer Fremdsprache). Am besten geht man von einem langen Streifen aus, der nachher zerschnitten wird: /il cane – die Blume/il fiore – der Mond/la luna – die Tasse/… (/ markiert den Schnitt).

Die Steine werden unter die Mitspielenden (3-4) verteilt. Dasjenige Kind, auf dessen Stein die Wörter mit den ersten Buchstaben im ABC beginnt, fängt an (z. B. Stein „der Affe/l'arancia"). Variante: Ein Stein wird als Anfangsstein markiert. Wer den Anschlussstein hat, legt ihn hin. Man darf so lange legen, bis man keine Anschlusssteine mehr hat. Gewonnen hat, wer zuerst keine Steine mehr hat.

Sinnvoll ist, wenn die Kinder vorher Erfahrungen mit dem gewöhnlichen Domino gesammelt haben.
Dieses Spiel eignet sich auch als Deutsch-Lernspiel für Kinder mit schwachen Deutschkenntnissen.

Zu Memory und Quartett vgl. Die Grundschulzeitschrift, 43/April 1991

Ich lehr dir was aus meiner Sprache: Mini-Sprachkurse und Workshops

Der Lehrer als Lehrender, die Kinder als Lernende: So einfach ist das nicht mehr im mehrsprachigen Umfeld. Die Verteilung der Kompetenzen, vor allem was sprachliches Wissen betrifft, sprengt die traditionellen Rollen. Ignorieren wir die neuen Ressourcen nicht, sondern lassen wir uns gegenseitig daran teilhaben!

Einen guten Rahmen dazu bilden kurze, von Schülerinnen und Schülern geleitete „Mini-Sprachkurse" in den verschiedenen Idiomen der Klasse. Dazu zählen selbstverständlich auch die deutschen (bzw. Schweizer oder Österreicher) Dialekte. Diese „Kurse" wecken Neugier und Interesse gegenüber Sprachen, sie gewöhnen Ohr und Zunge spielerisch an unbekannte Klänge, führen zu authentischen Begegnungen – und am Schluss kann man noch ein paar Wörter oder Sätze in einer neuen Sprache!

Die Kinder mit nicht deutscher Erstsprache werden die „Mini-Sprachkurse" zu Recht als Signal der Einbeziehung und der Wertschätzung gegenüber ihrer Sprache verstehen. Daneben sind die kursleitenden Schülerinnen und Schüler – als Verantwortliche für ihr „Programm" – kräftig in ihrer Auftritts- und Deutschkompetenz gefordert.

Mini-Sprachkurse können isoliert (z. B. alle paar Wochen einer) oder aber als Element verschiedenster Sprachprojekte durchgeführt werden: Integriert in Projektwochen (siehe *UV 17*); als Vertiefung oder Erweiterung von Reflexionen zum Sprachenlernen (vgl. *UV 26*); als Vertiefung von Sprach-Präsentationen (vgl. *UV 29*) usw.

Die Planung der Mini-Sprachkurse eignet sich vorzüglich zur Zusammenarbeit mit den Lehrkräften des herkunftssprachlichen Unterrichts.

Schuljahr/Klasse: 2. bis 10.; Anforderungen altersgemäß variiert.
Zeitbedarf: Pro Sprache/Dialekt ab 30 Minuten; ausbaubar.

Verlauf

Wichtig ist die Planungsphase, bei der die Schülerinnen und Schüler zumindest in den unteren Klassen unterstützt werden müssen. Zu klären sind, am besten übergreifend für alle Kurse:

- der Zeitrahmen (z. B. 30 Minuten pro Sprache oder Dialekt), die Inhalte (s. u.),
- „didaktische" Tipps für die Vermittlung, z. B. bezüglich Vor- und Nachsprechen, Wandtafelanschrieb, Einsatz des Projektors, Aufträge für Training in Partnerarbeit, Rollenspiele, evtl. Kreation eines Arbeitsblattes,
- Punkte wie: langsam vorsprechen, laut und deutlich sprechen usw.

Auch bei klaren Vorgaben sollte die Lehrperson mit jedem Team vorab nochmals zusammensitzen und den Verlauf sicherstellen.

Inhalte/Elemente der Kurse:
- Einstieg mit „Hörprobe" (Begrüßung/Programmansage in der Erstsprache; kleine Spielszene, Gedicht, Lied).
- Einüben einiger wichtiger Wörter und Wendungen. Dabei soll man sich auf maximal zehn Einheiten beschränken, die dafür am Schluss der Sequenz beherrscht werden. Geeignet sind z. B. Grußformeln, Danke/Bitte, „Gib mir bitte", „Das ist", „Ich heiße", Zahlen, die Namen einiger Objekte im Klassenzimmer, Farben usw. Die Wahl der Wörter und Wendungen sollte so getroffen werden, dass das Training handlungsorientiert verlaufen kann (sich begrüßen, mit den Zahlen rechnen, Dinge benennen, (Karten-)Spiele usw.).
  Wichtig ist, dass die kursleitenden Schülerinnen und Schüler auf die korrekte Aussprache achten und dass sie den Lernerfolg überprüfen (nach dem handlungsorientierten Einüben soll „Abfragen" in verschiedenen Formen erfolgen). All dies bedingt, wie oben ausgeführt, Unterstützung durch die Lehrerin oder den Lehrer.
- Zur Auflockerung und/oder am Schluss eine weitere Hörprobe (Gedicht, Sketch usw.), ein Lied oder ein Zungenbrecher zum Nachsprechen.
- Wenn immer möglich, sollten an zwei bis drei darauf folgenden Tagen die gelernten Wörter und Wendungen ganz kurz nochmals angetippt werden, damit sie nicht allzu schnell vergessen werden.

Mini-Sprachkurse lassen sich beliebig ausbauen bzw. einbetten in größere Präsentationen der verschiedenen Herkunftsländer und -regionen. Zum eigentlichen Sprachkurs kämen dann z. B. noch ein Bericht über das Herkunftsland, Bilder, evtl. eine Videosequenz, Arbeits- und Merkblätter für die anderen Schülerinnen und Schüler, Kochen/Rezepte oder eine kleine Ausstellung.

Einen besonders günstigen Rahmen für diese größere Anlage, in Kooperation mit den Lehrerinnen und Lehrern des herkunftssprachlichen Unterrichts, bieten die klassenübergreifenden Projektwochen (siehe UV 17).

29 Sprachen stellen sich vor

Präsentationen von Gruppen- und Projektarbeiten, kurze Vorträge über Bücher oder Haustiere: All dies gehört so ziemlich zu den Standards des Unterrichts. Wieso nicht auch einmal die eigene Sprache, den eigenen Dialekt zum Gegenstand einer kreativen und informativen Präsentation machen? Was es braucht, ist eine gute Vorbesprechung mit der Klasse, um Ideen, Möglichkeiten und vortragstechnisch Wichtiges zusammenzutragen – und anschließend rund 10, 15 Minuten pro Sprache, pro Dialekt.

Was die vortragenden Schülerinnen und Schüler dabei lernen, ist nicht wenig: Knowhow im Finden, Auswählen und Aufbereiten von Informationen (wozu auch Recherchen in den Websites der betreffenden Sprache gehören), ferner Teamwork sowie Ausdrucks- und Auftrittskompetenz. Dazu müssen sie sich vertieft mit ihrer Erstsprache auseinander setzen und können erleben, dass diese ein Gegenstand von Interesse ist. Die Zuhörenden erweitern den Horizont ihres sprachlichen Wissens und ihrer Sprachaufmerksamkeit. Darüber hinaus lernen sie einen Bereich kennen, der wesensmäßig zu ihren Mitschülerinnen und Mitschülern gehört und in dem diese spezielles Wissen und besondere Kompetenzen haben.

Sprachpräsentationen eignen sich u.a. als Fortführung von Projekten in der Art von *UV 11 „Sprachenwand"*. Ging es dort mehr um das Erleben der Sprachenvielfalt, liegt der Fokus bei den Präsentationen auf der einzelnen Sprache bzw. dem einzelnen Dialekt.

Schuljahr/Klasse: 4./5. bis 10., mit altersgemäß abgestuften Anforderungen.
Zeitbedarf: Pro Präsentation z. B. rund 10–15 Minuten, plus 5–10 Minuten für Fragen und Kommentare.

Verlauf

Informativer Einstieg, gemeinsame Planung: Die Kinder jeder Sprachgruppe erhalten die Aufgabe, den anderen ihre Sprache bzw. ihren Dialekt vorzustellen. Was das genau heißen könnte, muss mit der Klasse gemeinsam abgesprochen werden. Impulse bietet die unten stehende Liste.

Gruppengröße: Nicht mehr als drei Schülerinnen und Schüler; andernfalls werden besser zwei Gruppen pro Sprache gebildet (diese sollen ihre Programme so abstimmen, dass sie sich ergänzen).

Schülerinnen und Schüler mit deutscher Erstsprache stellen verschiedene Dialekte aus dem deutschen Sprachraum (oder dem ihnen nahe liegenden Teil desselben) vor. Dazu können sie auch Tonbandaufnahmen oder Hörproben aus dem Internet mitbringen (Hinweise auf Dialekt-Links vgl. *UV 35*). Möchte ein solches Kind aus sprachlichem Interesse gerne bei einer anderssprachigen Gruppe mitmachen, darf es das natürlich. Denkbar ist auch, dass deutschkompetente *Native-Speakers* eine im Deutschen sehr schwache Gruppe Anderssprachiger sprachlich unterstützen.

Mögliche Elemente, die für die Präsentation verabredet werden können:

- Informationen. Wo spricht man diese Sprache? (Visualisierung auf der Karte.) Wie schreibt man sie? Wie viele Leute sprechen sie? usw. Hörbeispiele zur Sprache (Dialog, Rollenspiel, vorgelesener Text). Mit der Klasse ein Lied oder ein paar Wörter resp. Wendungen einüben. Dokumente in der betreffenden Sprache zeigen (Druckmedien, evtl. auch Ausschnitte aus Tonband- oder Videokassetten). Fragen beantworten.
  Auch bei einer unaufwändigen Gestaltung ist die Beratung durch die Lehrperson sinnvoll, da dieser Teil animierend und attraktiv sein soll. Sprachlich schwächere Schülerinnen und Schüler erhalten soviel Unterstützung und Training, dass auch ihre Präsentation ankommt.

- Zur Vertiefung des mündlichen Vortrags kann die Gestaltung eines Blattes mit einem Set zuvor abgemachter Wörter und Wendungen vereinbart werden. Auf diesen Blättern könnten sich z. B. wichtige Grußformeln, Zahlen usw. finden, die mit der Klasse eingeübt werden (vor-/nachsprechen). Denkbar ist auch eine kurze Zusammenfassung der wichtigsten Sachinformationen (wo spricht man diese Sprache/diesen Dialekt); evtl. sogar ein Test mit Kontrollfragen oder ein Lückentext.
  Ausbaustufen: *UV 28* „Mini-Sprachkurse" und *UV 32* „Sprachführer".

- Plakate der einzelnen Sprachgruppen und Dialekte, mit zusätzlichen Angaben zur Sprache, mit Textproben (Zungenbrecher, Witze usw.) und gebrauchshäufigen Wörtern/Wendungen. Dazu evtl. Bilder und Texte zum Land oder zur Region, wo diese Sprache gesprochen wird. Ausstellung aller Plakate; auf jedem steht auch, welche Kinder die betreffende Sprache sprechen bzw. Expertinnen oder Experten für sie sind.

Wörter, Sätze, Sprachen, Schriften sammeln

Viele Schülerinnen und Schüler haben Sammlungen. Sticker, Briefmarken, Steine und vieles mehr wird gesammelt – wieso soll man da eigentlich nicht auch Wörter oder Sprachen sammeln können?

Der Unterrichtsvorschlag spricht die Sammelfreude von Kindern an und schafft von ihr her einen Zugang zur Vielfalt der Sprachen, Dialekte und Schriften. Er lässt sich in verschiedenen zeitlichen und anspruchsmäßigen Dimensionen durchführen, angefangen vom beiläufigen Zusammentragen eines Einzelwortes in den Sprachen der Klasse bis hin zu breit angelegten Sammel- und Vergleichprojekten. Wichtige Ziele sind, neben den sprachlichen Aspekten, die Förderung des eigenständigen Lernens und Forschens sowie des Einholens und Verarbeitens von Informationen.

Gute Anknüpfungspunkte für kleine Sammlungen und Vergleiche ergeben sich vom Fremdsprachenunterricht her (vgl. das ausführliche Beispiel in Kapitel 4.2.3). Als größeres Projekt eignet sich „Sprachen sammeln" aber auch gut zur klassenübergreifenden Bearbeitung, sei es in der Schule, im Rahmen einer Klassenkorrespondenz oder als Workshop-Angebot während einer Projektwoche. Die Einbeziehung des Internets erweitert die Jagdgründe und fördert das Know-how im Umgang mit diesem Medium; vgl. *UV 35* „Sprachliche Entdeckungen im Internet".

Sammelprojekte lassen sich gut um eine kreativ-gestalterische Dimension erweitern, indem z. B. eine Collage hergestellt wird. Ideen hierzu finden sich in *UV 11-13*.

Als Sozialform bietet sich Gruppenarbeit an. Zur Vertiefung könnte das Material mit den Kindern in der Art einer Werkstatt aufbereitet werden. Dabei erhält jede Gruppe den Auftrag, einen oder zwei Aufträge bzw. Arbeitsplätze zu einzelnen Sprachen oder Untersuchungsaspekten zu gestalten.

Schuljahr/Klasse: 1. bis 10.; mit je altersgemäß abgestuften Anforderungen.
Zeitbedarf: Je nach Anlage. Kleinstformen ab 10 Minuten; größere Projekte 1–2 Wochen; davon wenn möglich zumindest ein Teil als Blockunterricht.

Die „Jagdgründe" für die jeweilige Sammlung können unterschiedlich definiert werden:
■ Sprachen/Dialekte, die die Kinder der Klasse sprechen;
■ Einbeziehung der Sprachen und Dialekte der Eltern und Großeltern;

- Ausweitung auf das Schulhaus;
- Ausweitung auf Sprachen und Dialekte im Ort bzw. Stadtviertel;
- Anlage einer möglichst umfassenden Sammlung, unter Einsatz aller möglichen Informationsquellen: Bekannte, Leute im Ort bzw. Stadtviertel, schriftliche Befragung, mündliche Befragung per Telefon (gut v. a. für einheimische Dialekte), Links im Internet (s. *UV 35*; ergiebig ist z. B. www.ethnologue.com/country_index.asp?.), Hinzuziehung von Wörterbüchern, Lexika usw.

Je umfangreicher das Projekt angelegt wird, desto wichtiger wird die Planungsphase. Zu klären ist,

- was zusammengetragen werden soll (welche Wörter, Wendungen usw., welche zusätzlichen Informationen zur Sprache),
- wie die Informationen beschafft und verarbeitet werden sollen (Interview-Instruktionen; Anlage von Frage- oder Protokollbögen; mögliche weitere Quellen),
- auf welche Art das Gesammelte dokumentiert und präsentiert werden soll.

Dass die Schülerinnen und Schüler hierbei weit mehr lernen als ein paar „exotische" Wörter, liegt auf der Hand.

Schon früh können und sollen über das reine Sammeln hinaus auch Aspekte der Sprachbetrachtung und des Sprachvergleichs angeschlossen werden. Mögliche Fragestellungen sind z. B.:

- Was klingt ähnlich? Welche Gründe könnten dafür verantwortlich sein? (Sprachverwandtschaften, Lehnwörter, geschichtliche Hintergründe).
- Beim Sammeln eines Satzes in allen Sprachen: Lassen sich die Entsprechungen zu den deutschen Wörtern problemlos wiederfinden? Gibt es Unterschiede in der Satzstellung? Kommen Wörter neu dazu oder fehlen welche? Wie werden Fälle, Zeitformen markiert usw. Vertiefte Hinweise hierzu finden sich in *UV 66* „Sprachliche Phänomene, interkulturell untersucht" und *UV 67* „Sprachvergleiche Wort für Wort: Spannende Einsichten im Detail"; vgl. auch die Experimente mit elektronischen Übersetzungsmaschinen in *UV 35*.

Anregungen für Sammelprojekte und ihre Ausgestaltung:

- Ein Wort/eine Wendung/einige Wörter/einige Wendungen/Sätze/die Zahlen von 0–10 in möglichst vielen Sprachen sammeln und auf einem großen Poster zusammentragen (mit Angabe der Sprache und evtl. mit Aussprachehilfe). Nachsprechen, vergleichen, Beobachtungen hinsichtlich Klang, Struktur usw. diskutieren.
  Beispiel 1. Schuljahr, den Kontext bildet eine Mausgeschichte: „Maus" in allen Sprachen und Dialekten der Klasse sammeln. Jedes Kind schneidet eine Papiermaus aus, auf die es „sein" Wort schreibt. Präsentieren, vor- und nachsprechen;

Klänge vergleichen. Am Schluss wird eine mehrsprachige Mäusewand gestaltet. Vgl. auch EBERMANN/SCHIRMER 1991 („Weltmäuse: Sprachenvielfalt sichtbar machen") und SCHADER 1999b:26 (Projekt „Hundewörter sammeln", mit Arbeitsblatt und Ideen).

Beispiel 5. Schuljahr, den Kontext bildet die Fabel „Der Löwe und die Maus". Diesen Titel in allen Sprachen der Klasse untereinander schreiben. Vor- und nachsprechen; Beobachtungen notieren und diskutieren (1. Manche Wörter klingen ähnlich: lion, leone usw. Weshalb wohl? (Sprachverwandtschaft.) 2. Im Türkischen und Albanischen fehlt der Artikel: Wie geht das? 3. Die Maus wechselt je nach Sprache ihr Geschlecht (il topo, la souris). Anschließend Versuch, den Titel in möglichst vielen weiteren Sprachen, Dialekten und Schriften zu sammeln. Vgl. zu diesem Beispiel auch unten *UV 56*.

■ Ergänzung der Sammlung um eine Tondokumentation (vgl. *UV 31* „Mit dem Tonband auf Sprachenjagd").

■ Versuch, aus verschiedenen Dialektregionen oder aus jedem Bundesland (in der Schweiz: aus jedem Kanton) eine Dialektprobe zu erhalten (einige für den Vergleich geeignete Wörter oder denselben Satz; evtl. ergänzt um ein Mundartgedicht oder eine sonstige Kostprobe). Auch dieses Teilprojekt gewinnt durch den Einsatz des Tonbandes. Ergiebig sind ferner die Hörproben im Internet. Vgl. das Beispiel in Kapitel 4.3.1 und *UV 35*.

■ Anlage eines Sprachführers (wichtige Wendungen, Grußformeln, Zahlen usw. in verschiedenen Sprachen; zusammengefasst in einem Buch). Vgl. *UV 32* „Einen Sprachführer herstellen".

■ Visualisierung der „Sammelerfolge" auf Landkarten: Die gesammelten Wörter werden auf Stecknadelfähnchen geschrieben und auf die Karte gepinnt. Dies ist besonders ergiebig, wenn regionale Unterschiede (z. B. im Binnenraum des deutschen, bzw. deutschschweizerischen oder österreichischen Sprachraums) oder Sprachverwandtschaften betrachtet und untersucht werden sollen.

■ Jagd auf Sprachen und Schriften, die sich auf Verpackungen, Gebrauchsanweisungen, in Prospekten, Zeitungen usw. finden. Diskutieren, erklären, erraten der Bedeutung. Versuch, in mehrsprachigen Beschriftungen einzelne Wörter wieder zu erkennen.

■ Sammlung verschiedener Schriften, Ausstellung von entsprechenden Dokumenten (Zeitungen, Comics usw.). Evtl. eigene Versuche mit diesen Schriften (als „Geheimschrift"). Große Bahnhofkioske und die Verpackungen und Gebrauchsanweisungen mancher internationaler Produkte sind gute Quellen für „neue" Sprachen und Schriften (Kyrillisch, Japanisch). Unter Hinzuziehung von Lexika usw. zu ergänzen um Hieroglyphen, Runen, chinesische Ideogramme usw. Auf Karte eintragen, wo wie geschrieben wird.

Literaturhinweis: Diverse Schriften finden sich in den Büchern von Faulmann, einige auch bei Hüsler-Vogt 1993a (vgl. Bibliografie). Siehe auch *UV 78* „Meine Schrift – Deine Schrift". Vgl. auch die Sammelprojekte bei Reich 1987:31-35, Die Grundschul-zeitschrift 43/April 1991:14–16, Schader 1999b:21, 25, 26.

Mit dem Tonband auf Sprachenjagd

Tonbandkassetten (oder andere akustische Speichermedien) mit Hörproben verschiedener Sprachen und Dialekte herzustellen, ist eine attraktive und sinnvolle Erweiterung von Sprach- und Schriftsammelprojekten (s. o. *UV 30*). Die Sprachbegegnung erhält eine authentische und anschauliche Zusatzdimension. Darüber hinaus schulen die Schülerinnen und Schüler ihre Kompetenzen hinsichtlich Interviews, Umgang mit dem Tonband, „multimediale" Verarbeitung und Präsentation von Informationen.

Tonbandsammlungen können, vorzugsweise als Partner- oder Kleingruppenarbeit, in verschiedenen Größenordnungen durchgeführt werden. In kleineren oder ersten Projekten beschränkt man sich darauf, die in der Klasse vorhandenen Sprachen und Dialekte zu dokumentieren. Voll ausgeschöpft werden die Möglichkeiten des Tonbands, wenn auch das Umfeld (Schule, Stadtviertel, Verwandte, Bekannte) einbezogen wird. Aufnahmen sind auch via Telefon möglich; es gibt sogar spezielle „Saugnapf-Mikrofone" hierfür. Auf diese Weise können im Rahmen eines größeren Projekts die monolingual deutschsprachigen Kinder z. B. beauftragt werden, eine Sammlung von deutschen bzw. einheimischen Dialekten anzulegen. Damit wird sprachliche Vielfalt im großen wie auch im kleinen Raum dokumentiert. Wo keine authentischen Hörproben eingeholt werden können, hilft vielleicht das Internet weiter. Dies gilt sicher für die deutschen Dialekte, für die sich Hörproben aller Art finden (für Links s. *UV 35* „Sprachliche Entdeckungen im Internet").

Schuljahr/Klasse:	4./5. bis 10.
Zeitbedarf:	Je nach Dimension; Minimum 2 Lektionen.
	Das Aufnehmen der Hörproben durch die einzelnen Tonbandteams braucht nicht koordiniert zu erfolgen, sondern kann gut als Teilaktivität in Formen offenen Unterrichts eingelagert werden.
Unterrichtsbereiche:	Deutsch, Medienerziehung bzw. -bildung.

Verlauf

Zentral ist die Planungsphase. Die folgenden Punkte müssen genau verabredet und geklärt werden:

■ Ziele und Produkte überlegen. Entstehen könnte z. B.:

Eine Kassette oder Mini-Disc zum Hineinhören und Vergleichen von Sprachen und

Dialekten; evtl. unterstützt durch ein Blatt mit Höraufträgen. Beides lässt sich später gut als Wahlangebot bzw. freier Auftrag in Formen offenen Unterrichts (Werkstatt, Wochenplan etc.) integrieren.

Eine Kassette, anhand derer man einige Wörter und Wendungen in einer bestimmten Sprache lernen kann (vgl. *UV 28* „Mini-Sprachkurs").

Eine Kassette, mit der man Sprach- und Dialektratespiele machen kann. Aufgenommen wird z. B. der gleiche Satz in vielen Sprachen und Dialekten. Jede Probe hat eine Nummer, dazu gibt es ein Arbeitsblatt mit den Nummern (und evtl. den schriftlichen Fassungen der Sätze). Aufgabe: Die Proben anhören, auf dem Arbeitsblatt bei der entsprechenden Nummer den Namen der vermuteten Sprache hinschreiben, aus der die Probe stammt. Selbstkontrolle mit Lösungsblatt. Pausen zwischen den Proben!

Eine „literarische" Kassette, z. B. mit Gedichten in verschiedenen Sprachen und Dialekten, je mit angehängter Übersetzung/Paraphrase auf Deutsch.

Hinweis: Eine Sammlung von Kinderversen in über 30 Sprachen findet sich auf der Begleitkassette zu „Al fin Serafin" von S. Hüsler/Vogt (1993c); im Vordergrund steht bei unserem Projekt allerdings das eigene Sammeln.

- Festlegung des Rahmens. Welche Sprachen sollen erfasst werden?

  Sprachen der Klasse – Sprachen der Schule – Ausweitung auf Verwandte, Bekannte – Sprachenjagd im Stadtviertel – Gezieltes Anpeilen weiterer Quellen, z. B. Internet, chinesische Botschaft, slawisches Seminar der Uni.

- Absprache, was dokumentiert werden soll. Wenn es primär um Sprach- oder Dialektvergleiche geht, einigt man sich auf einen Katalog von geeigneten Wörtern und Wendungen (z. B. Zahlwörter, Grußformeln; vgl. auch das Beispiel in Kapitel 4.3.1). Darüber hinaus (oder auf separatem Band) können weitere Hörproben der betreffenden Sprache aufgenommen werden.

- Absprache, wie dokumentiert werden soll. Der Umgang mit dem Tonband, insbesondere auch das Aufnehmen via Telefon, muss geübt werden (Tonqualität). Vor der Hörprobe muss, außer bei Ratekassetten, angesagt werden, welche Sprache folgt. Falls eine Kassette geplant ist, mit der man Wörter und Wendungen aus einer Sprache lernen kann, sind Pausen zum Nachsprechen nötig, deren Länge vorher ausprobiert werden muss. Dasselbe gilt für Ratekassetten. Am besten führt man in der Klasse einige Probeaufnahmen durch, auch um die Art der Befragung bzw. des Umgangs mit den Interviewten reibungslos vorzubereiten. Ebenso sollen der Inhalt und die Gestaltung eventueller Begleit- oder Arbeitsblätter zu den Aufnahmen vorher klar abgesprochen sein.

Das Anwachsen der Sammlung kann visualisiert werden durch Karten, auf denen Fähnchen für die bereits eingeholten Sprachen gesteckt werden.

Mit dem Abschluss der Aufnahmen beginnt die eigentliche Arbeit am und mit dem Material. Sie gestaltet sich in Abhängigkeit von den Zielen und Produkten und verlangt eine seriöse Planung. Andernfalls bleibt das Potenzial der Tonkonserven für Sprachbegegnung und -reflexion unter- oder ungenutzt. Möglichkeiten:

■ Präsentation der einzelnen Aufnahmen, inkl. Kommentar zu den Umständen und Erfahrungen in Zusammenhang mit der Aufnahme.

■ Vergleich der Aufnahmen unter bestimmten Gesichtspunkten.

Wo es von Anfang an um den Vergleich z. B. der Zahl- oder anderer Wörter ging, erfolgt dieser Vergleich systematischer, d. h. beispielsweise mit Tabellen, mit einer Dokumentation auf Karten (Stecknadelfähnchen), durch die genaue Benennung der Ähnlichkeiten und Unterschiede mit anschließenden Überlegungen zu deren Ursachen. – Zu den unterschiedlichen Möglichkeiten der Arbeit mit dialektalem resp. fremdsprachigem Material siehe Kapitel 4.3.1.

Bei Aufnahmen, die eher literarisch sind (z. B. Gedichtkassetten) oder einfach Kostproben aus verschiedensten Sprachen und Dialekten vereinigen, steht das intuitive Erfassen und Beschreiben von Klang und Rhythmus im Zentrum sowie das Benennen von Wörtern, die einem auffallen oder die man zu verstehen glaubt. Der Vergleich erfolgt hier nicht systematisch quer durch das ganze Material, sondern beschränkt auf je zwei bis drei Sprachen.

■ Evtl. Bearbeitung von Arbeitsblättern zu den Aufnahmen; dies je nach Art und Zielsetzung.

■ Weiterführende Aufträge, z. B. Gestaltung eines oder verschiedener Poster mit den wichtigsten Erkenntnissen; Beitrag zu einem „Sprachenbuch" usw.

Ein Teil dieser Aufträge lässt sich gut in Formen offenen Unterrichts integrieren. Notwendig sind dafür ein oder mehrere Hörposten mit einem Tonband oder Walkman. Auch nach Beendigung des Projekts sollen die Tonträger, als Bestandteil der Klassenbibliothek, zugänglich sein. Hierzu kann z. B. in der Leseecke ein Hörposten, bestehend aus Walkman oder Tonband plus Kopfhörer, eingerichtet werden.

Einen Sprachführer herstellen

Stellen wir uns eine Reise durch die Länder aller Schülerinnen und Schüler der Klasse vor – und wir hätten, neben allem Schönen, leider auch jede Menge Verständigungsprobleme! Stellen wir uns einen kleinen Sprachführer mit den wichtigsten Wörtern und Wendungen dazu vor – und wir wären gerettet. Selbstverständlich ist es nicht so einfach; trotzdem ist die Vorstellung eines solchen Hilfsmittels, mit dem wir uns in verschiedenen Regionen durchschlagen könnten, faszinierend (und dies nicht nur für Kinder, wie der boomende Markt an tragbaren Übersetzungscomputern beweist!).

Das Projekt stellt eine Variante bzw. einen möglichen Schwerpunkt von „Sprachen sammeln" (*UV 30*) dar. Von Anfang an steht hier das attraktive Produkt im Zentrum: der Sprachführer mit den jeweils gleichen Wendungen, Grußformeln, Zahlen usw. in verschiedenen Sprachen und Dialekten.
Je nach Umfang kann das Vorhaben genutzt werden, um die Kinder mit Informationsquellen wie zweisprachigen Wörterbüchern, bestehenden Sprachführern oder dem Internet (s. *UV 35*) vertraut zu machen.
Der Unterrichtsvorschlag eignet sich auch zur klassenübergreifenden Bearbeitung, z. B. im Rahmen einer Projektwoche.

Schuljahr/Klasse: 4./5. bis 10.
Zeitbedarf: Ab 4–5 Lektionen, je nach Ausgestaltung.

Verlauf

Wichtig ist die genaue Planung:
- Wie soll unser Sprachführer aussehen? Möglichkeiten:
    - Vervielfältigter (Taschen-)Sprachführer.
    - Heft oder (erweiterbarer) Ordner für die Klassenbibliothek.
    - Verschiedene Poster (Gruppenarbeit), von denen jedes ein Wort oder eine Wendung in verschiedenen Sprachen präsentiert.
    „Übersetzungsmaschine" (z. B. in der Art einer Parkscheibe, mit zwei gegenüberliegenden Sichtschlitzen; vgl. *UV 68* „Sprach-Tüfteleien I: Übersetzungsmaschinen basteln")
    Wenn möglich sollen zur Anregung bestehende Sprachführer oder Reiseführer mit integriertem Sprachteil gezeigt werden. Diese können auch bei der Auswahl der elementarsten Wörter und Wendungen helfen.

- Welche Sprachen sollen einbezogen werden? Varianten: Diejenigen der Klasse; die der Eltern; alle im Umfeld erreichbaren, alle, für die wir im Internet und weiteren Quellen etwas finden. Gut denkbar ist ein gestaffeltes Vorgehen: zunächst nur die Sprachen der Kinder, in einer späteren Phase weitere.
  Als witziges Parallelprodukt zum internationalen Sprachführer könnte ein einheimischer Dialektführer entstehen, für den vor allem die Kinder mit deutscher Erstsprache zuständig sind.

- Was soll gesammelt werden? Damit das Projekt nicht kopflastig wird, sollen möglichst Wörter und Wendungen gewählt werden, mit denen man auch etwas „machen" kann: Wendungen und Formeln, die sich in Rollenspielen anwenden lassen; Wörter für Dinge aus der Welt der Kinder; Zahlen (sowie „plus", „minus" und „gleich"), um spielerisch einfache Rechnungen in anderen Sprachen zu machen (vgl. *UV 97* „Interkulturelles im Mathematikunterricht").

- Wie soll das Material präsentiert werden? Wichtig ist, dass die Seiten übersichtlich und analog aufgebaut sind. Am besten entwirft man gemeinsam eine Musterseite. Platz für Aussprachehilfen einplanen!

Auch in den nicht deutschen Sprachen sollte die Orthografie bei diesem Projekt stimmen. Hilfe können Lehrkräfte des muttersprachlichen Unterrichts und Eltern leisten.
Der fertige Sprachführer wird im Unterricht einerseits für handelnde und spielerische Aktivitäten aufgegriffen (Rollenspiele usw., s. o.). Andrerseits bietet er eine ausgezeichnete, authentische Basis für diverse Formen von Sprachreflexion und -vergleich.

Ausbaumöglichkeiten

- Tonbandkassette/ Mini-Disc zum Sprachführer (evtl. mit Pausen zum Nachsprechen).

- Ergänzung der analog aufgebauten „Basis-"Seiten des Sprachführers um zusätzliche Seiten mit Sachinformationen zu den einzelnen Sprachen oder Ländern.

DEUTSCH
Wo ist die Information?

FRANZOESISCH
Où est l'information?

ITALIENISCH
Dove' l'informaziona?

SPANISCH
¿ Dónde está la información?

PORTUGIESISCH
Onde se encontram as informações?

TUERKISCH
Nerde bilgi abbiliris?

ALBANISCH
Ku është informacioni?

Sprachen in Zungenbrechern, Kinderreimen, Abzähl- und Zauberversen begegnen

Verse dieser Art sind bei den Kindern sehr beliebt – und es gibt sie nicht nur auf Deutsch! Sie in den Sprachen und Dialekten der Klasse zusammenzutragen, nachzusprechen, in einem Buch zu sammeln oder auf Tonband aufzunehmen, macht Spaß und gibt viel zu lachen. Darum eignet sich ihr Vortrag auch gut für einen Besuchsmorgen oder für das Examen.

Wichtig ist, Eltern, Großeltern, Bekannte und Lehrpersonen des herkunftssprachlichen Unterrichts in die Sammlung einzubeziehen. Bei den Kindern ist ein Teil dieser Verse vermutlich verloren, manche Erwachsene hingegen erweisen sich als wahre Fundgrube.

Wichtig: Für die Sammelphase muss reichlich Zeit eingeräumt werden.

Bestehende Textsammlungen (s. u.) sollen erst in zweiter Instanz beigezogen werden; anregender und kommunikationsintensiver ist das eigene Zusammentragen.

Schuljahr/Klasse:	Kindergarten bis 3./4.
Zeitbedarf:	Ab zwei Lektionen, je nach Ausgestaltung und Produkt.

Mögliche Themen und Verläufe

- Sammlung von Zungenbrechern und Schnellsprechversen in allen Sprachen und Dialekten der Klasse. Die Verse werden vorgetragen und evtl. mit der Klasse eingeübt. Jeder Vers wird in schöner Gestaltung aufgeschrieben und auf eine Tonbandkassette aufgenommen. Diese Produkte sind in der Klassenbibliothek zugänglich.
- Abzählverse aus allen Sprachen und Dialekten sammeln. Abzählverse werden oft in Zusammenhang mit bestimmten Spielen verwendet. Auch diese Informationen interessieren uns und reizen zum Nachspielen. Die Verse und die Spiele werden im Sport- und Bewegungsunterricht und auf dem Schulhof angewendet, nachdem sie von den betreffenden Kindern mit der Klasse geübt worden sind.
- Größeres Projekt (im Kontext Zirkus/Zaubern): „Wir machen eine internationale Zaubershow mit Zaubersprüchen aus allerlei Ländern". Sammeln, Vor- und Nachsprechen der Verse. Einbau in eine Zirkusaufführung oder eine Zaubershow mit einfachen Tricks. Vorführung z. B. an einem Elternbesuchsmorgen. Auch hier entsteht parallel ein Buch mit den gesammelten Versen. Vgl. *UV 93 „Zirkus"*.

Neben den genannten Formen Buch und Tonbandkassette lassen sich die Verse auch in einem ausbaubaren Ordner, als vervielfältigtes Heft oder auf Videokassette (evtl. mit Begleitheft) sammeln resp. dokumentieren. Dies gilt natürlich auch für Gedicht- und Liedersammlungen.

Literatur:
Zungenbrecher und einfache Verse in verschiedenen Sprachen finden sich bei HÜSLER/VOGT (1987 und 1993c); Lieder, Abzähl- und andere Verse usw. bei NAEGELE/HAARMANN (1993), SCHADER/BRAHA (1996, albanisch), KÖPPEN (1990; türkisch); Abzählverse und Lieder auch bei ULICH (1993:26–32 und 77–104), Zaubersprüche bei HÜSLER/VOGT (1987:43–49 und 1993b). Zum Thema Zaubern siehe ferner zwei Spiele bei NAEGELE/HAARMANN 1993:19 und 30 sowie zwei Zauberermärchen mit didaktischen Anregungen bei ULICH (1994: 119–126).

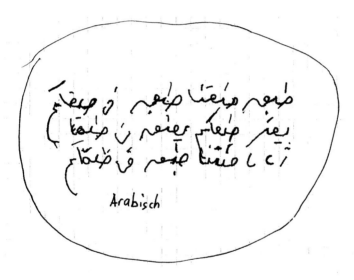

Arabisch

Mein Teeteller hat deinen Essteller erwürgt
kann dein Teeteller meinen Essteller erwürgen

Zweisprachige Wörterbücher kennen lernen

Zweisprachige Wörterbücher sind eine Art Zauberschlüssel zum Wortschatz einer fremden Sprache. Nicht nur in der Migration, in den Ferien und im Fremdsprachenunterricht, sondern auch bei anspruchsvolleren Wörtersammel- oder anderen Sprachprojekten sind sie ein wichtiges Hilfsmittel.

Schon mit Hinblick auf die vielen Möglichkeiten, die sie uns eröffnen, sind sie es wert, einer Klasse, deren Interesse an Sprachen geweckt ist, näher vorgestellt zu werden. Darüber hinaus kann hier anhand eines neuen, spannenden Mediums die Nachschlagekompetenz verbessert werden. Sie ist eine Fertigkeit, die auch für die Handhabung von Rechtschreibewörterbüchern, Lexika, Telefonbüchern usw. von hoher Bedeutung ist.

Schuljahr/Klasse: 4./5. bis 10.
Zeitbedarf: Eine Lektion, ausbaubar.
Vorbereitung: Möglichst viele zweisprachige Wörterbücher mitnehmen bzw. durch die Schülerinnen und Schüler mitbringen lassen.

Sinnvoll ist, zunächst die Wörterbücher der in der Klasse vorhandenen Sprachen ins Zentrum der Betrachtung zu rücken. Die betreffenden Kinder erfahren damit nicht nur Wertschätzung für ihre Sprache, sie können zusätzlich hinsichtlich Aussprache und Betonung eine wichtige Hilfs- und Expertenrolle einnehmen.

Zweisprachige Wörterbücher gibt es in verschiedenen Dimensionen und Komplexitätsgraden. Das Wortmaterial wird meist in Form von „Wortnestern" präsentiert (Kernwort plus Ableitungen, z. T. auch Wendungen usw.), was den Zugang anspruchsvoll gestaltet. Eine Ausnahme sind, was die Migrationssprachen betrifft, einerseits die vier sehr einfach aufgebauten zweisprachigen „Wörterbrücken" für die Sprachen Türkisch, Albanisch, Bosnisch/Kroatisch/Serbisch und Portugiesisch (s. SCHADER [1]1996, 2002) und andrerseits der eDix von S. GALLIKER, der auf einer CD-ROM Wortschätze aus zwölf migrationsrelevanten Sprachen vereint. Für den Umgang mit komplexeren Wörterbüchern (Langenscheidt, Pons usw.) ist eine Einführung ins Handling unerlässlich, falls die Schülerinnen und Schüler mit deren Art der Inventarisierung nicht schon vom Duden her vertraut sind. – Wörterbücher gibt es natürlich auch im Internet (s. *UV 35* „Sprachliche Entdeckungen im Internet"), sie eignen sich aber eher für Sammelprojekte und Experimente als für den täglichen Gebrauch.

Verlauf/Elemente der Einführung

■ Ausstellung/Sammlung von möglichst vielen zweisprachigen Wörterbüchern (auch von den Kindern mitgebrachten). Anschauen und kommentieren. Wo werden die verschiedenen Sprachen gesprochen? Was wissen wir von ihnen? Wenn auch ein Latein- oder Alt- bzw. Mittelhochdeutsch-Wörterbuch dabei liegt, führt dies zu neuen, anregenden Fragen.

■ Anschauliches, durch Beispiele angereichertes Gespräch zur Funktion, zu den Möglichkeiten, zur elementaren Bedeutung dieser Wörterbücher.

■ Aufbau und Handhabung erklären. Parallelen und Unterschiede zum Rechtschreibewörterbuch besprechen. Die z. T. anspruchsvolle Orientierung in den „Wortnestern" wird am besten anhand einer Folie oder Kopie erläutert.

■ Versuch, in Partnerarbeit einige Wörter in verschiedenen Wörterbüchern zu finden. Die Ergebnisse können z. B. an der Wandtafel in eine vorbereitete Tabelle eingetragen werden.

Die Sammlung zweisprachiger Wörterbücher sollte wenn möglich einen festen Platz in der Klassenbibliothek erhalten. In Zusammenhang mit Mehrsprachigkeits- oder Wörter-Sammelprojekten wird sie immer wieder aktuell.

Vertiefungsmöglichkeiten

■ Partner- oder Gruppenarbeit (oder Auftrag im Rahmen von offenem Unterricht oder Werkstatt): Mit dem Wörterbuch einer anderen Sprache eine thematische Wörterliste zusammenstellen, z. B. sieben bis zehn Tiernamen oder Esswaren. Entstehen soll ein kleines Wörterbuch oder ein Bildwörterbuch (mit Zeichnungen statt der deutschen Übersetzung). Vorgehensvariante 1: Jede Gruppe sucht dieselben Wörter, aber in verschiedenen Sprachen. Variante 2: Jede Gruppe sucht Wörter zu einem anderen Bereich, dies aber immer in derselben Sprache. Bei der Wahl der Sprachen haben die in der Klasse vertretenen Sprachen sowie Englisch und Französisch erste Priorität.

■ Rollenspiel „Als Tourist/in in der Türkei", mit dem Wörterbuch als einzigem Hilfsmittel (vgl. *UV 24* „Sprachbarrieren im Rollenspiel bewusst machen").

■ Fantasietexte, in die möglichst viele fremdsprachige Wörter aus dem Wörterbuch eingebaut werden müssen. Titel z. B. „Wie ich mich in Portugal durchschlug". (Möglicher Satz daraus: „Ich wusste nicht, was Brot heißt, aber siehe da, als ich pão sagte, …"). Vgl. *UV 38* „Eine Reise quer durch unsere Länder – Projekt ‚interkulturelles Abenteuerbuch'".

- In zweisprachigen Wörterbüchern begegnen die Schülerinnen und Schüler neuen Zeichen, die sie vom Deutschen her nicht kennen (ı, ş, ç, ë, ã usw.). Dies kann Ausgangspunkt für interessante Betrachtungen im Bereich Laut-Zeichen-Entsprechungen sein. Vgl. *UV 79* „Wie wir Lauten Zeichen zuordnen".
- Das Nachschlagen in zweisprachigen Wörterbüchern kann bestens integriert werden in Sprachsammelprojekten (vgl. *UV 30 und 31*) oder bei der Herstellung eines Sprachführers (vgl. *UV 32*).

Sprachliche Entdeckungen im Internet: Wörterbücher, Übersetzungsmaschinen, Hörproben

„Wie heißt und klingt das wohl auf Arabisch, Rumänisch, Plattdeutsch oder Wienerisch?" Fragen dieser Art stellen sich im Kontext von Sprachbetrachtungen, Sprachvergleichen oder Wörtersammelprojekten immer wieder. Wörterbücher in all diesen Idiomen sind begreiflicherweise kaum zur Hand. Zum Glück aber gibt es das Internet. Vom elektronischen Wörterbuch bis hin zur eigentlichen Übersetzungsmaschine finden wir hier alles, darunter nicht zuletzt eine Reihe von Links mit Hörproben, die gerade für die verschiedenen deutschen Dialekte ergiebig und interessant sind. Die elektronischen Wörterbücher stillen dabei unseren Forschungs- und Sammeldrang auf Wortebene, während die Übersetzungsmaschinen zu spannenden (und nicht selten auch erheiternden) Sprachreflexionen auf Satzebene führen.

Schuljahr/Klasse:	Wörterbücher und Hörproben ab 2./3., Übersetzungsmaschinen ab 5./6.
Zeitbedarf:	Variabel, von wenigen Minuten bis zu mehreren Lektionen.
Unterrichtsbereiche:	Deutsch, Fremdsprachen, Medienerziehung bzw. -bildung.

Der Unterrichtsvorschlag ergänzt die *UV 34* „Zweisprachige Wörterbücher kennen lernen" und *UV 68* „Sprachtüfteleien I: Übersetzungsmaschinen basteln". Allerdings ersetzt er diese angesichts der veränderten Ziele und Lernpotenziale nicht. Er eignet sich gut auch für den schulischen Fremdsprachenunterricht, zumal sich die Anzahl von Internet-Links analog zum Markt- und Prestigewert der verschiedenen Sprachen verhält: Für Englisch und Französisch sind Gratis-Wörterbücher und Übersetzungsmaschinen bereits in den großen Suchmaschinen integriert; für kleine Migrationssprachen kann sich die Suche mühsam gestalten. – Angesichts des raschen Wechsels im Angebot beschränken wir uns auf die Angabe von wenigen, langfristig verfügbaren Websites. Übergreifend ist hier www.ilovelanguages.com zu nennen, wo sich Links zu einer Fülle von Sprachen finden, dies allerdings in Englisch. Mit Suchwörtern wie „Übersetzungsmaschinen", „Gratis-Wörterbücher", „deutsche Dialekte", „Hörproben", „Suchmaschinen für Kinder" oder schlicht mit dem Namen der gewünschten Sprache klickt man sich indes mehr oder weniger rasch zum Ziel.

Elektronische Wörterbücher
Sie leisten beste Dienste bei Wörtersammelprojekten, Sprachvergleichen auf Wortebene und weiterführenden Untersuchungen („Wenn ‚Katze' auf Spanisch und

Italienisch fast gleich klingt, wie klingt es dann wohl in Portugiesisch, das ja auch eine ähnliche Sprache ist?"). Dasselbe gilt natürlich für Sammlungen, Vergleiche und Untersuchungen im Bereich der deutschen Dialekte. Entsprechende Projekte und ihre Ziele sind beschrieben z. B. in *UV 15, 30, 31, 32.*

Mit dem Suchen der Wörter am Internet verbindet sich, besonders für noch ungeübte Kinder, das Vertrautwerden mit dem Handling dieses Mediums und mit Suchmaschinen. Für dieses wichtige Nebenziel muss Zeit eingeräumt werden. Soll es wirklich rasch gehen, muss die Lehrperson die betreffenden Links vorselektieren. Noch einfacher ist in diesem Falle freilich der Griff zu einer multilingualen CD-ROM in der Art des eDix von S. GALLIKER (s. Bibliografie), der Wörterbücher für zwölf migrationsrelevante Sprachen enthält.

Links: www.bsz-bw.de/links/lexika.html (Überblick über Wörterbücher etc.)
www.blinde-kuh.de/sprachen/
www.logos.it (Wörterbuch für Kinder, diverse Sprachen, z. T. mit Aussprache)
www.ilovelanguages.com (Englisch, enthält sehr viele gute Links)
http://yahoo-ligans.yahoo.com (Englisch)
Vgl. ferner die unten angegebenen Dialekt-Links

Hörproben

Vor allem bei Sprachen, die im Schulzimmer nicht anwesend sind, reicht das Schriftbild oft nicht aus, um sich den Klang eines Wortes oder dessen Aussprache vorzustellen. Wörterbücher, die zugleich auch die Aussprache als Soundfile integrieren, sind leider sehr rar. Etwas einfacher zu finden sind Hörproben z. B. von einzelnen Sätzen oder Gedichten. Reich ist das diesbezügliche Angebot im Bereich der deutschen und schweizerischen Dialekte. Die zahlreichen hier zu findenden Hörproben – darunter viele witzige – laden zum Lachen, Nachsprechen und Nachdenken ein und können vom 4./5. Schuljahr zum Ausgangspunkt spannender Sammlungen und Untersuchungen werden (vgl. Kap. 4.3 und diverse diesbezügliche Unterrichtsvorschläge).

Links: www.logos.it (Wörterbuch für Kinder, diverse Sprachen, z. T. mit Aussprache)
www.webgerman.com/german/dialects/index.html (deutsche Dialekte, Hörproben)
www.uni-marburg.de/dsa/dtdialekte.html (deutsche Dialekte, Hörproben)
www.dialekt.ch (Schweizer Dialekte, Hörproben)

Übersetzungsmaschinen

Übersetzungsmaschinen, welche ganze Sätze und Texte bearbeiten, geraten rasch an ihre Grenzen. Dies gilt besonders für diejenigen, die als Gratistools in den großen

Suchmaschinen integriert sind. Gerade wegen ihrer vielen Fehlleistungen sind sie für uns allerdings besonders interessant. Denn was sie bisweilen produzieren, ist nicht nur erheiternd, sondern ergibt, in einem zweiten Schritt, Anlässe für spannende Überlegungen: „Was ist eigentlich schiefgelaufen?", „Warum hat die Maschine das falsch verstanden?", „Wie kann man die Vorgabe eindeutiger eingeben?" sind Fragen, die sich anschließen können. Sie führen zu Situationen entdeckenden und experimentierenden Lernens, bei denen Sprachreflexion und *language awareness* intensiv trainiert werden.

Leider ist die Auswahl an Sprachen, in die man vom Deutschen her gratis übersetzen kann, sehr begrenzt (Englisch, Französisch, Italienisch, Spanisch, Portugiesisch, Russisch). Experimente mit Übersetzungsmaschinen eignen sich also vor allem für den schulischen Fremdsprachenunterricht. Voraussetzung ist in der Regel, dass die Schülerinnen und Schüler die verwendeten Sprachen so weit beherrschen, dass sie Fehler überhaupt erkennen können. Im einfachsten Fall ist das schon nach einem oder zwei Jahren möglich. Bereits jetzt kann man einen eben gelernten Satz wie etwa „Show me the way to the station, please" oder „Peter's mother is in New York for holidays" eingeben und schauen, was herauskommt („Zeigen Sie mir die Weise zur Station, bitte", bzw. „Mutter Peters ist in neuem York für Feiertage"). Anspruchsvoller ist die Eingabe deutscher Sätze, da die Beurteilung der Übersetzung in die Fremdsprache entwickeltere Kenntnisse in dieser verlangt. Vom dritten Jahr des Fremdsprachenunterrichts an sollten aber auch solche Versuche möglich sein.

Schülerinnen und Schüler, die eine der Sprachen der Maschine vom Elternhaus her kennen, haben natürlich zusätzliche Möglichkeiten. Sie sollen diese auch im Rahmen spezifischer Aufträge nutzen können.

Eine eher spielerische Form des Umgangs mit Übersetzungsmaschinen besteht darin, dass man einen Text (mit Vorliebe einen syntaktisch etwas anspruchsvollen) hin und her oder aber quer durch die angebotenen Sprachen übersetzen lässt. Kennen muss man diese nicht; erheiternd und interessant ist das deutsche Endprodukt. „Ich stieg zu einer Weise für mich in den Wald innen so", lautet es z. B. nach drei Durchgängen Deutsch-Englisch-Deutsch für Goethes „Ich ging im Walde so für mich hin".

Links: Einfache Übersetzungsmaschinen finden sich in den Sprachtools der großen Suchmaschinen (Google, Altavista etc.), ferner z. B. unter:
www.euebersetzung.de (enthält auch Russisch)
www.foreignword.com
www.freetranslation.com

Schwerpunkt Schreiben

 Selbst gemachte Bilderbücher, mehrsprachig

Mit der Klasse ein Bilderbuch zu machen – d. h. eine Geschichte 1.) zu behandeln, sie 2.) in Szenen aufzuteilen, die die Kinder 3.) einzeln oder zu zweit illustrieren und mit einem Text versehen: Das kennen wir. Auf diese Weise entstehen ansprechende Werke, die man binden und in der Klassenbibliothek ausstellen kann. Aber wieso nicht Platz für Texte in mehreren Sprachen vorsehen? Was so entsteht, ist noch ansprechender, denn es bezieht die Möglichkeiten aller Kinder ein und verhilft den verschiedenen Erstsprachen zu einer selbstverständlichen Präsenz.

Bedenken wegen des Deutscherwerbs brauchen wir dabei ebenso wenig zu haben wie bei den anderen muttersprachlichen Schreibprojekten. Die Leistung des Formulierens und Verschriftlichens ist in der Erstsprache ebenso groß wie im Deutschen. Vor allem aber lassen wir uns den Text in der anderen Sprache ja nicht nur vorlesen, sondern verlangen schon aus Interesse am Geschriebenen, dass er uns möglichst präzise auf Deutsch wiedergegeben wird (vgl. den Schluss von Kapitel 4.1).

Was die Rechtschreibung in den Herkunftssprachen betrifft (bei der vor allem Kinder, die den herkunftssprachlichen Unterricht nicht besuchen, oft sehr unsicher sind), müssen wir selbst entscheiden, wie weit wir eine Korrektur durch eine Fachperson verlangen (herkunftssprachliche Lehrperson, Eltern, ältere Schülerinnen oder Schüler usw.).

Schuljahr/Klasse:	Ende 1. bis 6.
Zeitbedarf:	Ab 2 Lektionen (ohne vorgängige Behandlung der Geschichte).
Unterrichtsbereiche:	Deutsch, Kunst/Gestalten.

Verlauf

Wahl der Geschichte: Der Text muss sich für die Aufteilung in Szenen eignen. Statt einer Vorlese-, Erzähl- oder Lesebuchgeschichte kann auch eine mit der Klasse eigens für diesen Zweck erfundene Geschichte zugrunde gelegt werden.
Schön wäre eine ganze Bilderbuchreihe, deren Basis Geschichten aus den verschiedenen Herkunftskulturen sind.
Arbeitsschritte:

- Die Geschichte muss gut bekannt sein. Auf die verschiedenen Arten ihrer vorgängigen Behandlung gehen wir nicht ein.

- Information der Kinder über das Vorhaben; Planen der Arbeit. Dazu gehört, dass die Geschichte nochmals nacherzählt wird und man diskutiert, wie man sie in Szenen aufteilen kann. Zahl der Szenen wenn möglich so steuern, dass sie der Zahl der Kinder in der Klasse oder Halbklasse entspricht (bzw. der halben Zahl, falls man Partnerarbeit plant).

- Organisatorisches: Wer übernimmt welche Szene zum Zeichnen und Texten? Wer macht das Titelblatt? In welche Sprachen und Dialekte soll die Geschichte übersetzt werden? Wer übernimmt welche Übersetzung? Sollen die Übersetzungen der Texte als Zusatzarbeit erfolgen, oder werden die betreffenden Kinder in irgendeiner Form entlastet?

- Planung der Text-/Bilddarstellung. Zwei Grundvarianten: a) Um das Bild herum einen Rand von 5 cm lassen, sodass auf vier Seiten Platz für vier Sprachen resp. Dialekte bleibt. b) Falls mehr Sprachen einbezogen werden sollen: eine Seite Bild, gegenüberliegende Seite Texte in verschiedenen Sprachen; z. B. auf Streifen, die dann aufgeklebt werden. – Maltechnik und Format besprechen.

- Beginn der Arbeit, wenn jedes Kind genau weiß, was es zu tun hat und gemäss welchen Vorgaben. Zeichnen und Schreiben können in getrennten Sequenzen erfolgen. Textredaktion der Entwürfe mit der Lehrperson; für die Texte in den verschiedenen Erstsprachen s. o.

- Präsentation der einzelnen Blätter. Vor dem Zusammensetzen/Heften zum eigentlichen Bilderbuch können die Blätter an der Wand oder im Flur ausgestellt werden. Das fertige Buch kann z. B. im Kindergarten oder in einer Partnerklasse gezeigt und vorgelesen werden. Später kommt es in die Klassenbibliothek.

- Mögliche Erweiterung: Tonbandkassette zum Buch.

Variante

Mehrere „Gruppenbücher"

■ Statt dass die ganze Klasse an einem Buch arbeitet, werden Gruppen von je drei bis vier Kindern unterschiedlicher Erstsprache gebildet. Jede Gruppe gestaltet ein Buch zu einer anderen (evtl. selbst verfassten) Geschichte, mit je 3–4-sprachigem Text. Da hier jedes Kind mehr als eine Seite gestalten muss, empfiehlt sich vielleicht ein kleineres Format (DIN A4).

Fredo, der Affe, lebt in Indien. Er möchte eine Reise machen, und er fragt sich, wie es wohl jenseits des Meeres sein könnte.

Fredo, le singe habite en Inde. Il veut faire un voyage et il se demande comment c'est de l'autre côté de la mer.

Fredo el mono vive en india. El quiere hacer un viaje en ultramar, y el se pregunta como lo podría hacer.

Wir machen ein Buch – nicht nur auf Deutsch

Selber ein vervielfältigtes Buch – oder zumindest ein zwischen Halbkartondeckeln gebundenes Heft – herzustellen, ist ein anspruchsvolles, aber in vieler Hinsicht lohnendes Projekt. Die Anforderungen an Inhalt, Rechtschreibung und Gestaltung sind mit Hinblick auf das Endprodukt zwar höher als sonst. Der Mehraufwand wird aber meist gerne angenommen. Schließlich feilt und verbessert man hier nicht einfach dem Lehrer oder der Lehrerin zuliebe, sondern weil es sich „lohnt", weil am Schluss etwas entsteht, auf das man stolz sein kann.

Wenn die mehrsprachige Klasse ihr Buch macht, müssen darin natürlich auch Texte in mehreren Sprachen enthalten sein, am besten mit einer deutschen Übersetzung. Zu den im Projekt versteckten Lernaufgaben – Schreiben, Überarbeiten, Gestalten, Layouten, evtl. Bebildern – kommt für die Schülerinnen und Schüler mit nicht deutscher Erstsprache damit noch diejenige der deutschen Fassung. Bei entsprechender Unterstützung und angesichts der Attraktivität dessen, was entsteht, wird das aber kaum zum Problem.

Das Projekt bietet hervorragende Ansatzpunkte für die Zusammenarbeit mit den Lehrkräften des herkunftssprachlichen Unterrichts (Schreibberatung und Redaktion bei den fremdsprachlichen Texten, evtl. Arbeit am muttersprachlichen Text im Rahmen der herkunftssprachlichen Unterrichts). Es lässt sich optimal in Projektwochen einbauen (siehe *UV 17*) und mit der Einführung in die Arbeit am Computer verbinden. Ebenso eignet sich das Vorhaben gut für die übergreifende Durchführung mit einer Partnerklasse, beispielsweise als Folgeprojekt einer Klassenkorrespondenz, evtl. mit dem Ziel, das gemeinsame Produkt am Internet zu präsentieren (vgl. hierzu *UV 47*). Didaktisch gesehen, veranschaulicht die Arbeit am mehrsprachigen Buch gut die integrierte Förderung von Erst- und Zweitsprache im Rahmen eines Klassenprojekts.

Die nachfolgenden Hinweise beschränken sich auf die Planungsphase. Dass während des Schreibens und Gestaltens eine intensive individuelle Begleitung und Beratung erfolgt, versteht sich. Der Umgang mit den fertigen Büchern richtet sich nach den Abmachungen in der Planungsphase.

Schuljahr/Klasse:	4./5. bis 10.
Zeitbedarf:	Ab 5 Lektionen, wenn möglich zumindest teilweise blockunterrichtlich.
Unterrichtsbereiche:	Deutsch, Kunst/Gestaltung, evtl. Medien/Computer.

Verlauf

Entscheidend ist die Planungsphase, da hier gemeinsam die Zielrichtung und die Vorgaben für die weitere Arbeit besprochen werden. Da diese vorzugsweise einzeln oder in Kleingruppen erfolgt, muss jedem Kind klar sein, was wie zu tun ist. Die nachfolgende Liste umfasst die Aspekte, die vorbesprochen werden müssen, und weist auf einige Möglichkeiten hin. Vorausgesetzt ist, dass die Klasse dem Projekt grundsätzlich motiviert gegenübersteht.

Inhalt (was für ein Buch wollen wir machen?). Varianten:
- Ein Lesebuch mit verschiedenen selbst erfundenen Geschichten.
- Ein Lesebuch zu einem bestimmten Thema, z. B. Tier- oder Abenteuergeschichten (vgl. auch *UV 38* „Interkulturelles Abenteuerbuch").
- Ein Buch mit Märchen oder Sagen aus den verschiedenen Herkunftsregionen.
- Ein Traumbuch.
- Ein Sachbuch zu einem interkulturell geeigneten Thema (Häuser/Wohnformen, Landwirtschaft, Freizeit).
- Ein Buch, in dem die verschiedenen Herkunftsländer oder -regionen vorgestellt werden.
- Ein internationales Koch- oder Bastelbuch mit Rezepten bzw. Anleitungen aus verschiedenen Regionen.

Zielpublikum/Verwendung des Buchs (die Möglichkeiten sind kombinierbar)
- Für die eigene Klasse. Entstehen soll ein Buch, mit dem anschließend tatsächlich im Unterricht gearbeitet wird (sei es als Lesebuch, sei es im Sachunterricht).
- Als Vorlesebuch, mit dem man z. B. eine andere Klasse oder ein Altersheim besucht oder aus dem man am Elternabend vorliest.
- Für eine Partnerklasse im Schulhaus oder für die Briefpartnerschaftsklasse.
- Verkauf, z. B. an einem Bazar oder Schulfest.
- Für ein weiteres Publikum im Internet (auf der Homepage der Klasse oder Schule).

Arbeitsorganisation: Wer arbeitet mit wem und in welcher Sprache?
- Einzel-, Partner- oder Kleingruppenarbeit oder aber flexible Regelung (freie Wahl zwischen den drei Formen).
- „Virtuelle" Teams im Rahmen von (elektronischen) Klassenkorrespondenzen, s. *UV 47*.
- Bei Teams: Zusammensetzung mit Hinblick auf gegenseitige Unterstützung planen.

Sprachen, Dialekte, Übersetzungen
- Sollen auch Dialektversionen aufgenommen werden? (Bei selbst erfundenen Geschichten, Märchen oder Träumen liegt dies näher als bei Sachtexten.)
- Können in den höheren Klassen auch Beiträge in den schulischen Fremdsprachen Englisch und/oder Französisch erarbeitet werden?
- Sollen die Texte aus den verschiedenen Erstsprachen ganz übersetzt oder nur auf Deutsch zusammengefasst werden?
- Sollen alle oder einzelne der deutschen Texte in andere Sprachen übersetzt oder in ihnen zusammengefasst werden? (Vielleicht finden sich Schülerinnen und Schüler, die dies gerne machen.)
- Wer hilft bei der Abfassung, Überarbeitung und Verbesserung der muttersprachlichen Texte? (Lehrperson des herkunftssprachlichen Unterrichts, Eltern usw.) Welche Hilfsmittel sind nötig? (Wörterbücher usw.)
- Darstellung Erstsprache – Übersetzung. Möglichkeiten: zweispaltig, untereinander, auf gegenüberliegenden Seiten.

Gestaltungsmöglichkeiten:
- Erfassung der Texte und des Layouts mit Computer.
- Freinet-Druckerei.
- Handschrift, kopiert.
- Präsentation auf einer Website.

Illustrationen (falls sinnvoll); z. B.:
- Zeichnungen (farbig oder schwarzweiß).
- Collagen.
- Fotografien.
- Scans.

Bei allen Formen ist die Eignung für die Vervielfältigung zu prüfen. Farbstiftzeichnungen ergeben beispielsweise oft enttäuschende Resultate, wenn sie schwarzweiß kopiert werden. Besondere Sorgfalt verdient die Gestaltung des Titelblatts.

Hinweis: J. KNOBLOCH: Klassenbücher international; in: Life, Kapitel 2.7.4.1 (mit Ideen für ein internationales Kochbuch); U. SCHEBELLE-MASSARUE: Projekt: Verfassen eines Lesebuches: „Das Fremde – das Andere"; in Life, Kapitel 2.7.4.2.

38 Eine Reise quer durch unsere Länder – Projekt „interkulturelles Abenteuerbuch"

Stellen wir uns eine Fantasiefigur vor, die eine weite, abenteuerliche Reise unternimmt. Eine Reise durch die verschiedenen Regionen und Länder, aus denen die Klasse kommt, eine Reise, die sprachliche, kulturelle, kulinarische Erfahrungen mit sich bringt.

Statten wir die Figur oder ihr Fortbewegungsmittel vielleicht noch mit speziellen Fähigkeiten aus (oder lassen sie, im Gegenteil, bewusst die Mühsal der realen Fahrpläne erleben) – und schon haben wir eine Rahmenhandlung, die Beiträge aus verschiedenen Kulturen, Elemente aus verschiedenen Sprachen nicht nur integriert, sondern geradezu herausfordert.

Jede Schülerin, jeder Schüler beschreibt eine Episode dieser Reise. Was entsteht, ist ein spannendes interkulturelles Abenteuerbuch, ein gemeinsam verfasster „Roman" quer durch die Kulturen, mit der gemeinsam kreierten Heldin bzw. dem Helden als Leitfigur.
Das Projekt ist eine Variante von *UV 37* „Wir machen ein Buch – nicht nur auf Deutsch". Es wird hier separat ausgeführt, weil es sich besonders eignet, kulturelle Hintergründe und sprachliches Wissen der verschiedenen Schülerinnen und Schüler einzubeziehen.

Auch dieses Projekt eignet sich gut für eine klassenübergreifende Durchführung, sei es vor Ort oder mit einer Partnerklasse, mit der wir brieflich oder elektronisch in Kontakt stehen.

Schuljahr/Klasse: 4./5. bis 10.
Zeitbedarf: Ca. 5 Lektionen.

Verlauf

■ Vorbesprechung:
Motivation der Klasse, Erklären des Prinzips „Leitfigur erlebt Abenteuer in (unseren) verschiedenen Gegenden". Als Beispiel kann u. a. auf Tim und Struppi oder Globi verwiesen werden.

■ Gemeinsame Kreation einer Leitfigur (oder eines Teams von zwei Leitfiguren):
Dies kann im Gespräch erfolgen, wobei die wichtigen Charakteristika der Figur an der Wandtafel festgehalten werden. Es können auch zuerst in Gruppen schriftlich Steckbriefe gemacht werden, aus denen man nachher die definitive Figur zusammensetzt. Evtl. kann auch eine bestehende Figur (z. B. Harry Potter) aufgegriffen werden, die dann eine Serie neuer Abenteuer in den gewählten Gegenden erlebt. Die Leitfigur kann mit besonderen Fähigkeiten oder Hilfsmitteln ausgestattet werden: Ein fliegendes, superschnelles Fahrrad; ein besonderes Hobby wie Wörtersammeln; die Fähigkeit, sich unsichtbar zu machen; ein gewaltiger Hunger; ein magischer Koffer; die Fähigkeit, 50 Jahre in die Vergangenheit zu reisen usw. Superman-Eigenschaften geben für unser transkulturelles Vorhaben weniger her als z. B. Hobbys wie Wörter-, Rezepte- oder Kleidersammeln. – Am Schluss dieser Sequenz sollte die Figur plastisch vor den Augen der Schülerinnen und Schüler stehen; zusätzlich sind ihre Eigenschaften auf einem Steckbrief festgehalten.

■ Rahmen und Vorgaben für die einzelnen Episoden besprechen:
Die Reise der Leitfigur soll durch alle „unsere" Herkunftsgegenden bzw. -orte führen. Für die monolingual hier aufwachsenden Kinder kann das auch etwas weiter gefasst werden: Wohnort, andere Region im eigenen Land, ein Ferienort im Ausland. In jeder dieser Gegenden erlebt die Figur etwas (eine Begegnung, ein Abenteuer), und in jeder Episode muss etwas aus der jeweiligen Sprache oder Kultur vorkommen. Diese Vorgabe kann präzisiert werden, z. B. indem jeder Text die lokalen Grußformeln oder ein lokales Rezept oder drei vorher abgemachte Wörter in der Landessprache enthalten muss (z. B. drei Tiernamen, wenn man sich die Figur als Tierwörterjägerin denkt).
Dass Verständigungsprobleme zum Anlass lustiger Episoden und Missverständnisse werden, ist durchaus wünschbar.
Die Reiseroute wird auf einer Karte mit einem langen Wollfaden visualisiert. Bei jeder Station steckt ein Fähnchen mit Angabe des Orts und dem Namen des zuständigen Kindes. Diese Route kann auch für die Planung der einzelnen Texte wichtig sein (z. B. Bezugnahme auf die nächste bzw. vorherige Station oder auf den bisherigen Verlauf der Reise).

■ Gestaltung und Präsentation der Texte:
Diese Aspekte werden möglichst schon in der Vorbereitungsphase diskutiert. Die Freude auf ein schönes Produkt steigert die Motivation.
Gestaltungsmöglichkeiten: Texte illustrieren oder Postkarten dazukleben; Texte mit PC erfassen und zu einem Buch bzw. Heft binden; Texte in einem Ordner sammeln, der später beliebig erweitert werden kann.

■ Abfassung der Texte:
Vor dem eigentlichen Schreiben kann ein mündlicher Probelauf gestartet werden,

bei dem fabulierfreudige Kinder einige Episoden in der Art einer Kettengeschichte improvisieren.

Der Text ist, mit Ausnahme der genannten Einsprengsel, bei diesem Projekt grundsätzlich deutsch.

Die Abfassung der Texte erfolgt einzeln, evtl. auch in Zweierteams. Deutsch-schwächere Schülerinnen und Schüler werden von der Lehrperson oder anderen Kindern beraten und unterstützt.

Die fertigen Texte werden im Unterricht in der Art einer Fortsetzungsgeschichte vorgelesen, evtl. auch bei einer Partnerklasse; anschließend stehen sie in der Klassenbibliothek zur Verfügung.

GROSSMUTTER

WAS ISST MAN IN

PORTUGAL

Eine Reise rund um

DIE WELT

Ein Abenteuerbuch
der sechsten Klasse, Schulhaus Hutten
Zürich 1996

Ausbaumöglichkeiten

- Glossar der fremden Wörter.
- Sachinfos zu den Ländern.
- Tonbandversion, z. B. Vorlesen der Texte mit passender Musik im Hintergrund.
- Gestaltung in der Art eines Hörspiels, ganz oder teilweise dialogisiert.

Schüler/innen-Zeitung, polyglott

Die Zeitung ist das Medium schlechthin, das allen etwas bieten, alle ansprechen will. Klar, dass damit auch alle Sprachen gemeint sein müssen, wenn die mehrsprachige Klasse sich ein Zeitungsprojekt vornimmt. Gelernt wird bei diesem attraktiven Vorhaben eine Menge: Medienkundliches, Gestalterisches, Bildauswahl, Interviewtechnik, evtl. sogar Computeranwendung und Sponsorensuche. Und natürlich Sprachliches: zeitungsgerecht formulieren, redigieren, Titel und Leads finden, Rechtschreibung beachten – und übersetzen. Lassen wir das Klassenzimmer zur Redaktion werden!

Statt in einer einzelnen Klasse, lässt sich der Unterrichtsvorschlag bestens auch klassenübergreifend oder im Rahmen einer Projektwoche realisieren. Die größere Anzahl beteiligter Schülerinnen und Schüler ist zwar organisatorisch etwas anspruchsvoller, dafür steht ein größerer Pool an Ressourcen zur Verfügung. Zu erinnern ist nicht zuletzt an die für höhere Klassen reizvolle Möglichkeit einer elektronischen oder virtuellen Schülerzeitung, wofür sich im Internet diverse Beispiele finden (s. hierzu *UV 47* und *UV 51*).

Wie schon beim Buchprojekt (*UV 37*) bieten sich ausgezeichnete Möglichkeiten der Zusammenarbeit mit den Lehrpersonen des herkunftssprachlichen Unterrichts.

Schuljahr/Klasse: 4./5. bis 10.
Zeitbedarf: Ab 6 Lektionen, je nach Ausgestaltung und Ansprüchen. Wenn möglich mindestens z. T. im Blockunterricht.
Unterrichtsbereiche: Deutsch, Medienerziehung bzw. -bildung, Gestaltung/Computer.

Vorbereitung

Der Arbeit an der eigenen Zeitung sollte unbedingt eine Auseinandersetzung mit anderen Zeitungen vorausgehen. Dazu gehören auch Zeitungen in anderen Sprachen als Deutsch und jene Gratisanzeiger, die eine Rubrik speziell für die Migrationssprachen haben.

Die Schülerinnen und Schüler sollten zumindest über ein elementares Wissen zur Gliederung in Rubriken, zur Gestaltung der Artikel (Stil, Lead, attraktive Titel) und zum Layout (Spalten, Kästchen, Text/Bild) verfügen. Eine Ausstellung verschiedenartiger und -sprachiger Zeitungen bietet ein anregendes Ambiente für die eigene Produktion. Inspirierend ist ein Besuch auf einer Redaktion und in einer Druckerei.

Verlauf

Wir beschränken uns auf die Planungsphase, da während dieser sozusagen alles geklärt werden muss, was für die eigentliche Produktion und die weitere Verwendung des „Produkts" wichtig ist. Eine optimale Planung ist wichtig; diesbezügliche Unklarheiten wirken sich während der späteren Phasen als Störung aus.

Ist die Klasse grundsätzlich motiviert für das Projekt, sind Fragen in verschiedenen Bereichen zu diskutieren. Hierfür muss genügend Zeit eingeräumt werden, wenn es sich wirklich um ein Projekt der Schülerinnen und Schüler handeln soll. Die folgende Liste führt als Anregung je eine Reihe von Optionen auf.

- Art der Zeitung:
  Varianten: Wandzeitung im Klassenzimmer. – Wandzeitung in der Schule, wenn möglich unter Mitarbeit verschiedener Klassen. – Vervielfältigte Klassenzeitung (A4). – Vervielfältigte klassenübergreifende Schul-Zeitung (A4). – „Richtige" Zeitung in größerem Format. – „Virtuelle" Zeitung im Internet, evtl. zusammen mit einer Partnerklasse gestaltet.
- Inhaltliche Aspekte:
  Varianten: Zeitung im eigentlichen Sinne, d. h. mit verschiedenen Rubriken (Aktualitäten und Berichte vom Wohnort und aus den verschiedenen Herkunftsregionen, Sport, Witz-, Rätsel-, Rezeptseite usw.). – Thematisch gebundene Zeitung, z. B. zu Themen wie „Unsere Großeltern – i nostri nonni – nuestros abuelos", „So lebt und wohnt man in …", „Wasser und Wasserprobleme". – „Extrablatt" z. B. zu einer Projektwoche oder zu einer Klassenfahrt.
- Sprachliche Aspekte, Mehrsprachigkeit:
  Varianten: deutsche und anderssprachige Artikel gemischt, die anderssprachigen jeweils mit einer kurzen deutschen Zusammenfassung (dies ist vermutlich die beste Lösung). – Schwergewicht Deutsch, daneben eine Rubrik für die anderen Sprachen (wie in manchen Gratisanzeigern). – Sprachen getrennt, d. h. jede Sprachgruppe gestaltet eine oder mehrere Seiten in ihrer Sprache; evtl. mit deutscher Zusammenfassung. (Vgl. das ca. 3-wöchige Zeitungsprojekt, welches C. KUPFER-SCHREINER (1992:357ff; s. auch POMMERIN 1996a:129-138) beschreibt; hier gestaltete jedes Kind frei eine Seite in seiner Sprache.) – Zu klären ist, ob auch Dialektbeiträge (z. B. Witze in verschiedenen Mundarten) aufgenommen werden sollen.

■ Zielpublikum, Verwendung:
Varianten: Verwendung als Lektüre in der eigenen und/oder in anderen Klassen. –
Verkauf zugunsten eines guten Zwecks an einem Bazar, an einem Schulfest oder
im Stadtviertel.

■ Gruppenbildung, Arbeitsorganisation:
Ein wichtiger Teil der Arbeit besteht natürlich im Verfassen der Artikel. Dies kann
als Einzel-, Partner- oder Kleingruppenarbeit erfolgen. Die Schreibberatung hinsichtlich Stil, Lead, Rechtschreibung muss nicht zwingend durch die Lehrperson erfolgen. Hierfür können von Schülerinnen und Schülern geleitete „Beratungs-
ecken" eingerichtet werden. Zu klären ist auch, wer die nicht auf Deutsch
verfassten Texte durchsieht (Kooperation mit Lehrpersonen des herkunftssprachlichen Unterrichts, Eltern usw.) und wer den betreffenden Kindern bei Bedarf hilft,
eine kurze Zusammenfassung auf Deutsch zu verfassen.
Neben dem eigentlichen Texteschreiben fallen diverse Arbeiten an. Zu ihrer Organisation bildet man am besten Teams oder „Teilredaktionen", die für die verschiedenen Aufgabenbereiche verantwortlich sind. Beispiel: Bildredaktion – Layout – In-
terview-Experte/-Expertin zur Beratung der anderen und Verwaltung des
Tonbandgeräts. Teilredaktionen für Bereiche wie Sport, Aktualitäten, Humor- und
Rätselseite usw.

■ Weiteres:
Sollen Inserate, z. B. aus dem lokalen Gewerbe, aufgenommen werden? Wer fin-
det potenzielle Inserentinnen und Inserenten?
Muss die Vervielfältigung per Fotokopierer erfolgen oder hilft eine Druckerei?

40 Sprachen in selbst verfassten Gedichten begegnen

Gedichte bringen als kleine, gestaltete Kunstwerke den Klang und die Stimmung von Sprachen besonders schön zum Ausdruck. Dies und der Umstand, dass sie vom Umfang her meist sehr überschaubar sind, macht sie besonders geeignet zum Vorlesen, Vortragen und Zuhören.

Fantasie, Ausdruckskompetenz, Selbstdarstellung im Vortrag sowie Möglichkeiten der Sprachbetrachtung und -begegnung sind die wichtigsten Zielbereiche, die wir beim eigenen Verfassen von Gedichten ansteuern. Gestalterische Aufgaben (Vertonung, Illustration usw.) können sich anschließen; das Thema Gedichte bietet hierfür besonders gute Voraussetzungen.

Die nachfolgenden Anregungen beziehen sich auf das eigene Verfassen von Gedichten durch die Schülerinnen und Schüler. Zur Arbeit mit bestehenden Vorlagen siehe *UV 54* „Mehrsprachiger Gedichtvortrag – live und auf Tonband" und *UV 55* „Gedicht-Tandems".

Schuljahr/Klasse: 2. bis 10.
Zeitbedarf: Ab drei Lektionen, je nach Anlage.

Vorbereitung

Als Voraussetzung für das eigene Schreiben müssen die Schülerinnen und Schüler über ein elementares Know-how im Bereich Gedichte verfügen. Dafür genügen in den unteren Klassen zunächst eine bis zwei Lektionen, in denen die Charakteristika Reim und Metrum (jede Zeile sollte gleich viele Hebungen haben) anhand von Beispielen erkannt und geübt werden (Formen: Reimwörter finden und ergänzen; Hebungen klatschen und zählen). Zusätzlich können vielleicht noch verschiedene Reimschemata bewusst gemacht werden (a – a – b – b; a – b – a – b usw.).

Über freie Formen der Lyrik ist damit noch nichts gesagt; sie wären Gegenstand einer späteren Betrachtung und Anwendung. Immerhin können mit obigem Basis-Handwerk die gröbsten Holprigkeiten vermieden werden, die sonst leicht störend wirken.

Verlauf

Drei Hauptfragen müssen in der Startphase geklärt werden:
- Wovon sollen unsere Gedichte handeln?
  Möglichkeiten: Freie Themenwahl. – Thematischer Rahmen wie z. B. Tiergedichte. – Frühlingsgedichte. – Wutgedichte. – Ferien- oder Heimwehgedichte. – Gedichte über unsere Muttersprache. – Gedichte zu Themen wie Frieden, Liebe, Wünsche. – Zwei- oder mehrsprachige Gedichte, von Teams verfasst.
- Was soll entstehen?
  Möglichkeiten: künstlerische und kalligrafische Gestaltung auf großen Blättern. – Vervielfältigung als Buch, evtl. mit Computer gestaltet und/oder illustriert. – Aufnahme auf Tonbandkassette. – Vertonung der Gedichte.
- Was wollen wir mit dem Entstandenen machen?
  Varianten: Vortrag in der Klasse. – Vortrag vor erweitertem Publikum: Partnerklasse, Elternabend, Altersheim. – Gestaltung einer Tonbandkassette oder eines vervielfältigten Buchs als Muttertags- oder Weihnachtsgeschenk oder für den Verkauf an einem Bazar. – Ausstellung der künstlerisch gestalteten Blätter im Klassenzimmer oder Schulgebäude.

Vorgaben zum Umfang oder zu formalen Kriterien (freie/gebundene Gedichte usw.) werden je nach Thema und Lernzielen vereinbart.
Dass alle Sprachen und Dialekte der Klasse einbezogen werden, ist klar. Für die nicht deutschen Gedichte muss zusätzlich eine Übersetzung (nicht unbedingt in Gedichtform) oder doch wenigstens eine Paraphrase gemacht werden.

Die fertigen Gedichte werden im anschließenden Unterricht, verteilt auf einige Sequenzen, vorgetragen, ggf. auf Deutsch wiedergegeben und besprochen. Diese Besprechung soll sich nicht nur auf den Inhalt und den Vortrag beziehen. Auch die Besonderheiten der jeweiligen Sprache bzw. Mundart sollen bewusst gemacht werden. Das kann z. B. bedeuten, dass die Gedichte in den verschiedenen Erstsprachen zunächst ohne deutsche Übersetzung angehört werden, unter Fragestellungen wie: Welche Stimmung vermittelt das Gedicht? Wie könnten wir den Klang und Rhythmus dieser Sprache beschreiben? Woran erinnert er uns? Kommt uns etwas bekannt vor? Durch die Gruppierung der Vorträge z. B. nach romanischen Sprachen, slawischen Sprachen, deutschen bzw. einheimischen Dialekten und anderen Sprachen lassen sich diese Beobachtungen je nach Zielsetzung steuern.

„Elfchen-Gedichte": Poetisch und sehr einfach – nicht nur auf Deutsch

Ein „richtiges" Gedicht machen – und noch weit davon entfernt sein, richtig Deutsch zu können: Geht das? Mit den besonders einfachen „Elfchen-Gedichten" kann das sehr wohl funktionieren. Das Erfolgserlebnis motiviert, und selbstverständlich wird die Elfchen-Sammlung auch um dialektale und nicht deutsche Perlen erweitert.

Elfchen-Gedichte folgen einem ganz einfachen Aufbau und stellen sprachlich niedrige Anforderungen. Sie sind damit auch für Schülerinnen und Schüler mit eingeschränkten Deutschkenntnissen zugänglich. Die poetischen, ausdrucksstarken Kurztexte bieten gute Ausgangspunkte für Vorlese- oder Gestaltungsübungen. Für die interkulturelle Sprachbetrachtung eignen sich die Elfchen-Gedichte besonders wegen ihres immer identischen Gerüsts. Es stellt eine Hilfe und Erleichterung dar, wo es um das Vergleichen und Wiedererkennen geht.
Die Grundidee stammt von OLGA JAUMANN und KARIN WOLF-KRAMER (1993: 262–265).

Schuljahr/Klasse: 2. bis 6., evtl. 10.
Zeitbedarf: Ca. zwei Lektionen.

Aufbaumuster für Elfchen-Gedichte anhand dreier Beispiele, die in einer zweiten Integrationsklasse entstanden sind (aus JAUMANN/KRAMER, a.a.O.):

grün	Silber	rot
das Haus	der Schatz	die Rose
es ist dunkel	der Schatz glänzt	sie sticht immer
ich mache Licht	ich mache meine Augen zu	ich habe einen Stachel
gut	schön	Blut

Jedes Elfchen-Gedicht hat fünf Zeilen und ist folgendermaßen aufgebaut:
Zeile 1:   Adjektiv (in Ausnahmefällen: Nomen), das sich auf das Nomen in Zeile 2 bezieht. („Wie ist es? Gib die Farbe oder die Stimmung in einem Wort wieder.") – Für den Anfang empfiehlt sich die Beschränkung auf Farbadjektive.
Zeile 2:   Nomen mit Artikel. („Was ist es; worum geht es?")
Zeile 3:   Ganz kurzer Aussagesatz zum Nomen in Zeile 2. („Was macht es/wie ist es? Mach dazu einen ganz kurzen Satz.")

Zeile 4:   Kurzer Ich-Satz. („Was machst du?")

Zeile 5:   Adjektiv (in Ausnahmefällen Nomen). („Wie ist das für dich? Sag das Wichtigste in einem einzigen Wort.")

Natürlich kann man die Zeilenanfänge auch groß schreiben und die Sätze in den Zeilen 3 und 4 mit einem Punkt beenden.

Verlauf

Der Einstieg erfolgt am besten über zwei, drei Vorlagen, die z. B. an der Wandtafel stehen. Wer probiert, selber so ein Gedicht zu machen? Erste eigene Versuche, noch in der Großgruppe. Sie geben Anlass, das Aufbaumuster zu diskutieren.

Statt das „Strickmuster" den Schülerinnen und Schülern einfach vorzugeben, lässt man sie es selber entdecken, auch im Sinne von Sprachreflexion. Dies ist der Inhalt der nächsten Sequenz. Sie findet im Klassengespräch oder – besser – in Partnerarbeit statt. Auftrag: „Findet heraus und formuliert das Rezept, wie man solche Gedichte macht." – Diese Sequenz bietet enge Bezüge zu den Namen der Grundwortarten; Bezüge, die nach Belieben als grammatikalische Repetition aufgegriffen und ausgestaltet werden können.

In der anschließenden Sequenz werden eigene Elfchen-Gedichte verfasst. Mit Vorteil beschränkt man sich zunächst auf solche zu Farben. Später kann die Wahl modifiziert werden (z. B. Zeile 1 = ein Tiername) oder frei sein.

Aufträge z. B.: „Macht ein Elfchen-Gedicht, das mit eurer Lieblingsfarbe anfängt." – „Macht eines mit der Lieblingsfarbe von jemandem, den ihr mögt; schenkt es ihm dann." – „Macht eines, das mit der Farbe beginnt, die ihr am wenigsten mögt." – „Macht alle eines zu ‹hellgrün›, nachher vergleichen wir."

Die entstandenen Gedichte werden vor der Klasse möglichst schön vorgetragen. Damit sie sich wirklich gut anhören, wird das Vorlesen zuerst still und dann in Partnerarbeit geübt.

Die Sprache in der ersten Runde ist Deutsch, falls einzelne Kinder damit nicht überfordert sind. In einer weiteren Runde werden Elfchen-Gedichte auch in den verschiedenen Erstsprachen und evtl. in einheimischen Dialekten geschrieben. Wegen des inzwischen für alle transparenten, einfachen Aufbaus eignet sich diese Sequenz besonders für die Arbeit in sprachgemischten Zweierteams. Das Kind mit deutscher Erstsprache schaut dem andern zu und lässt sich erklären, was es schreibt, was die Wörter bedeuten. Es lernt das Gedicht in der andern Sprache lesen; gemeinsam tragen sie es vor.

Weitere Umsetzungsmöglichkeiten

- Tonbandkassette. Die in den Erstsprachen verfassten Gedichte werden auch auf Deutsch wiedergegeben, die Übersetzung sollte hier kein Problem sein.
- Vertonung mit einfachen Instrumenten.
- Gestalterische Umsetzung im Zeichenunterricht. Bei Farb-Gedichten kann dies z. B. auf Blättern geschehen, die mit verschiedenen Abtönungen der betreffenden (Wasser-)Farbe gestaltet oder grundiert sind.
- Gestaltung als Geschenkblatt, z. B. zum Muttertag („Muttertag-Elfchen").

Creative writing auf Deutsch und in den Herkunftssprachen I: Vom Cluster bis zum multilingualen Schreibteam

Clustern, freies Schreiben in Schreibecken und Schreibwerkstätten, assoziatives Schreiben und Dichten, *écriture automatique*, Schreiben auf Bild- oder Musikimpulse hin – all dies und noch mehr ist *creative writing*. Von anderen Schreibanlässen unterscheidet es sich durch einen überwiegend emotionalen, fantasiebezogenen, oft auch persönlicheren oder autobiografischen Zugang.

Der Begriff und der Ansatz dahinter stammen aus Amerika, bekannt geworden ist er bei uns vor allem durch GABRIELE RICOS Buch „Garantiert schreiben lernen". Was *creative writing* auch für den Unterricht in der mehrsprachigen Klasse leistet, hat v. a. GABRIELE POMMERIN gezeigt (siehe die unten aufgeführten Titel). Da die Vorgaben weniger einengend sind und sprachliche Normen frühestens bei einer Schlussfassung zum Thema werden, haben auch Schülerinnen und Schüler mit eingeschränkten sprachlichen Mitteln gute Chancen, sich auf ihre individuelle Art mitzuteilen und ernst genommen zu werden. Dass sich auf diesem angstfreieren, kreativen Hintergrund ihre Ausdruckskompetenz produktiver entwickelt, leuchtet ein.

Wie verhält es sich mit der Einbeziehung verschiedener Erstsprachen und Dialekte in kreative Schreibprojekte? Die *UV 37, 40, 41 und 44*, die ganz oder teilweise dem *creative writing* zuzurechnen sind, zeigen, dass dies kein Problem ist. Im Gegenteil: Gerade wo es darum geht, einen möglichst persönlichen Zugang zu einem Thema oder Impuls zu finden, soll man natürlich auch diejenige Sprachform wählen dürfen, die einem am nächsten steht. Implizit wird damit zugleich ein Beitrag zur Förderung der Schriftkompetenz in der Erstsprache, bzw. zur Prävention des Analphabetismus in dieser geleistet. (Optimal wäre in diesem Sinne eine Kooperation mit den Lehrpersonen des herkunftssprachlichen Unterrichts, die die Schreibberatung bei der muttersprachlichen Endfassung leisten können.) Eine deutsche Fassung, vielleicht gemeinsam mit einem Partnerkind erarbeitet, wird je nach Schreibanlass erst in einer späteren Phase, bevor die Texte vorgestellt werden, angefertigt.

Anlässe und Impulse für *creative writing* gibt es in fast unbegrenzter Fülle. Hiervon zeugt auch die reiche didaktische Literatur zum Thema, aus der wir unten wenige zentrale Titel auflisten. Wir beschränken uns auf einige charakteristischer Verfahren, von denen jene in *UV 42* eher Situationen und jene in UV 43 eher Impulse betreffen.

Illustriert werden soll dabei vor allem die Möglichkeiten der Einbeziehung der Herkunftssprachen. Als didaktisches Umfeld eignen sich Formen offenen Unterrichts (Wochenplan, Werkstatt) besser als kollektive, zeitlich limitierte und dadurch stressgefährdete Schreibsequenzen.

Schuljahr/Klasse: Ende 1. bis 10., in stufenspezifischer Ausgestaltung.
Zeitbedarf: Abhängig von Anlass und Intensität der Überarbeitung; in der Regel ca. 1 Lektion.

Verfahren

Clustern
Clustering ist ein zentrales Verfahren beim kreativen Schreiben und bewährt sich – ähnlich wie das verwandte Mind-Mapping – auch im Vorfeld konventioneller Schreibanlässe. Es hilft, zu einem Thema oder Schreibimpuls ganzheitlich und bildhaft Assoziationen und Assoziationsketten freizusetzen, ohne schon durch sprachliche Anforderungen Energien zu blockieren.

Konkret: In die Mitte eines großen Blattes wird der Leitbegriff des Schreibanlasses (z. B. „Ferien", „Glück", „Meine Großmutter") geschrieben und eingekreist. Rundherum, ebenfalls in Kreisen und mit Linien verbunden, notiert man die eigenen Ideen und Assoziationen dazu. Dies geschieht spontan, ohne Rücksicht auf Fehler und ohne lange zu zögern. Manche Assoziationen führen zu ganzen Ketten, andere bleiben allein. Diese Sequenz kann einzeln oder in Gruppen durchgeführt werden.

In einer zweiten Phase betrachtet man das Entstandene und überlegt, welchen Wegen man beim anschließenden Schreiben nachgehen will. Man markiert im Cluster die betreffenden Bereiche mit Farbe und ergänzt sie, wo nötig. Das Grobgerüst des Textes steht.

Erst jetzt, in der dritten Phase, setzt die eigentliche Vertextung ein; zunächst vielleicht als Entwurf, bei dem Formales noch im Hintergrund steht, abschließend in der endgültigen, auch sprachlich überarbeiteten Formulierung.

Die ersten beiden Schritte, d. h. die eigentliche Arbeit am Cluster, sollen unbedingt wahlweise auch in der Erstsprache gemacht werden können. Für die Vertextung werden Schülerinnen und Schüler mit nicht deutscher Erstsprache, deren Deutscherwerb schon fortgeschritten ist, vielleicht eher auf Deutsch umschalten, sofern mehrsprachige Texte nicht ausdrücklich gewünscht sind. Findet auch diese Phase in der Herkunftssprache statt, was bei deutsch-schwächeren Kindern sinnvoll ist, fällt anschließend in der Regel der zusätzliche Arbeitsgang einer deutschen Version an.

Einrichten und dekorative Gestaltung einer Schreibecke oder -werkstatt, mit einer Liste von Schreibimpulsen und einer Ausstellungswand – als Rahmen und motivierender Kontext für kreatives Schreiben
Schreibecke: Analog zur Leseecke (oder in diese integriert) lässt sich in größeren Klassenzimmern eine Schreibecke einrichten. Sie stellt einen intimen Winkel dar, in dem die Ruhe der Schreibenden unbedingt respektiert wird. Der Zugang zu ihr soll möglichst frei und liberal geregelt sein. Die Schreibecke ist der Ort, an dem ohne Produktedruck an persönlichen Texten oder an freien Impulsen gearbeitet werden kann. Die Wahl der Sprache liegt dabei bei den Schülerinnen und Schülern. Eigene Texte können an einer Wandfläche ausgestellt werden. Zur Ausstattung der Schreibecke gehört eine Menge Papier und eine Liste mit Themenimpulsen; diese wird von den Schülerinnen und Schülern ergänzt und hilft, kreative Blackouts zu überwinden.

Schreibwerkstatt: Für eine bestimmte Zeitdauer wird das ganze Zimmer zum Schreibterrain erklärt (oder, z. B. im Rahmen von Werkstatt oder Wochenplan, zumindest ein Teil desselben). Die Ausstattung gleicht derjenigen der Schreibecke, nur wird sie gemeinsam, in größerem Rahmen und etwas „ritueller" angelegt. Eine Liste möglicher Schreibimpulse kann vorher zusammengetragen und evtl. in der Art von Werkstattaufträgen arrangiert werden. Während oder zum Abschluss der Schreibwerkstatt finden Vorleserunden statt. Dabei können auch Texte in den verschiedenen Herkunftssprachen oder in Dialekten vorgetragen werden; dies je nach Publikum mit oder ohne deutsche Übersetzung bzw. Paraphrase. – Die Schreibwerkstatt bietet einen guten Rahmen, Formen der gegenseitigen Schreibberatung, sog. „Schreibkonferenzen" (vgl. SPITTA/BARTNITZKI 1999), zu erproben und zu vertiefen. Dies kann und soll selbstverständlich auch mit Bezug auf die herkunftssprachlichen Texte erfolgen. Indem die betreffenden Schülerinnen und Schüler „ihre" Konferenz in ihrer Erstsprache und mit Bezug auf die in dieser geschriebenen Texte halten, steigern sie ihre erstsprachliche Kompetenz und dabei das Gefühl für ihre Sprache. Wenn sie zusätzlich den Auftrag erhalten zu überlegen, wie sie die Texte den Mitschülerinnen und -schülern auf Deutsch zugänglich machen können (Übersetzung, Zusammenfassung, mündliche Präsentation mit Hörprobe und Zusammenfassung etc.), verbindet sich damit gleichzeitig unmittelbares und intensives Deutschtraining.
Zweisprachiges persönliches Texteheft

Jedes Kind erhält ein Schulheft für seine persönlichen Texte. Gemeinsam wird besprochen, was alles in dieses Heft geschrieben werden könnte. Das Spektrum reicht von freier Lyrik über Frustverarbeitungen bis hin zu tagebuchartigen Einträgen oder Texten zu Impulsen, die im Schulzimmer aufgehängt sind. Formale oder literarische Anforderungen werden nicht gestellt. Die Lehrperson darf das Heft nur mit Erlaubnis ansehen; allerdings hat sie ein Recht zu kontrollieren, ob es nicht einfach vernachlässigt wird. Schülerinnen und Schüler mit nicht deutscher Erstsprache sind dezidiert aufgefordert, ihre beiden Sprachen zu verwenden, z. B. auf jeweils gegenüberliegenden Seiten. Die Lehrperson zeigt Interesse auch an den nicht deutschen Texten und arrangiert, wo nötig, Vorleserunden unter den Kindern derselben Sprachgruppe.

„Ich-Buch"
Eine ansprechende Variante des persönlichen Texthefts ist das „Ich-Buch", welches DAGMAR NEUMANN beschreibt (in Grundschule Sprache 10/2003, S. 10f): Jedes Kind bekommt ein schönes, stabiles und vorerst leeres Buch, das es möglichst vom Kindergarten an, spätestens aber ab der ersten Klasse begleitet. „Das Buch ist eine Mischung aus Tagebuch, Poesiealbum und Lernbiografie. Das Besondere daran ist, dass in diesem Buch ausschließlich positive Erlebnisse notiert werden – es soll in seiner wesentlichen Funktion ein Mutmach-Buch sein." Die Arbeit am und mit dem Ich-Buch führt die Kinder auch immer wieder dazu, über sich und ihr Lernen nachzudenken und wird damit zugleich zum Anlass für wertvolle Gespräche. Über drei, vier oder mehr Jahre geführt, dokumentieren die Einträge – von den Zeichnungen und ersten Buchstaben aus der Vorschulzeit bis hin zu eigentlichen Schriftdokumenten aus der 3./4. Klasse – in beeindruckender Weise die eigenen Fortschritte. Dass neben Texten auch Bilder, Fotografien, Zeichnungen und andere Dokumente Aufnahme finden, gehört mit zum kreativen, lustvollen Umgang mit schriftlichem Gestalten, den das Ich-Buch fördert. Und selbstverständlich dürfen, ja sollen die Herkunftssprachen gleichberechtigt verwendet werden. Damit leistet das Ich-Buch zugleich einen kreativen und wichtigen Beitrag zur Stärkung der erstsprachlichen Schriftkompetenz, deren Nutzen auch für den Deutscherwerb unbestritten ist (s.o. Kap. 2.1). Dass die Kinder einen berechtigten Stolz auf ihr „Guck-mal-was-ich-kann-und-erlebt-habe"-Buch haben und dass die Arbeit an diesem Projekt in verschiedenster Hinsicht wertvoll ist, liegt unmittelbar auf der Hand.

Gemeinsames creative writing in mehreren Sprachen
So wie das gemeinsame Malen eines großen Bildes, bei dem z. B. alle an einer anderen Ecke anfangen, ein spannender und integrativer Prozess ist, kann es auch das gemeinsame Erfinden einer Geschichte sein. Es findet in sprachgemischten Gruppen statt. Vorgabe ist, dass alle Sprachen der Gruppe im Text vorkommen und dass dieser

am Schluss trotzdem irgendwie verständlich ist. Wie die Schülerinnen und Schüler diese knifflige Aufgabe lösen, soll ihrer Kreativität überlassen bleiben. Breitet sich allzu große Ratlosigkeit aus, kann man immerhin auf einige Möglichkeiten verweisen: Fußnoten für die Übersetzungen; integrierte Übersetzung der eingestreuten Sätze und Wendungen aus anderen Sprachen; Gestaltung in der Art eines Comics mit Sprechblasen und Übersetzungsbalken unten im Bild (wie aus Asterix und Obelix bekannt), Verwendung verschiedener Farben als zusätzliches Gestaltungsmittel usw. Schreibtipps oder Ideen für eine Rahmenhandlung können im Plenum vorbesprochen werden, oder aber man überlässt auch dies bewusst der Gruppe und ist gespannt auf die Produkte. Nützlich mag der Hinweis sein, dass stark dialogisierte Szenen und Szenarien wie Markt, Spielplatz oder Bahnhof eine gute Voraussetzung zur Einbeziehung verschiedener Sprachen bieten; allerdings sollen die Schreibteams keinesfalls zu sehr durch Vorgaben eingeengt werden.

Literaturhinweise (vollständige Angaben siehe Bibliografie): GABRIELE POMMERIN u. a. (Hg.) (1996a): Kreatives Schreiben. Handbuch für den deutschen und interkulturellen Sprachunterricht, Klassen 1–10. GABRIELE RICO (²2002): Garantiert schreiben lernen. Sprachliche Kreativität methodisch entwickeln – ein Intensivkurs auf der Grundlage der modernen Gehirnforschung. GABRIELE POMMERIN: Clustern macht Spaß. Kreatives Schreiben im interkulturellen Kontext; in: POMMERIN 1995a: 105-116. GABRIELE POMMERIN (1996b): Tanzen die Wörter in meinem Kopf. Kreatives Schreiben für den DaF-Unterricht. ANTONIE HORNUNG (2002): Zur eigenen Sprache finden. Modell einer plurilingualen Schreibdidaktik. CHRISTA und Emil ZOPFI (2001): Tanzen die Wörter in meinem Kopf herum. Werkbuch kreatives Schreiben. INGRID BÖTTCHER u. a. (Hg.; 2000): Kreatives Schreiben. Grundlagen, Methoden. ELEKTRA I. TSELIKAS (1999): Dramapädagogik im Sprachunterricht (S. 81–94 diverse gute Impulse für kreative Schreibaufgaben).

43 Creative writing auf Deutsch und in den Herkunftssprachen II: Schreibimpulse

Manche Schülerinnen und Schüler können es: Gleichsam auf Abruf hin ihre Fantasie sprudeln lassen, schreiben, erzählen, gestalten. Zumindest wenn es ums freie und kreative Schreiben geht, sieht die Sache bei vielen anders aus: „Mir fällt nichts ein", „Ich weiß nichts zu schreiben", usw. Behutsame Impulse helfen diesen Kindern. Sie erleichtern den Einstieg und schlagen die Brücke von der begrenzten Realität des Schulzimmers in die weite Welt der Fantasien und Ideen im eigenen Kopf.

Dabei geht es im Kontext des kreativen Schreibens nicht um die klaren, kriterienorientierten Vorgaben, wie sie für viele andere Schreibanlässe (vgl. z. B. *UV 32, 38, 39*) sinnvoll sein können. Geeigneter sind hier sinnliche, fantasieanregende, bisweilen fantastische Impulse. Dazu zählt die Einstimmung durch Musik, durch Bilder, durch literarische Texte, welche hilft, innere Bilder zu schaffen. Dazu zählen auch offene Vorgaben wie die unten beschriebenen Stichwortgerippe, Reizwörter oder Schreibanfänge, die einen ersten Anstoß geben, Assoziationen wecken und den kreativen Prozess in Gang setzen helfen.

Die nachfolgenden Ideen zeigen einige Möglichkeiten. Wer die Augen offen hält, wird eine Fülle weiterer entdecken. Aus eigener Erfahrung erinnern wir uns an witzige Kreativprojekte am Rande des eigentlichen Unterrichts, bei denen z. B. die tägliche Werbeflut die Impulse lieferte. Beim einen ging es darum, möglichst fantastische Geschichten zu allerlei unsäglichen Artikeln aus Versandhauskatalogen (z. B. zu einem sog. Fußwärmesack oder einer astronautenhaften Föhnhaube) zu erfinden, beim andern half eine der ebenso unsäglichen „Sie-haben-eine-Million-gewonnen, Herr/Frau xy-" Werbungen, Wunschfantasien freizusetzen. – Dass die nachfolgenden Möglichkeiten bestens mit dem Schreiben in verschiedenen Sprachen kompatibel sind, versteht sich und wird, wo nötig, speziell erläutert.

Schuljahr/Klasse: Ende 1. bis 10., in stufenspezifischer Ausgestaltung.
Zeitbedarf: Abhängig von Anlass und Intensität der Überarbeitung; oft ca. 1 Lektion.

Verfahren

Schreiben nach Reiz- oder Schlüsselwörtern
Variante 1, Assoziationen zu einem Einzelwort
Ausgangspunkt ist ein einzelnes Wort („Liebe", „Ferien", „schön", „vielleicht"). Es wird an die Tafel geschrieben und evtl. kurz andiskutiert (gegenseitige Anregung). Der Begriff kann von Anfang an in die verschiedenen Sprachen übersetzt werden; die Textproduktion muss nicht auf Deutsch geschehen. Die Begriffe können auch von den Schülerinnen und Schülern vorgeschlagen werden oder zur Abwechslung einmal blindlings aus einem deutschen oder zweisprachigen Wörterbuch gepickt werden. Eine Sammlung geeigneter Impulse soll ohnehin im Klassenzimmer oder in der Schreibecke (s. o. *UV 42*) hängen und jederzeit benutzt werden können. Bei späteren Wiederholungen können die Begriffe natürlich auch individuell gewählt werden. Im Gegensatz zum herkömmlichen Texteschreiben sollen die äußeren Bedingungen möglichst flexibel sein. Offene Unterrichtsformen kommen dieser Forderung entgegen.

Für die Schreibphase erhält jedes Kind ein großes Blatt, auf das es den Begriff – farbig und schön, als Titel oder in die Mitte – schreibt. Die Assoziationen zum Begriff sollen möglichst nicht nur in Form von Text, sondern als Kombination von Text, Zeichnungen, Skizzen, Collagen, grafischen und dekorativen Elementen erfolgen. Auch die eigentlichen Textelemente können kreativer als nur mit Tinte, Linie unter Linie und nur in einer Sprache gestaltet werden. Einige zuvor gemeinsam zusammengetragene Impulse können weniger fantasiebegabten Schülerinnen und Schülern weiterhelfen. Entstehen sollen möglichst ausdrucksvoll und kreativ gestaltete Blätter, die anschließend aufgehängt und gemeinsam betrachtet werden.

Das Projekt eignet sich, mit großen Papierbögen durchgeführt, auch gut für die Bearbeitung in kleineren Gruppen. Diese können bewusst mehrsprachig oder aber sprachgruppenspezifisch zusammengesetzt sein. Im ersten Fall entstehen multilinguale Blätter, im zweiten Fall solche in verschiedenen Sprachen. Beides ist für die gemeinsame Arbeit und für die anschließende Betrachtung wertvoll.

Variante 2, Stichwortgerippe
Hier werden als Ausgangspunkt drei oder vier unzusammenhängende Wörter untereinander an die Wandtafel geschrieben („Brille – heiß – Mayonnaise – reisen"). Auftrag: Sich eine Geschichte ausdenken, bei der diese Wörter in sinnvollem Zusammenhang vorkommen; als Einzelarbeit oder in Schreibteams. Spannend ist bei der abschließenden Präsentation, wie jedes Kind aus denselben Wörtern eine andere Geschichte macht, bzw. wie um dasselbe Gerippe herum ganz verschiedene Text-

körper entstanden sind. Um dies besser hervorzuheben, sollen die Ausgangswörter in den Texten mit einer anderen Farbe geschrieben oder markiert werden. Denkbar ist auch, dass jedes Kind seine Initialwörter selber wählt, dass die Kinder sich gegenseitig Initialwörter zuteilen oder dass die Wörter blind aus einem Buch gepickt werden.

Die Initialwörter können zur Abwechslung aus einer anderen Sprache stammen und müssen (nachdem sie erklärt wurden) von allen Kindern auch in dieser verwendet werden. Das führt automatisch zu witzigen Texten, in denen es um Sprachbegegnungen oder -verwirrungen geht.

Eine weitere Möglichkeit besteht darin, dass jede Sprachgruppe in ihrer Sprache schreibt oder eigene Initialwörter aus ihrer Sprache wählt. Die so entstandenen Texte werden anschliessend auf Deutsch übersetzt oder nacherzählt.

Statt schriftlich, lässt sich das Vorhaben grundsätzlich auch mündlich durchführen. Zumindest weniger redegewandte Kinder brauchen allerdings Zeit, sich ihre Geschichte vorher zu überlegen. Bei deutschschwachen Schülerinnen und Schülern kann eine mündliche Durchführung der Vertextung vorausgehen und diese erleichtern.

Schreibanfänge als Impulse
Gute Titelimpulse können auch bei Schülerinnen und Schülern, die sonst eher schreibgehemmt sind, kreative Texte auslösen. Gut ist ein Titelimpuls, wenn er weit formuliert ist und doch einen Bezug zu eigenen Fantasien, Wünschen, Erfahrungen schafft. Zum Tragen kommt die Qualität eines Titelimpulses allerdings erst dann, wenn er auch richtig eingeführt ist, wenn die Klasse auf das Schreiben eingestimmt ist. Dazu kann eine erste mündliche Runde zum Thema, evtl. unterstützt durch einen großen Cluster (s. *UV 42*), beitragen. Möglich sind aber auch Vorbesprechungen in Kleingruppen, in denen man gemeinsam zum Thema assoziiert, clustert und/oder sich die geplanten Geschichten mündlich vorerzählt. Der aktuelle Impuls wird in allen Sprachen der Klasse aufgeschrieben. Dies stützt die Aufforderung, Texte auch in den Herkunftssprachen zu verfassen. Für deutschschwächere Kinder müssen Möglichkeiten der Hilfestellung für die deutsche Version geklärt sein (Partnerarbeit, Unterstützung durch die Lehrperson).
Beispiele für Impulse (z.T. nach POMMERIN 1996 a/b): „Wenn ich … wäre, …", „Wenn wir in ein anderes Land ziehen würden", „Wenn ich groß bin, …", „Wenn ich allein zu Hause bin, …", „Wenn ich traurig bin, fühle ich mich wie …", „Wäre ich ein Vogel, …", „Das war schrecklich", „Wenn ich zaubern könnte, …", „Wenn ich der Bundespräsident/die Bundespräsidentin wäre, …".

Eine Liste solcher Impulse – von der Lehrperson und den Schülerinnen und Schülern geführt und ergänzt – soll in der Schreibecke oder sonst im Klassenzimmer gut zugänglich aufgehängt sein. Mit ihren niederschwelligen Angeboten unterstützt sie das freie Schreiben, wie es z. B. auch im individuellen Schreibheft (s. *UV 42*) geschehen kann.

Schreiben/Dichten zu visuellen Impulsen oder zu Musik

Bilder und Musikstücke sprechen die Schülerinnen und Schüler auf eine sinnliche Art an und können damit gute, meditative Einstiege in Schreibsituationen bieten. Voraussetzung ist die Wahl geeigneter Medien und eine gute Einstimmung der Klasse. Insbesondere bei Bildern eignen sich solche nicht, die allzu sehr zur bloßen Bildbeschreibung verlocken. Bessere Schlüssel zur eigenen Fantasie und Kreativität sind z. B. Mandalas, abstraktere Bilder oder Meditationsfotografien („fotolangage").

Im Bereich der Musik, die uns vermutlich noch unmittelbarer und emotionaler anspricht, bewähren sich klassische Stücke, lange und langsame Popsongs oder Meditationsstücke. Experimente mit anderen Impulsen sollen trotzdem unternommen werden, und denkbar ist auch eine Individualisierung in dem Sinne, dass jedes Kind sein eigenes Bild oder sein eigenes Musikstück (plus Walkman) mitbringt und dazu schreibt.

Starke autobiografische Texte können entstehen, wenn Schülerinnen und Schüler Musikstücke und Bilder (Landschaftsfotografien, Familienbilder) aus ihren Herkunftsregionen mitbringen und in einer Atmosphäre der Stille und Ungestörtheit zu diesen schreiben. Wenn man sich diese oft sehr persönlichen Texte, zusammen mit dem betreffenden Musikstück oder Bild, anschließend gegenseitig vorstellt, sind Respekt und Vertrauen unerlässliche Voraussetzungen.

Sinnliche Impulse, wie sie von Musik und Bildern ausgehen, bieten gute Einstiege ins eigene Schreiben von Gedichten („creative poetry"). Im Gegensatz zur eher systematischen Einführung ins Dichten in *UV 40* („Sprachen in selbst verfassten Gedichten begegnen") sollen die Vorgaben dabei möglichst frei sein. Schülerinnen und Schüler mit nicht deutscher Erstsprache sollen unbedingt ermuntert werden, in dieser Sprache zu dichten und den Text nachher auch in ihr auf uns wirken zu lassen.
Lesehinweis: G. POMMERIN (1995b): „Komm, ich zeig dir mein Land!" Kreatives Schreiben zu authentischen Bildern aus Lateinamerika.

Literarische Texte als Schreibimpulse

Textvorlagen können in verschiedener Hinsicht kreative Schreibprozesse initiieren. Ähnlich wie Bilder oder Musik können Gedichte – am besten stimmungsvolle freie

Lyrik – eingesetzt werden. Sie sprechen uns emotional an und lösen Reaktionen aus. Dasselbe kann auch für andere kurze Texte gelten; angefangen von der gefühls-mäßig starken Episode bis hin zu einer Zeitungsnotiz zu rassistischen Übergriffen. Klar muss sein, dass keine Literaturbetrachtung oder allgemeine Stellungnahme er-wartet wird, sondern ein persönlicher Text, der die Vorlage als Brücke zu den eigenen Gefühlen und Erfahrungen nimmt.

Um eine andere Facette der Kreativität geht es bei jenen Schreibanlässen, wo ein literarischer Text zur „Weiterbearbeitung" eingesetzt wird. Gemeint ist zum einen das Fertigschreiben einer Geschichte, das Erfinden eines Anfangs zu einem vorgege-benen Ende oder das Prinzip der „Hamburger-Geschichten", bei denen um einen vorgegebenen Mittelteil herum ein Anfang und ein Ende zu erfinden sind. Texte kön-nen aber auch durch den Wechsel der Perspektive verändert und adaptiert werden. Dies ist der Fall, wenn z. B. ein Ereignis aus der Sicht einer anderen Person erzählt wird (Ich- statt Er-Perspektive; die Geschichte aus der Sicht einer Nebenfigur usw.) oder wenn die Zeitdimension verändert wird (ein Märchen oder eine Geschichte, die in der Vergangenheit spielt, wird auf heutige Verhältnisse bezogen). Weitere Mög-lichkeiten resultieren aus dem Wechsel der Textsorte (Transformation des Impulses in eine Zeitungsmeldung, eine SMS etc.).

Neben der Option, dass ein Teil der Arbeit am Text in der Erstsprache erfolgen kann, bedeutet die interkulturelle Orientierung hier vor allem, dass als literarische Vorlagen auch Texte gewählt werden, die in Bezug zu den Schülerinnen und Schülern mit Migrationshintergrund stehen. Dabei kann es sich um solche aus ihren Literaturen handeln oder aber um solche, welche Aspekte von Migration oder Rassismus thematisieren.

Literaturhinweise: Siehe oben bei *UV 42* „Creative Writing auf Deutsch und in den Herkunftssprachen I: Vom Cluster bis zum multilingualen Schreibteam".

44 Großeltern-Geschichten

Sie verwöhnen einen, sie erlauben einem mehr, sie wissen spannende Geschichten von früher zu erzählen – kein Wunder, dass die meisten Kinder eine besonders enge Beziehung zu ihren Großeltern haben!

Geschichten über die Großmutter oder den Großvater zu schreiben, vereint im Kontext der mehrsprachigen Klasse zwei Vorteile: Erstens geht es um einen Menschen, den fast alle Kinder sehr gern mögen. Diese positive emotionale Beziehung kommt auch der Schreibmotivation zugute. Zweitens fließen über die Großeltern Informationen und Geschichten aus den verschiedenen Herkunftsgegenden zusammen, die bei den hier lebenden Kindern oft nicht mehr vorhanden sind.

Großeltern-Geschichten können das Bewusstsein und Interesse gegenüber der eigenen Kultur und Herkunft wecken, und sie stellen vorzügliche Ausgangspunkte für interkulturelle Gespräche, Vergleiche, Einsichten und Begegnungen dar. Siehe hierzu auch Kapitel 5.6 „Großeltern und Eltern als Informationsquellen".

Das Projekt stellt eine Variante von *UV 37* „Wir machen ein Buch" dar, vgl. zur Umsetzung auch dort.

Schuljahr/Klasse: 2. bis 10.
Zeitbedarf: Ab 3 Lektionen, je nach Ausgestaltung.

Vorbereitung

Das Projekt lässt sich gut in ethisch-lebenskundliche Themen wie „Ältere Menschen" oder „Wer wir sind" einbetten (vgl. *UV 7* „Woher wir kommen – wohin wir wollen" und *UV 95* „Familie"). Gespräche über ältere Leute, über deren Kindheit und Schulzeit, über die Beziehung zu den Großeltern und deren Rolle in der Familie, über Klischees zu alten Leuten usw. stellen eine sinnvolle Einstimmung dar. In ihnen kommen bereits viele interkulturelle Aspekte zur Sprache. Der engere Familienzusammenhalt in anderen Kulturen oder der dort oft andere Status alter Menschen gehören dazu.

Ausgangspunkt kann auch ein literarischer Text sein. C. KUPFER-SCHREINER (1992: 361ff) beschreibt in diesem Sinne ein Schreibprojekt, an dessen Anfang das Vorlesen von Peter Härtlings Kinderroman „Oma" stand.

Zwischen der Vorbesprechung des Schreibprojekts und dem eigentlichen Verfassen der Texte muss genügend Zeit eingeräumt werden, damit die Kinder sich mit den Großeltern unterhalten oder ihnen schreiben können. Unter Umständen ist es sinnvoll, das Projekt vor den Sommerferien zu planen und es im Anschluss an diese durchzuführen. Wo Großeltern nicht mehr leben oder nicht erreichbar sind, können andere ältere Familienangehörige oder Bekannte einspringen.

Für manche der unten stehenden Themenformulierungen müssen gezielte Informationen eingeholt werden. Dies kann mehr oder weniger explizit in der Art eines Interviews geschehen. Die entsprechenden Fragen werden gemeinsam erarbeitet und aufgeschrieben und dann zur Beantwortung mit der Großmutter oder dem Großvater nach Hause genommen.

Verlauf

Themenfestlegung
Möglichkeiten: Steckbrief der Großmutter. – Ein Tag im Leben meines Großvaters als Kind. – Ein Abenteuer meiner Oma. – Aus der Schulzeit meines Opas. – Ein Interview mit meiner Großmutter. – Was war früher anders? – Was meine Großmutter spielte und wobei sie helfen musste.
Statt als Beschreibung können die Texte auch in der Ich-Form verfasst werden, was sie lebendiger macht.

Sprachen
Schülerinnen und Schüler mit nicht deutscher Erstsprache können den Text in derselben schreiben. Dies hat auch den Vorteil, dass sie ihn den Großeltern nachher als Erinnerung schicken können. Alle Texte müssen aber auch in einer deutschen Fassung vorliegen, damit sie für das Gespräch zugänglich sind.

Gestaltung
Möglichkeiten: Vervielfältigung der Texte, die dann zu einem Großeltern-(oder Oma- resp. Opa-)Geschichtenbuch geheftet und im Leseunterricht behandelt werden. – Zusammenheften der Texte und Integration in die Klassenbibliothek. – Ausstellung auf großen Blättern, ergänzt um Fotografien oder eine Zeichnung.
Abschließend präsentiert jedes Kind seinen Text. Zur Veranschaulichung tragen Fotos oder sogar eine Tonbandaufnahme bei. Gespräche und Vergleiche gemäß den Schwerpunkten der Texte schließen an. Auf der Landkarte werden die Wohnorte der verschiedenen Großeltern markiert.

Wenn man vereinbart, die Texte den Großeltern zusammen mit einem Brief zu schicken, ergibt sich ein weiterer (auch muttersprachlicher) Schreibanlass.

Als attraktive Abschlussaktivität kann ein „Großeltern-Fest" geplant werden, bei dem alle verfügbaren Großmütter und -väter zu Kaffee, Kuchen und einer Gesprächs- und Erzählrunde eingeladen werden.

Hinweis: Das Oma-Projekt von Kupfer-Schreiner für die 4. Klasse findet sich auch beschrieben bei POMMERIN 1996a:110ff („Oma ist mehr als Großmutter"); ein Projekt „Das Großelternbuch der 2e" für das zweite Schuljahr schildern GLUMPLER/APELTAUER (1997:81ff).

Geschichten, mit denen man rechnen kann

Rechengeschichten: Das sind Texte, in denen es um allerlei (reale oder fantastische) Informationen und um Zahlen geht. Sie sind umfangreicher und literarischer ausgestaltet als bloße Textrechnungen. Ihr Schwerpunkt kann im Bereich des Fabulierens (bis hin zum Detektivischen) liegen oder aber eher auf der Sachinformation (z. B. bei einem Text über Distanzen, geografische Daten, Preise usw.).

In beiden Fällen wird zusätzlich zum eigentlichen Text ein Blatt oder eine Liste mit konkreten Aufgaben oder Impulsen verfasst. Wer die Geschichte lesen will, muss sich anschließend auch mit diesen Impulsen befassen.

Die Arbeit mit Rechengeschichten ist insofern besonders anregend, als sie verschiedene Zielbereiche und Fertigkeiten gleichzeitig ansteuert. Dazu zählen Kreativität, klarer Aufbau und verständliche Formulierungen beim eigenen Schreiben; genaues, sinnentnehmendes Lesen; evtl. Verarbeitung und Vertiefung von Sachinformation; mathematische Überlegungen und Operationen.

In der multikulturellen Klasse bieten Rechengeschichten ein ideales Gefäß für Inhalte und Handlungsszenarien aus verschiedenen Ländern und Kulturkreisen. Auch hier kann die Handlung eher fantastisch sein: „Ayshes Einkaufabenteuer auf dem Basar in Istanbul". Oder aber sie wird zum Rahmen, in dem Sachwissen über das eigene Land (wie es etwa im herkunftssprachlichen Unterricht erworben wurde) verarbeitet wird. Ein Beispiel hierfür wäre ein Sachtext über Flüsse in Makedonien, evtl. eingebettet in eine Geschichte aus den Sommerferien.

Zu konventionellen, inhaltlich aber interkulturell orientierten Textrechnungen, siehe *UV 97* „Interkulturelles im Mathematikunterricht".

Schuljahr/Klasse:	Ab 5. bis 10.
Zeitbedarf:	1–2 Lektionen.
Unterrichtsbereiche:	Deutsch, Mathematik.

Vorbereitung

Das Miteinander von Geschichten und Mathematik ist anspruchsvoll. Es muss gemeinsam vorbesprochen werden. Entstehen sollen ja nicht einfach überdimensionale

Textrechnungen. Vielmehr geht es um Geschichten, in die allerlei Zahleninformationen so eingebaut sind, dass man sie anschließend auf verschiedene Weise zueinander in Beziehung setzen kann.

Eine gute Voraussetzung für das eigene Schreiben ist gegeben, wenn die Klasse den „Dreh" (genaue, verarbeitbare Information; klare, kreativ lösbare Aufgaben) anhand bestehender Rechengeschichten begriffen hat. Sinnvoll ist, zusätzlich gemeinsam eine oder zwei solcher Geschichten zu erfinden.

Zwei ansprechende Sammlungen von Rechengeschichten (allerdings ohne interkulturelle Ausrichtung) sind CHRISTA ERICHSONS „Von Lichtjahren, Pyramiden und einem regen Wurm. Texte, mit denen man rechnen muss" und „Von Giganten, Medaillen und einem regen Wurm. Geschichten, mit denen man rechnen muss"; sie haben auch den Titel dieses Projekts inspiriert. Vgl. auch die unten aufgeführten Titel.

Verlauf

Verfasst werden die Texte und die anschließenden Aufgaben allein oder zu zweit. Ihre Qualität hängt einerseits von der Attraktivität des Inhalts ab, andrerseits von der Verständlichkeit und Lösbarkeit der beigegebenen Aufgaben oder Arbeitsimpulse. Beides muss vorher besprochen und veranschaulicht werden.

Für sprachlich schwächere Schülerinnen und Schüler ist angesichts der eher hohen Anforderungen eine Unterstützung und Beratung zu planen (Teamarbeit; Beratung durch die Lehrperson; Abfassen des Textes zuerst in der Muttersprache, evtl. unterstützt durch eine Lehrperson des betreffenden herkunftssprachlichen Unterrichts).

Die fertigen Geschichten fließen natürlich in den Unterricht zurück. Die Texte mit den dazugehörigen Aufgaben werden ausgetauscht, ausprobiert und nachgerechnet. Vorher empfiehlt sich eine Testphase in Partnerarbeit; dabei werden eventuelle Unklarheiten zu Tage gefördert.

Die Geschichten eignen sich gut zur Bearbeitung als Wahlangebote im Rahmen von offenen Unterrichtsformen. Falls die Qualität es rechtfertigt, können sie auch als Lesetexte bzw. Arbeitsheft vervielfältigt und/oder gebunden werden.

Literatur: CH. ERICHSON (1993): Von Lichtjahren, Pyramiden und einem regen Wurm. Texte, mit denen man rechnen muss. CH. ERICHSON (2003): Von Giganten, Medaillen und einem regen Wurm. Geschichten, mit denen man rechnen muss. U. RUF, P. GALLIN (1995): Ich – du – wir, S. 45ff; H. RADATZ: „38 + 7 = 7 jeger schießen auf 50 Hasen, 2 sint schon tot. Kinder erfinden Rechengeschichten"; in: BALHORN/BRÜGELMANN 1993:32-36.

Briefe schreiben: Klassenkorrespondenz und anderes

Briefe zu bekommen – wie die Erwachsenen – hat eine besondere Faszination. Auslösen kann man diesen Reiz ganz einfach – nämlich indem man selber einen Brief verfasst! Die Antwort lässt in der Regel nicht lange auf sich warten.

Briefe schreiben als Prototyp echten, adressatenbezogenen Schreibens muss keineswegs auf die deutsche Sprache beschränkt bleiben, wie die folgenden Hinweise zeigen. Auch hier gilt, dass mit dem Schreiben in der Erstsprache nicht nur die Kompetenz in derselben gestärkt wird. Formale und inhaltliche Kriterien sind sprachenunabhängig zu erfüllen, wenngleich sie in der für uns fremden Sprache schwerer zu überprüfen sind. (Dieses Problem lässt sich allerdings leicht lösen, wenn wir die Lehrkräfte des herkunftssprachlichen Unterrichts um Mithilfe bitten.) Vor allem aber muss mit der Übersetzung des eigenen wie auch des als Reaktion erhaltenen Briefs sehr wohl auch in Deutsch etwas geleistet werden.

Die folgenden Anregungen beschränken sich auf Anlässe, die sich besonders für eine mehrsprachige Anlage eignen. Auf die Vermittlung der formalen Aspekte des Briefschreibens (Briefkopf, Formeln usw.), wie sie vom Deutschunterricht her bekannt sind, gehen wir nicht ein. Zu den Möglichkeiten und Folgeprojekten in Zusammenhang mit elektronischen resp. E-Mail-Klassenkorrespondenzen, die hier ausgespart sind, vgl. *UV 47* „Mailen und Chatten: Elektronische Schriftkommunikation global und multilingual".

Schuljahr/Klasse: 2. bis 10.
Zeitbedarf: Abhängig von Brieftyp und Vorbereitung; ab 1 Lektion.
Vorbereitung: Abhängig von der Art des Briefschreibanlasses.

Möglichkeiten

■ Klassenkorrespondenz mit einer Partnerklasse, die sich vom Alter und der sprachlichen Zusammensetzung her eignet (was von der Lehrperson vorher zu klären ist). Kontakte mit Klassen aus der näheren Umgebung haben den Vorteil, dass auch gemeinsame Aktivitäten und Begegnungen möglich werden (Führungen durchs eigene Stadtviertel, Exkursionen, Spielnachmittage). Solche mit entfernteren Klassen – in anderen Landesteilen oder im Ausland – sind dafür wegen der veränderten Lebensumstände spannend.

Der erste Brief, den jedes Kind an ein potenzielles Partnerkind schreibt, könnte z. B. ein schriftliches Selbstporträt und Fragen an das andere Kind enthalten. Wenn möglich soll ihm ein Foto beigelegt werden (oder die Lehrerin macht Polaroidfotos von je drei bis vier Kindern). Jedes Kind schreibt, welche Sprachen es spricht und fügt dem Brief ein paar Sätze oder zumindest einen Gruß in seiner Sprache bei. In der Partnerklasse führt das zu einer spannenden Verstehens- und Zuordnungsübung. Kinder der gleichen Sprachgruppe sind von da an Briefpartner bzw. -partnerinnen. Sie können ihre Korrespondenz selbstverständlich ganz in der Muttersprache führen, sollen aber den anderen jeweils erzählen, was ihnen ihr Partnerkind geschrieben hat.

Die weiteren Briefe können inhaltlich frei gelassen werden. Um ein baldiges Abflauen der Korrespondenz zu verhindern, sind aber doch periodisch auch themen- oder projektbezogene Impulse zu empfehlen: Wir befragen unsere Partnerkinder zu etwas, woran wir gerade selber arbeiten; Austausch von selbst gemachten Geschichtenbüchern; Briefe zur Planung gemeinsamer Aktivitäten.

Zusätzlich zu Briefen können auch Tonbandkassetten oder ein Klassenvideo ausgetauscht werden. – Wenn im Schulzimmer eine Wandfläche zum Aufhängen der empfangenen Briefe zur Verfügung steht, wirkt dies stimulierend.

- Klasseninterne Briefwechsel. Sie können als Vor- und evtl. Parallelform zur Korrespondenz mit anderen Klassen dienen. Ein im Zimmer aufgehängter Briefkasten und eine erste, gemeinsam initiierte Schreibrunde regt die Motivation zum gegenseitigen Schreiben an. Kinder derselben Sprache dürfen sich in dieser schreiben. Es können aber natürlich auch andere Adressatinnen und Adressaten gewählt werden, inklusive die Lehrperson. In diesem Falle beschränkt man sich z. B. auf einen Schlussgruß in der eigenen Sprache oder auf einen „Rätselsatz". Ein Mittelding zwischen klasseninterner und „richtiger" Klassenkorrespondenz ist das schulinterne Briefeschreiben, an dem sich zwei oder mehrere Klassen beteiligen.

- Korrespondenzen mit Gleichaltrigen aus den verschiedenen Herkunftsregionen. Unter dem Motto „Wir wollen wissen, was Gleichaltrige anderswo denken und machen" sucht sich jedes Kind einen Briefpartner/eine Briefpartnerin in seiner Herkunftsregion (oder, falls die monolingual-deutschsprachigen Kinder dies nicht spannend finden, sonstwo im Ausland). Im Gegensatz zu freien individuellen Briefpartnerschaften steht diese quasi unter dem Patronat der Klasse. Immer wieder einmal werden Schreibaufträge zu bestimmten Themen vereinbart, mit dem Ziel, eine möglichst breite „internationale" Palette von Meinungen zu erhalten. Wo das Finden geeigneter Partnerkinder Probleme macht, können vielleicht die Lehrpersonen des herkunftssprachlichen Unterrichts weiterhelfen.

- Briefe (oder E-Mails, vgl. *UV 47*), um etwas zu bekommen. Auf entsprechend angelegte Briefe bekommt man nicht nur eine schriftliche Antwort, sondern unter

Umständen handfeste Geschenke. Dies kann man probieren, indem man z. B. im Vorfeld eines Klassen- oder Schulfestes Kartoffelchips- oder Süßigkeitenfirmen anschreibt oder indem man im Rahmen eines Sachthemas Unterlagen oder Informationen anfordert. In den verschiedenen Erstsprachen verfasste Briefe können u.a. sehr erfolgreich sein, wenn es darum geht, von Reisebüros oder Botschaften der betreffenden Länder Plakate oder Prospekte zu erhalten (für Vorträge oder zur Dekoration des Schulzimmers).

- Briefe an Verwandte oder Bekannte in der Herkunftsregion. Sie drängen sich besonders auf, wenn wir Informationen zu bestimmten Themen brauchen, z. B. über die Schule, über Lebensmittelpreise, über die Umweltverschmutzung usw. Hierzu gehören auch Briefe in Zusammenhang mit den „Großeltern-Geschichten" (vgl. *UV 44*), bei denen es darum geht, Informationen zum Leben in früheren Zeiten einzuholen.

- Briefe an eine lebende oder tote Persönlichkeit aus der eigenen Kultur (an den Nationalhelden, an eine Sportgröße, an den Präsidenten, an einen Menschen, den man dort bewundert). Briefe an lebende Persönlichkeiten werden natürlich abgeschickt, im besten Fall kommt eine Antwort oder ein Autogramm zurück.
Bei den verstorbenen Persönlichkeiten dient der Adressat bzw. die Adressatin vor allem als Aufhänger, eigene Gedanken und Reflexionen zu formulieren.
Beide Typen von Briefen werden, evtl. unter Mithilfe einer schreibsicheren Person, in den Herkunftssprachen verfasst und der Klasse auf Deutsch nacherzählt oder übersetzt.

Bei allen etwas formelleren Briefen muss auch die erstsprachliche Fassung den landesüblichen Höflichkeitsstandards genügen (Anrede- und Schlussfloskeln). Wie diese aussehen, ist via herkunftssprachliche Lehrkräfte oder Eltern bzw. Bekannte des Kindes herauszufinden. Die Sammlung dieser Floskeln und ihre wörtliche Übertragung ist ein interessantes Nebenprodukt der Briefprojekte.

Mailen und Chatten: Elektronische Schriftkommunikation global und multilingual

Der weltweite Boom der neuen Medien – vorab von Internet und E-mail – führt zu ganz neuen Möglichkeiten einer grenzen-, sprachen- und kulturenübergreifenden Kommunikation. Die Beherrschung dieser Medien stellt bereits mehr oder weniger eine Schlüsselqualifikation dar. Mit ihnen verbinden sich aber auch attraktive und niederschwellige Anlässe für traditionelle Bereiche des Sprachunterrichts, zu denen etwa das Texteschreiben zählt. Zur Attraktivität trägt hier bei, dass die typischen Formen elektronischer Kommunikation – E-Mail, Chat, in einem weiteren Sinne auch SMS – formal weniger anspruchsvoll und strikt adressatenbezogen bzw. kommunikativ sind.

Beides unterscheidet sie von vielen herkömmlichen Schreibanlässen. Nicht von ungefähr haben denn auch viele sonst eher schreibunlustige und -schwache Kinder keinerlei Probleme, wenn es ums Chatten, Mailen oder SMS-Schreiben geht. In der mehrsprachigen Klasse erweist sich die Internationalität der neuen Medien als besonderer Vorteil. Sind einmal Partnerinnen und Partner gefunden, kann jedes Kind in seiner Sprache schreiben. Dies fördert nicht nur seine muttersprachliche Kompetenz, sondern auch jene im Deutschen, wenn es nämlich darum geht, die erhaltenen Antworten auf Deutsch wiederzugeben.

Der Unterrichtsvorschlag ergänzt die „vorelektronischen" Anregungen in *UV 46* „Briefe schreiben: Klassenkorrespondenz und anderes". Ideen in Zusammenhang mit SMS bietet *UV 50* „SMS: Spannende Mehr-Sprachige Experimente mit einer neuen Textsorte". Unbedingt zu beachten sind die Hinweise auf den Persönlichkeitsschutz und die zurückhaltende Weitergabe persönlicher Daten, welche in *UV 51* „Das Fenster nach außen: Unsere multilinguale Homepage" ausgeführt sind.

Schuljahr/Klasse: Ab 5. Klasse.
Zeitbedarf: Startphase ca. 1–2 Lektionen, anschließend je nach Umsetzung.

Elektronische Klassenkorrespondenz
Das Suchen von Partnerklassen übernimmt zumindest bei den tieferen Klassen vorzugsweise die Lehrperson (Links s. u.). Dabei sollte bei der ersten Kontaktaufnahme mit der Partner-Lehrperson darauf geachtet werden, dass die sprachliche Zusammensetzung der beiden Klassen ähnlich ist. Nur so können Kinder mit derselben Erstsprache auch in dieser kommunizieren. Denkbar ist als Notlösung, dass alle oder

einzelne Schülerinnen und Schüler sich je eigene E-Mail-Partnerinnen und -Partner suchen. Dies verhindert allerdings gemeinsame Folgeprojekte, wie sie bei zwei eigentlichen Partnerklassen möglich sind.

Die Inhalte der Klassenkorrespondenz sollen zumindest in der Startphase ein wenig koordiniert bzw. thematisch gesteuert werden. Eine gute Voraussetzung dafür ist, wenn die beiden Klassen am selben Thema arbeiten (unsere Gemeinde, Wasser, Sagen) und sich gegenseitig Informationen, eigene Arbeiten etc. schicken können. Dies kann bis zu klassenübergreifenden virtuellen Partner- und Kleingruppenarbeiten führen, wenn z. B. je zwei Kinder gemeinsam eine Fortsetzungsgeschichte erfinden, an einer sachunterrichtlichen Präsentation arbeiten (Dokumentation, Arbeitsblätter usw.) oder eine elektronische Schreibkonferenz abhalten, bei der sie gegenseitig ihre Texte kritisch begutachten. Die Möglichkeit, Texte, Bild- und Tondateien zu attachen oder interessante Links einzufügen, sollte unbedingt bewusst gemacht und genutzt werden.

Links: www.schulweb.de (Links zu Klassen im gesamten deutschsprachigen Raum und in anderen Ländern; Chatroom für Schülerinnen und Schüler; internationale Sammlung von Homepages von Schulen mit Internetanschluss).
www.digischool.nl/du/lehrer/index.htm (Kontakte; Anleitung zum Starten einer Klassenkorrespondenz oder eines Austauschs).
www.educanet.ch/home/swissfot (internationale Liste von Schulen mit Internetanschluss).
www.bild-online.dk (E-Mail-Projekte für den DaZ-Unterricht).

Mögliche Folgeprojekte
Die oben genannten virtuellen Partner- und Kleingruppenarbeiten lassen sich zu gemeinsamen größeren Vorhaben ausbauen, an denen evtl. mehrere Klassen – möglichst aus ganz verschiedenen Regionen – teilnehmen. Dabei kann es um die Zusammenstellung einer gemeinsame Dokumentation zum Thema „so wohnen und leben wir" gehen, um eine gemeinsame Gedichtsammlung, ein Kochbuch oder um eine elektronische Schülerinnen- und Schülerzeitung (vgl. auch *UV 62* „Arbeit mit dem Internet"). Entsprechende Projekte, allerdings meist ohne Einbeziehung der Herkunftssprachen, bestehen bereits. Man findet sie im Internet mit den entsprechenden Suchbegriffen („elektronische Schülerzeitung") oder auf den großen Edu-Servern (z. B. www.schulweb.de). – Vergessen wir bei aller Virtualität nicht, dass eine besonders attraktive Weiterführung der elektronischen Zusammenarbeit auch in einem realen Treffen oder Austausch der beteiligten Klassen bestehen kann!

E-Mails zur Informationsbeschaffung etc.

Neben dem privaten Schriftverkehr sind E-Mails heute ein gängiges Medium, um Informationen einzuholen, Dinge zu bestellen etc. Mit diesen zentralen Funktionen sollen die Schülerinnen und Schüler auch im Sinne einer zeitgemäßen Medienbildung Erfahrungen machen. Gelegenheiten ergeben sich reichlich: Informationen bei Ämtern und Behörden einholen, um Unterlagen oder Bildmaterial für den Unterricht bitten, eine Sportstatistik anfordern, Nachfragen in Zusammenhang mit sachkundlichen, geschichtlichen, sprachlichen Informationen usw. (vgl. hierzu auch *UV 46* „Briefe schreiben").

Der für die elektronische Privatkorrespondenz zulässige saloppere Stil muss bei diesen formelleren Mails geändert werden. Auch dies – die verschiedenen Stilhöhen und Charakteristika der Textsorten Brief, E-mail, Chat und SMS, je in Abhängigkeit vom Adressaten – ist ein Thema, das zu diskutieren und bewusst zu machen sich lohnt. Impulse in Zusammenhang mit SMS und E-Mail finden sich in *UV 50* „SMS".

Chatten im schulischen Rahmen

Chatten, von manchen Schülerinnen und Schülern fast süchtig betrieben, passt zumindest vordergründig deutlich besser in die Freizeit als in die Schule. Chatten ist ein merkwürdiger Zwitter im Zwischenraum von Öffentlichkeit und Privatheit, von Mündlichkeit und Schriftlichkeit. Gerade deshalb, und eben wegen seiner Beliebtheit bei vielen Jugendlichen, kann es zum Anlass für spannende Gespräche und Einsichten werden. Ihr Gegenstand können die eigenen Erfahrungen mit diesem Kommunikationsmedium sein, Reflexionen zur Sprache des Chattens (die oft viel salopper und stark dialekt- oder slanggefärbt ist), und natürlich auch die Chat-Gewohnheiten in den Migrationsgruppen und den verschiedenen Herkunftsländern.

Diese sprachreflexiven Kontexte sind freilich nicht die einzigen, in denen Chatten schulisch produktiv wird. Vielmehr erlaubt das Mitbenutzen oder Einrichten eines Chatrooms zu einem bestimmten Thema, dieses über alle geografischen Grenzen hinaus mit Gleichaltrigen zu diskutieren, Erfahrungen auszutauschen, andere Meinungen zu hören. Dabei kann es bei solchen virtuellen Gruppen- oder Klassengesprächen um ethisch-politische Themen wie Fremdenfeindlichkeit oder Gewalt gehen, durchaus aber auch um einen Meinungs- und Erfahrungsaustausch in Zusammenhang mit einem Schulprojekt (z. B. Klassenfahrt in die Lüneburger Heide: wie habt ihr das geplant, was ist wichtig, usf.). – Das Suchen eines geeigneten Chatrooms oder die Einrichtung eines solchen übernimmt auch hier für die tieferen Klassen vorzugsweise die Lehrperson; verwiesen sei insbesondere auf www.schulweb.de, wo bereits Chatrooms bestehen.

Piktogramme – Botschaften in vielen Sprachen

Piktogramme (am Flughafen, im Bahnhof, für Sportarten usw.) sind von ihrem Sinn und Wesen her übersprachlich. Dasselbe gilt für die Anweisungen, die uns international gültige Symbole wie Verkehrsschilder usw. geben. Und natürlich zählen zu den Piktogrammen auch die Emoticons, die in SMS und E-Mails zur Wiedergabe von Stimmungslagen verwendet werden (vgl. hierzu *UV 50* „SMS"). Sie alle sind bewusst so konzipiert, dass jeder und jede sie in seiner/ihrer Sprache dekodieren, ihre Botschaft „übersetzen" kann.

Machen wir Ernst mit diesen Übersetzungen! Was ruft uns das Einbahnschild zu, wenn wir seine Botschaft („Hier darfst du in dieser Richtung nicht durch!") als Türkin, Albaner oder Griechin versprachlichen? Oder – auf verschiedene Stilschichten des Deutschen bezogen: Was ruft uns ein sehr freundliches, ein freches, ein fieses Einbahnschild zu?

Die verschiedenen Möglichkeiten, aufforderungsorientierte Piktogramme in Sprache(n) umzusetzen, machen Spaß. Darüber hinaus führen sie unversehens zu interessanten Sprachreflexionen und -vergleichen: Welche Möglichkeiten hat unsere Sprache, einen Befehl auszudrücken? (Befehlsform, Aufforderung, Frage im Konjunktiv usw.). Wie sieht das in anderen Sprachen aus?

Schuljahr/Klasse: 2. bis 10.
Zeitbedarf: 1–2 Lektionen.
Vorbereitung: Piktogramme mitbringen und von der Klasse sammeln lassen.

Verlauf

Piktogramme sammeln: Im Bahnhof, in Prospekten, vorn im Telefonbuch usw. Gespräch über ihren Sinn und Zweck, d. h. über ihre allgemeine Verständlichkeit. Weshalb finden sie sich an bestimmten Orten (Flughäfen, Bahnhöfen usw.) so gehäuft?

Jedes Piktogramm hat eine Botschaft, will uns etwas sagen. Das prüfen wir, indem wir zunächst auf Deutsch die Botschaft einiger Piktogramme „ausformulieren". Besonders geeignet sind dabei die Verkehrszeichen. Mit ihrem prägnanten Aufforderungscharakter geben sie mehr her als beispielsweise Sportartensymbole.

Für die Versprachlichung gibt es verschiedene Möglichkeiten. Man kann auch mit verschiedenen Stilschichten spielen. („Würden Sie bitte hier halten?" oder „Bring endlich deine Karre zum Stehen!": Beides könnte das Stoppschild uns zurufen.)

Nun wird die Versprachlichung der nonverbalen Botschaft auch in anderen Sprachen getestet, zunächst mündlich. Als Rahmenhandlung können wir uns für diese Sequenz eine Reise quer durch die Länder bzw. Sprachen und Dialekte der Kinder denken. Überall treffen wir dasselbe Zeichen, aber überall klingt seine sprachliche Entsprechung anders.

Zwei Möglichkeiten zur schriftlichen bzw. gestalterischen Umsetzung:
- Poster/Tabellen mit verschiedenen Piktogrammen und deren „Übersetzung" in die verschiedenen Sprachen und Dialekte.
- Plakate mit je einem Verkehrszeichen oder einem anderen Piktogramm in der Mitte, darum herum Sprechblasen mit seiner Botschaft in verschiedenen Sprachen, Dialekten, Slangs.

Ausbaumöglichkeiten

Eigene Piktogramme erfinden, gestalten, versprachlichen. Die andern Schülerinnen und Schüler raten, was das Zeichen bedeuten soll.

Fotoromane machen – ein multimedialer Lernspaß

Wer kennt sie nicht, jene oft unsäglichen Fotogeschichten oder -romane, die zum festen Bestandteil der „Bravo" und ähnlichen Jugendzeitschriften im In- und Ausland gehören!

So diskutabel ihr literarischer Wert ist, so viel gibt diese Gattung her, wenn wir zur eigenen Produktion schreiten. Eine geeignete Geschichte zu erfinden, zu vertexten und in Szenen aufzuteilen ist dabei nur ein Lernbereich. Von der musisch-gestalterischen Seite her kommen das Arrangieren der Bilder, die Ausstaffierung und szenische Selbstdarstellung der Akteure und Akteurinnen dazu. Fotografisch müssen geeignete Ausschnitte und passende Beleuchtungen überlegt werden, und weitere Herausforderungen stellt die Verarbeitung am Computer, die hier sehr gut geübt werden kann. Mehrsprachigkeit kann in verschiedener Form zum Thema werden und bereichert das Projekt. Dass die in sich schon vielfältige und kreative Arbeit erst noch zu Produkten führt, die mit Sicherheit viel Spaß machen, lässt sie noch attraktiver werden und rechtfertigt den Aufwand.

Als Vorbereitung des Projekts in gestalterischer Hinsicht kann man mehrsprachige Comics gestalten (siehe *UV 57*); eine Ausbaustufe wären selbst gedrehte Videostorys.

Schuljahr/Klasse:	6./7. bis 10.
Zeitbedarf:	Ca. 6 Lektionen.
Unterrichtsbereiche:	Deutsch, Medienerziehung bzw. -bildung/Computer.

Verlauf

Nach der Information der Schülerinnen und Schüler werden zunächst bestehende Fotogeschichten oder -romane mitgebracht und untersucht. Die Auseinandersetzung mit ihrer Machart lässt uns die eigene Arbeit professioneller angehen. Aspekte, auf die die Schülerinnen und Schüler sensibilisiert werden sollen: Eignung der Geschichte (sie soll handlungsorientiert sein), sinnvolle Anzahl von Hauptpersonen, Einsatz von Sprech- und Denkblasen sowie Untertiteln, Seitenaufteilung, Großaufnahmen und Totale, Lichtverhältnisse, Requisiten usw.

Zu klären sind natürlich auch die materiellen Voraussetzungen: Fotoapparate, evtl. Fotolabor; Scanner oder Digitalkameras zur Weiterbearbeitung der Bilder am Computer; Budget für die Filme usw.

Arbeitsorganisation
Die anschließende Arbeit erfolgt am besten in Gruppen von vier bis fünf Schülerinnen und Schülern.
Zuerst muss man sich einigen, was entstehen soll. Möglichkeiten:
■ Jede Gruppe kreiert eine unabhängige Geschichte; keine Themenvorgaben.
■ Jede Gruppe kreiert eine unabhängige Geschichte zu einem gemeinsamen Thema (z. B. „Verständigungsprobleme" oder „Liebe").
■ Jede Gruppe liefert eine Episode zu einer gemeinsamen Rahmenhandlung (vgl. z. B. *UV 38* „Eine Reise quer durch unsere Länder", auch als Fotogeschichte umsetzbar).

Bezüglich des Umfangs setzt man am besten ein Limit von beispielsweise zwei Seiten oder 10 bis 15 Bildern.

Auch für die Wahl und Gestaltung der Sprachen gibt es verschiedene Möglichkeiten:
■ Die Geschichte ist grundsätzlich in Deutsch geschrieben, in den Sprech- und/oder Denkblasen tauchen aber auch andere Sprachen auf (vom Einzelwort bis zu ganzen Texten; Letztere evtl. als Fußnote übersetzt). Voraussetzung für diese sehr reizvolle mehrsprachige Anlage ist einzig, dass in der Geschichte Personen verschiedener Muttersprache vorkommen. Mit der Einbeziehung von Denkblasen kann Zweisprachigkeit optimal und witzig veranschaulicht werden (deutsche Sprechblasen, Denkblasen in der Muttersprache).
■ Übersetzungen in verschiedene Sprachen bzw. Übersetzung ins Deutsche (falls das Original in einer anderen Sprache geschrieben ist, was gut möglich ist). Die Geschichte wird punkto Bilder und Layout fertig gestaltet, die Textfelder (Sprechblasen, Titel usw.) bleiben noch leer. In dieser Form wird sie kopiert; erst jetzt wird der Text in verschiedenen Sprachen eingesetzt. Es entstehen verschiedensprachige Versionen derselben Geschichte.
Variante: Die Geschichte wird gescannt, die Textfelder werden am Computer ausgefüllt.
Variante: Die Textfelder bleiben leer; pro Sprache wird eine Transparentfolie auf die Geschichte gelegt und auf dieser die Übersetzungen hingeschrieben. Nun kann man die Geschichte in der gewünschten Sprache lesen, indem man die entsprechende Folie auf das Original legt. Vorteil: Unaufwändig, wenig Kopien.

Arbeitsschritte in der Produktionsphase:

■ Erfinden einer geeigneten Geschichte. Aufteilung in Szenen für die späteren Bilder.

■ Herstellen einer skizzierten Entwurfsversion der Endfassung. Jedes Bild soll drehbuchartig hinsichtlich Texte und Sujets geplant sein. Besprechung.

■ Vorbereitung der Aufnahmen: Requisiten, Szenarien/Aufnahmeorte; Einstudieren der Posen usw.

■ Aufnahmen (am besten außerhalb der Schulzeit). Am problemlosesten sind Digitalfotos, die am Computer nachbearbeitet werden können. Neben ihnen und den konventionellen Aufnahmen sind auch Polaroidfotos denkbar (sofort verfügbar, aber teuer und qualitativ oft diskutabel).

■ Endfassungen der Texte.

■ Übersetzungen, s. o.

■ Schlussgestaltung von Texten und Bildern; je nach Möglichkeiten mit Klebstoff und Schere oder als Weiterbearbeitung am Computer.

SMS: Spannende MehrSprachige Experimente mit einer neuen Textsorte

Handys, die dauernd klingeln, Schülerinnen und Schüler, die unter der Schulbank SMS schreiben (sorry: „simsen") statt aufzupassen: das nervt. Was so penetrant präsent ist, dass manche Schulen bereits ein eigentliches Handyverbot verordnet haben, muss allerdings zu einem offensichtlich besonders authentischen Stück heutiger Jugendkultur gehören. Und damit zu etwas, was von einem schülerinnen- und schüler-orientierten Unterricht eigentlich nicht einfach ausgeklammert werden sollte. Zumal sich damit, stressfrei betrachtet, eine Menge anregender Lernanlässe auch im mehrsprachigen Umfeld verbindet. Zum Thema werden kann dabei etwa der gegenüber anderen Textsorten viel liberalere Sprachgebrauch, die Herausforderung, eine Botschaft auf bloß 160 Zeichen zu beschränken, oder aber die SMS-spezifischen „Emoticons". Auf jeden Fall haben wir es hier mit einer Materie zu tun, zu der die Schülerinnen und Schüler aus ihrer unmittelbaren Erfahrung viel beitragen können. :-)

Schuljahr/Klasse:	Ab 6./7. Schuljahr, evtl. früher.
Zeitbedarf:	Je nach Teilthema 1–2 Lektionen.
Unterrichtsbereiche:	Deutsch, Medienbildung resp. -erziehung, evtl. Kunst/Gestalten.

Impulse für Gespräche oder schriftliche Äußerungen (inbegriffen solche, die nicht spezifisch für die mehrsprachige Klasse sind):

- Was macht das „Simsen" so attraktiv?
- Was unterscheidet – positiv oder negativ – das Schreiben (und Lesen) von SMS vom Briefeschreiben oder vom Schreiben von E-Mails? Was sind die Charakteristika dieser drei verwandten Sorten adressatenbezogenen Schreibens; welches sind jeweils die Vor- resp. Nachteile?
- Die Sprache, die ich bei SMS verwende, unterscheidet sich von derjenigen in herkömmlichen Briefen. Wo liegen eigentlich die sprachlichen Unterschiede (wenn möglich bezogen auf authentische Beispiele)?
- In dialektgeprägten Regionen werden informellere Textsorten wie SMS oft auch in Mundart abgefasst. Eigene Erfahrungen: Wer „simst" mit wem in welcher Sprachform; für welche anderen Textsorten wird Mundart (oder Slang) verwendet; für welche würde sie nicht passen – und warum eigentlich?
- Zur SMS-Praxis der Schülerinnen und Schüler mit nicht deutscher Herkunftssprache: Welche Sprache verwenden sie wann und gegenüber wem? Wie steht es

mit Handybesitz und SMS-Boom in den Herkunftsländern? (Wie) verwenden sie das Medium SMS, um Kontakte mit Freundinnen, Freunden oder Verwandten im Herkunftsland zu pflegen?

■ Gibt es die sprachlichen Unterschiede zwischen SMS- und Briefeschreiben auch in anderen Sprachen? Ist die Sprache der SMS dort ebenfalls „liberaler", werden Dialekt und Slang dort ebenfalls manchmal als Schriftsprache in SMS verwendet? Beispiele!

■ Besondere Kürzel (8ung, mfG , sTn [schönen Tach noch], see U): Gibt es so etwas auch in den anderen Sprachen der Klasse? Sind die Emoticons (Piktogramme für Stimmungslagen, beispielsweise :-) für „Freude") dort ebenfalls gebräuchlich; gibt es Abkürzungen, Kurzformen usw., die wir hier nicht kennen?

Diese Fragestellungen sollten wenn immer möglich begleitet werden von Situationen sprachhandelnden, entdeckenden und kreativen Lernens in der Art der folgenden:

Authentische SMS der Schülerinnen und Schüler untersuchen
Voraussetzung ist natürlich ein gutes Vertrauensklima. Die Mails (aus den Handy-Menus „gesendete" resp. „eingegangene Mails") werden minutiös abgeschrieben (oder, im Luxusfall, auf den PC gebeamt). Statt eines normalen Blattes kann dazu eines im Handy-Bildschirm-Look gestaltet werden. Gegenstand der Beobachtungen und Untersuchungen können die oben aufgelisteten Punkte zum Sprachgebrauch beim SMS-Schreiben, zu Mundart – Hochsprache, zu Kürzeln oder Sonderzeichen sein. Die Aufträge, vorher klar vereinbart, eignen sich gut zur Bearbeitung in Gruppen. Schülerinnen und Schüler, die auch in ihrer nicht deutschen Erstsprache „simsen", beantworten dieselben Fragen mit Bezug auf ihre Erstsprache.

Experimente mit Textsortenwechsel/Transformationen
Hier ergeben sich verschiedene anregende Möglichkeiten, die alle mit den charakteristischen Möglichkeiten und Grenzen (160 Zeichen) der Textsorte SMS-Botschaft zusammenhängen.
Die einfachste betrifft das Umschreiben authentischer SMS-Texte zu „normalen" Briefen: Was verändert sich? Geschieht dasselbe auch in anderen Sprachen?

Anspruchsvolle Zusatzfrage: Was würde sich bei der Transformation in die Textsorte E-Mail verändern? E-Mails liegen in verschiedener Hinsicht (formale Ansprüche, Gestaltungsmöglichkeiten etc.) in einem spannenden Mittelfeld zwischen SMS und Brief.

Transformation anderer Texte in Textsorte und „Format" SMS: Versucht, einen vorliegenden Brief, Gedicht, Sachtext zu einer SMS zu machen! Die Option „überlange" oder doppelte SMS ist nicht zugelassen; 160 Zeichen müssen reichen! – Die Ergebnisse dieser sprachlich knackigen Herausforderung werden auf Blättern im Handy-Look präsentiert und gegenseitig kritisch begutachtet. Sind alle SMS-spezifischen Möglichkeiten, bis hin zu Emoticons, adäquat genutzt? Texte in nicht deutschen Sprachen werden vorgelesen (was bei 160 Zeichen gut möglich ist) und erläutert.

Emoticons, Piktogramme für Stimmungslagen
Ähnlich wie Piktogramme und Verkehrsschilder sind auch die SMS- und E-Mail-typischen Emoticons Symbole, die zwar in jeder Sprache dasselbe bedeuten, die aber in jeder Sprache ganz unterschiedlich klingen. :-(z. B. heißt, in Deutsch versprachlicht, „Pech!" oder „ich bin sauer"; aber was heißt es auf Türkisch? Das Repertoire ist reich; mit dem Suchwort „Emoticons" findet man im Internet problemlos entsprechende Listen. Diverse Möglichkeiten der kreativen Arbeit, die sich im Umfeld von Piktogrammen ergeben, haben wir in *UV 48* „Piktogramme – Botschaften in vielen Sprachen" festgehalten, sie gelten selbstverständlich auch für die Emoticons und wären höchstens um die Anregung zu ergänzen, mit der Klasse weitere, eigene Emoticons zu erfinden.

Kunst / Gestalten
Die bereits angeregten Blätter im Handy-Look (auf die der Monitor-Teil eines Handys kopiert ist, evtl. mit vorbereiteten Zeilen oder 160 Buchstabenfeldern) lassen sich von den Schülerinnen und Schülern selbst größer, schöner und kreativer ausgestalten. Entstehen sollen große, farbig gestaltete Handys, die aus einem festen DIN A3-Blatt ausgeschnitten sind. Wichtig ist, dass das Textfeld groß genug ist. Vielleicht wird der Platz für die 160 möglichen Zeichen durch Felder markiert. Klebt man für den Monitor ein Stück farbige Plastikfolie auf (z. B. aus einer Sichtmappe), so wird der Look noch originaler. Zudem lassen sich mit abwaschbarem Filzschreiber nun wechselnde Botschaften anbringen. Dies ist besonders reizvoll, wenn die Handys zur „interaktiven" Zimmerdekoration aufgehängt werden.

Das Fenster nach außen:
Unsere multilinguale Homepage

Viele Schulen und Klassen haben sie bereits: Eine eigene Homepage. Sie informiert über besondere Anlässe, sie dient zur Präsentation gelungener Projekte, sie enthält alle möglichen aktuellen Informationen. Zugleich ist sie unsere Visitenkarte und Anlaufstelle, wenn es darum geht, mit anderen Schulen und Klassen in Kontakt zu treten. Präsentieren wir – was leider zu selten geschieht! – auch die sprachlichen und kulturellen Ressourcen und Sonderkompetenzen unserer Schule oder Klasse; vergessen wir nicht, wenn wir uns schon aufs weltweite Parkett begeben, unser Potenzial und unsere Stärken zu zeigen. Genau diese machen uns für Klassen und Schulen aus anderen Sprachräumen attraktiv und können so zu unerwarteten und spannenden Kontakten führen.

Schuljahr/Klasse:	Ab 7.
Zeitbedarf:	Mindestens drei Tage, vorzugsweise kompakt. Später periodische Betreuung der Homepage.
Unterrichtsbereiche:	Medienerziehung bzw. -bildung, Deutsch, evtl. weitere.

Die Gestaltung (oder interkulturelle Erweiterung) einer Homepage ist ein attraktives und motivierendes Vorhaben. Zu seinem hohen Lernpotenzial zählt in erster Linie der vertiefte Umgang mit den neuen Informationstechnologien und mit Informationsbeschaffung, -verarbeitung und -präsentation. Daneben führt die buchstäblich globale Zugänglichkeit und Exponiertheit der Homepage fast automatisch dazu, dass Ansprüche an eine möglichst perfekte Gestaltung auch in sprachlicher Hinsicht bereitwilliger akzeptiert und eingelöst werden als bei schwächer adressatenbezogenen Schreib- und Präsentationsanlässen.

Für die mehrsprachige Schule oder Klasse, die auf ihrer Homepage mehr zu präsentieren hat als Berichte von der letzten Projektwoche „Wald", ergeben sich zusätzliche, auch im Sinne der interkulturellen Pädagogik wertvolle Perspektiven. Die Möglichkeit, Texte nicht nur auf Deutsch zu präsentieren, sich mehrsprachig zu vernetzen, Links aus anderen Ländern und Sprachen zu integrieren, erhöht die Internationalität und Attraktivität. Dabei geht es um Möglichkeiten, die umso mehr genutzt werden sollen, als die ressourcenorientierte Anlage des Projekts den Schülerinnen und Schülern einmal mehr vor Augen führt, über wie viel zusätzliches Potenzial sie als kulturell und sprachlich heterogene Gemeinschaft verfügen. Vergessen wir zu guter Letzt nicht, dass eine eigene Homepage auch eine gute Voraussetzung zur Teilnahme an den diversen Wettbewerben (Lyrik, Wissen usw.), länderübergreifenden Projekten (gemeinsame elektronische Schulzeitung) etc. darstellt, wie sie immer wieder auf Schul- und Bildungsservern im Internet ausgeschrieben sind.

Auf die technischen Seiten der Herstellung einer Homepage gehen wir nicht ein; das betreffende Know-how ist bei vielen Lehrpersonen vorhanden oder bei diesbezüglich spezialisierten Fachleuten der Bildungsinstitutionen abrufbar. Dasselbe gilt für die Aufnahme in wenigstens einen der großen Schulserver (z. B. www.schulweb.de, www.educanet.ch/home/swissfot/HTM_public_d/Basis/Panel.htm). Sie stellt die unerlässliche Voraussetzung dar, wirklich übergreifend vernetzt und zugänglich zu sein. Zu ergänzen bleibt, dass die Gestaltung einer Homepage vorzugsweise im Rahmen einer Projektwoche oder eines Wahlkurses geschieht; evtl. auch als Gruppenarbeit im Rahmen von Projektunterricht. Sicher gestellt werden muss, wie und durch wen die fertige Homepage in der Folgezeit betreut werden soll. Im Sinne des Persönlichkeits- und Datenschutzes (und angesichts der Manipulierbarkeit von Websites) ist zu beachten, dass die Veröffentlichung von Personendaten im Internet nur im Einverständnis mit den Betroffenen (Schülerinnen, Schüler, Eltern) erfolgen darf. Desgleichen sollen die Schülerinnen und Schüler aufmerksam gemacht werden, ihre persönlichen Daten (Adresse, Telefonnummer etc.) nur mit Vorsicht weiterzugeben.

Möglichkeiten, ausgewählt im Hinblick auf die mehrsprachigen Ressourcen

- Homepage einzelner Klassen (evtl. im Rahmen der Homepage einer Schule): Präsentation der einzelnen Schülerinnen und Schüler mit Hobbys etc., aber auch mit Angabe ihrer Sprachen und Dialekte. Evtl. kurzer Text oder Gruß in diesen; Verweis, wie Kontakt aufgenommen werden kann (s. hierzu die Hinweise zum Persönlichkeitsschutz).
- Homepage einer ganzen Schule: Welche Sprachen werden in unserer Schule gesprochen, mit wem kann man in welcher Sprache Kontakt aufnehmen. Evtl. Berichte und Fotos von sprachenbezogenen Aktivitäten in der Schule.
- Präsentation von Beiträgen in verschiedenen Sprachen, die die Schülerinnen und Schüler zu einem Thema oder Unterrichtsprojekt erarbeitet haben (z. B. Wasser, unsere Großeltern, Gedichte etc., vgl. *UV 91-96* u. a.). Dies ist gut auch klassenübergreifend möglich, wenn zwei oder mehr Partnerklassen am selben Thema arbeiten (vgl. die Hinweise in *UV 47* „Mailen und Chatten: Elektronische Schriftkommunikation global und multilingual").

- Mehrsprachige, täglich aktualisierte „Zeitung" als Begleitprojekt z. B. zu einer Projektwoche oder einer mehrtägigen Klassenfahrt/Exkursion. Eine Gruppe von Schülerinnen und Schülern bildet das Redaktionsteam und hat den Auftrag, auch Texte in den nicht deutschen Sprachen der Klasse zu integrieren (z. B. im Sinne von Kurzberichten, die von den Eltern oder von Freundinnen und Freunden der gleichen Sprachgruppe zu Hause gelesen werden können). „Virtuelle" Zeitungen können natürlich auch als gemeinsames Produkt zweier oder mehrerer Klassen verfasst werden; vgl. die Hinweise in *UV 47* „Mailen und Chatten: Elektronische Schriftkommunikation global und multilingual").

- Integration von Links und interessanten Websites zu den einzelnen Herkunftsregionen (landeskundliche Informationen und Bilder, Hörproben, Gedichte, Sachtexte, Märchen, evtl. Wörterlisten usw.). Monolingual deutschsprachig aufwachsende Schülerinnen und Schüler beschaffen dieselben Informationen für eine einheimische oder ausländische Region, zu der sie eine besondere Beziehung haben (Herkunftsregion der Familie, Ferienort etc.), oder sie arbeiten in einem anderssprachigen Team mit. Selbstverständlich sollen auch die deutschen Dialekte nicht ausgeklammert werden (vgl. Links hierzu in *UV 35*). – Das Finden und Selektionieren von geeigneten Links ist eine anspruchsvolle Aufgabe; klare Suchkriterien und Unterstützung sind unerlässlich. Das Vorhaben bietet den Schülerinnen und Schülern Gelegenheit, in einem authentischen Kontext viel über den Umgang mit Informationen und das Handling des Internets zu lernen. Schülerinnen und Schüler mit nicht deutscher Erstsprache stärken im Umgang mit den Texten aus ihrer Muttersprache zudem ihre Sprachkompetenz in derselben wie auch – beim Erläutern auf Deutsch – jene in der Zweitsprache.

- Nach Sprachen geordnete Sammlung von Links und Materialien zu bestimmten Themen (Sachtexte, Fabeln, Gedichte, eigene Texte usf.). Solche multlilingualen Sammlungen können z. B. im Rahmen von Projektwochen oder Unterrichtsprojekten entstehen. Sie werden auf der Homepage der Schule zugänglich gemacht und erhöhen deren Attraktivität für andere Schulen und für den Austausch. Ausführlich geht hierauf *UV 62* „Arbeit mit dem Internet: Mehr als mehrsprachige Informationsbeschaffung" ein.

Schwerpunkt Lesen und Medien

 ## Leseanimation I: Die mehrsprachige Leseecke und Klassen- bzw. Schulbibliothek

Die gemütliche Leseecke – oder zumindest das als Klassenbibliothek bezeichnete Büchergestell – ist ein zentraler Ort für die Leseanimation. Für Kinder aus bücherarmen Milieus liegt hier eine wichtige und niederschwellige Nahtstelle zur Schriftkultur. Im besten Falle strahlt die Wirkung der Leseecke oder Klassenbibliothek weit über das Klassenzimmer hinaus, indem sie das außerschulische Lesen und die Benutzung von Bibliotheken anregt.

Ob und wie weit das geschieht, ist keine Frage des Zufalls. Durch eine gemütliche Ausstaffierung mit Bildern, Kissen und Matratzen, durch eine unkomplizierte Ausleihregelung und durch die Einbeziehung der Leseecke in den Schulalltag (z. B. in Form freier Lesestunden) lässt sich maßgeblich steuern, ob die Schülerinnen und Schüler sich in ihrer Leseecke wohl fühlen und gerne in die dortige Bücherwelt eintauchen.

Sich wohl fühlen muss auch heißen, seine Sprache zu finden; und Bücherwelten gibt es nicht nur auf Deutsch. Leseecken, Klassen- und Schulbibliotheken im multikulturellen Umfeld sollen in selbstverständlicher Weise auch Bilderbücher, Bücher, Nachschlagewerke, Jugendzeitschriften und Comics in den nicht deutschen Sprachen der Klasse enthalten. Dasselbe gilt natürlich für Orts- oder Stadtteilbibliotheken.

Die Präsenz nicht deutscher Texte führt für die ganze Klasse zu beiläufigen, ungezwungenen Sprachbegegnungen und hilft, sprachliche Neugier zu entwickeln. Für die Schülerinnen und Schüler mit nicht deutscher Erstsprache stellt die mehrsprachige Klassenbibliothek einen Beitrag zur Förderung in der Muttersprache dar. Das gilt besonders für jene Kinder, die diese bisher nur in gesprochener Form beherrschten.

Bedenken hinsichtlich des Deutscherwerbs sind unbegründet, da es lesedidaktisch keine große Rolle spielt, in welcher Sprache gewisse Teilfertigkeiten der Lesefertigkeit eingeübt werden. Zusätzlich ergeben sich automatisch auch für das Deutsche sprachfördernde Lernsituationen, wenn seitens der Lehrperson oder der anderen Kinder Interesse für das in der anderen Sprache Gelesene signalisiert wird.
Das Einrichten und Ausstatten der Leseecke soll möglichst gemeinsam geschehen, als Projekt, das zugleich erste Begegnungen mit den geschriebenen Sprachen der anderen ermöglicht. Anregungen zur Textbeschaffung finden sich unten.

Schuljahr/Klasse: Kindergarten bis 10.

Elemente einer mehrsprachigen Klassenbibliothek
- Deutsche Texte (Bilderbücher, Bücher, Hefte, Jugendzeitschriften, Nachschlagewerke, Sachbücher zu Tieren usw., Comics).
- Dieselben Textsorten in den Erstsprachen der Kinder.
- Leicht zugängliche (bildorientierte) Texte in den schulischen Fremdsprachen.
- Zweisprachige Bücher (z. B. „Der Regenbogenfisch" deutsch-türkisch).
- Mehrsprachige Bücher (z. B. „Tres tristes tigres" von S. HÜSLER-VOGT).
- Zweisprachige Wörterbücher für die Sprachen der Klasse (Schulwörterbücher „Die Wörterbrücke"; größere Wörterbücher).
- Texte der Schülerinnen und Schüler: Mehrsprachige (Bilder-)Bücher, zusammengeheftete Sammlungen von Texten oder Geschichten zu einem Thema usw. (siehe die Unterrichtsvorschläge zum Schwerpunkt Schreiben). Analoge Produkte, die vielleicht im Rahmen des des herkunftssprachlichen Unterrichts entstanden sind.
- Sammlungen von Witzen, Rätseln, Tiergeschichten usw. in allen Sprachen (in Ordnern gesammelt oder in Hefte eingeklebt).
- Andere Medien: Von der Klasse aufgenommene mehrsprachige Tonbandkassetten oder Mini-Discs mit Gedichten, Liedern usw. – Videobänder mit Aufnahmen von Unterrichtsprojekten (Sketches in verschiedenen Sprachen, Dokumentation einer Wandzeitung, eines Theaters usw.). – Evtl. Mitschnitte von Radiosendungen (Schulfunk, Hitparade, Hörspiele usw.) oder von Fernsehsendungen (s.u.); beides natürlich auch bezogen auf die fremdsprachigen Sender.
- Spiele.

Beschaffung der Texte
Die Beschaffung von Texten gestaltet sich je nach Herkunftssprache einfacher oder schwieriger. Für „große" Sprachen wie Italienisch oder Spanisch finden sich zumindest Kinderzeitschriften und Comics bereits am nächsten großen Bahnhofkiosk. Schwieriger ist die Suche bei kleinen oder unterdrückten Sprachen wie Kurdisch oder Albanisch. (Für Kurdisch finden sich indes verstreut Texte bei GRABMÜLLER u. a., für das Albanische gibt es die Text- und Materialsammlung „Shqip!", SCHADER/BRAHA 1996.)

Hinweise auf Quellen (siehe auch bei UV 56 „Märchen")
- Eine zentrale Quelle sind die Schülerinnen und Schüler selbst. Dass sie sich aktiv an der Sammlung beteiligen, ist erstes Gebot. Manche haben zu Hause keine Bücher; in den Zeitschriften ihrer Eltern finden sie aber vielleicht dennoch Kinderseiten oder interessante Beiträge, die in einem Ordner ihrer Sprache gesammelt werden. Um Bücher können sie sich brieflich bei Verwandten im Herkunftsland bemühen

oder persönlich während der Ferien. Eine Ermunterung jeweils vor den Sommerferien lohnt sich.

- Lehrpersonen des herkunftssprachlichen Unterrichts; evtl. Dachverband der Lehrpersonen der jeweiligen Sprache. Die betreffenden Adressen erhält man z. B. bei den interkulturellen Fachstellen, die einige Kultusministerien bzw. Erziehungsdirektionen unterhalten.
- Interkulturelle Bibliotheken, wie sie in den meisten großen Städten bestehen, bzw. die mehrsprachigen Abteilungen der großen öffentlichen Bibliotheken. Sie sind nicht nur zur Ausleihe, sondern auch zur Beratung und zur Not für Fotokopien einzelner Texte gut.
- Internet. Hier finden sich mit großer Wahrscheinlichkeit Sach- oder literarische Texte in den Sprachen der Klasse. Sie auf den Websites dieser Sprachen zu finden, ist auch für die betreffenden Muttersprachlerinnen und -sprachler nicht immer einfach, lohnt die Mühe aber. S. hierzu *UV 62* „Arbeit mit dem Internet: Mehr als mehrsprachige Informationsbeschaffung".
- Vereine der verschiedenen Migrationsgruppen. Hier erhält man zumindest Hinweise auf Buchbestellmöglichkeiten in der jeweiligen Presse.
- Spezielle Buchhandlungen; große Kioske.
- Verzeichnis „Im andern Land. Kinder und Jugendbücher als Verständigungshilfe zwischen ausländischen und Schweizer Kindern" (s. Bibliografie). Hier finden sich auch Bezugsquellen für fremdsprachige Literatur. Vgl. auch SCHMIDT-DUMANT (1996): Die Kinder von 1001 Nacht – Interkulturelle Erziehung durch Kinder- und Jugendliteratur aus islamischen Ländern und von Migrantenautoren und -autorinnen, sowie EDER (1998): Jugendliteratur gegen Rassismus und Fremdenfeindlichkeit.

Wenigstens eine Zeitschriftenbox, eine Schachtel oder ein Ordner wird sich auf diese Weise mit der Zeit für jede Sprache füllen lassen.

Kooperation innerhalb des Schulhauses erweist sich bei diesem Projekt als besonders nötig und sinnvoll. Dies bedeutet zum Beispiel, dass

- Schülerinnen und Schüler der gleichen Sprache sich über die Klassen hinweg aushelfen;
- eine Schulbibliothek, falls es sie gibt, als gemeinsames Projekt ebenfalls mehrsprachig ausgebaut wird;
- für manche Sprachen zentral im Vorbereitungsraum oder im Lehrer/innenzimmer Ordner mit didaktisch geeigneten Texten oder Kopien angelegt werden. Sie stehen dem gesamten Kollegium zur Verfügung.

Leseanimation II: Lieblingsbücher vorstellen

Spannende Texte, Lieblingsbücher, Märchen und lustige Geschichten gibt es nicht nur in Deutsch. Eine interkulturell offene Leseanimation bezieht auch Texte aus anderen Sprachen mit ein. Neben der mehrsprachigen Klassenbibliothek gehört dazu die Präsentation von Lieblingsbüchern oder anderen Texten aus den verschiedenen Sprachen und Literaturen. Etwas über sie zu erfahren, einen kurzen Abschnitt im „Originalton" zu hören, ist bei guter Darbietung interessant für alle.

Für die Schülerinnen und Schüler der betreffenden Sprache stellen diese Präsentationen zusätzlich eine der Möglichkeiten dar, ihre bikulturelle Identität positiv zu erleben und ihre Sonderkompetenzen im Rahmen eines gemeinschaftlichen Projekts einzubringen. Kinder, die in ihrer eigenen Sprache nicht oder kaum lesen, können durch dieses Projekt zumindest herausgefordert werden, ihre Erstsprache auch als Schriftsprache ernst zu nehmen. Dass mit der auf Deutsch gehaltenen Präsentation auch der Zweitspracherwerb (mündliche Ausdruckskompetenz in Deutsch) profitiert, ist klar.

Zur Arbeit mit Sachtexten als weiterem großem Bereich für die Einbeziehung von Texten aus den verschiedenen Erstsprachen vgl. *UV 60* „Sich mehrsprachig informieren" und *UV 62* „Arbeit mit dem Internet: mehr als mehrsprachige Informationsbeschaffung".

Schuljahr/Klasse: 2. bis 10.; mit Bilderbüchern ab Kindergarten.
Zeitbedarf: Start des Projekts 1–2 Lektionen; die einzelnen Präsentationen je ca. 10 Minuten, verteilt auf einige Tage.

Verlauf

Nach einer Einstimmung der Klasse in das Thema sind folgende Aspekte zu klären:

Textauswahl und -beschaffung
Die Textwahl kann frei sein (Lieblingsbuch, -geschichte) oder aber thematisch eingeschränkt werden (z. B. Bilder-, Abenteuerbuch, Märchen, Zeitschrift).

Mit jedem Kind sollte geklärt werden, ob es sich etwas Passendes vorstellen kann. Schülerinnen und Schüler aus lesearmen Milieus brauchen vielleicht Unterstützung und Beratung. Allerdings kann das Projekt gerade bei ihnen zum Aufbau einer Beziehung zu Büchern und Bibliotheken führen. Falls es Schülerinnen und Schüler mit nicht deutscher Erstsprache gibt, die zu Hause überhaupt keinen geeigneten Text finden, sei auf die breite Palette von Textbeschaffungsquellen in *UV 52* „Leseanimation I: Klassenbibliothek" verwiesen. Im Notfall kann das Kind auch eine Geschichte nacherzählen, die es einmal gehört hat. Bei fundamentalen Widerständen ist Zwang nicht sinnvoll; das betreffende Kind soll ein deutsches Buch wählen oder sich einem anderen Kind anschließen. Die letzten beiden Punkte gelten natürlich auch für Schülerinnen und Schüler, die ihre Schrift nicht lesen können.

Art der Präsentation
Jedes Kind stellt einen Text (Bilderbuch, Buch, Heft, Geschichte) vor, der ihm besonders gefällt. Es liest evtl. etwas daraus vor, zeigt die Illustrationen, erklärt, worum es geht, usw. Die Zeit ist auf zehn Minuten beschränkt.

Kinder mit nicht deutscher Erstsprache stellen, wenn immer möglich, einen in ihrer Sprache geschriebenen Text vor, lesen uns daraus eine Hörprobe vor, berichten über den Inhalt und geben, wo nötig, Sach- und Hintergrunderklärungen. Die Hörprobe in der Originalsprache soll kurz sein, es geht primär um das Erleben des Klangs.

Die Präsentation kann auch als Partnerarbeit geplant werden, wenn dies von der Wahl der Bücher her möglich ist. In diesem Falle ist die Aufgabenverteilung zu besprechen.

Die vorgestellten Bücher werden so aufgelegt, dass die andern sie anschauen können. Damit wächst parallel zu den Präsentationen eine animierende Ausstellung.

Beurteilungskriterien, Aufträge an die Zuhörenden
Die Kriterien, die eine gute Präsentation ausmachen, werden vorher mit der Klasse besprochen. Sie betreffen sprachliche und inhaltliche Aspekte (Verständlichkeit;

Informationsgehalt, Aufbau usw.) und sind je nach Klasse und Thema zu definieren. Die wichtigen Punkte werden an der Wandtafel oder auf einem Plakat festgehalten; sie sind auch für das Klassengespräch wichtig, das auf jede Präsentation folgt.

Diese Frage- und Gesprächsrunden im Anschluss sind nicht nur zur Klärung von Unverstandenem wichtig, sondern auch zur Bewusstmachung und Verbesserung der Vortrags- und Auftrittskompetenz. Wenn die Klasse weiß, dass sie sich am Schluss im Gespräch zu bestimmten Beobachtungspunkten äußern muss, steigert dies zugleich die Aufmerksamkeit und wirkt einem konsumorientierten Verhalten entgegen.

Die Hörproben aus den Texten, die in den verschiedenen Erstsprachen verfasst wurden, werden z. B. mit Hinblick auf ihren Klang, auf die im vorgelesenen Abschnitt spürbare Stimmung oder auf wiedererkannte Wörter hin besprochen.

Projekt „Mehrsprachiger Gedichtvortrag – live und auf Tonband"

Jede Kultur, jede Sprache hat ihre Gedichte. Und nirgends entfalten Sprachen und Dialekte ihren Klang schöner als in Gedichten und Liedern. Das bestätigt sich ganz unmittelbar darin, dass auch ein Gedicht in einer uns unbekannten Sprache, dessen Inhalt wir höchstens erahnen, uns durch seinen Klang und seine Stimmung faszinieren und bezaubern kann. Eine Erfahrung, die auch unsere Schülerinnen und Schüler machen können, wenn wir den Literaturunterricht für die anderen Sprachen öffnen.

Anders als bei *UV 40* „Sprachen in selbstverfassten Gedichten begegnen", wo der Schwerpunkt auf dem eigenen Verfassen von Gedichten lag, geht es im Folgenden um den sprachgestaltenden Nachvollzug und Vortrag bestehender Gedichte. Selbstverständlich ergänzen sich die beiden Vorschläge und können gut kombiniert werden.

Schuljahr/Klasse:　2. bis 10.
Zeitbedarf:　　　　Ab 3–4 Lektionen.

Verlauf

Information und Motivation bezüglich des Vorhabens „Wir üben Gedichte in allen unseren Sprachen und Dialekten und machen damit etwas". Eine Perspektive auf das „Produkt", das am Schluss entstehen soll, wirkt motivierend. Besprochen und geklärt werden müssen die folgenden Punkte:

Art der Gedichte
Die Wahl kann frei oder aber thematisch fokussiert sein, dies auch in Abhängigkeit vom angestrebten Produkt und den Ressourcen der Klasse. Im ersten Falle lautet der Auftrag an die Schülerinnen und Schüler sinngemäß „Sucht euch ein Gedicht, das euch besonders anspricht". Im zweiten Falle wird ein Rahmenthema vereinbart, z. B. Tiere, Jahreszeiten, Heimweh, Glück, Frieden. Die zweite Variante ist hinsichtlich der Textbeschaffung schwieriger, führt aber zu einem kohärenteren Schlusswerk. Bei freier Auswahl lässt sich die Vielfalt höchstens unter dem gemeinsamen Titel „Unsere Lieblingsgedichte" zusammenfassen.

Beschaffung der Gedichte

In beiden obigen Fällen müssen Gedichte zur Auswahl und Zeit zur Verfügung stehen. Die Schülerinnen und Schüler sollen so aktiv wie möglich an der Suche und Wahl beteiligt werden. Die Begegnungen, die sie bei dieser Phase der Sichtung mit verschiedenen Gedichten machen, gehören zum Lernpotenzial des Projekts und dürfen nicht unter Zeitdruck erfolgen. Zeit ist aber auch nötig, weil die Schülerinnen und Schüler auch zu Hause nach Gedichten suchen sollen, die ihnen gefallen. Besonders wo es um Texte in nicht deutschen Sprachen oder in einheimischen Dialekten geht, werden die von der Lehrperson zur Verfügung gestellten Quellen unter Umständen bald versiegen (Gedichtsammlungen, Gedichte in Lesebüchern usw.). Hingegen erweist sich das Internet gerade für die Textsorte Gedicht als sehr ergiebig (vgl. *UV 62* „Arbeit mit dem Internet: Mehr als mehrsprachige Informationsbeschaffung").

Für die Unterstützung der Kinder mit nicht deutscher Erstsprache bei der Suche nach Texten in derselben verweisen wir auf die bei *UV 52* „Klassenbibliothek" aufgelisteten Möglichkeiten sowie auf HÜSLER-VOGT (div. Titel, siehe Bibliografie); ULICH 1993 und 1994; NAEGELE/HAARMANN 1993 (alle eher für die 1. bis 3./4. Klasse) und SCHADER/BRAHA 1996 (albanische Gedichte).

Übersetzung

Die in den verschiedenen Erstsprachen verfassten Gedichte werden in der Originalsprache vorlesen gelernt und vorgetragen (bei langen Texten evtl. nur zum Teil). Anschließend erfolgt eine Inhaltsangabe auf Deutsch. Der Versuch einer Nachdichtung wäre reizvoll, aber schwierig.

Falls eine Klasse sich als sehr übersetzungskompetent erweist, bietet sich ein Zusatzprojekt „Wandergedicht" an: Wir wählen gemeinsam ein kurzes, einfaches Gedicht und übersetzen es in alle Sprachen und Dialekte der Klasse. Beim anschließenden Vortrag geht es weniger um Stimmungen als um den Vergleich der Klänge und die Möglichkeit zu vertiefter Sprachbetrachtung (z. B.: Erkennen wir gewisse Wörter/Strukturen in der anderen Sprache? Was war schwierig beim Übersetzen?).

Kriterien für einen guten Vortrag

Damit die Sprache der Gedichte wirklich zum Klingen kommt, muss mit der Klasse erarbeitet werden, was einen guten Vortrag ausmacht. Positive und negative Beispiele veranschaulichen die Kriterien; als Gedächtnishilfe und zur gegenseitigen Beobachtung werden diese auch schriftlich festgehalten. Zu nennen sind etwa: Lautstärke, deutliche Aussprache, Stimmführung, Betonung, Modulationen laut/leise, höher/tiefer, Einsatz von Gestik und Mimik, Blickkontakt zum Publikum, Körperhaltung usw. Viele dieser Aspekte kommen unmittelbar der Schulung der Auftrittskompetenz zugute.

Das Training des Vortrags braucht Zeit. Es erfolgt am besten zunächst anhand deutscher Gedichte. Dies kann in Einzelarbeit oder in Teams geschehen, die sich gegenseitig Feedback geben. Für Schülerinnen und Schüler mit nicht deutscher Erstsprache bedeutet dieses Training zugleich produktive Arbeit im Bereich der Artikulation des Deutschen. Tonband und Kopfhörer sind gute Hilfsmittel zum vertieften individuellen Üben.

Wenn die fertig geübten eigenen Gedichte ein erstes Mal in der Klasse vorgetragen und besprochen werden, liegt das Gewicht natürlich nicht nur auf der Vortragsqualität. Ebenso sehr geht es um die Wirkung und den Klang der einzelnen Sprachen und Dialekte; um die Frage, was wir auch ohne Übersetzung vom Inhalt erahnen, was für unsere Ohren bekannt klingt usw. Vgl. hierzu auch die Anregungen am Schluss von *UV 40* „Sprachen in selbstverfassten Gedichten begegnen".

„Produkt", Umsetzung,
Möglichkeiten

Vortrag der Gedichte an einem Besuchsmorgen oder an einem Schulfest; vom 5./6. Schuljahr an evtl. ergänzt um biografische Angaben zu den Autorinnen oder Autoren der Gedichte. – Vortrag vor anderen Kreisen wie z. B. anderen Klassen, Patienten in einem Heim usw. – Aufnahme auf Tonbandkassette/Mini-Disc, ergänzt um Textheft. – Vertonung aller oder einzelner Gedichte, Vortrag und/oder Tonbandaufnahme dieser vertonten oder gesungenen Texte. – Künstlerische und kalligrafische Gestaltung, Ausstellung. – Gestaltung eines vervielfältigten Buchs.

55 Gedicht-Tandems

Bei diesem Unterrichtsvorschlag geht es darum, den Klang einer anderen Sprache nicht nur auf sich wirken zu lassen, sondern sich selbst im Klang dieser Sprache zu versuchen. Gedichte als besonders klangvolle und -gestaltete Gebilde eignen sich dafür gut, und mit der Möglichkeit, Lerntandems oder -teams zu bilden, kann diese interessante Erfahrung mit einem Anlass kooperativen, interkulturellen Lernens verbunden werden.

Das Projekt schärft das Bewusstsein gegenüber den artikulatorischen Eigenheiten und Schwierigkeiten sowohl der anderen, wie auch der eigenen Sprache bzw. des eigenen Dialekts. Es eignet sich als Weiterführung von *UV 54* „Mehrsprachiger Gedichtvortrag – live und auf Tonband" oder, falls mit selber verfassten Gedichten gearbeitet wird, von *UV 40* „Sprachen in selbstverfassten Gedichten begegnen".

Schuljahr/Klasse: 2. bis 10.
Zeitbedarf: 1–2 Lektionen.

Vorbereitung

Vor Beginn müssen kurze Gedichte oder Kinderverse in verschiedenen Sprachen und Dialekten bereitstehen. Die Kinder sollen bei deren Sammlung partizipieren. Zu möglichen Quellen vgl. die Hinweise bei *UV 52* und *UV 54*. Falls die Beschaffung von Gedichten zu problematisch ist, können auch ausdrucksstarke andere Kurztexte einspringen, z. B. dialogisierte Szenen oder Witze.

Verlauf

Je zwei Kinder unterschiedlicher Erstsprache schließen sich zusammen. Sie trainieren sich gegenseitig im Vorlesen/Vortragen eines Gedichts in ihrer Erstsprache (Bsp.: Yusuf bringt Johanna ein türkisches Gedicht bei, Johanna trainiert mit ihm einen Berliner (oder Wiener oder Berner) Mundartvers, den sie von ihrer Großmutter her kann.) Jedes muss sein Gedicht natürlich zunächst selbst sehr schön vortragen können, am besten auswendig.
Was „trainieren" bedeutet, wird vorab an einem Beispiel verdeutlicht: Auf genaue Aussprache achten, Betonung und Stimmführung korrigieren usw. (vgl. die Kriterien

in *UV 54* „Projekt „Mehrsprachiger Gedichtvortrag"). Die Texte sollen im Verlauf des Trainings wenn möglich auswendig gelernt werden. Dadurch entfällt erstens die Ablenkung des Ablesens und zweitens erweitert man den eigenen Sprachschatz um ein attraktives Stück.

Am Schluss kann z. B. eine Vortragsrunde quer durch die Klasse stehen.
Ausbaustufen: Sich die Texte gegenseitig schön gestaltet abschreiben und schenken. – Vortrag am Elternabend. – Wiederholung in anderen Konstellationen (so dass nach einiger Zeit jedes Kind Verse in den Sprachen aller Kameradinnen und Kameraden kann. – Gemeinsames Verfassen eines Gedichts mit Strophen in allen Sprachen und Dialekten der Klasse, das jedes Kind lernt.

Märchen, Fabeln, Lieder transkulturell: Dasselbe in verschiedenen Sprachen

Die Fabeln des Äsop und Phädrus hatten 2000 Jahre Zeit, sich über ganz Europa zu verbreiten. Tatsächlich gehören sie heute in allen Ländern und Sprachen zum kulturellen Erbe.

Das Lied „Happy birthday" ist jünger, aber auch dieses wird in zahllosen Sprachen gesungen. Rotkäppchen gehört nicht nur bei uns, sondern auch in Frankreich und Spanien zum traditionellen Märchenschatz. Unser Kasperle hat in der Türkei eine Entsprechung, die sich Karagöz nennt. In Albanien treibt eine Eulenspiegel-Figur namens Nastradin Hoxha ihren Unfug, dieselbe Figur ist in der Türkei als Nasreddin Hodscha bekannt.

Wo wir auf solch übergreifende oder zumindest in mehreren Sprachen vorhandene Motive oder Figuren zurückgreifen können, ergeben sich organische und oft lustige Gelegenheiten zu interkulturellem Lernen und Austausch. Da es durchwegs um populäre Stoffe geht, ist die Chance groß, dass die Schülerinnen und Schüler mit Migrationshintergrund zumindest via Eltern oder Großeltern etwas beitragen können.

Die Nutzung dieses gemeinsamen Fundus kann auf verschiedene Weisen geschehen, immer in Abhängigkeit davon, was die Schülerinnen und Schüler mitbringen. Wir beschränken uns auf drei Beispiele und auf Literaturangaben.

Schuljahr/Klasse: 3. bis 6., evtl. 10.

Beispiele

- Sensibilisierung der Klasse auf Motive, Figuren und Lieder, die quer durch die Kulturen bekannt sind. Ein Verweis auf bekannte Fabeln, auf die Figur des Kasperle oder (wenn es um Lieder geht) auf „Happy birthday" kann den Einstieg erleichtern. Nach eigenen Beiträgen suchen, auch zu Hause fragen lassen (z. B.: „Habt ihr auch eine Figur in der Art des Eulenspiegel?"). Episoden mitbringen; gegenseitig erzählen; aufschreiben. Am Schluss steht ein „interkulturelles Schelmenbuch". Vgl. auch *UV 90* „Theaterspielen – unter Einbeziehung der anderen Traditionen und Kulturen".

- Mehrsprachige, in allen Ländern bekannte Lieder wie „Bruder Jakob/Frère Jacques" oder „Happy birthday" sammeln und lernen. Eventuell fehlende Sprachen werden ad hoc ergänzt. Weiterführung: Selbst ein mehrsprachiges Lied erfinden, oder zu einem in der Klasse beliebten Lied Strophen in den anderen Sprachen erfinden. Vgl. auch *UV 101* „Interkulturelles im Bereich Gesang/Musik".
- Mehrsprachigkeitsprojekt zur Fabel „Der Löwe und die Maus" (ca. 7-stündiges Unterrichtsvorhaben). Ausgangspunkt ist der deutsche Text. Er wird erarbeitet und gründlich besprochen. Als Vertiefung kann eine schriftliche Nacherzählung dazukommen.

  Zu Hause und bei Lehrpersonen des herkunftssprachlichen Unterrichts nachfragen lassen, ob der Text auch in den anderen Sprachen bekannt ist oder gar gedruckt vorliegt. Wenn ja, der Klasse ein Stück daraus vorlesen.

  Anschließend wird der Text in allen Sprachen und Dialekten der Klasse aufgeschrieben, einzeln oder in Kleingruppen. Die fertigen Texte werden vorgelesen und am Schluss zu einem internationalen „Löwe-und-Maus-Buch" gebunden. Da es sich immer um die gleiche, inzwischen wohl bekannte Geschichte handelt, können die Schülerinnen und Schüler gut darauf achten, ob sie bestimmte Wörter (Löwe, Maus) wiedererkennen. Diskussion, wie die Fabel in verschiedenen Sprachen klingt, welche Sprachen ähnlich klingen, was man verstanden hat usw.

Im Sinne vertiefter interkultureller Sprachbetrachtung wird der Titel der Fabel in allen Sprachen kolonnenartig untereinander an die Tafel geschrieben. Dabei stößt man z. B. auf Wortverwandtschaften (lion – leone – luani) und auf den Befund, dass die Artikelkolonne im Türkischen und Albanischen leer bleibt – was wiederum die Frage auslöst, wie diese Sprachen z. B. den Unterschied „der – ein" ausdrücken (siehe die Bemerkungen hierzu bei *UV 30* „Wörter, Sätze, Sprachen, Schriften sammeln"; vgl. auch *UV 66 und 67*).

Hinweise auf gedruckte Quellen (genaue Angaben siehe Bibliografie), in Ergänzung zu Informationen, die Lehrpersonen des herkunftssprachlichen Unterrichts, Eltern, das Internet und die Hinweise in *UV 52* „Klassenbibliothek" bieten können:

- Märchen (Beispiele): Ulich „Der Fuchs geht um ... auch anderswo" (div. Texte und Sprachen); Grabmüller u. a., 5. Schulstufe, Band 2 (Märchen aus verschiedenen Kulturen in deutscher Übersetzung, Materialien zum Thema Märchen); Hüsler/Blickenstorfer „Märchen überleben" (Märchen in fünf Sprachen, mit Begleitkassette); Hüsler/Vogt „Tres tristes tigres" S. 83ff (Die Bremer Stadtmusikanten Türkisch und Italienisch); Schader/Braha „Shqip!" (Kap. 5, albanische Märchen). Weiterführende Angaben im Verzeichnis „Im andern Land. Kinder- und Jugendbücher als Verständigungsmittel zwischen ausländischen und schweizerischen Kindern" (s. Bibliografie), bei Schmidt-Dumant (1996) und bei Eder (1998).
  Ein Unterrichtsvorschlag mit Arbeitsblättern zur interkulturellen Behandlung des Märchens vom Wolf und den sieben Geißlein findet sich in Life, Kapitel 2.7.3; zwei andere Unterrichtsprojekte bei Hölscher 1994: 36ff. Anregende Unterrichtsmaterialien zum Thema Märchen und Sagen finden sich bei Nodari/Neugebauer (Pipapo 2)
- Fabeln; z. B. in Schader/Braha „Shqip!", Kapitel 3.2 (Albanisch).
- Übersetzte Lesetexte und Kinderbücher; Beispiele: Hüsler-Vogt „Der Topf der Riesin"; Pfister „Der Regenbogenfisch" (türkisch-deutsch); Schader 1999; ferner ein paar Texte im ilz-Lesebuch für die 4. Klasse „Das fliegende Haus" von A.K. Ulrich. Zu einigen Büchlein der „Regenbogen-Lesekiste" (Balhorn [1]1991) sind beim Verlag Übersetzungen als Kopiervorlagen zu beziehen. – Weiterführende Angaben finden sich im Verzeichnis „Im andern Land", bei Schmidt-Dumant (1996) und bei Eder (1998) (s. o.).
- Lieder wie „Bruder Jakob/Frère Jacques", „Happy birthday" usw. in diversen Sprachen: Quellen: Naegele/Haarmann „Darf ich mitspielen"; Ulich „Der Fuchs geht um"; Hüsler-Vogt „Très tristes tigres"; Büchel u. a. „Franca und Mehmet im Kindergarten", S. 95ff; Grundschulzeitschrift 43/1981: 63 (Herenu Shalom Aleichem in 9 Sprachen); Schader 1999b: 67ff. Siehe hierzu auch *UV 101* „Interkulturelles im Bereich Gesang/Musik".

Was heißt „Ächz!" auf Spanisch? – Arbeit mit Comics in verschiedenen Sprachen

Manche Comics (Mickey Mouse, Popeye usw.) sind in fast alle Sprachen übersetzt, ihre Figuren sind den meisten Kindern bekannt. Den vertrauten Figuren und Geschichten im Kontext einer anderen Sprache und zum Teil mit veränderten Namen zu begegnen, macht Spaß. Zudem ist beim Comicheft, das von Geschichten und Figuren her bekannt ist und dessen „Lektüre" durch die Bilder stark erleichtert wird, die Schwelle zur anderen Sprache, zur Sprachbegegnung, besonders niedrig.

Comics in allen möglichen Sprachen – möglichst Hefte derselben Reihe, z. B. Mickey Mouse – gehören deshalb zum festen Bestand jeder mehrsprachigen Klassenbibliothek. Dass auch solche in den schulischen Fremdsprachen Englisch, Französisch, evtl. weitere, dazuzählen, versteht sich. So unergiebig sie für Kulturbegegnung sind, so viel können sie für Sprachbegegnung und -betrachtung und für das soziale Lernen hergeben.

Neben informellen Lernanlässen (gemeinsames Durchblättern/Anschauen/Erklären eines Hefts durch zwei oder mehrere Kinder z. B. im Rahmen einer freien Lesesequenz) gibt es gezielte Aufträge. Einige Möglichkeiten zeigt die unten stehende Liste auf. Sie sind besonders gut kompatibel mit einem größeren Rahmenprojekt „Bildergeschichten und Comics", können aber auch isoliert, zur Auflockerung, behandelt werden.

Schuljahr/Klasse:	Ab 3. bis 6., evtl. 10.
Zeitbedarf:	Je nach Impuls; zwischen 30 Min. und 3–5 Lektionen.
Unterrichtsbereiche:	Deutsch, evtl. Kunst/Zeichnen.

Vorbereitung, Anlage einer Sammlung

Voraussetzung ist, dass Comics in verschiedenen Sprachen vorhanden sind. Die Anlage einer entsprechenden Sammlung, soweit sie nicht ohnehin durch die Kinder erfolgt, stellt zum Glück keinen großen Kostenpunkt und Aufwand dar. Für die größeren Sprachen finden sich Hefte bereits am nächsten großen Bahnhofkiosk. Bei Sprachen, wo die Suche erfolglos bleibt, helfen vielleicht briefliche Nachfragen der entsprechenden Kinder im Herkunftsland, ansonsten müssen sich diese während der Ferien vor Ort auf die Suche machen.

Falls in einer Sprache gar keine Comics zu finden sind, kann die Suche als Ersatz auf die 3- bis 4-teiligen Bildstreifen-Serien verlagert werden, die sich in vielen Zeitungen und Zeitschriften finden und leichter zu beschaffen sind.

Impulse, Möglichkeiten, Weiterführung

- Wie heißen Donald Duck und andere Figuren in den verschiedenen Sprachen? Poster dazu; ausbaubar um Angabe der Eigenschaften, um einen Steckbrief usw.
- Was heißt „Würg", „Ächz", „Zisch" usw. in anderen Sprachen? Lautmalerisches (Bild-)Wörterbuch oder Plakat anlegen. Anschlussfragen: Was entspricht in den verschiedenen Sprachen unseren Ausrufen „Aua!", „Igitt!", „Los!", „Wow!" usw.?
- Gemeinsame Lektüre eines kurzen Comic-Strips mit Sprechblasen (ca. eine Seite) auf Deutsch. Verteilen einer vergrößerten Kopie, auf der die Sprechblasen leer sind (Tipp-Ex). Der deutsche Text wird in alle möglichen Sprachen und Dialekte übersetzt. Vorlesen, aufhängen, vergleichen.
- Verteilen der vergrößerten Kopie eines kurzen Comics (eine Seite), auf der die Sprechblasen leer sind (Tipp-Ex). Der Text ist unbekannt. Die Schülerinnen und Schüler erfinden zu zweit Texte für die Sprechblasen; entweder nur in ihren Sprachen oder zuerst auf Deutsch. Vorlesen, Vergleich der verschiedenen Handlungen.
- Ausbaustufe: Selber mit der Klasse eine Comics-Serie machen. Im Zentrum können eine oder zwei Leitfiguren stehen, die Abenteuer in den verschiedenen Herkunftsländern und -regionen der Kinder erleben. Dadurch ergibt sich die Möglichkeit zu muttersprachlichen und dialektalen Beiträgen oder zu solchen, wo zwei oder mehrere Sprachen vorkommen; vgl. *UV 38* „Interkulturelles Abenteuerbuch". Wichtig: einfache, klare Vorgaben; z. B. fixe Länge von einer A4-Seite mit sechs Bildern. Statt sie zu zeichnen, kann man die Figuren zeitsparend aus Stempelkissen-Fingerabdrücken konstruieren (gestempelte Fingerbeere plus daran gezeichnete Beinchen usw.). Dieses Projekt kann auch klassenübergreifend (im Rahmen einer Projektwoche, einer Klassenkorrespondenz usw.) durchgeführt werden. Die Produkte können zu Heften gebunden und evtl. vervielfältigt werden.
- Inhaltliche Variante zum selber gemachten mehrsprachigen Comics: Thema Verständnisschwierigkeiten und Missverständnisse. Auch hier kommen die verschiedenen Sprachen zum Zuge und können Anlass für lustige Pointen werden.
- Videokassetten mit Comicfilmen in verschiedenen Sprachen aufnehmen lassen. Hören, wie die vertrauten Helden auf Türkisch, Spanisch usw. klingen. Vergleich der Stimmen mit denen in den deutschen Fassungen. Versuch, anhand einer Minisequenz das Gesagte zu verstehen.

58 Werbung – hier und überall

Werbematerial (Kataloge, Inserate in Zeitungen und Illustrierten, Prospekte, Videos vom Werbefernsehen) spricht die Neugier an. Neben Altbekannt-Internationalem (Coca-Cola, Autos, Kaugummi) begegnet man in der Werbung aus anderen Ländern Neuem, bei uns Unbekanntem. Meist stark bildorientiert, ist Werbung leichter verständlich als andere Texte. Dies wirkt unterstützend bei der kooperativen Arbeit.

In den Fächern Sprache und Mathematik, aber auch in Sach- und Lebenskunde/soziales Lernen und in gestalterischer Hinsicht, ermöglicht die Auseinandersetzung mit „internationalem" Werbematerial vielfältige Aktivitäten. Je nach den Zielen und abhängig vom Alter der Klasse kann der Schwerpunkt eher auf der kreativen Umsetzung liegen oder aber auf interessanten Fragestellungen und Vergleichen, die uns über unsere und andere Formen von Alltagskultur und Konsumgewohnheiten nachdenken lassen.

Schuljahr/Klasse:	2./3. bis 10.
Zeitbedarf:	Ein größeres Projekt zum Thema Werbung beansprucht zwei bis drei Wochen. Kleinere Einheiten (siehe die Impulse unten) sind ab 2–3 Lektionen möglich.
Unterrichtsbereiche:	Deutsch und andere Fächer (siehe die einzelnen Hinweise); Medienerziehung bzw. -bildung.

Vorbereitung

Anlage einer Sammlung: Optimal ist, wenn die Klasse vor den Sommerferien den Auftrag erhält, möglichst viel Werbematerial (Prospekte, Kataloge, Inserate usw.) aus dem Heimatland oder aus den Ferien mitzubringen oder solches via Verwandte zu beschaffen. Allerdings ist dabei nicht überall mit der gleichen Flut zu rechnen wie bei uns.

Auch ohne direkte Kontakte lassen sich für die meisten Sprachen und Kulturen problemlos Inserate in Zeitungen und Zeitschriften sowie TV-Werbesendungen beschaffen, die auf Video aufgenommen werden.

In die Sammlung sollen natürlich auch die schulischen Fremdsprachen einbezogen werden. In der Schweiz steht mit der französischen Ausgabe des „Brückenbauers" oder der Coop-Zeitung zumindest für dieses Fach von Anfang an kostenlos Material bereit; weiteres lässt sich auf den verschiedensprachigen Homepages vieler multinationaler Firmen finden.

Unterrichtliche Möglichkeiten

Sammeln, ordnen, vergleichen

- Als Einstieg nach einer ersten Phase des Sammelns: Sichtung, Besprechen von Ordnungskriterien (Möglichkeiten: Themenschachteln, z. B. für Lebensmittel- oder Kleiderwerbung, oder aber sprachspezifische Schachteln). Wo nötig, Angabe der Sprache auf den einzelnen Dokumenten, mit Hinblick auf spätere Verwendung oder Verfügbarkeit für andere Lehrpersonen.
- Diskussion in gemischten Gruppen: Vergleich ähnlicher Inserate/Prospekte/Produkte aus verschiedenen Ländern. Was ist bekannt, welche Produkte gibt es bei uns nicht? Was bedeuten die Texte?

Schwerpunkt Sprache

- Entdeckende Auseinandersetzung mit der anderen Sprache: Was verstehen wir? Welche Wörter kommen uns bekannt vor? Könnte man anhand eines Möbelprospekts z. B. eine Liste mit Möbelnamen zusammenstellen? Zweisprachige Wörterbücher zur Hilfe bereitstellen. Diese Sequenz kann in oberen Klassen bewusst in Gruppen ohne Vertreter bzw. Vertreterinnen der betreffenden Sprache durchgeführt werden. Im Zentrum steht dann die Orientierung in einem neuen sprachlichen Kontext und die Reflexion unserer Strategien hierbei.
- Vergleich der Werbeslogans und Inserate von internationalen Produkten (Coca-Cola, Pepsi usw.): Sind sie einfach übersetzt oder wurden sie sprachspezifisch neu formuliert? Wie würde die wörtliche Übersetzung heißen? Würde sie auch auf Deutsch als Werbespot taugen?
- Unbedingt empfohlen: Einbeziehung von TV-Werbespots aus verschiedenen Ländern (ab Video). Werbesendungen sind für uns tägliche Realität, viele Kinder können ganze Spots auswendig. Ebenso präsent sind sie auf vielen (Satelliten-) Kanälen in anderen Sprachen. Dank ihrer abwechslungsreichen Aufmachung sind sie gut zugänglich und oft amüsant. Werbung für internationale Produkte lässt Vergleiche zu; solche für nationale Produkte lässt uns Leute, Interieurs und Landschaften kennen lernen. Beim Betrachten sind verschiedene Fragestellungen möglich. Für deren Beantwortung sind Übersetzungskompetenz und Sonderwissen der betreffenden Kinder notwendig.

- Selber eine mehrsprachige Werbesendung machen; im einfacheren Fall als kleines Theater oder hinter einer Bananenschachtel als „Fernseher"; im aufwändigeren Falle „professionell" mit Videoaufnahmen.
- Nachdenken über häufige Charakteristika der Werbesprache (kurze, z. T. unvollständige Sätze; Alliteration, d. h. die Wörter beginnen mit demselben Buchstaben, usw.). Anschließend Erfinden eigener Werbetexte unter Anwendung dieser Tricks; deutsch und in den Herkunftssprachen.

Schwerpunkt Mathematik
(siehe auch *UV 97* „Interkulturelles im Mathematikunterricht")
- Vorarbeit: Anlage einer großen Tabelle mit den verschiedenen Ländern, ihren Währungen und deren Entsprechung in unserer Währung.
- Wie sind die Preise? Umrechnungen, Vergleiche. Je nach Schulstufe Bezug zu Faktoren wie Monatseinkommen, Miete, Taschengeld.
- Textrechnungen erfinden, die Bezug nehmen auf Währung, Namen und Produkte des betreffenden Landes.
- Arbeit mit den Prospekten und Katalogen aus verschiedenen Ländern. Aufgabenstellungen wie: „Macht einen Einkaufszettel für ein Abendessen mit Gästen; ihr habt ein Budget von … Dinar (Rubel, Pfund, Rupien …)!"; „Ihr habt … Lek/ Dinar/ Rubel usw. zur Verfügung. Richtet anhand der Möbelkataloge ein Traumzimmer ein/Stellt euch eine Traumgarderobe zusammen" usw. Die „Einkaufszettel" werden schriftlich festgehalten und müssen auch rechnerisch in Ordnung sein.

Schwerpunkt kreative Umsetzung, Zeichnen
- Selber Werbung (Plakate) für ein Produkt machen.
- Variante 1: Für dasselbe Produkt Plakate in allen Sprachen machen.
- Variante 2: Verschiedene Plakate für typische Produkte der einzelnen Länder, Text jeweils in der betreffenden Sprache.
- Erkennen und Nachvollziehen von gestalterischen Elementen der Werbung („Komposition" von Plakaten, die auch auf Distanz wirken müssen; Gestalten mit Schrift). Umsetzung im Rahmen von Plakaten in der eigenen Sprache.

Am Rand des Unterrichts:
Mehrsprachige Witz- und Rätselsammlungen

Bildorientierte Materialien wie Witze, Wahrnehmungsaufgaben, Bilderrätsel und Denksportaufgaben („Lege die drei Zündhölzer so, dass ... ") eignen sich gut für die Betrachtung und Bearbeitung über die Grenzen der Sprachen hinweg. Wegen der untergeordneten Rolle, die der Text bei ihnen spielt, gilt dies auch dann, wenn sie nicht in Deutsch verfasst sind. Die sprachlichen Schwellen sind niedrig; der Witz oder die Aufgabe ist meist schnell erklärt.

Auf diese Weise ergeben sich produktive Anlässe der Kommunikation und Begegnung, bei denen überdies die besonderen Kompetenzen und Ressourcen der zwei- oder mehrsprachig aufwachsenden Schülerinnen und Schüler zum Zuge kommen. Selbstverständlich werden auch Materialien in den schulischen Fremdsprachen Französisch, Englisch u. a. in die Sammlung integriert.
Im Zentrum des Unterrichts stehen diese Sammlungen nur während der Initialphase; anschließend werden sie in die Klassenbibliothek integriert und periodisch erweitert. In manchen Klassen läuft dies von selbst, in anderen braucht es ab und zu einen weiteren Impuls.

Als Quellen dienen primär Jugend- und andere Zeitschriften sowie Zeitungen aus den verschiedenen Sprachregionen. Für das Albanische finden sich einige bereits aufbereitete Seiten bei SCHADER/BRAHA 1996, Kapitel 7.

Schuljahr/Klasse: 2. bis 10.
Zeitbedarf: 1–2 Lektionen für die Initialphase.
Vorbereitung: Ordner oder großes Heft zum Einkleben.

Verlauf

■ Information der Klasse über das Vorhaben. Erläuterung durch Beispiele.
■ Diskussion, was gesammelt werden soll (alle oben erwähnten Typen von Materialien oder z. B. nur bildorientierte Witze oder Denksportaufgaben). Abmachen, was nicht gefragt ist (sexistische Witze u. ä.).
■ Besprechen, wo man das entsprechende Material findet (Kinder- und Erwachsenenzeitschriften, evtl. Rätsel- und Witzbücher).

- Form der Sammlung besprechen (Heft zum Einkleben oder Ordner). Gute Witze können zuerst an einer Pinwand aufgehängt werden. Evtl. pro Typus einen eigenen Ordner bzw. ein eigenes Heft vorsehen.
- Aufgabe: Selber solche Bildwitze, Wahrnehmungs- und Denksportübungen usw. sammeln. Kriterium bei den Beiträgen aus anderen Sprachen: Sie sollen stark bildorientiert sein oder um eine deutsche Erklärung/Übersetzung ergänzt werden.
  Wichtig: Für die Sammelphase muss genügend Zeit eingeräumt werden.
- Sichtung und Ordnung der gesammelten Materialien; erste Auseinandersetzung mit ihnen.
  In dieser Sequenz sollten die Schülerinnen und Schüler natürlich auch Zeit haben, gemeinsam einige Witze zu betrachten oder Rätsel zu lösen. Dabei sollen sie erleben, dass dies mit etwas Nachhilfe auch bei nicht deutschen Texten möglich und spannend ist.
- Weiterführung an der Peripherie des Unterrichts. Die Sammlungen werden in die Klassenbibliothek integriert; die Kinder sind aufgefordert, sie immer weiter auszubauen und ab und zu gemeinsam zu betrachten oder gemeinsam eine Aufgabe zu lösen.
- Geeignete Materialien (Wahrnehmungsübungen usw.) lassen sich auch gut als Wahlangebote im Werkstattunterricht und verwandten Unterrichtsformen integrieren.

Sich mehrsprachig informieren I: Einbeziehung von Sachtexten aus den verschiedenen Sprachen der Klasse

Schülerinnen- und schülerorientierter Unterricht bedeutet unter anderem, bei der Planung von Sachthemen auch die Klasse einzubeziehen und sie zu Beiträgen zu animieren. Das heißt zumindest, dass die Schülerinnen und Schüler aufgefordert werden, zu anstehenden Themen eigene Materialien, Bücher, Artikel aus Jugend- und anderen Zeitschriften oder im Internet gefundene Informationen mitzubringen. Die selbstständige Auseinandersetzung mit diesen Texten und das selbstständige Erarbeiten eines Inhalts sind oft lernwirksamer als Lernarrangements, die von der Lehrperson vollständig didaktisch aufbereitet sind.

Sachtexte, Nachschlagewerke, Internet-Links zu Sachthemen usw. gibt es nicht nur auf Deutsch. Wo sich themenbezogenes Wissen aus anderen Sprachen einbeziehen lässt, soll dies unbedingt geschehen. Dass die in diesen Texten verborgenen Informationen für die Lehrperson und den Rest der Klasse aus sprachlichen Gründen nicht zugänglich sind, ist eigentlich ein Glück: Die Übersetzung oder Nacherzählung in Deutsch ist unerlässlich – womit die Schülerinnen und Schüler mit nicht deutscher Erstsprache nicht nur für den (sprachunabhängigen) Umgang mit Sachinformationen, sondern auch für ihre Deutschkompetenz etwas geleistet haben.

Voraussetzung ist, dass die betreffenden Schülerinnen und Schüler ihre Sprache lesen können, was mit Hinblick auf ihre Erstsprachkompetenz ohnehin wünschbar ist. Unser Wunsch nach Einbeziehung von Texten auch in ihrer Sprache und unser Interesse am Inhalt dieser Texte kann diese Motivation stärken.

Schuljahr/Klasse:	3. bis 10.
Zeitbedarf:	Kontextabhängig; in der Regel geringer Zeitaufwand, da in die Arbeit am Sachthema integriert.
Unterrichtsbereiche:	Sachkunde, Deutsch.
Vorbereitung/Bereitstellung der Texte:	Optimal wäre (und das lässt sich stimulieren), wenn Schülerinnen und Schüler aller Sprachen selbstständig interessante Texte mitbringen würden. Kommt von einer Seite her aber nie etwas, ist vielleicht auch Hilfe nötig. Ideale Ansprechpartner sind die Lehrkräfte des herkunftssprachlichen Unterrichts, die

zumindest über Lexika oder andere Nachschlagewerke verfügen und auch sonst weiterhelfen können. Eine ganze Reihe von weiteren Quellen ist unter *UV 52* „Klassenbibliothek" aufgelistet. Auf die mehrsprachige Informationsbeschaffung per Internet als besonders produktive, bisweilen aber etwas kniffliger Quelle geht detailliert *UV 62* „Arbeit mit dem Internet" ein.

Vorgehen

Auf Beispiele, wie die Sachtexte aus den verschiedenen Erstsprachen konkret in den Unterricht einbezogen werden können, verzichten wir angesichts der Fülle möglicher Kontexte. Implizit finden sich solche Beispiele bei den Unterrichtsvorschlägen zum Bereich Sachkunde/-unterricht bzw. Mensch/Umwelt, siehe *UV 91–96*.

Die Schritte der Arbeit sind immer dieselben:
- Beschaffen der Sachtexte.
- Lesen in der Erstsprache; evtl. unterstützt durch jemanden aus der gleichen Sprachgemeinschaft.
- Wiedergabe des Inhalts oder der wichtigen Informationen auf Deutsch. Formen: Mündliche Wiedergabe zuhanden der Lehrperson, der Klasse oder der Lerngruppe (bei Gruppenarbeiten); schriftliche Wiedergabe z. B. in Form von Stichworten oder als Zusammenfassung.
  Die Materialien sollen, vor allem wenn sie bebildert sind, der Klasse zum Anschauen zugänglich sein.
- Integration des Gelesenen und Gelernten in die Weiterarbeit, z. B. in die Lerngruppe, in einen Kurzvortrag oder einen eigenen Sachtext zum Thema.

Literaturhinweis: Für die große Gruppe der albanischsprachigen Schülerinnen und Schüler gibt es bei uns kaum altersgerechte Texte zu kaufen. Hingegen finden sich für sie Sachtexte zu diversen schulrelevanten Themen in der Materialsammlung „Shqip!" (SCHADER/BRAHA 1996).

Sich mehrsprachig informieren II: Aktualitäten mehrperspektivisch

Nachrichten über international beachtete Aktualitäten, seien sie politischer, sportlicher oder kultureller Natur, können gute Anlässe für interkulturelles Lernen bieten. Zum selben Sachverhalt lassen sich in der mehrsprachigen Klasse Meinungen und Standpunkte aus den Medien verschiedener Länder beiziehen und vergleichen. Die Auseinandersetzung mit den verschiedenen Positionen oder Gewichtungen relativiert die Absolutheit einzelner Standpunkte und fördert ein tolerantes, multiperspektivisches Denken.

Bei politischen Themen, die Gruppen von Schülerinnen und Schülern direkt betreffen (z. B. kriegerische Ereignisse) ist genau zu prüfen, ob sich eine Thematisierung im Rahmen dieses Unterrichtsvorschlags eignet. Möglicherweise erweist sich die Einbeziehung der in solchen Fällen oft extrem polemischen und einseitigen Originalbeiträge als kontraproduktiv.

Der (beliebig wiederholbare) Unterrichtsvorschlag lässt sich in der Startphase gut einbetten in ein größeres medienkundliches Projekt, bei dem Zeitungen und/oder Fernsehsendungen aus verschiedenen Sprach- und Kulturgemeinschaften untersucht werden.

Unmittelbare Bezüge ergeben sich auch zu *UV 88*. Die dort beschriebene „Aktualitätenwand", die die Schülerinnen und Schüler selbstständig und am Rande des Unterrichts mit aktuellen Berichten aus ihren Ländern gestalten, kann zum Anlass werden, ein bestimmtes Thema herauszugreifen und ins Zentrum der Aufmerksamkeit zu rücken.

Schuljahr/Klasse: 5./6. bis 10.
Zeitbedarf: Variabel; ca. 1 Lektion; wiederholbar.
Unterrichtsbereiche: Deutsch, Medienerziehung bzw. -bildung, Zeitgeschichte.

Verlauf

Mit Bezug auf ein aktuelles Ereignis wird vereinbart, die Berichterstattung aus verschiedenen Ländern und Sprachen zu untersuchen und zu vergleichen. Die Schülerinnen und Schüler werden aufgefordert, Medienberichte mitzubringen.

Als leicht zu beschaffende Medien kommen in erster Linie Zeitungen, evtl. Zeitschriften und Artikel im Internet in Frage. Es bietet sich an, neben den Zeitungen in den Sprachen der Klasse auch solche in den schulischen Fremdsprachen beizuziehen.

Als weiteres Medium können Fernsehnachrichten der unterschiedlichen Stationen aufgenommen und einbezogen werden. Dank der Satellitenprogramme und der vielen Videogeräte ist dies kein Problem mehr. TV-Nachrichten geben mehr vom Ambiente der betreffenden Sprache und Kultur wieder, stellen aber im Vergleich zu einfachen Zeitungsartikeln veränderte und z. T. höhere Ansprüche an die Bearbeitung.

Die Artikel aus den verschiedenen Erstsprachen müssen für dieses Projekt möglichst genau übersetzt werden, was eine anspruchsvolle Lernaufgabe bedeutet. Am besten wird sie in Partnerarbeit mit einem deutsch-sicheren Kind gelöst, das die Verantwortung für Stil und Formulierungen übernimmt und zugleich einen Einblick in die Schwierigkeiten der zweisprachigen Situation gewinnt. Unterstützung kann auch seitens der Lehrpersonen des herkunftssprachlichen Unterrichts erfolgen.

Der Vergleich der Beiträge aus den verschiedenen Ländern kann unter verschiedenen Gesichtspunkten erfolgen:

- Darstellung des Sachverhalts aus der spezifischen Situation und Optik des betreffenden Landes; Gründe für diese Optik.
- Abweichungen zur Sicht oder Gewichtung des Ereignisses in der deutschen Presse. Gründe der unterschiedlichen Sichtweisen.
- Abweichungen der Zeitungen aus verschiedenen Ländern untereinander.
- Unterschiedliche Standpunkte innerhalb der Zeitungen eines einzelnen Landes (Links-/Rechtspresse usw.).

Die Beobachtungs- und Diskussionspunkte werden vorab abgemacht, sodass auch die anschließende Diskussion vorstrukturiert ist und wenn möglich von den Schülerinnen und Schülern selbst geleitet werden kann. Formen: Einfaches Klassengespräch. – Moderierte Pro- und Kontradebatte in der Art von TV-Diskussionsforen. – Eintrittsreferate zu verschiedenen Positionen, dann Diskussion.

Im Rahmen eines größeren Medienprojekts, bei dem Zeitungen verschiedener Provenienzen verglichen werden, kämen natürlich weitere Beobachtungs- und Diskussionspunkte dazu (Aufmachung der Berichterstattung usw.). Dasselbe gilt, wenn Fernsehnachrichten verschiedener Länder verglichen werden.

Beide Themen sind sehr zu empfehlen. Sie bieten Anlass, anhand eines identischen Ausgangspunkts kulturell unterschiedliche Positionen und Wahrnehmungen kennen zu lernen, zu diskutieren und in Bezug zu den bei uns vorkommenden Variationen zu setzen.

Arbeit mit dem Internet: Mehr als mehrsprachige Informationsbeschaffung

Schülerinnen- und schülerorientierter Unterricht bezieht auch Ressourcen und Vorkenntnisse der Lernenden ein, etwa wenn es um die Planung von Sachthemen geht. In der mehrsprachigen Klasse zählt zu diesen Ressourcen die Fähigkeit, im Internet auch Informationen zu erschließen, die den monolingual Deutschsprachigen nicht zugänglich wären. Diese Informationen – Sachtexte, Gedichte, Bilder usw. aus den verschiedenen Sprachen und Kulturen der Klasse – stellen wertvolle und gleichberechtigte Beiträge zum aktuellen Thema dar (vgl. auch *UV 60* „Sich mehrsprachig informieren I").

Mit ihrer Beschaffung, Erklärung und Weiterverwendung verbinden sich allerdings darüber hinausgehende Lerngelegenheiten und -potenziale: zielgerichteter Umgang mit dem Internet, Suchstrategien, *language awareness*, intensive Kommunikationssituationen zwischen Schülerinnen und Schülern deutscher resp. nicht deutscher Erstsprache. Für Letztere kommen dazu Übersetzungsleistungen, das Wahrnehmen der eigenen Muttersprache als gleichwertiger Informationsquelle und die Stärkung der erstsprachlichen Lesekompetenz. Als wertvolle Informationsquelle erweist sich das Internet besonders für Kinder aus bildungsfernen Familien, welche keine Bücher von zu Hause mitbringen können und auch in der Bibliothek kaum etwas in ihrer Sprache finden.

Was so aus und in den verschiedenen Sprachen der Klasse zum aktuellen Thema gesammelt wurde, eignet sich nicht nur zum Einmalgebrauch. Die Systematisierung und Archivierung dieser Materialien, z. B. auf einer CD-ROM, kann zum eigenen Projekt werden. Das Ergebnis – eine multilinguale Text-, Daten- und Linksammlung – nutzt nicht zuletzt den Lehrpersonen bei der künftigen Planung interkulturell geöffneten Unterrichts.

Schuljahr/Klasse: Ab 4./5., anspruchsvollere Vorhaben ab 7.
Zeitbedarf: Je nach Zielsetzung (s. u.).
Unterrichtsbereiche: Sachfächer, Medienerziehung bzw. -bildung, Deutsch.

Mehrsprachige Internetrecherchen können verschiedene Zielsetzungen haben. Im einen Falle steht ausschließlich das gerade aktuelle Unterrichtsthema im Zentrum, die Beschaffung von Materialien auch aus den nicht deutschen Sprachen geschieht eher beiläufig. Andere Male wird die elektronische Beschaffung der Materialien zum Anlass, zugleich und integriert am zusätzlichen Ziel einer gesteigerten Internet-Kompetenz zu arbeiten. Im dritten Fall steht diese Kompetenz, d. h. die Fähigkeit, sich in der Informationsflut zu orientieren, passende Daten zu finden und adäquat mit ihnen umzugehen, sogar im Zentrum. In unterschiedlichem Maße können dazu soziale Ziele (Zusammenarbeit in sprachgemischten Teams) und solche im Bereich *language awareness*/Spracherfahrungen kommen. Je nach Gewichtung der einzelnen Zielbereiche ergeben sich unterschiedliche Vorgehensweisen.

Möglichkeiten

Schwerpunkt Sachthema
Sollen Schülerinnen und Schüler zum gerade aktuellen oder geplanten Unterrichtsthema auch Materialien in ihren verschiedenen Sprachen aus dem Internet beitragen, ohne dass die Informationsbeschaffung weiter thematisiert wird, müssen zwei Voraussetzungen erfüllt sein: Eine gewisse Internetkompetenz (Arbeit mit Suchbegriffen etc.) und, bei jenen mit nicht deutscher Erstsprache, eine zumindest ansatzweise Kenntnis der eigenen Sprache in ihrer geschriebenen Form. Dabei können Wörterbücher gute Dienste leisten, wo es um die orthografisch korrekte Eingabe der Suchbegriffe geht. – Was die Arbeit mit den gefundenen Dokumenten betrifft, verweisen wir auf *UV 60* „Sich mehrsprachig informieren I" und auf diverse andere Unterrichtsvorschläge, denen Materialien aus verschiedenen Sprachen zugrunde liegen.

Sachthema und Internet-Handling als gleichwertige Zielbereiche
Wo die Sicherheit im Handling des Internet noch nicht sehr groß ist, muss dem eigentlichen Suchen von Informationen eine Einführung oder doch Rekapitulation vorangehen, müssen die Schülerinnen und Schüler intensiver unterstützt werden und sollen die Probleme und Erfolge im Umgang mit dem Internet auch anschließend nochmals thematisiert werden. Schülerinnen und Schüler, die Informationen in ihren Herkunftssprachen suchen, brauchen oft vermehrt Unterstützung. Dass die Lehrperson die betreffende Sprache nicht kann, ist dabei kein grundsätzliches Hindernis, geht es doch um sprachenübergreifende Suchstrategien. Wir zählen dazu den bereits erwähnten Hinweis, dass unter Umständen im Wörterbuch geklärt werden muss, ob die Suchbegriffe orthografisch korrekt sind, ob sie wirklich der betreffenden Standardsprache (und nicht einem Dialekt) angehören, dass weite Suchbegriffe vielleicht mit dem Zusatz „Schule" in der betreffenden Sprache präzisiert werden können, dass

Websites mit dem Zusatz „edu" meist erfolgreich sind. Eine Vereinfachung stellen auch die erweiterten Einstellungen bzw. Sprachtools von Suchmaschinen wie „Google" dar, mittels derer definiert werden kann, in welcher von über 30 Sprachen gesucht werden soll. – Das Suchen nach nicht deutschen Quellen muss nicht immer in sprachhomogenen Gruppen stattfinden; die mit dieser kniffligen Aufgabe verbundenen Probleme können gut auch sprachenübergreifend diskutiert werden. Dabei hat das Kind, um dessen Erstsprache es geht, natürlich einen Expertenstatus, der es zu intensiver Deutschproduktion anregt.

Schwerpunkt Beschaffung und Verwaltung von multilingualen Unterrichtsmaterialien
Das Ziel ist hier der Aufbau einer Materialsammlung mit möglichst vielen geeigneten Dokumenten oder Links zu einem oder mehreren Themen, dies selbstverständlich in allen Sprachen der Klasse. Entstehen soll z. B. eine CD-ROM, ein Ordner mit Prints der gefundenen Dokumente, eine Datei auf der Homepage der Klasse oder Schule (s. *UV 51* „Das Fenster nach außen: Unsere multilinguale Homepage") oder ein Register mit Links. Mögliche Inhalte der geplanten Sammlungen könnten eine CD-ROM mit Gedichten/Geschichten/Märchen/Musikfiles aus allen unseren Sprachen, eine Materialiensammlung zu gruppenweise bearbeiteten landeskundlichen Themen (Wohnen, Industrie etc.) oder ein Ordner mit verschiedensprachigen Texten zu schulrelevanten Themen sein. Im Zentrum des Vorhabens stehen anspruchsvolle Prozesse wie Beschaffung und Auswahl von geeigneten Websites sowie die Konzeption einer tauglichen Systematik, um die Materialsammlung nachher auch gut erschließen zu können. Dies braucht Zeit und Energie; die gleichzeitige inhaltliche Behandlung der Sachthemen verschiebt man besser auf später. Das entstandene Produkt soll so angelegt sein, dass es ausbau- bzw. um weitere Themen ergänzbar ist. – Das Vorhaben eignet sich bevorzugt für Projektwochen oder Wahlkurse und kann gut auch klassenübergreifend realisiert werden, sei es in der gleichen Schule, sei es im Rahmen einer elektronischen Klassenkorrespondenz oder -kooperation (vgl. *UV 47* „Mailen und Chatten: Elektronische Schriftkommunikation global und multilingual").

Schwerpunkte Kooperation und/oder sprachliche Erfahrungen
Dass Internet-Recherchen in nicht deutschen Sprachen durchaus auch einmal in gemischtsprachigen Teams durchgeführt werden können, erwähnten wir oben. Fruchtbar ist, wenn dabei Kinder der betreffenden Sprache mit „Computerfreaks" deutscher (oder anderer) Erstsprache zusammen arbeiten. Erstere sind die Expertinnen oder Experten für ihre Sprache (mit der logischen Aufgabe, viel zu übersetzen oder zu paraphrasieren), Letztere können ihren Spürsinn unter Beweis stellen.

Zu einer spannenden Erfahrung wird der Auftrag, Recherchen einmal in einer Sprache anstellen zu lassen, die die Schülerinnen und Schüler überhaupt nicht kennen. Wie löst man diese Aufgabe, welche Strategien helfen? Zunächst muss sicher der Suchbegriff in der betreffenden Sprache gefunden werden. Dabei leisten die Wörterbücher und Übersetzungsmaschinen im Internet gute Dienste (s. *UV 35* „Sprachliche Entdeckungen im Internet"). Als nächstes gilt es, die gefundenen Dokumente auf ihre Tauglichkeit hin zu prüfen. Zusätzliche, präzisierende Suchbegriffe helfen evtl. weiter. Je nach Thema ist die Aufgabe kaum lösbar; wählt man aber einfache Vorgaben (z. B. Frühlingsgedichte), bleibt der Erfolg nicht aus. (Die Eingabe der türkischen Wörter für Frühling und Gedicht führt beispielsweise zu über 3900 Treffern, im Albanischen immer noch zu 230. Von der Textgestalt und weiteren Indizien her sind viele sofort als Gedichte zu erkennen; schwer zu beurteilen ist oft die Altersgemäßheit). – Recherchen in Sprachen, die die Schülerinnen und Schüler selbst nicht beherrschen, führen dann zu besonders interessanten Lernsituationen, wenn ein anderes Kind in der Klasse die betreffende Sprache kennt und anschließend erläutern kann, was man da „blind" zusammengetragen hat.

Fernsehsendungen von überall her: Anschaulichkeit pur

Überall sieht man die Satellitenschüsseln, und Videos gehören schon fast zur Standardausrüstung. Für den Unterricht, insbesondere für medienpädagogische Projekte, ergeben sich damit beste Voraussetzungen, den Horizont der deutschsprachigen Sender zu verlassen und das einzubeziehen, was für die Schülerinnen und Schüler aus anderen Sprachen und Kulturen tägliche Fernsehrealität ist.

Ob dies themenbezogen geschieht oder ob das Kennenlernen und Vergleichen der verschiedenen Fernsehkulturen selbst das Thema ist: Immer wieder können solche Beiträge den Unterricht beleben, Neugier und Interesse fördern und zu interessanten Begegnungen führen. Für die Schülerinnen und Schüler der betreffenden Sprache führen sie zu noch mehr: Sie spüren das Interesse an ihrer Kultur, sie haben eine wichtige Aufgabe als Dolmetscher und Expertinnen zu erfüllen – und sie sind kräftig gefordert im Deutschen.

Schuljahr/Klasse: 4./5. bis 10., Kindersendungen ab 2.
Zeitbedarf: Isolierte Sequenzen ab ca. 30 Minuten.
Unterrichtsbereiche: Medienerziehung bzw. -bildung, Deutsch, evtl. Sachfächer.

Vorbereitung

Für die Videoaufnahmen sind in der Regel die Schülerinnen und Schüler zuständig. Einige (überspielbare) Kassetten sollten in der Schule bereitstehen.

Wichtig: Das Medium Fernsehen ist wegen seiner Bild- und Handlungsorientierung viel leichter zugänglich als z. B. gedruckte Texte. Trotzdem überfordern Präsentationen von Sendungen in den Erstsprachen, die über fünf bis zehn Minuten hinausgehen, in der Regel die Zuschauenden. Dies ist bei der Vorbereitung bzw. bei der Auswahl der Ausschnitte zu bedenken. Die Vermittlerrolle, die dem Kind der betreffenden Sprache zukommt (Erläuterung, improvisierte Übersetzungshilfe) ist nicht zu unterschätzen. Zeit und unter Umständen Unterstützung für die Vorbereitung ist nötig.

Möglichkeiten der Einbeziehung von Fernsehsequenzen aus den Erstsprachen:

■ Präsentation der Herkunftsländer, z. B. als Teil eines Vortrags: Landschaft, Leute, Kunstwerke, Musik, Tierwelt, Persönlichkeiten.

■ Sachbeiträge zu einem aktuellen Thema; z. B. etwas über das Meer, über historische Gebäude, ein Ausschnitt aus einem Tierfilm.

■ Nachrichtensendungen. Geeignet vor allem in den höheren Schuljahren. Vergleich der Machart der Sendung usw.; s. o. *UV 61* „Aktualitäten mehrperspektivisch".

■ Ausschnitte aus beliebten Kindersendungen (vorstellen lassen, wie die Sendung aufgebaut ist, was daran gefällt); Vergleich mit Kindersendungen anderer Stationen.

■ Werbung. Interessant, da manche Produkte, evtl. sogar einzelne Spots, international bekannt sind. Vgl. *UV 58* „Werbung – hier und überall".

■ Trickfilme. Wir begegnen alten Bekannten im neuen (Sprach-)Gewand, hören vertraute Figuren wie Mickey und Donald italienisch sprechen, können gemeinsam lachen. Vgl. auch *UV 57* „Arbeit mit Comics".

■ Sport. Nationale Fußballgrößen und andere Sportskanonen; Ausschnitt aus einem Fussballspiel; Sportberichterstattung; evtl. charakteristische Sportarten.

■ Musik. Typische Volksmusik, unbedingt aber auch die aktuellen Stars und ihre Musikvideos; Hitparade, Schlager. Vgl. auch *UV 101* „Interkulturelles im Bereich Gesang/Musik".

Die Fragestellungen oder Gesichtspunkte, unter denen die Sequenzen ausgewählt, betrachtet und diskutiert werden, hängen vom jeweiligen unterrichtlichen Kontext ab.

Kritisches Lesen: Migrantinnen und Migranten in Lehrmitteln, Kinder- und Jugendzeitschriften

Von der kulturellen und sprachlichen Vielfalt unserer Gesellschaft und Schulen, von der selbstverständlichen Präsenz von Menschen aus verschiedenen Ländern merkt man wenig, wenn man Schulbücher, Kinder- und Jugendzeitschriften oder -bücher durchsieht. Abgesehen von wenigen Ausnahmen, finden die Kinder der Minoritäten sich, ihre Namen, ihre Welt dort kaum wieder.

Durch die Beiziehung von Texten aus ihren Ländern, durch die Einbeziehung ihrer Sprachen – kurz: durch eine interkulturelle Öffnung des Unterrichts – kann man als Lehrer oder Lehrerin diesem Defizit entgegenwirken.

Die lückenhafte und einseitige Abbildung der Realität kann aber auch, ähnlich wie z. B. bei Rollenklischees für Frauen, bewusst und zum eigenen Thema gemacht werden. Gefördert wird damit einerseits das kritische Lesen, andrerseits demokratisches Bewusstsein und Sensibilität gegenüber Einseitigkeiten und Diskriminierungen seitens der Mehrheitskultur.

Schuljahr/Klasse:	5./6. bis 10.
Zeitbedarf:	Ab ca. 4–5 Lektionen.
Unterrichtsbereiche:	Deutsch, Soziales Lernen/Lebenskunde.
Vorbereitung:	Texte, mit denen gearbeitet werden soll, bereithalten bzw. mitbringen lassen (Lesebücher, andere Lehrmittel, Jugendzeitschriften und -bücher).

Verlauf, Impulse

- Einführung; Bewusstmachung der Problemlage (Kontrast der multikulturellen Situation in der Klasse zur weitgehenden Absenz von Kindern, Jugendlichen etc. mit Migrationshintergrund in den Schulbüchern und anderen oben genannten Medien). Im besten Falle stößt eine Schülerin oder ein Schüler selbst auf diesen Befund, andernfalls gibt die Lehrperson den entsprechenden Impuls.
- Formulierung von Untersuchungsbereichen: Welche Medien wollen wir durchsehen, worauf wollen wir achten? (Beispiele: Wie viele Kinder mit nicht deutschen Namen kommen in den Textrechnungen unseres Mathematikbuchs oder im

Lesebuch vor? Wie viele Textrechnungen nehmen Bezug auf den Hintergrund ausländischer Mitmenschen? Oder: Vergleich einiger Jugendzeitschriften mit Hinblick auf das Vorkommen ausländischer Jugendlicher und auf deren Rollencharakterisierung.) Einteilung von Arbeitsgruppen.

- Wenn möglich Beiziehung und Interpretation von Statistiken als Bezugspunkt (prozentualer Anteil der ausländischen Bevölkerung; Prozentzahl ausländischer Kinder in der Schule; evtl. kurzer Seitenblick auf deren Übervertretung in den tiefer qualifizierten Schulformen).

- Arbeit an den abgesprochenen Untersuchungsbereichen. Sammlung, Präsentation und Diskussion der Ergebnisse. Überlegen von Konsequenzen (Brief an eine Redaktion; Umschreiben von Textrechnungen usw.).

- Mögliche Weiterführung: Klischees in Bezug auf Ausländerinnen und Ausländer in der Presse. Und umgekehrt: Klischees der Menschen mit Migrationshintergrund gegenüber den Einsprachig-„Alteingesessenen". Klischees und Hierarchien der verschiedenen Migrationsgruppen untereinander.

- Weiterführung im Bereich Klassenlektüre/Klassenbibliothek: Zusammenstellung einer Liste „positiver" Beispiele; Klassenlektüre eines Buches oder individuelle Lektüre und anschließende Vorstellung verschiedener Titel. Geeignete Titel finden sich bei SCHMIDT-DUMANT (1996), EDER (1998) und im Verzeichnis „Im andern Land. Kinder- und Jugendbücher als Verständigungsmittel zwischen ausländischen und schweizerischen Kindern" (s. Bibliografie).

Hinweis: Kriterien zur Analyse von Rassismus in Kinderbüchern finden sich in: LIFE (1997), Kapitel 1.2.2.

Schwerpunkt Sprachbetrachtung und Grammatik

 ## Ein Einstiegsimpuls mit Folgen:
Das Rahmenprojekt „Sprache untersuchen"

„Sprache untersuchen: Was würde euch da als Forscherinnen und Forscher interessieren?". Mit diesem Einstiegsimpuls, ergänzt um einige Anregungen, tut sich ein weites und spannendes Feld für Fragen, Mutmaßungen, Untersuchungen und Vergleiche auf.

Mit Interkulturalität hat das weit formulierte Thema zunächst noch nichts zu tun; Kinder der ersten Schuljahre interessieren sich oft mehr für die Sprachen der Tiere als für die der Welt. Doch liegt es in der mehrsprachigen Klasse nahe, dass bei einem Projekt zu diesem Thema bald auch die Vielfalt und Verschiedenheit der Sprachen und Dialekte der Klasse ins Zentrum rückt.

Durch seine stark schülerorientierte Anlage bietet der Unterrichtsvorschlag einen ausgezeichneten Rahmen, auf je altersgerechte Weise Interesse und Forschungsgeist der Kinder gegenüber sprachlichen Fragen und sprachlicher Vielfalt zu sensibilisieren. *Language awareness* – als Sprachenbewusstsein gefasst – und forschendes, kooperatives Lernen werden gleichermaßen gefördert.

Bemerkung: Auf viele Fragen zum Thema Sprache findet man selbstverständlich keine bündige Antwort, und oft werden Lehrerin und Schüler vor den gleichen Rätseln stehen. Das ist keineswegs schlecht. Es führt einerseits zu bisweilen höchst tiefsinnigen sprachphilosophischen Gesprächen und Spekulationen, und andrerseits sind wir gezwungen, Nachschlagewerke, Lexika, das Internet und Fachpersonen zu konsultieren. Damit lernen die Schülerinnen und Schüler in authentischen Situationen, was Informationsbeschaffung konkret heißt.

Als Tipp sei trotzdem auf ein Buch verwiesen, das auf unerwartet viele Fragen Antworten bietet: Gemeint ist die überaus spannende und anregende „Cambridge Enzyklopädie der Sprache" von DAVID CRYSTAL (vgl. Bibliografie). Eine ausgezeichnete (englische) Übersicht aller Sprachen findet sich, mit weiterführenden Links, unter www.ethnologue.com/country_index.asp?.

Schuljahr/Klasse: 2./3. bis 10., in je altersgerechter Anlage.

Zeitbedarf: Ab 5 bis ca. 20 Lektionen; wenn möglich wenigstens teilweise blockunterrichtlich.

Verlauf, Phasen des Projekts

- Sehr offene Ankündigung: „Wir machen, in Form von Gruppenarbeiten, ein ‹Sprachforschungsprojekt›". Zur Anregung können einige Facetten aus der breiten Palette von Forschungsmöglichkeiten angetippt werden: „Was man da z. B. untersuchen könnte: Verschiedene Sprachen. Wie wäre eine Welt ohne Sprache, Gesten, Schriften, Tiersprachen. Seit wann gibt es Sprache usw.".
- Einstiegsfrage: „Wo würdet ihr die Schwerpunkte legen, was würdet ihr besonders gerne untersuchen, wenn ihr Sprachforscherinnen oder Sprachforscher wärt?". Hierzu allein oder zu zweit auf DIN A3-Blättern Clusters um das Stichwort „Sprache erforschen" herum anfertigen oder stichwortartige Texte zur Einstiegsfrage verfassen.
- Vergleich, Erläuterung, Diskussion. Einigung auf ein paar Teilaspekte, denen in Gruppen oder im Klassenverband vertieft nachgegangen werden soll. Die Lehrperson achtet darauf, dass die speziellen Kompetenzen der zwei- oder mehrsprachig aufwachsenden Schülerinnen und Schüler produktiv eingesetzt werden können.
- Den Entscheid über die Sozialform fällt die Lehrperson. Weite und eher spekulativ zu beantwortende Fragestellungen eignen sich besser für philosophische Gruppen- oder Klassengespräche; andere, präziser umrissene Themen können von „Forschungsteams" mithilfe von Nachschlagewerken usw. selbstständig bearbeitet werden.
- Selbstständige Arbeit an den Teilthemen in Gruppen, ergänzt um Gespräche im Klassenverband. Begleitend zur Arbeit kann ein Lerntagebuch geführt werden, in dem protokolliert wird, was und wie gelernt wurde.
- Je nach Themen und Stand der Klasse erhalten die Gruppen einen Auftrag für die Schlussrunde (Vortrag, Gestaltung von Arbeitsmaterialien für die Mitschülerinnen und -schüler, Gestaltung eines Arbeitsauftrags für eine Sprach-Werkstatt usw.).
- Präsentation der Ergebnisse, Rückblick auf die Arbeit. Fragen und Interessensschwerpunkte für eine weitere Auseinandersetzung mit dem Thema notieren. Vielleicht wird eine Sprachfragenwand eingerichtet.

In einem zweiten Durchlauf oder in den höheren Schuljahren kann das Thema auf sprachliche Fragestellungen im engeren Sinne eingeschränkt werden: „Was würdet ihr als Sprachforschende bei einer einzelnen Sprache/beim Vergleich mehrerer Sprachen erforschen?", „Was interessiert euch zum Thema Dialekte/Mehrsprachigkeit/Grammatik usw.?". (Hier geht es primär um Fragen im Bereich Wortschatz,

Wort- und Formenbildung, Satzbau. Vgl. auch die Fragestellungen in *UV 66* „Sprachliche Phänomene, interkulturell untersucht: Der Blick über die Grenzen und zurück".) Fragestellungen in dieser Richtung haben sich allerdings bei bisherigen Durchführungen auch schon spontan in den unteren Schuljahren ergeben, vgl. das nachfolgende Beispiel.

Praxisbeispiel, 3. Schuljahr

Die Anfangsphase des Projekts (Cluster zum Stichwort „Sprache erforschen") wurde in verschiedenen Klassen des 2. bis 6. Schuljahres erfolgreich getestet. In einer dritten Klasse führte sie zum folgenden Unterrichtsprojekt, das ca. vier Wochen dauerte:

- Einstimmung: Schulzimmer durch viele Sprachdokumente dekoriert (verschiedene Schriften, Layouts, Sprachspiele usw.). Projektankündigung „Wir arbeiten als Sprachforscherinnen und -forscher". Cluster „Sprache erforschen" als Einzelarbeit. Gespräch darüber.
- Vergleichen und Ordnen der Fragen auf den Clustern. Es ergeben sich drei Groß-bereiche: Sprachbau und -normen (z. B.: Warum schreibt man Nomen im Deut-schen groß?), Tiersprachen, Herkunft unserer Sprachen. Jedem Bereich werden zwei Teams von drei bis vier Kindern zugeordnet.

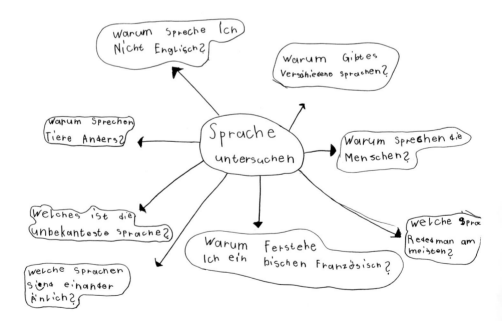

- Die Teams tragen in einem Brainstorming Fragen zu ihrem Bereich zusammen und wählen solche aus, denen sie vertieft nachgehen möchten. Sie gestalten ein Plakat. Darunter sind auch Fragen in Zusammenhang mit der Sprachenvielfalt („Warum gibt es so viele Sprachen?") oder zu formalen Unterschieden zwischen manchen Sprachen („Wieso braucht man im Deutschen drei Buchstaben für den Laut sch, im Türkischen aber bloß einen? Gibt es noch mehr Unterschiede zwischen den beiden Schriften?").

- Längere Phase der Arbeit an der Beantwortung der selbst gestellten Fragen. Hinzuziehung von externen Informationsquellen (Eltern, Lehrerin) und von Kinderlexika. Verarbeitung und Präsentation auf Plakaten. Für den Bereich Sprachformales entstehen dabei u.a. Plakate zum Satz, zu den Satzzeichen und zu den Wortarten, die im späteren Sprachunterricht Verwendung finden werden. Präsentation der Ergebnisse in der Klasse.

- Abschließende Bearbeitung eines umfangreichen „Fragebogens für Sprachforscherinnen und -forscher" zum Gelernten. Diesen Bogen entwarf die Lehrerin als Zusammenfassung und als Ausblick auf die spätere Weiterarbeit am Thema. Abschlussdiskussion, Verteilung von „Forscherinnen- und Forscher-Diplomen".

Lesehinweis: ALBERT BREMERICH-VOS: Nachdenken über Sprache: kontrastiv. Grundschulkinder untersuchen Aspekte des Spracherwerbs; in: Grundschule 5/1999, S. 27-30 (v.a. S. 28f: Grundschulkinder als Sprachforscher). Vgl. im übrigen auch *UV 35* „Sprachliche Entdeckungen im Internet".

Sprachliche Phänomene, interkulturell untersucht:
Der Blick über die Grenzen und zurück

Stellen wir uns vor, dass Grammatik – Wortarten, Satzstellungen usw. – mehr als müder Drillstoff ist. Stellen wir uns vor, dass dahinter ein lebendiges, ausgeklügeltes System steht und dass dieses System unsere Sprache ist. Ein System, das es mit allerlei Mechanismen schafft, eine Beschreibung anschaulich werden zu lassen, uns merken zu lassen, dass etwas früher geschah oder dass es bei einer Geschichte nicht um eine, sondern um mehrere Personen geht. Und versuchen wir jetzt, diesen Mechanismen auf die Spur zu kommen, sie selber zu entdecken!

Spannende Expeditionen ins Reich der Sprache(n) statt Wiederkäuen von Vorgekautem: Wenn unsere Schülerinnen und Schüler den Grammatikunterricht so erleben, sind wir auf dem richtigen Weg. Zugleich wird mit dem veränderten Zugang auch der Horizont weiter: Wenn wir herausgefunden haben, wie die deutsche Sprache aus einer Sache mehrere Sachen „macht" (verschiedene Arten der Pluralbildung), interessiert es uns natürlich, wie das in anderen Sprachen geht, welche Mechanismen dort wirken. Und nicht selten lehrt uns der Blick über die sprachlichen Grenzen, dass es noch ganz andere Möglichkeiten gibt.

Gefördert werden bei diesen Untersuchungen Sprach- und Sprachenbewusstsein, Interesse für sprachliche Phänomene und nicht zuletzt grammatisches Wissen und Fachvokabular – Letzteres nicht als Selbstzweck, sondern quasi als Handwerkszeug für unsere Untersuchungen. Für die Schülerinnen und Schüler mit nicht deutscher Erstsprache kommen Reflexion und Sensibilisierung gegenüber der eigenen Sprache dazu, indem diese als gleichwertiges und wichtiges Vergleichssystem einbezogen wird.

Dass bei den Kindern mit nicht deutscher Erstsprache kein entwickeltes linguistisches Wissen über ihre Sprache vorausgesetzt werden darf, wurde in Kapitel 2.2.2 („Grenzen und Überforderungen") ausgeführt. Dasselbe gilt für die monolingual deutsch Aufwachsenden, wenn es um das Deutsche oder um dessen Dialekte geht. Entsprechende Fragen müssen sorgfältig und anschaulich formuliert werden. Produktiver als die abstrakte Frage nach den Regeln in einer (anderen) Sprache ist sicher in den meisten Fällen diejenige nach konkreten Beispielen zu einem bestimmten Befund.

Schuljahr/Klasse: 2. bis 10., in je altersgerechter Komplexität.
Zeitbedarf: Ab 1–2 Lektionen, je nach Umsetzung.

Verlauf

Den meisten Untersuchungen (vgl. die Beispiele unten) liegt der folgende Aufbau zugrunde:

■ Einstiegsimpuls, evtl. angeregt durch eine Beobachtung oder Merkwürdigkeit in einem Text oder einer Aussage: „Wie verhält sich das und das eigentlich in unserer Sprache?" bzw. „Wie macht es unsere Sprache eigentlich, dass ... ".

■ Mutmaßungen, Untersuchungen, Experimente. Die Lehrperson überlegt mögliche Untersuchungsszenarien und hält evtl. geeignetes Material bereit. Daneben sollen aber unbedingt auch die Schülerinnen und Schüler mitdenken, wie man der Sache auf die Spur kommen könnte.

■ Zweiter Impuls, Blick über unsere Sprachgrenzen: „Gibt es dieses Phänomen auch in den anderen Sprachen?" bzw. „Funktioniert das in den anderen Sprachen auch so wie im Deutschen?" oder „Wie funktioniert es in anderen Sprachen?". Hier lassen sich natürlich auch Vergleiche Mundart – Standardsprache oder Vergleiche verschiedener deutscher bzw. einheimischer Dialekte einbeziehen.

■ Beispiele aus den anderen Sprachen finden (gemeinsam oder in Kleingruppen), zusammentragen, Vergleich, Diskussion.

Beispiele

(Auch als „Forschungsaufträge" im Rahmen eines größeren Sprachenprojekts wie *UV 65* „Sprache untersuchen" oder in einer Werkstatt durchführbar):

■ Zu den Wortarten:
Adjektiv: Was machen Adjektive mit einem Text? – Experimente (Erweiterungs und Weglassproben usw.). – Gibt es Adjektive auch in den anderen Sprachen? Beispiele, evtl. mehrsprachige Sammlung von Farbadjektiven. – „Funktionieren" Adjektive in anderen Sprachen auf die gleiche Weise wie im Deutschen, d. h. kann man sie mit der Adjektivprobe erkennen? Oder kann man mit ihnen ebenfalls Vergleichsformen bilden und wenn ja, wie? – Kann man in anderen Sprachen ebenfalls riesenlange Sätze machen, indem man ein Adjektiv nach dem anderen einfügt? Beispiele auf Streifen!
Verb: Wieso merkt man eigentlich, dass etwas in der Vergangenheit passierte? – Kann man mit dem Verb auch in anderen Sprachen Zeitformen bilden? – Wie klingt und wie funktioniert das dort? – Gibt es auch zusammengesetzte Zeiten? –

Verändert sich auch manchmal etwas im Verbstamm (essen/aß, starke/schwache Verben)?

Nomen: Wie machen Sprachen aus einem Ding viele Dinge (Markierung der Mehrzahl)? – Welche verschiedenen Möglichkeiten hat das Deutsche hierfür? Tabelle der verschiedenen Pluralmarkierungen, (-e, er, -en, Umlautplural usw.). – Wie machen es andere Sprachen? – Unterschiede Mundart – Hochsprache. – Gehört zum Nomen in anderen Sprachen auch ein Artikel? – Steht er auch vor dem Nomen? – Gibt es auch drei Geschlechter für das Nomen?

- Zusammengesetzte Wörter: Wie und aus welchen Wortarten kann man Wörter zusammensetzen? (Nomen+Nomen, Nomen+Verb usw.) – Wonach richtet sich das Geschlecht eines zusammengesetzten Nomens? – Gibt es die Möglichkeit, Wörter zusammenzusetzen, auch in andern Sprachen, oder wie sagt man dort z. B. für „Haustür", „dunkelblau"?

- Vor- und Nachsilben: Mit ihnen stellt das Deutsche eine Menge an. Beispiele machen lassen, z. B. für die Bedeutungsveränderung durch Vorsilben beim Verb. Verständnis durch die Schülerinnen und Schüler mit nicht deutscher Erstsprache sicherstellen. Sammlung aller Vor- und Nachsilben, diese auf Streifen oder einen Kreis schreiben und mit möglichst vielen Wortstämmen kombinieren: Was macht Sinn, was nicht? (Diese Fragestellung kann für Kinder ohne genuines Sprachgefühl fürs Deutsche schwierig sein; evtl. Wörterbuch hinzuziehen.) – Gibt es Vor- und Nachsilben auch in den anderen Sprachen? Beispiele zusammentragen. Evtl. Poster „Vor- und Nachsilben in verschiedenen Sprachen" anfertigen.

- Wortverwandtschaften und -familien, Synonyme, Wortfelder. Beispiele für Wortfamilien zusammenstellen lassen (z. B. zum Stamm fahr- oder geb-). – Gibt es das auch in anderen Sprachen? – Sammlungen von Synonymen (z. B. für „gehen"), auf Deutsch und in anderen Sprachen.
Ein Ziel ist bei diesem Thema immer auch die Wortschatzerweiterung, weshalb das Verständnis unbedingt jeweils sicherzustellen ist. Bei der Erarbeitung von Wortfeldern (z. B. zum Thema „Garten"), die z. B. vor einem Schreibanlass sehr hilfreich sein kann, werden auch muttersprachliche Wörter zugelassen, wenn ein Ausdruck in Deutsch noch fehlt.

- Satzbau: Mit der Umstellprobe können wir bereits in der 2. bis 4. Klasse spielerisch zu allerlei Einsichten zum deutschen Satzbau gelangen (Verb an den Anfang stellen ergibt Fragesatz; manche Stellungen „gehen nicht", andere wirken etwas speziell, usw.). Wie ist das in anderen Sprachen? Schülerinnen und Schüler, die eine zusätzliche Sprache beherrschen, könnten uns einen Satz in dieser auf einen Streifen schreiben, ihn in Worte zerschneiden und uns damit experimentieren lassen. Die Erklärung, was die einzelnen Varianten bedeuten und ob sie überhaupt einen Sinn ergeben, initiiert Gespräche.

■ Überlegungen in Zusammenhang mit „Fehlleistungen" von elektronischen Übersetzungsmaschinen (s. hierzu *UV 35* „Sprachliche Entdeckungen im Internet: Wörterbücher, Übersetzungsmaschinen, Hörproben").

Lesehinweis: I. OOMEN-WELKE: Schülerinnen und Schüler als ExpertInnen im mehrsprachigen Deutschunterricht; in: Oomen-Welke 1998:198ff. Der Text bringt Hintergrundüberlegungen und eine Reihe von guten Unterrichtsbeispielen. PERREGAUX (1998:150ff): Unterrichtsvorschlag zur Betrachtung von syntaktischen Strukturen.

Sprachvergleiche Wort für Wort: Spannende Einsichten im Detail

„Wie heißt du?" – „Comment t'appelles-tu?" – „What's your name?": Dreimal dieselbe Frage, und doch nicht dreimal dasselbe, wie die wortwörtliche Übersetzung schnell beweist. Jede Sprache formuliert die Wendung auf etwas andere Weise.

„Wir ihnen es geben Freunden-den Buch-das das neue". Das ist die wortwörtliche Entsprechung des albanischen Satzes „Wir geben den Freunden das neue Buch". Wiederum: derselbe Inhalt, doch eingepasst in unterschiedliche Sprachstrukturen.

Im ersten Beispiel geht es um Wendungen, die in den verschiedenen Sprachen unterschiedlich gebildet werden, im zweiten um Unterschiede in Sprach- und Satzbau. Gemeinsam ist beiden Bereichen, dass der pingelige Blick auf das Detail oft zu spannenden und überraschenden Erkenntnissen führt. Sprachvergleiche „Wort für Wort" erweitern das sprachliche Wissen und Bewusstsein – vor allem auch jenes gegenüber der eigenen Sprache. Erst im Vergleich mit anderen Sprachen tritt ja die Spezifik der Muttersprache hervor und ist nicht mehr unhinterfragte Selbstverständlichkeit.

Voraussetzung zur Durchführung von Sprachvergleichen sind die Beiträge der Schülerinnen und Schüler mit nicht deutscher Erstsprache. Ressourcenorientierung, kooperatives und kommunikationsintensives Lernen sind hier quasi Programm. Dass auch die schulischen Fremdsprachen Englisch und Französisch in die Vergleiche einbezogen werden, versteht sich. Unterrichtssequenzen in diesen Fächern bieten sogar oft optimale Anschlussstellen. Spezifische Möglichkeiten ergeben sich hier auch durch die Experimente mit elektronischen Übersetzungsmaschinen, wie sie in *UV 35* „Sprachliche Entdeckungen im Internet" beschrieben sind.

Schuljahr/Klasse: 4./5. bis 10.
Zeitbedarf: In der Regel ca. eine halbe bis eine ganze Lektion.
Vorbereitung: Evtl. große Blätter oder Packpapierbögen; evtl. Arbeitsblatt.

Möglichkeiten

Vergleich von sprachspezifisch unterschiedlich gebildeten Wendungen
Im Anschluss an die Behandlung einer Wendung im Fremdsprachenunterricht (oder im Kontext sonstiger sprachlicher Projekte oder Beobachtungen) trägt man die

wortwörtlichen Entsprechungen in den verschiedenen Sprachen zusammen. Das geschieht am besten in der Art einer Tabelle (an der Wandtafel, dann evtl. als Arbeitsblatt für Gruppenarbeiten).

Ein Beispiel für eine zweisprachige Tabelle gibt NEUGEBAUER (bei PERREGAUX 1998:151):
- Zeile 1: Wendung in der Fremdsprache (Bsp. „Ça ne te regarde pas"),
- Zeile 2: wortwörtliche Übersetzung auf Deutsch („Das nicht dich schaut nicht"),
- Zeile 3: sinngemäße deutsche Übersetzung („Das geht dich nichts an").

Bei einer mehrsprachigen Tabelle steht zuoberst (Zeile 1) die deutsche Wendung,
- Zeile 2: z. B. die französische Entsprechung,
- Zeile 3: deren wortwörtliche Übersetzung,
- Zeile 4: z. B. die türkische Entsprechung,
- Zeile 5: deren wörtliche Übersetzung usw.

Beispiele für geeignete Wendungen: Zeitangaben (es ist halb fünf; es ist Viertel vor/nach), Formeln wie: Wie geht es dir? Mir geht es gut. Wie heißt du? Ich heiße … Mir ist warm/kalt. Das macht Spaß.
Das Zusammentragen und Vergleichen der verschiedenen wörtlichen Übersetzungen soll nicht Selbstzweck bleiben, sondern zu weiteren Nachfragen führen.

Vergleich von Sätzen und Satzbau
Ausgangspunkt kann auch hier ein Satz aus einer Englisch- oder Französischlektion sein, der uns von seiner „anderen" Konstruktion (Wortstellung usw.) her auffällt. Unser Interesse ist geweckt, wie dieselbe Konstruktion in den anderen Sprachen der Klasse aussieht. Denkbar ist aber auch ein isolierter Einstieg.

Übersichtlicher als eine große Tabelle für alle Sprachen sind hier Gegenüberstellungen von je bloß zwei Sprachen:
- Zeile 1: Satz auf Deutsch (Bsp. „Wir geben den Freunden das neue Buch").
- Zeile 2: Satz in der Fremdsprache (Albanisch: „Ua japim shokëve librin e ri").
- Zeile 3: Wortwörtliche Übersetzung auf Deutsch („Ihnen es [wir] geben Freunden-den Buch-das das neue"). Diese Zeile kann auch erst nachträglich eingetragen werden.

Die sich entsprechenden Wörter auf den Zeilen werden nun mit Strichen verbunden. Zwischen Zeile 2 und 3 (Original und wortwörtliche Übersetzung) sollte das ziemlich linear geschehen können. Interessanter ist der Vergleich von Zeile 1 und 2. Hier dürfte es meistens zu allerlei Überkreuzungen und „Fehlstellen" kommen. Im obigen

Beispiel etwa haben die deutschen Personalpronomen und Artikel keine direkte Entsprechung im Albanischen; Artikel und Adjektiv stehen hinter dem Nomen („Buch-das das neue") usw.

Viele dieser Befunde sind Anlass zu weiteren Fragen: Steht in dieser Sprache das Adjektiv immer hinter dem Nomen (Beispielsätze geben)? Wie ist das in anderen Sprachen? Wo steht das Verb? Wie ist es mit den Artikeln? Können wir eine Regel entdecken und formulieren?

Die grammatische Reflexion, die sich hier anschließt, ist ergiebig, aber anspruchsvoll. Sie muss so geführt werden, dass sie die Schülerinnen und Schüler nicht überfordert (vgl. Kapitel 2.2.2).

In jeden Sprachvergleich soll auch die Mundart einbezogen werden. Beim obigen Beispielsatz ergäbe das nichts Spektakuläres. Man vergleiche aber, was etwa bei der hessischen, walliserdeutschen oder kärntnerischen Mundartübersetzung eines Satzes wie „Peter kaufte einen Ball." herauskäme! Vgl. hierzu auch Kapitel 4.3.1.

Hinweis: Erläuterungen und Beispiele (von C. NEUGEBAUER) finden sich bei PERREGAUX 1998: 150–152 („Thema: Sprachvergleiche"); vertiefte Überlegungen und weiterführende Ideen bei OOMEN-WELKE 1998:198–215 („Schüler und Schülerinnen als ExpertInnen im mehrsprachigen Deutschunterricht"); vgl. auch UV 35 „Sprachliche Entdeckungen im Internet"..

Sätze vergleichen		
franz.	Je m'appelle Maria	Ich heisse Maria Ich mich nenne Maria
ital	Io mi chiamo Maria	Ich heisse Maria Ich bin heisse Maria Ich mich heisse Maria
Maz	Ja se wika Maria	Ich heisse mich Maria
Ungarisch	Ánem nef gyálánt Maria	Mein Name heisst Maria
Port.	Eu me chamo Maria	Ich mich heisse Maria
Ling.	NGai kombo na ngai Maria	Ich Name mein ich Maria

68 Sprach-Tüfteleien I: Übersetzungsmaschinen basteln

Funktionierende Sprachmaschinen oder „Computer" zu bauen, stellt eine Herausforderung dar. Natürlich ist hier nicht die Rede von richtigen (Übersetzungs-)Computern und -maschinen (s. zu diesen *UV 35*), sondern von eigenen, altersgerechten Versuchen. Sie führen zu ebenso wertvollen Einsichten. Das Problem ist nicht die „Hardware", z. B. gegeneinander verschiebbare Papierstreifen oder konzentrische Kreise. Schwierig ist vielmehr, die „Software" so zu gestalten bzw. zu „programmieren", dass der Computer tatsächlich auch funktioniert.

Programmieren wie auch Austesten verlangt intensives sprachliches Nachdenken, den Kontext dazu bildet eine attraktive Situation handelnden, experimentierenden Lernens.

Eine gute Voraussetzung ist, wenn die Schülerinnen und Schüler bereits Erfahrungen mit selbstgemachten deutschsprachigen „Sprachcomputern" haben. Anleitungen hierfür finden sich in *UV 70* und in „Treffpunkt Sprache" (GOOD u. a., Arbeitsheft 5:22f resp. 6:20f).

Die folgenden zwei Beispiele für mehrsprachige Sprachcomputer bzw. Übersetzungsmaschinen sind für die Herstellung in gemischtsprachigen Zweierteams gedacht. Selbstverständlich werden die Maschinen nach ihrer Fertigstellung vorgestellt und von anderen Schülerinnen und Schülern gegengetestet. Und wer weiß – vielleicht kommen einzelne Tüftlerinnen und Tüftler noch auf ganz andere Modelle!

Schuljahr/Klasse: 4./5. bis 6., evtl. bis 10.
Zeitbedarf: 1–2 Lektionen.
Unterrichtsbereiche: Deutsch, Kunst/Gestalten.
Vorbereitung: Karton, Musterklammern.

Möglichkeiten, Beispiele

■ Deutsch-türkische Esswaren-Übersetzungsmaschine, sehr praktisch beim Einkauf und im Restaurant: Zwei gleich große Kreise ausschneiden. Am Schluss werden sie mit einer Musterklammer in der Mitte zusammengehalten. Der obere fungiert als

Deckblatt und enthält zwei einander gegenüberliegende „Sichtschlitze" (wie eine Parkscheibe). Auf dem unteren stehen die Namen von Lebensmitteln in Deutsch und Türkisch. Sie sind so angeordnet, dass die sich entsprechenden Wortpaare („das Brot – ekmek") immer gleichzeitig in den beiden Schlitzen erscheinen. Die deutschen Wörter dem ABC nach ordnen. Dasselbe kann auch mit kurzen Sätzen (Grußformeln usw.) gemacht werden. Ob es auch mit mehr Schlitzen funktioniert?

- Italienisch-deutscher Satzgenerator: Zuerst werden vier lange Papierstreifen gemacht (je ca. 4 cm breit). Auf Streifen 1 steht oben „ich" und unten „io". Streifen 2 enthält auf der oberen Hälfte deutsche Verben (immer in der 1. Person Einzahl), auf der unteren dieselben auf italienisch. Streifen 3 enthält Artikel und Ähnliches: „den, eine, alle", wiederum oben deutsch, unten italienisch. Streifen 4 enthält allerlei Nomen. Die Streifen können nun nebeneinander gehalten und gegeneinander verschoben werden. Dadurch entstehen verschiedene Sätze – oben deutsch, unten italienisch. Je besser durchdacht die Streifen sind, desto mehr brauchbare Sätze entstehen.

Eleganter wird das ganze, wenn man aus Karton eine Schablone mit Führungsschlitzen macht, in denen die Streifen verschoben werden können. Diese Schablone lässt sich im Techno- oder Computerlook verzieren. – Vgl. zu diesem Typ auch *UV 70* „Formen-Trainer und Satz-Generatoren".

Sprach-Tüfteleien II: „Röhren-Computer" als kreativ gestaltete Trainingsgeräte

„Röhren-Computer" sind einfache Sortiermaschinen, bei denen Kärtchen in die richtige Eingabeöffnung (z. B. WC-Papier-Röhre aus Karton, daher der Name) gegeben werden müssen. Sie lassen sich für verschiedene Trainingsbereiche gestalten: zum Üben der Artikel (grammatikalisches Geschlecht), der Mehrzahlformen, der Präteritumformen oder der Vergleichsformen des Adjektivs. Sie können u. a. die Arbeit mit Lerngeräten wie LÜK oder Profax oder mit Lernsoftware ergänzen.

Neben der sprachlichen Arbeit beim Herstellen und Üben kommt die Kreativität der Schülerinnen und Schüler voll zum Zuge, wenn es darum geht, die Maschine möglichst computermäßig zu gestalten. Die Herstellung soll unbedingt in sprachgemischten Teams erfolgen, da das kooperative und handlungsorientierte Projekt auch zu vielfältigen Sprech- und Interaktionsanlässen führt.

Voraussetzung ist meist eine vorgängige Sequenz in Sprachbetrachtung. Die Arbeit an und mit der Maschine stellt eine Vertiefungsphase dazu dar. Bei den komplexeren Themen kann das Übungsmaterial (Wortkärtchen) auch von der Lehrperson vorgegeben werden (samt einem Lösungsblatt zur Selbstkontrolle). In diesem Falle tritt die Sprachreflexion gegenüber dem kreativen Gestalten und dem Üben in den Hintergrund.

Schuljahr/Klasse:	Ab 2. („Artikel-Trainingsmaschine") bis 6.
Zeitbedarf:	2–3 Lektionen.
Unterrichtsbereiche:	Deutsch, Kunst/Gestalten.
Vorbereitung:	Schachteln, WC-Papier-Röhren aus Karton, festes Papier.

Verlauf

Herstellung, am Beispiel Artikeltrainingsmaschine mit drei Eingabeoptionen (Partner- oder Kleingruppenarbeit)

■ Hardware: In den Deckel einer Schuhschachtel werden drei Löcher in der Größe einer Klo-Papier-Röhre geschnitten. Drei Kartonröhren werden hineingesteckt; aus

Dekorationsgründen stehen sie oben noch einige Zentimeter vor. Am Schachtel-boden werden drei Jogurtbecher befestigt, und zwar genau unter den Ein-gaberöhren. Diese werden mit den jeweiligen Sortierkriterien (hier also: „der", „die", „das") beschriftet. Nun wird das Ganze möglichst computermäßig bemalt oder dekoriert. Die Jogurtbecher müssen zugänglich bleiben. Am einfachsten ge-schieht das durch Abheben des Deckels. Vielleicht erfinden die Kinder aber auch professioneller aussehende Zugänge in Form von Klappen, Schubladen usw. hin-ten oder vorne an der Schachtel.

- Software: Herstellen von vielen Wortkärtchen aus Zeichnungspapier, Format ca. 5 x 2,5 cm. Auf jedes Kärtchen schreiben die Kinder ein Nomen in der Einzahl (ohne Artikel); alle drei Geschlechter sind vertreten. Es sollen nur gebrauchshäufi-ge Wörter gewählt werden.
Der Wortschatz kann auch thematisch eingeschränkt werden (z. B. Tierwörter) und lässt sich natürlich später beliebig um weitere Kärtchen erweitern.
- Training: Das Deutsch lernende Kind erhält die Kärtchen und gibt sie in die richti-gen Löcher ein. Am Schluss wird der Deckel der Schachtel abgehoben und ein Partnerkind oder die Lehrerin kontrolliert, ob alle Nomen dem richtigen Geschlecht zugeordnet sind. Nochmaliges Training mit den falsch zugeordneten Karten.

Varianten

Adaption für Mehrzahlformen
Die verschiedenen Möglichkeiten der Pluralbildung sollten anhand von Beispielen erarbeitet bzw. „entdeckt" worden sein: 1.) Plural mit Endungen (-e, -en, -er, -s); 2.) Plural mit Endungen und Umlaut (Baum – Bäume usw.); 3.) Plural ohne Endung, aber mit Umlaut (Nagel – Nägel); 4. Plural = Singular (Brunnen, Gebirge). Das Übungsmaterial soll alle Typen enthalten (Nomen im Singular). Der Computer braucht in diesem Falle vier Eingabelöcher. Training wie oben.

Adaption für Vergleichsformen des Adjektivs
Zu erarbeiten ist vorab, dass es drei Typen von Vergleichsformen gibt: 1.) regel-mäßige ohne Umlaut (steil, steiler, am steilsten; hohl, hohler, …), 2.) regelmäßige mit Umlaut (grob, gröber, …) und 3.) unregelmäßige (gut, besser, …). Das Übungs-material soll alle drei Typen enthalten; der Computer hat drei entsprechende Eingabelöcher. Bei den Kärtchen im Becher „unregelmäßige" sollen während der abschließenden Kontrolle die richtigen Formen erfragt werden.

Adaption für Präteritumformen

Zuvor müssen mit der Klasse die verschiedenen Arten, das Imperfekt zu bilden, besprochen worden sein (schwache Verben auf -te, starke oder unregelmäßige mit Ablaut). Ideal ist, wenn die Schülerinnen und Schüler selbst die wichtigsten Ablautreihen erkannt und Beispiele dazu aufgelistet haben.

Die häufigsten Reihen sind: ei – i (streiten – stritt), ei – ie (bleiben), i – a (finden), ie – o (fließen), e – a (lesen), a – u (fahren), a – i(e) (fangen, fallen, blasen).

Die Software besteht aus Kärtchen mit Verben (starke und schwache) im Infinitiv. Der Computer enthält minimal zwei Eingaberöhren (eine für die regelmäßigen Verben auf -te und eine für die unregelmäßigen), evtl. aber auch mehr (-te/ei – i/ei – ie/i – a/ andere). Falls die Lehrperson das Trainingsmaterial vorgibt, kann sie auch ein Lösungsblatt zur Selbstkontrolle bereithalten. Bei den Zuordnungen zur Rubrik „andere" sollen während der Kontrolle die richtigen Formen erfragt werden.

Sprach-Tüfteleien III: Formen-Trainer und Satz-Generatoren

Für die einen ein Anlass zu intensivem Grübeln über die eigene Sprache, für die andern ein brauchbares Trainingsmedium im Deutsch – und für alle eine kreative und kognitive Herausforderung: So lässt sich das Herstellen und Erfinden von „Deutsch-Computern" charakterisieren.

Mit den unten beschriebenen Maschinen kann man auf Wort- oder auf Satzebene arbeiten: Artikel, Flexionsformen; Erzeugen und Testen korrekter Sätze. Ihre Herstellung und Erprobung soll unbedingt in sprachgemischten Teams erfolgen, denn der interkulturelle Wert dieses Projekts liegt vor allem darin, dass sich hier optimale Anlässe der gemeinsamen, sprachbezogenen Interaktion und Reflexion ergeben.

Schuljahr/Klasse:	4./5. bis 10.
Zeitbedarf:	2 Lektionen.
Unterrichtsbereiche:	Deutsch, Kunst/Gestalten.
Vorbereitung:	Karton, festes Papier.

Durchführungsbeispiele

a) Trainings-"Computer", z. B. für Flexionsformen (vgl. BARKOWSKI 1993)
Die Basis sind Papierstreifen, die vertikal gegeneinander verschoben werden können. Auf ihnen stehen, je in der Art einer Liste, Satz- bzw. Wortteile. Je nach Konstellation der Streifen ergeben sich richtige oder falsche Lösungen. Die Aufgabe lautet jeweils: Korrekte Sätze herausschreiben, gemeinsam korrigieren.

■ „Hardware": Das bloße Nebeneinanderlegen und Gegeneinanderverschieben von beschrifteten Papierstreifen wäre wenig inspirierend und eher unübersichtlich. Mit einer Kartonschablone (DIN A5 quer) als Halterung für die Streifen geht es besser, zudem lässt sich die Schablone kreativ im Computerlook ausgestalten. Die Schablone hat in der Mitte pro Streifen zwei Führungsschlitze, im Höhenabstand von ca. 2 cm.

■ „Software": Papierstreifen, etwas weniger breit als die Führungsschlitze. Sie werden von hinten her durch den oberen Führungsschlitz ein- und durch den unteren zurückgeführt. Damit sind vorne die jeweiligen Zeilen nebeneinander sichtbar („Sichtfensterchen"). Auf die Streifen werden die kombinierbaren Bestandteile des Trainingsprogramms geschrieben. Am besten liniert man sie im Abstand von 2 cm, entsprechend der Höhe des Sichtfensterchens.

Variante 1: Training der Personalformen des Verbs. Mögliche Streifen:

Streifen 1: Subjekt (ich – er – Sandra – die Mutter – ihr usw., je Streifen ca. 10 Einträge);

Streifen 2: Verbstamm (trink/lach/spiel). Bei Verben, die in der 2. und 3. Person umgelautet sind, müssen beide Stämme untereinander angegeben werden (geb/gib, seh/sieh);

Streifen 3: Personalendungen (-e, -st, -t, -en);

evtl. Streifen 4: nähere Bestimmungen (wo, wann, wie, warum).

Entstehen können Sätze wie „Ich/lach/e/[am Morgen]".

Variante 2: Training des Akkusativs im Singular und des korrekten Geschlechts (Nominativ):

Streifen 1: der – die – das – ein – eine;

Streifen 2: Nomen im Singular;

Streifen 3: Einige Verben, die den Akkusativ verlangen (sieht, hört, liebt, …);

Streifen 4: den – die – einen – eine;

Streifen 5: Nomen im Singular.

Entstehen können Sätze wie „Das/Mädchen/liebt/eine/Katze".

Weitere Varianten sind selbstverständlich denkbar.

Spannend für die interkulturelle Sprachreflexion wäre, wenn ein Kind mit nicht deutscher Erstsprache für die anderen eine analoge Maschine zu „seiner" Sprache herstellen würde.

b) „Rollen-Computer"

Inhaltlich identisch mit Obigem; nur sind die Streifen diesmal nicht in einer Schablone, sondern um eine WC-Rolle gewickelt, wo sie gegeneinander verschoben werden können. Geeignet bei begrenztem Übungsmaterial, ansonsten wird man bald zu wenig Platz haben.

c) „Satz-Generator"

(Vgl. auch GOOD u.a.: „Treffpunkt Sprache", Arbeitsheft 5:22f resp. 6:20f).

Mit dieser Maschine kann eine Vielzahl von Sätzen generiert resp. zusammengesetzt werden. Sie eignet sich bestens zur Arbeit mit den linguistischen Proben (z. B. Streifen vertauschen, weglassen, ergänzen) und damit zur Sensibilisierung und Gewöhnung im Bereich Sprachbau. Bei schwächeren Klassen kann die Lehrperson das Material zumindest am Anfang auch selber vorgeben.

Die Hardware ist dieselbe wie oben, nur stehen auf den Streifen diesmal Satzteile. Je nach Konstellation ergeben sich richtige oder falsche Lösungen. Korrekte Sätze werden aufgeschrieben und nachher kontrolliert.

Mögliche Streifen:
Streifen 1: Subjekt (ich – er – Sandra – die Mutter – ihr usw., je Streifen ca. 10 Einträge);
Streifen 2: Verb (esse – holt – seht – liebt usw.);
Streifen 3: Akkusativobjekt, bzw. ein Nomen im Wenfall (den Apfel – das Buch – Peter – mich usw.).
Spätestens beim Austesten werden die Schülerinnen und Schüler merken, dass diese Maschine nur mit Verben funktioniert, die ein Akkusativobjekt verlangen. „Gefallen" oder „stehen" z. B. passen nicht in diese Maschine.

Weitere Streifen:
Streifen 4: Dativobjekt (dem Onkel – der Katze – [dem] Osman – euch – dir usw.). Besser klingt es allerdings, wenn dieser Streifen nicht an die vierte, sondern an die dritte Stelle im Satz kommt. „Ich gebe dem Vater den Apfel" ist gängiger als „Ich gebe den Apfel dem Vater".
Wird ein Dativobjekt vorgesehen, beeinflusst das auch die Auswahl der Verben: Um alle vier Streifen benutzen zu können, müssen auf dem Streifen 2 nun zweiwertige Verben wie „geben", „verkaufen", „zeigen", „bringen" erscheinen.

Streifen 5: Nähere Bestimmungen, z. B. wohin, wo, wann, wie, warum. Es kann auch pro nähere Bestimmung ein eigener Streifen gemacht werden (z. B. verschiedene „wann-Varianten"). Natürlich kommen nicht alle Streifen parallel zum Einsatz.

Die Herstellung und Austestung von Maschinen mit mehr als vier Streifen stellt ziemlich sicher eine Überforderung dar. Gegeben sind der Subjekt- und der Verb-Streifen, die anderen können aus der obigen Liste zu verschiedenen Programmen zusammengestellt werden.

d) „Rad-Computer" zum Formentraining oder als Satzgenerator
Dieses Modell geht von drei oder mehr verschieden großen konzentrischen Kreisen aus festem Papier oder Halbkarton aus. Der innerste Kreis hat einen Durchmesser von 5–6 cm, die anderen sind je 2–3 cm größer.

Die Kreise werden in der Mitte durch eine Musterklammer zusammengehalten und können gegeneinander verschoben werden. Eine festere Kartonscheibe dient als Unterlage.

Ist der Rad-Computer zusammengesetzt, teilt man die Kreise durch vier oder acht Striche in der Art eines Spinnennetzes auf. Jeder Ring umfasst nun acht oder 16 Felder. Sie werden (zuerst mit Bleistift) auf die gleiche Weise beschriftet wie die Streifen beim obigen Satzgenerator.

Den innersten Kreis bildet dabei in der Regel das Subjekt (z. B. ich, Maria, mein Freund). Je nach Beschriftung der Kreise können Rad-Computer für Formentraining oder als Satzgeneratoren verwendet werden. Das Training besteht darin, dass man die Kreise gegeneinander verschiebt und die sprachlich korrekten Kombinationen herausschreibt.

Eine Einschränkung bedeutet es, dass die Kreise nicht (wie die Streifen) gegeneinander ausgetauscht werden können. Dafür ist der Rad-Computer handlicher.

Vor- und Nachnamen untersuchen

Was Rosa Bauers Vor- und Nachname bedeutet, versteht jedes Kind. Bei Peter Braun ist nurmehr der Nachname selbst erklärend. Dass „Peter" aus dem Griechischen kommt und „Fels, Stein" bedeutet, lehrt uns erst das Namenbuch. Dafür hat Peter Verwandte in vielen Sprachen: Peter Brown, Pierre Brun, Pietro Bruno. – Wie steht es aber mit Afërdita, Murat, Gül? „Heißen" deren Namen auch etwas?

Der Bedeutung des eigenen Namens nachzugehen, fasziniert Kinder. Begreiflich, ist der Name doch immer auch ein Stück Identität. Beziehen wir die Namen der Schülerinnen und Schüler mit Migrationshintergrund ein, stoßen wir auf wahre Trouvaillen: „Morgenstern", „Wunsch", „Rose" bedeuten beispielsweise die drei obigen.

Nicht immer ist die Bedeutung unmittelbar verständlich. Vor allem die bei uns häufigen Namen erschließen sich oft erst durch das Nachschlagen im Namenbuch. Bei den Schülerinnen und Schülern aus anderen Sprachen und Kulturen kann Hilfe der Eltern oder der Lehrpersonen des herkunftssprachlichen Unterrichts nötig sein.

Schuljahr/Klasse: 4./5. bis 10.
Zeitbedarf: Ab 1–2 Lektionen; in breiter Ausgestaltung 5–6 Lektionen.
Vorbereitung: Namenbücher (solche sind auch in vielen Familien vorhanden).

Verlauf

- Einstiegsimpuls, z. B.: Manche Vor- und Nachnamen „bedeuten" etwas (Wolf, Erika, Meister, Müller). Wer hat so einen Namen? Liste mit sprechenden Vor- und Nachnamen anlegen.
- Welche weiteren Vor- und Nachnamen in dieser Art gibt es? Suchauftrag, Liste ergänzen. Eine gute Quelle ist das Telefonbuch.
- Gibt es solche sprechenden Namen auch in anderen Sprachen? Beispiele in einer neuen Liste zusammentragen, mit Angabe der Bedeutung und der Sprache. Zu Hause weitere Beispiele sammeln lassen und sich nach der Bedeutung des eigenen Namens erkundigen.
- Tiere (Fuchs, Vogel), Farben (Schwarz, Braun), Berufe (Müller, Schmied/Schmidt), Herkunftsbezeichnungen (Preuß, Schwei(t)zer) als Namengeber: Auf diese Kate-

gorien können die Schülerinnen und Schüler anhand der Tabelle selber kommen; man kann sie aber auch vorgeben und Beispiele dazu finden lassen. Gibt es analoge Beispiele auch in den anderen Sprachen?

- „Transkulturelle Namen" in der Art von Peter Braun oder Marie Renard: Mögliche Beispiele suchen bzw. erfinden. (Einstiegsfrage: „Was ist die Entsprechung von „Peter" in den verschiedenen Sprachen? Kann auch das türkische Wort für Braun/Brown/Brun als Nachname vorkommen?") Gestaltung als Tabelle oder in Form von Visitenkarten, je mit einer landestypischen Adresse.
- Was ist mit den Namen, deren Bedeutung nicht auf der Hand liegt? Dies ist bei vielen der bei uns gebräuchlichen Vornamen der Fall (Michaela, Peter, Jan). Was bedeuten sie? Nachfragen, in Namenlexika nachsehen.
- Woher stammen unsere Namen eigentlich? (Viele kommen aus anderen Sprachen, z. B. Französisch, Hebräisch, Griechisch, Italienisch; Auskunft bietet auch hier das Namenlexikon.) Auf der Karte mit Fähnchen die multikulturelle Herkunft unserer Namen visualisieren.
- Was sind „typisch" deutsche, russische, türkische usw. Vor- und Nachnamen? Sammlung und Darstellung auf Listen. Gibt es Vornamen, die in mehreren Sprachen vorkommen (z. B. Maria)? Wie würde Giuseppe in Frankreich oder Kroatien heißen?

- Jedes Kind schreibt seinen Namen und dessen Erklärung, evtl. Herkunft, auf ein farbiges DIN A6-Blatt, wenn möglich mit schöner Verzierung. Die Blätter werden zuerst aufgehängt und den anderen vorgestellt, nachher zu einem Namenbüchlein geheftet.
- Sortieren der Namen (z. B. mit obigen Kärtchen) entweder nach ihren Herkunftssprachen oder, spannender, nach ihren Herkunftsbereichen: Blumennamen, Tiere, Eigenschaften usw.

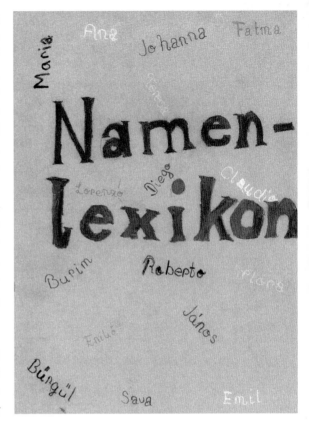

Nicht unter sprach-, sondern unter kulturvergleichenden Gesichtspunkten sind beim Thema „Namen" Fragen der folgenden Art interessant:

- Wer bestimmt die Namenwahl für ein neugeborenes Kind?
- Wann erhält das Kind seinen Namen und in welcher Form (z. B. Taufe)?
- Ist die Namenwahl beliebig oder erhält z. B. der älteste Junge den Namen des Großvaters?
- Was passiert mit dem Namen der Frau bei der Heirat?

Vgl. auch PERREGAUX 1998:104ff (Unterrichtsvorschlag „Die Bedeutung des Namens").

Sprachbilder, lustige Vergleiche und Teekesselwörter

Zusammengesetzte, bildhafte Wörter wie „blitzschnell", „grasgrün", „Angsthase" machen die deutsche Sprache lebendig und farbig. Durch die Möglichkeiten der deutschen Wortbildung können die Schülerinnen und Schüler selber solche Wörter in beliebiger Zahl erfinden.

Farbig und lebendig wird die Sprache auch durch bildhafte Wendungen wie „auf den Wecker gehen", „den Faden verlieren", „platzen vor Lachen". Reizvoll ist hier, sich die wörtliche Bedeutung der Wendung vorzustellen und sie z. B. zeichnerisch umzusetzen.

Kreative Verwirrung schafft eine weitere Art von Wörtern, wenn wir sie wörtlich nehmen wollen. Gemeint sind die Teekesselwörter oder Homonyme, die zwei (oder sogar drei) unterschiedliche Bedeutungen haben (vgl. Bank, Ton, Tau, Kiefer). Welche Bedeutung ist die richtige? Ohne Kontext ist das meist nicht herauszufinden.

Alle drei Phänomene geben Anlass zu Sprachreflexion und vor allem zu kreativer Auseinandersetzung mit Möglichkeiten der deutschen Sprache.

Wie sieht es mit diesen Möglichkeiten in den anderen Sprachen der Klasse aus? Mit der Öffnung des Themas erhalten wir Einblicke, die den Horizont und das Sprachbewusstsein erweitern.

Schuljahr/Klasse: 2. bis 10.
Zeitbedarf: 1 Lektion, variierbar.

Verlauf, Ideen

Zusammengesetzte Wörter
- Ausgehend von der Begegnung mit einem auffälligen Kompositum („Kohlkopf", „himmelblau") weitere deutsche Beispiele sammeln. Selber ähnliche erfinden; frei oder zu bestimmten Vorgaben (z. B. Wörter zur Charakteristik eines Herbsttags).
- Wie ist das in den anderen Sprachen? (Die Möglichkeit zur Bildung von Komposita besteht nicht überall so ausgeprägt wie im Deutschen.) Unterstützung der Schülerinnen und Schüler durch behutsames Nachfragen, mit Rücksicht auf die in Kapitel

2.2.2 genannte Gefahr der Überforderung. (Mögliche Formulierungen: „Kommt dir so etwas auch in deiner Sprache in den Sinn?", „Wie würdest du die deutschen Beispiele übersetzen?", „Frag zu Hause oder im herkunftssprachlichen Unterricht nochmals nach".) Wörtliche Übersetzung der fremdsprachlichen Komposita ins Deutsche. Evtl. Gestaltung eines Posters mit den lustigsten Beispielen.

- Ab 4./5. Klasse: Die „Machart" deutscher Komposita mit Bezug auf ihre Bestandteile reflektieren. Die Schülerinnen und Schüler können folgende Varianten herausfinden: Adjektiv + Adjektiv (grasgrün); Adjektiv + Nomen (Dummkopf); Nomen + Nomen (Haustür); Verb + Nomen (Hörspaß); Verb + Adjektiv (trinkfreudig). Anlage einer Tabelle, neben bestehenden Beispielen werden auch Neuschöpfungen eingetragen.

  Anschließend die diesbezüglichen Möglichkeiten der anderen Sprachen eruieren, Beispiele sammeln. Diskutieren, welche Möglichkeiten andere Sprachen statt der Wortzusammensetzung benutzen, um beispielsweise etwas wie „Klassenzimmer" auszudrücken (z. B. Genitiv-"de" in den romanischen Sprachen, vgl. „la salle de classe").

  Das hier angeschnittene Thema der Wortbildung lässt sich gut als Untersuchungsfeld im Rahmen von Sprachforschungsprojekten weiterverfolgen; vgl. *UV 65 und 66.*

Bildhafte Wendungen

- Ausgehend von der Begegnung mit einer lustigen Wendung im Deutschen (z. B. „auf den Wecker gehen") weitere Beispiele sammeln. Blätter mit den einzelnen Wendungen und einer „wörtlichen" Illustration dazu machen. Wenn man den Text abdeckt, lassen sich die Zeichnungen gut als Rätsel bzw. zur Wortschatzerweiterung verwenden.
- Wie ist das in den anderen Sprachen? Solche Wendungen gibt es überall. Behutsame Unterstützung wie oben; zu Hause und im herkunftssprachlichen Unterricht nachfragen lassen. Wörtliche Übersetzung der Wendungen aus den anderen Sprachen ins Deutsche. Auch sie werden zeichnerisch umgesetzt, ergänzt um den Text sowie eine wörtliche und eine sinngemäße deutsche Übersetzung. Mit den lustigsten Beispielen aus allen Sprachen wird ein Poster gestaltet.

Homonyme, Teekesselwörter

(Beispiele: Hahn, Schloss, Bank, Mutter, Engländer, Pass, Tor, Leiter, Rat, Plastik, Steuer, Band, Puppe, Schalter, Flügel, Blatt, Kamm, Tafel, Note, Birne, Nagel, Stift, aufheben, umfahren)

- Ausgangspunkt bildet beispielsweise die Begegnung mit einem Homonym in einem Text. Wer findet weitere solcher Wörter mit zwei Bedeutungen? Eine erste Liste entsteht; sie soll den Anfang einer möglichst großen Sammlung bilden. Dafür ist Zeit erforderlich, weil die Homonyme nicht einfach abrufbar sind. Eltern, Be-kannte, Freunde und Freundinnen sind aufgefordert, sich an der Jagd zu beteili-gen. Die gefundenen Wörter werden mit beiden Bedeutungen aufgeschrieben und illustriert, wo das möglich ist.

Neue Homonyme können auch mit dem „Teekessel-Spiel" eingeführt werden, d. h. mit einer Frage in der Art der folgenden: „Mein Teekessel liegt auf dem Bett, aber er ist auch oben in jedem Zimmer. Was ist das?" (Decke).

Ein kniffliger Schreibanlass besteht darin, Geschichten zu erfinden, in denen das Homonym in beiden Bedeutungen vorkommt oder aber zum Anlass eines lustigen Missverständnisses wird.

■ Schon in der Anfangsphase erkundigt man sich auch nach Teekessel-Wörtern aus den anderen Sprachen der Klasse und bittet die betreffenden Kinder ebenfalls, mit Hilfe ihres Umfelds weitere zu sammeln. Die Homonyme aus den anderen Spra-chen sind natürlich deswegen lustig, weil sie Dinge zusammenbringen, die für uns ganz unerwartet sind (z. B. heißt „top" auf Albanisch sowohl Fußball wie auch Kanone oder „ari" sowohl „das Gold" wie auch „ein Bär").

■ Eine (allerdings noch unerprobte) interlinguale Weiterführung des Spiels mit Homonymen bzw. -phonen: Sammeln von Wörtern, die in zwei oder mehreren Sprachen gleich klingen (ohne Internationalismen wie „Computer"!); Vergleich der Bedeutungen. „Armut" bedeutet auf Türkisch z. B. „Birne"; „Mut" entspricht auf Albanisch einem ziemlich derben Äquivalent für Fäkalien. Dafür heißt „stol" dort „Schemel", während dasselbe Wort im Bosnischen „Tisch" bedeutet usw. Diese Sammlung muss ganz am Rande des Unterrichts laufen, da sich die Ergeb-nisse eher zufällig und assoziativ einstellen.

Hinweise: Ideen und vier Arbeitsblätter zum Thema „Bildliche Redensarten im inter-kulturellen Deutschunterricht" finden sich in LIFE, Kapitel 2.6.2; sie nehmen v. a. Be-zug auf türkische Schülerinnen und Schüler. Zwei deutsch-albanische Arbeitsblätter zu zusammengesetzten Wörtern und Homonymen finden sich in SCHADER/BRAHA (1996, Kapitel 1.5.2 bzw. 1.5.5), sie sind gedacht zur Bearbeitung durch ein Team mit einem albanischsprachigen und einem anderen Kind. Das Teekessel-Spiel findet sich u. a. beschrieben in: H. BALHORN u. a.: Grundwortschatz. Hamburg (Verlag für pädagogische Medien) ¹1989:34–37.

Wie heißt die Tante auf Türkisch? – Verwandtschaftsbezeichnungen im Vergleich

Unser System an Verwandtschaftsbezeichnungen ist relativ schwach ausgebaut. Für „Tante" haben wir beispielsweise nur ein Wort, das nichts über die genaue familiäre Herkunft und Positionierung der Tante aussagt. Türkisch und Albanisch sind da viel präziser: Beide Sprachen kennen spezielle Termini für die Tante mütterlicher- oder väterlicherseits und für die angeheiratete Tante. Wie verhält sich das in den anderen Sprachen der Klasse?

Der Unterrichtsvorschlag zeigt anhand der Verwandtschaftsbezeichnungen anschaulich, wie verschiedene Sprachen manche Bereiche der Realität unterschiedlich hoch differenzieren. Er lädt zu weiteren Ausblicken und zum Nachdenken über Sprache und Realität ein.
Das Thema eignet sich gut im Anschluss an *UV 8* „Stammbäume – Vielfalt in der eigenen Familie".

Schuljahr/Klasse: 5./6. bis 10.
Zeitbedarf: 2–3 Lektionen, verteilt auf zwei Tage.
Vorbereitung: Familienschema (s. u.).

Verlauf

Ausgangspunkt ist ein Stammbaumschema über wenigstens drei Generationen, in dem Tanten, Großonkel, Cousinen und Angeheiratete vorgesehen sind. Zuoberst auf diesem Schema steht das (Ur-)Großelternpaar; der Stammbaum verzweigt sich generationenweise; in der untersten Reihe findet man sich selbst, zusammen mit Geschwistern, Cousins und Cousinen. Heiraten werden mit ∞ markiert. Das Schema wird an der Wandtafel bzw. am Projektor besprochen. Die Schülerinnen und Schüler erhalten entweder eine Kopie oder zeichnen das Schema, angepasst auf ihre Familienverhältnisse, ab.
Ausgehend vom Ich werden die einzelnen Verwandtschaftsgrade auf Deutsch benannt und angeschrieben. Für Schülerinnen und Schüler mit nicht deutscher Erstsprache bedeutet dies zugleich eine Wortschatzerweiterung. In einem zweiten Schritt werden die Bezeichnungen der Verwandten untereinander mit Pfeilen markiert und angeschrieben (Schwester, Schwager usw.).

Andiskutieren der Frage, wie die Bezeichnungen in anderen Sprachen heißen; evtl. mit Hinweis auf potenzielle Differenzierungen z. B. im Bereich Tante/Onkel (s. o.). Vielleicht erinnern sich auch einzelne Kinder mit deutscher Erstsprache an dialektale Besonderheiten wie „Schwippschwager" bzw. „Schwischwager" oder „Coucousine". Hausaufgabe: Das Schema in der Erstsprache ausfüllen, wenn möglich mit Hilfe der Eltern. Die monolingual deutschsprachigen Kinder fragen nach eventuell bekannten Sonderbezeichnungen in den einheimischen Dialekten.

Vergleich und Diskussion der Ergebnisse in der Klasse. Neben der Differenzierung der Bezeichnungen können auch Wortverwandtschaften zwischen den Sprachen und die Art der Wortbildung (Großtante usw., s. u.) untersucht werden.

Das Gespräch soll auch bewusst machen, dass manche Sprachen bestimmte, für sie offenbar wichtige Realitätsbereiche höher differenzieren. Die Verwandtschaftsbezeichnungen gehören in manchen Kulturen ganz offensichtlich dazu. (Dies gilt vor allem für Kulturen, in denen die verzweigte Großfamilie oder Sippe die hauptsächliche Organisationsform war oder ist.) Ein weiteres, anschauliches Beispiel ist die breite Palette von Bezeichnungen für das Wort „blau" bei den Inuit. Sie erlaubt ihnen, feinste Nuancen der Farbe des Eises zu bezeichnen, was für das Überleben in der Polargegend von existenzieller Bedeutung sein kann.

Aber auch im Binnenraum unserer Sprache differenzieren Teilgruppen Bereiche höher, die für sie wichtig sind. Beispiele: Für „Kuh" oder „Getreide" brauchen die Bauern diverse genauere Unterbegriffe; Autofreaks kennen diverse präzisere Begriffe als „Auto", und manche Jugendliche würden nie einfach pauschal von „Turnschuh" oder „Rockmusik" reden.

Weitere Beispiele werden in Bezug zum Erfahrungshorizont der Klasse gesammelt. Mit den Fachsprachen in Zusammenhang mit Hobbys und Freizeit, aber auch mit gruppenspezifisch differenzierten (Slang-)Ausdrücken für manche Bereiche verfügen die Schülerinnen und Schüler spätestens vom 7. Schuljahr an über eigene Erfahrungen.

Wortbildung bei Verwandtschaftsbezeichnungen

Ein zweiter interessanter Anlass zur Sprachbetrachtung im Bereich der Verwandtschaftsbezeichnungen ist die Bildung der Formen für „Groß-" und „Urgroß-" in den verschiedenen Sprachen.

Welche Möglichkeiten der Wortbildung werden verwendet? Oder wird das „Problem" umgangen, indem einfach ein separates Wort verwendet wird, wie es das Italienische mit dem Begriff „nonna" macht? Wie heißt dann aber dort die (Ur-)Urgroßmutter?

Die verschiedenen Entsprechungen werden in einer Tabelle zusammengetragen. Mündlich werden die Art der Bildung und, im Fall von Komposita wie „Großmutter", die Bedeutung der Wortteile angeschaut.

Sprechende Orts- und Flurnamen

Altdorf, Neustadt, Adlerfels, Blumenau, Müllerwies: Diese Orts- und Flurnamen be-
deute(te)n offensichtlich etwas. Gibt es Ähnliches auch in anderen Sprachen?
Das kleine Projekt lässt uns im Zusammenhang mit Geografie oder Landeskunde
über die Bedeutung und Herkunft von Orts- und Flurnamen nachdenken. Der Blick
über die Grenzen des Deutschen lehrt uns, dass ähnliche Motive der Namensgebung
(Benennung nach einer markanten Form, nach dem Besitzer) auch in anderen Sprachen spielen. Die Ressourcen der Schülerinnen und Schüler mit Migrationshintergrund werden in selbstverständlicher Weise einbezogen und führen zu interessanten
Zusatzinformationen.

Schuljahr/Klasse:	4./5. bis 6., evtl. bis 10.
Zeitbedarf:	1–2 Lektionen, wegen der Nachfragen zu Hause auf zwei Tage verteilt.
Unterrichtsbereiche:	Deutsch, Geografie/Landeskunde.
Vorbereitung:	Landkarten (s. u.).

Verlauf

Einstieg, mögliche Kontexte

- Den Einstieg kann die Arbeit mit Plan und Karte in Geografie/Landeskunde bilden
  (Ebene Gemeinde, Bezirk usf.) oder aber ein ausdrucksstarker Orts- oder Flurname
  aus dem Umfeld der Klasse oder aus einem Lesetext.
- Sensibilisierung auf das Thema „sprechende Orts- und Flurnamen", das etwas
  näher untersucht werden soll. Erstes Klassengespräch zu diesen Namen und ihren
  möglichen Hintergründen.
  Auftrag an die Schülerinnen und Schüler mit Migrationshintergrund, sich über entsprechende Namen in ihren Herkunftsregionen zu informieren und, wenn möglich,
  Landkarten von dort mitzubringen (evtl. Unterstützung durch Lehrperson oder andere Kinder und durch Recherchen am Internet).

Sammelphase am nächsten Tag

- In einer ersten Runde werden Beispiele mündlich zusammengetragen. Diese Runde dient auch dazu, eine gewisse Systematik für die anschließende Sammlung mit
  der Karte zu erarbeiten und an der Wandtafel festzuhalten (Kolonnen für

sprechende Namen von Städten und Dörfern – für Berge und Pässe – für Landschaften (Schwarzwald, Burgenland usw.) – für Flurnamen – andere.

Die Schülerinnen und Schüler mit Migrationshintergrund tragen Beispiele aus ihren Ländern bzw. Sprachen bei (Bsp.: Novy Sad, Castelvecchio, Montenegro). Bezüge können sich auch zum Englisch- oder Französischunterricht ergeben, wenn schon entsprechende Städtenamen usw. bekannt sind (Newcastle, La Neuveville etc.).

■ Anschließend vertiefte Sammlung mit der Karte. Die Schülerinnen und Schüler suchen Beispiele zu den obigen Rubriken und schreiben sie heraus. Diese Sequenz kann nach Karten- oder Namentypen binnendifferenziert werden. Variante a): Die Gruppen arbeiten mit unterschiedlichen Karten, z. B. Deutschlandkarte, Bundesland, Ortsplan. Jede Gruppe sucht Beispiele zu allen Rubriken heraus. Variante b): Alle arbeiten mit demselben Kartenmaterial, die Gruppen sind aber nach Rubriken – sprechende Stadt-, Berg-, Landschaftsnamen – gebildet.

Die Schülerinnen und Schüler mit Migrationshintergrund arbeiten mit den Karten ihrer Länder und schreiben entsprechende Beispiele heraus. Damit sie den Anschluss an den Stoff des hiesigen Geografieunterrichts nicht verpassen, kann das in einer zusätzlichen Runde geschehen, zusammen mit monolingual deutsch aufgewachsenen Schülerinnen und Schülern. Letztere erhalten damit zugleich einen Einblick in Landkarten und Namen eines anderen Landes.

Alle Schülerinnen und Schüler sollen sich zusätzlich bei Eltern und Verwandten erkundigen, welche sprechenden Flurnamen es im lokalen Bereich ihrer Herkunftsgegend oder ihres Herkunftsorts gibt bzw. gab, da diese Detailangaben auf den großen Karten vermutlich fehlen.

Auswertung

■ Zusammentragen und Vergleich der Beispiele, mit Bezug auf die vereinbarten Rubriken. Alle Beispiele sollen auf der Karte gezeigt werden. Damit wird gleichzeitig das Know-how in deren Handhabung verbessert und der geografische Hintergrund veranschaulicht. Die Beispiele aus den verschiedenen Erstsprachen werden übersetzt, erklärt, evtl. nachgesprochen.

■ Reflexionsphase: Wie kamen die Orte zu ihren Namen, welche Informationen über Siedlungsgeschichte, Topografie oder Morphologie enthalten sie? Hier knüpfen sich Fragen, Spekulationen und potenzielle Nachforschungen in großer Zahl an. (Deutet „Neustadt" auf eine alte Stadt? Verdient der „Falkenkopf" seinen Namen? Wann war New York neu, wo ist Old York?).

75 Sprichwörter und Redewendungen aus aller Welt

Sprichwörter und Redewendungen geben Erfahrungen und Lebensweisheit in verdichteter, prägnanter Form weiter. Bei uns nimmt ihre Bedeutung eher ab. In traditionalen Gesellschaften hingegen spielen sie im täglichen Sprachgebrauch und auch für die Erziehung eine größere Rolle. Dadurch überleben sie als Kulturgut oft auch in der Migration.

Viele Sprichwörter enthalten Botschaften, die ebenso kulturübergreifend und universal sind wie die menschlichen Grunderfahrungen, die hinter ihnen stehen. Unterschiedlich ist bloß die Wahl des Bildes. Oft gibt es viel vom Lokalkolorit einer Kultur wieder. Dass wir beim Thema Sprichwörter und Redewendungen immer sowohl dem Gemeinsamen, Verbindenden wie auch dem kulturspezifisch Besonderen begegnen, macht seine interkulturelle und integrative Besonderheit aus.

Und: Immer wieder gibt die prägnante, bisweilen spielerische Sprachform auch Anlass zum Lachen und zum Nachmachen. „Kusch s ka kok ka kömb": Spricht diese (hier phonetisch wiedergegebene) albanische Entsprechung von „Wer keinen Kopf hat, hat Beine" etwa nicht unmittelbar zum Nachsprechen an?

Schuljahr/Klasse:	4./5. bis 10.
Zeitbedarf:	Ab 2–3 Lektionen, je nach Ausgestaltung; mit Zeit für Sammelphase zu Hause.
Vorbereitung:	Evtl. Sprichwörtersammlung in Buchform mitnehmen.

Verlauf

Kontext/Einstiegsphase:

■ Der Einstieg kann situativ erfolgen, z. B. anhand der Begegnung mit einem deutschen oder anderssprachigen Sprichwort in einem Text. Weiterführende Fragen: Was ist die Botschaft dieses Sprichworts? Existiert dieses Sprichwort auch in anderen Sprachen, oder welche anderen Sprichwörter gibt es dort zum gleichen Sachverhalt?

■ Für einen „gesteuerten" Einstieg empfiehlt sich das bekannte Bild von Pieter Bruegel „Die niederländischen Sprichwörter". Mögliches Vorgehen:

Identifikation der Sprichwörter auf dem Bild, soweit möglich. Klärung von deren Aussage. (Was meint das Sprichwort? Was heißt das, übersetzt in unsere Sprache und bezogen auf unsere Erfahrungen und Verhältnisse?)
Sammlung von Entsprechungen aus den anderen Sprachen der Klasse.

Weiterführung:

■ Anlage einer breiten Sammlung, zu der auch Eltern, Bekannte, Lehrkräfte des herkunftssprachlichen Unterrichts usw. beitragen sollen. Auch mehrsprachige Recherchen im Internet (z. B. mit dem Suchbegriff „Sprichwörter" in den betreffenden Sprachen) dürften zu interessanten Ergebnissen führen; vgl. *UV 62*). Neben den deutschen und anderssprachigen Sprichwörtern sind vor allem in dialektgeprägten Regionen natürlich auch solche aus den einheimischen Mundarten gefragt.

■ Jedes Sprichwort wird auf eine Karte oder auf einen Papierstreifen geschrieben (die nicht deutschen in Originalsprache, mit deutscher Übersetzung).

Mit diesen Karten sind im Anschluss vielfältige Gespräche und Ordnungsübungen möglich:

■ Was wollen einzelne Sprichwörter eigentlich sagen?

■ Welche Sprichwörter aus verschiedenen Kulturen meinen dasselbe?

■ Bildung von thematischen Gruppen; z. B. als Poster gestaltbar, auf dem in der Mitte das deutsche Sprichwort oder die Kernaussage steht, darum herum die anderssprachigen Entsprechungen.

■ Ordnen der Sprichwörter und Redewendungen nach verschiedenen Kriterien: Nach Themen wie Glück, Liebe, Vorsicht usw., evtl. auch nach Motiven wie Tiere, Pflanzen.

■ Wer verwendet wann Sprichwörter und Redewendungen? Situationen ausdenken und im Rollenspiel darstellen, in denen jemand ein bestimmtes Sprichwort einsetzen könnte.

■ Was kann man aus Sprichwörtern und Redewendungen über die Kultur und das Land „hinter ihnen" schließen (auf was für Rollen, Tiere, Speisen, geografische Gegebenheiten usw. wird Bezug genommen; wie weit stimmt das heute noch?).

■ Versuch, Sprichwörter aus den nicht deutschen Sprachen der Klasse möglichst prägnant ins Deutsche zu übersetzen. Daran feilen, bis es auch auf Deutsch nach Sprichwort klingt. Dasselbe umgekehrt (wie würde „Geduld bringt Rosen" auf Kroatisch heißen?).

■ Jedes Kind lernt ein oder zwei Sprichwörter oder Redewendungen in einer anderen Sprache auswendig; in Lerntandems trainieren die Schülerinnen und Schüler miteinander die korrekte Aussprache und helfen sich beim Auswendiglernen.

Begleitend und/oder als Abschluss sind verschiedene schriftliche oder gestalterische Aufgaben möglich:

- Gestaltung von Blättern, auf denen ein Sprichwort/eine Redewendung illustriert wird, dazu der Text (mit Übersetzung, falls das Sprichwort aus einer anderen Sprache stammt). Diese Blätter können zum Abschluss zu einem großen Sprichwörterbuch gebunden werden.
- Schreibanlass: Freie Texte zu einem selber ausgewählten Sprichwort (eine Erfahrung, eine Geschichte dazu).
- Jedes Kind schreibt die zehn Sprichwörter und Redewendungen ab, die ihm am besten gefallen. Die Sprichwörter aus anderen Sprachen werden in der Originalsprache mit Übersetzung abgeschrieben.

Hinweise

- Gute Vorschläge für ein Projekt zum Thema Sprichwörter bieten U. und C. ERNST: Das sprichwort als gegenstand integrativen arbeitens und lernens (siehe Bibliografie).
- Eine Sammlung albanischer Sprichwörter findet sich bei SCHADER/BRAHA 1996, Kapitel 1.4.1.

Gruß-, Abschieds- und Dankformeln bei uns und anderswo

Wie begrüßt und verabschiedet man sich eigentlich bei uns und in anderen Ländern? Sicher nicht immer gleich; denken wir nur z. B. an die spontane Begegnung unter Freundinnen und Freunden, ans Grüßen am Telefon, an Gruß- und Kussrituale in der Familie und im Freundeskreis oder an die ganze Palette von schriftlichen Grußformeln!

Über unser Verhalten in Grußsituationen nachzudenken, lässt einen scheinbar ganz alltäglichen Kommunikationsbereich plötzlich spannend werden. Es entstehen diverse interessante Fragestellungen. Je mehr Antworten wir dazu auch aus anderen Sprachen und Kulturen bekommen, desto mehr gewinnt das Projekt an Tiefe. Zugleich ergeben sich bei diesem Thema, neben der Förderung von Sprachbewusstsein und sprachlicher Neugier, auch viele Anlässe für handelndes Lernen, für Rollenspiele, für komische Szenen und gemeinsames Lachen.

Das Projekt ist gut kompatibel mit *UV 4* „Unsere Schule grüßt in allen Sprachen". Für einige Teilaspekte müssen die Kinder Gelegenheit zum Nachfragen zu Hause haben. Dass immer auch die schulischen Fremdsprachen Englisch, Französisch, evtl. weitere, einbezogen werden, versteht sich.

Schuljahr/Klasse: 4./5. bis 10.
Zeitbedarf: In Kurzformen ab 1 Lektion; ausgebaut 4–5 Lektionen.

Möglichkeiten

Mögliche Teilthemen für Gesprächsrunden, Aktivitäten und Schreibanlässe
- Wen grüßt man überhaupt (siehe z. B. die oben erwähnten Situationen)? Wann grüßt man? Situationen für Begrüßung und Verabschiedung zusammentragen. Wann oder wen grüsst man nicht (z. B. Unbekannte in der Stadt)?
- Warum grüßen sich die Leute überhaupt? Sinn dieses Rituals. (Warum kommt man nicht einfach gleich zur Sache, vor allem, wenn man sich schon längst kennt und sich vielleicht am gleichen Tag schon mehrfach begrüßt hat?) Schreibanlass oder Gespräch dazu. Die Diskussion kann durch veranschaulichende, amüsante Rollenspiele aufgelockert werden.

- Welche Formeln braucht man in den verschiedenen Situationen? Was bedeuten sie in wörtlicher Übersetzung? Rollenspiele dazu (unter Kumpels, gegenüber der Mutter/der Lehrperson/beim Arzt usw.).

- Wie heißen der Standardgruß und die Standardverabschiedung in den verschiedenen Sprachen und Dialekten (falls sie nicht tageszeitlich variiert werden müssen)? Großes Plakat (oder „Sprechblasen", siehe UV 4) dazu.

- Tageszeitliche Grüße: Wo gibt es die, wie heißen sie? Bis wann sagt man „Guten Morgen", von wann an sagt man „Guten Abend" (in Süditalien und im Wallis z. B. bereits ab ca. 12 Uhr!).

- Sich gegenseitig in allen Sprachen begrüßen. Die Grußformeln in zwei „neuen" Sprachen/Dialekten lernen.

- Was gehört sonst noch zum Grußritual (Hand reichen, 2 x küssen, 3 x küssen, Umarmen, Handschlag, Schulterklopfen)? In welcher Situation ist welche dieser „Zutaten" angesagt; wann wäre was schwer daneben? Wie verhält sich das in anderen Regionen und Ländern?

- Subgruppenspezifische Grußrituale (z. T. sehr witzig und sehr kompliziert; Schülerinnen und Schüler der oberen Klassen kennen vielleicht welche). Evtl. ein eigenes Grussritual erfinden.

- Wie meldet und verabschiedet man sich in den verschiedenen Sprachen am Telefon?

- Im Deutschen verwendet man beim Grüßen und Sprechen in gewissen Situationen (z. B. gegenüber unbekannten Erwachsenen) die Höflichkeitsform. Wie ist das in anderen Sprachen? Wie wird die Höflichkeitsform dort gebildet (mit der 3. Person Plural wie im Deutschen? Mit der 2. Person Plural wie im Französischen, Türkischen oder Berner Dialekt? Mit der 3. Person Singular wie im Italienischen – oder ganz anders?). Darstellung als Tabelle, evtl. Umsetzung in witzigen, übertrieben höflichen Rollenspielen.

- Welche Formeln braucht man im schriftlichen Verkehr in verschiedenen Situationen (unter Freunden und Freundinnen; gegenüber Erwachsenen; gegenüber einer Firma, einer Behörde)? Evtl. durchspielen, indem zum selben Thema (z. B. Neujahrsgrüße) Briefe an verschiedene Adressaten bzw. in verschiedenen Stilhöhen geschrieben werden. Vgl. UV 46 „Briefe schreiben", 47 „Mailen und Chatten" und 50 „SMS".

- Wie waren die Gepflogenheiten früher, an welche Grußformeln oder -rituale erinnern sich die Eltern?

- Herstellung eines mehrsprachigen „Grußführers" für verschiedene Situationen (mündlich, schriftlich, am Telefon), evtl. ergänzt um Zeichnungen oder Polaroidfotos.

Weiterführung

- Begrüßung und Verabschiedung der Lehrperson fortan in der Erstsprache (als Teil des interkulturellen Schulalltags; vgl. Kapitel 3.1 und 6.2).
- Lebenskundliche Ausweitung auf Themen wie Höflichkeit, Rituale, kulturspezifische Sitten.
- Wie verhält es sich mit dem Danken, schriftlich und mündlich, in verschiedenen Konstellationen?

Gestik, Mimik, Körpersprache

Das gesprochene Wort ist die eine Seite unserer mündlichen Kommunikation. Die andere Seite – das sind Gesten, Mimik, körpersprachliche Signale, aber auch Lautstärke, Sprechtempo, Betonung. (Letzteres sind die so genannten prosodischen Merkmale.) Vieles davon ist international. Wenn jemand laut gähnt, brüllt oder sich gelangweilt abwendet, ist das global als Desinteresse oder Ärger verstehbar.

Anderes ist kulturspezifisch. Etwa, wenn das Gegenüber beim Zuhören permanent den Kopf schüttelt – was bei uns Skepsis, Unglauben oder Ablehnung signalisiert (und entsprechende Irritation auslöst), anderswo aber durchaus als Zeichen der Zustimmung und Anerkennung gilt.

Sich mit den nonverbalen Anteilen unserer Kommunikation zu befassen und mit ihrem Einsatz zu experimentieren, führt an sich schon zu interessanten und oft auch witzigen Lernsituationen. Wenn wir überdies Erfahrungen aus anderen Kultur- und Sprachgemeinschaften einbeziehen können, erweitert sich der Horizont der Sprachreflexion um zusätzliche Lerngelegenheiten. Zugleich tritt vom Blick über die Grenzen her das Eigene prägnanter in seiner Relativität, aber auch in seiner Spezifik hervor.

Für die Schülerinnen und Schüler aus anderen Sprachen und Kulturen kann die Auseinandersetzung mit den hiesigen Gepflogenheiten bezüglich des nonverbalen Registers wichtige Lernprozesse auslösen, und dies in einem oft vernachlässigten Bereich des Deutscherwerbs. Bewusst werden können z. B. unbewusste, aber zentrale Aspekte wie die bei uns gängige Distanz zwischen Sprechenden oder das für uns „normale" Ausmaß an Körperkontakt. Die „monokulturell" deutsch Aufwachsenden wiederum lernen, dass diesbezüglich ungewohntes Verhalten keineswegs seltsam oder gar distanzlos sein muss, sondern ganz einfach in einer anderen Kultur wurzelt, wo es die gängige Norm darstellt.

Schuljahr/Klasse: 4./5. bis 10.; spielerische Settings ab 1./2.
Zeitbedarf: Teilaspekte je ca. 1 Lektion; als eigentliches Thema 4–7 Lektionen.
Unterrichtsbereiche: Deutsch, Soziales Lernen/Lebenskunde.

Verlauf, Impulse

Einstieg

■ Entweder situativ (z. B. von einer un- oder missverstandenen Geste her) oder direkt: Wie kann man sich außer mit Sprache auch noch ausdrücken? Wie kann man etwas statt mit Sprache auch noch signalisieren?

Das Thema bleibt hier zunächst auf Gesten und jene mimischen Ausdrucksmittel beschränkt, die eine sprachliche Äußerung ersetzen (Nicken = ja; gefaltete Hände an die Wange = schlafen usw.).

Schwerpunkt 1: Gesten, die Sprache ersetzen

- Sammlung von Gesten und mimischen Signalen (Augenverdrehen usw.). Jedesmal mit der Frage: Was bedeutet die Geste, wenn man sie in Sprache übersetzt? Auftrag, zu Hause weiter nachzufragen.
- Falls nötig, nachfragen und -helfen: Wie macht man, um mit Gesten „ja", „nein", „komm her", „essen", „schlafen", „stop", „hau ab", „Dummkopf", „das langweilt mich", „super", „ich verstehe dich nicht" usw. zu signalisieren?
- Rollenspiele, in denen die einzelnen Gesten in einer Kommunikationssituation veranschaulicht werden. („Denkt euch eine Szene aus, in der jemand diese Geste machen würde.")
- Rollenspiele: Eine Unterhaltung nur mit Gesten. Oder: Missverständnisse ausdenken und spielen, die sich aus kulturell unterschiedlichen Gesten ergeben können.
- Welches sind die Entsprechungen der bei uns üblichen Gesten in anderen Ländern? Und welche unserer Gesten entsprechen denen aus anderen Kulturen? (Beim Heranwinken z. B. hält man in vielen Ländern die Hand nach unten, was bei uns auch als „Hau ab" ankommen könnte.)
- Festhalten der gesammelten Beiträge, entweder stichwortartig an der Wandtafel oder, im Anschluss an die Sammlung, auf Zetteln; mit Wortkommentar und wenn möglich mit einer Skizze.
- Ordnungsübungen, z. B. Zuordnung der gestischen und mimischen Mittel nach Körperteilen (Augen, Hände, Mund). Oder Sortieren nach freundlichen, bösen und neutralen Gesten bzw. Botschaften.
- Herstellung eines internationalen „Bildwörterbuchs" oder einer Ausstellung zu Gesten und Mimik und zu ihrer Bedeutung in verschiedenen Kulturen. Mögliche Darstellungsform: (Polaroid-)Fotos oder Zeichnungen mit Legenden bzw. Erklärungen zu den einzelnen Gesten. (Wie muss man die Hand bewegen oder das Gesicht verziehen? Was bedeutet die Geste/die Mimik? In welchen Ländern ist das Beispiel gebräuchlich?) Eltern, Kinder aus anderen Klassen usw. werden als Expertinnen und Experten beigezogen.

Schwerpunkt 2: Gestik, Mimik, Körperhaltung als sprachbegleitende Elemente

- Neben den sprachersetzenden Gesten gibt es auch solche, die die Sprache begleiten (Haltung der Hände zum Ausdruck von Nichtwissen usw.). Sammlung, auch hier mit Beiträgen aus allen Kulturen und mit Übersetzung in Sprache.
- Welche weiteren nonverbalen Elemente begleiten und beeinflussen unsere Rede?

(Mimik, Körperhaltung, Distanz zwischen den Sprechenden). Die Wirkung der einzelnen Aspekte soll unbedingt im Rollenspiel ausprobiert bzw. authentisch erfahren werden. Ausblicke auf die Gepflogenheiten in anderen Kulturen.

■ Wie können wir die Botschaft einer Aussage weiter variieren, auch wenn kein Sichtkontakt besteht (wie das z. B. am Telefon der Fall ist)? Hier geht es um die prosodischen Mittel: Lautstärke, Betonung, Tonhöhe, Sprechtempo. Auch hier sollen unbedingt Experimente durchgeführt werden; z. B. Vorlesen des gleichen Textes unter Einsatz und Variation dieser Mittel.

Schwerpunkt 3: Nonverbale Elemente in der Schrift

■ Gibt es nonverbale Mittel auch im Bereich der geschriebenen Texte? (Ja, nämlich: Schriftgröße, -typ, Farbe, fett, kursiv usw.). Wie wirken sie, in welcher Weise können sie eingesetzt werden?

■ Beispiele sammeln; selbst Texte durch den Einsatz dieser Mittel zu manipulieren versuchen (von Hand oder am Computer). Diskussion darüber.

Meine Schrift – deine Schrift: Impulse zum Thema „Schriften"

Selbstverständlichkeiten, die keine sind:

- Unsere Schrift (in Griechenland z. B. wäre das so wiederzugeben: Ουνσερε Σχριφτ).
- Unsere Art, Laute durch Schriftzeichen wiederzugeben (Beispiel: das Klanggebilde, das wir als „Deutschland" verschriftlichen, käme nach den türkischen Laut-Zeichen-Zuordnungen als „Doyçland" aufs Papier).
- „Unsere" Anzahl Buchstaben (das portugiesische ABC kommt z. B. statt mit 26 Zeichen mit 23 aus, das türkische hingegen hat 29 und das albanische gar 36).
- Und natürlich: Dass es überhaupt eine Schrift (bzw. ganz viele Schriften) gibt – als nicht mehr wegzudenkendes Medium, ohne das die Welt völlig anders aussähe!

Themen wie „Eine Welt ohne Schrift", „Die Erfindung der Schrift", „Eigene Schriften erfinden" führen von der ersten Klasse an zu höchst anregenden Gedankenspielen, Spekulationen und Fantasien. Eine ganze Palette von Gesprächs-, Schreib- und Darstellungsanlässen ist damit verbunden. Schon zu Beginn des ersten Schuljahres soll der Erwerb der Schrift durch Reflexionen über die gewaltigen Leistungen dieses Mediums begleitet und begründet werden.

Neben anderen Aspekten (z. B. Schriftnorm/Rechtschreibung; Geschichte und Wandel der Schrift) wird auch die Vielfalt von Schriften zum Thema. Sie führt zu Sammelprojekten, Vergleichen, Wahrnehmungs- und Gestaltungsaufgaben. Ihren Schwerpunkt bilden je nach Planung kreativ-gestalterische, sprachreflexiv-entdeckende oder aber vergleichende und handelnd-experimentelle Lernsituationen.

In der Auseinandersetzung mit anderen Schriften und Alphabeten werden wir uns zugleich der Charakteristik unseres eigenen Zeichensatzes bewusst. Im Vordergrund stehen zunächst die nichtlateinischen Schriften. Seitens der Kinder mit Migrationshintergrund geht es dabei z. B. um Kyrillisch, Tamil, Arabisch, Griechisch; jüdische Schülerinnen und Schüler kennen vielleicht die hebräischen Zeichen. Vom 4./5. Schuljahr an ergeben sich vertiefte und spannende Einsichten, wenn man untersucht, wie die Laut-Buchstabenzuordnungen auch innerhalb des lateinischen Alphabets keineswegs in jeder Sprache identisch sind (vgl. *UV 79* „Wie wir Lauten Zeichen zuordnen").

Die folgende Zusammenstellung listet stichwortartig Anregungen zu verschiedenen Aspekten auf und fasst die in anderen Unterrichtsvorschlägen gemachten Impulse zum Thema zusammen.

Hinweis: Die Arbeit am Thema gewinnt, wenn in der Klasse Schülerinnen und Schüler sind, die eine andere Schrift beherrschen – sei es ein nichtlateinisches Alphabet, sei es eine lateinische Schrift mit anderen Laut-Zeichen-Relationen. Allerdings gibt es nicht wenige (z. T. hier aufgewachsene) Kinder mit Migrationshintergrund, die „ihre" Schrift leider gar nicht beherrschen. Der jeweilige Expertenstatus muss also zuvor abgeklärt werden, um Bloßstellungen zu vermeiden. Vielleicht können die betreffenden Schülerinnen und Schüler immerhin Gewährsleute ausfindig machen; und im besten Falle werden sie durch die Schriftprojekte motiviert, ihren Analphabetismus in der eigenen Sprache zu überwinden.

Schuljahr/Klasse:	2. bis 10., je nach Teilprojekt und Ausgestaltung.
Zeitbedarf:	Je nach Teilaspekt; von Kurzsequenzen bis zu mehrstündigen Projekten.
Unterrichtsbereiche:	Deutsch, z. T. Kunst/Gestalten.

Durchführungsbeispiele

Über Schreiben, Schrift und Schriften nachdenken: Impulse für Klassengespräche und Schreibanlässe

■ Stell dir vor: Eine Welt ohne Schrift.
■ Die Erfindung der Schrift: Spekulationen, wie es dazu kam; Motive zur Erfindung der Schrift; Fakten aus Sachbüchern (Quellen s. u.), von Fachleuten, aus dem Internet.
■ Die Geschichte und die Entwicklung der Schrift; von den Hieroglyphen bis zu unserer Schrift und den Programmierschriften der Computer.
  Vor- und Nachteile der Erfindung der Schrift. Leistungen des Mediums Schrift.
■ Wenn wir die (oder eine) Schrift erfinden müssten: Wie gingen wir vor, wie sähe unsere Schrift aus? Das soll unbedingt in Experimenten ausprobiert werden.
■ Piktogramme als übersprachliche Zeichen (Ideen hierzu in *UV 48* „Piktogramme – Botschaften in vielen Sprachen").
■ Rechtschreibung: Eine gemeinsame Schrift zu haben, ist die wichtigste Voraussetzung zur Verständigung über die Regionen und Zeiten hinweg. Um diese Verständigung zusätzlich und wirkungsvoll zu erleichtern, kommt als zweite Voraussetzung dazu, dass alle Schreibenden diese Schrift auf die gleiche Art verwenden. Hier liegen die Wurzeln der rechtschriftlichen Normierung. Auch dieser Aspekt kann zum Thema werden.

Schriftsammelprojekte

■ Im Zusammenhang mit Sprachsammelprojekten bieten sich auch solche zu Schriften an. Im Zentrum steht dabei zunächst das Zusammentragen möglichst vieler unterschiedlicher Schriftproben und nicht das eingehendere Kennenlernen. Letzteres, d. h. die vertiefte Auseinandersetzung, bietet sich eher bei den lateinisch geschriebenen Alphabeten der nicht deutschen Herkunftssprachen aus der Klasse an (vgl. *UV 79* „Wie wir Lauten Zeichen zuordnen").

Als Quelle für Schriftensammlungen sind Verpackungen und Gebrauchsanweisungen sehr ergiebig, ebenso große Kioske, wo Zeitungen u.a. in kyrillischer, griechischer, japanischer und tamilischer Schrift zu finden sind. Dazu kommen Lexika und Bücher, die auch historische Schriften (Runen, Hieroglyphen) enthalten. Vgl. die Literaturangaben unten und die Hinweise in *UV 30* „Wörter, Sätze, Sprachen, Schriften sammeln".

Die Ergebnisse der Sammlung werden präsentiert. Je nach Altersstufe und Interesse können sich vertiefte Untersuchungen zu einzelnen Schriften anschließen. Mögliche Fragestellungen dabei sind: Anzahl der Zeichen, Art der Zeichen, Laut-Zeichen-Zuordnungen, Schreibrichtung, Verbreitung und Geschichte der betreffenden Schrift.

Geeignete Dokumente können auch als Gestaltungselemente in kreativen Projekten verwendet werden (s. u. bzw. *UV 11-13*).

Sich mit anderen Schriften auseinander setzen

■ Sammlung und Präsentation verschiedener Schriften aus dem Umfeld der Schülerinnen und Schüler, wobei diese als Expertinnen und Experten fungieren.

■ Vergleiche der Formen (z. B. zwischen lateinischem und kyrillischem Alphabet) bzw. der Art der Zeichen (Alphabetschriften, Wortzeichen- bzw. ideografische Schriften wie das Chinesische) bzw. der Art des Schreibens (von links nach rechts, von rechts nach links, von oben nach unten).

■ Vergleich der Zeichensätze (Form der Zeichen, Anzahl Zeichen in den anderen Alphabeten, Lautwerte usw.).

■ Zeichen in anderen Schriften, v.a. in anderen lateinischen Alphabeten, die die deutsche Schrift nicht kennt (ğ, ı, ç, é, è, č, ċ, ë, å, œ, ø usw.). Umgekehrt: Spezifische Zeichen des deutschen Alphabets (ä, ö, ü). Darstellung als Tabelle. Wie geben wir die Laute wieder, für welche die anderen Sprachen besondere Zeichen haben; wie geben die anderen Sprachen unsere Umlaute wieder? (Vgl. auch *UV 79* „Wie wir Lauten Zeichen zuordnen".)

■ Wie funktionieren Wörterbücher in Sprachen, die andere Zeichen haben? Andere Sortier- und Nachschlagegepflogenheiten überprüfen, anhand von Wörterbüchern, die Schülerinnen und Schüler aus den entsprechenden Sprachen mitbringen.

Schriften als Gestaltungselement

■ Verschiedene Möglichkeiten, Schrift oder Schriften als grafische Gestaltungselemente zu verwenden, finden sich in *UV 11-13*. Zusätzliche Möglichkeiten ergeben sich durch kalligrafische Übungen mit unserer oder mit anderen Schriften (Chinesisch, Japanisch, Arabisch, Hieroglyphen, Runen) und in Zusammenhang mit selbst erfundenen Geheimschriften.

Geheimschriften

■ Die Auseinandersetzung mit verschiedenen Schriften kann einen guten Einstieg in das Thema „Geheimschriften" bilden, das viele Kinder sehr anspricht. Als Geheimschrift kann eines der nicht deutschen Alphabete der Klasse fungieren, wenn man sich die Mühe nimmt, es zu lernen. Damit kann man anschließend Texte in der betreffenden Sprache entziffern oder mit Angehörigen dieser Sprache „kommunizieren".

Ebenso produktiv ist die Kreation einer eigenen Geheimschrift (z. B. als Gruppenarbeit), da sie automatisch zu vielen Fragen und Problemen in Zusammenhang mit der Schriftlichkeit führt.

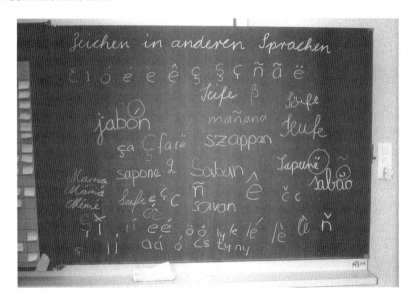

Hinweis

Ein sehr ansprechendes Poster „Welten der Schrift – Schriften der Welt" ist Bestandteil der „Regenbogen-Lesekiste" (BALHORN [1]1991). Es enthält Informationen zur Geschichte der Schrift und zehn Wörter in 15 Sprachen bzw. acht Schriften; dazu auf der Rückseite Erläuterungen für Lehrpersonen.

Literatur- und Materialhinweise (vollständige Angaben siehe Bibliografie): C. Faulmann „Das Buch der Schrift" und „Illustrierte Geschichte der Schrift"; D. Jackson „Alphabet. Die Geschichte vom Schreiben"; D. Crystal „Die Cambridge Enzyklopädie der Sprache", Kapitel 33: Graphemik; S. Hüsler-Vogt 1993a (diverse Schriften). Angaben zu Zeichenbestand, Schrift und Aussprache für die Sprachen Albanisch, Bosnisch/Kroatisch/Serbisch, Portugiesisch und Türkisch finden sich in den Anhängen der zweisprachigen Schulwörterbücher „Die Wörterbrücke" (Schader ¹1996).

79 Wie wir Lauten Zeichen zuordnen – in Deutsch/doyç/dojtsh und anderswo

„Wie wir Lauten Zeichen zuordnen": Wer die deutschen Aussprache- und Verschriftlichungsnormen kennt, wird diesen Satz problemlos richtig aussprechen. Liest ihn aber jemand aus Frankreich, der unsere Normen nicht kennt, entsteht plötzlich das seltsame Klanggebilde „Wiö wir Laütön Säschen süordnön". Um halbwegs die korrekte Klanggestalt zu erreichen, müssten wir dieser Person etwas in der Art von „Vi vir Laouten Tsaihen tsouordnen" vorlegen.

Das Spiel lässt sich, anhand beliebiger Sätze, Namen usw., durch sämtliche Sprachen fortsetzen. Es führt nicht nur zu Lach-, sondern durchaus auch zu Lernanlässen und Einsichten. Die erste ist sicher, dass „unsere" Handhabung des lateinischen Alphabets offenbar nicht die einzig mögliche ist. Andere Sprachen ordnen bestimmten Buchstaben andere Lautwerte zu (z. B. dem v den Lautwert w, dem z jenen des stimmhaften s), sie haben Zeichen und Akzente, die wir nicht haben (ğ, ı, ë, ç, ê, å, œ, ċ, ø usw.; wir haben dafür ä, ö, ü), und sie „lösen" manche Probleme besser (z. B. die Wiedergabe von „sch" oder „tsch" durch ein einziges Zeichen).

Die Auseinandersetzung mit unterschiedlichen Handhabungen des lateinischen Alphabets stellt eine Vertiefung und Spezialisierung im Thema „Schriften" dar (vgl. UV 78 und 30). Sie führt zu Situationen sprachreflexiven, forschenden Lernens. Durch den Vergleich und den „Blick von aussen" werden sich die Schülerinnen und Schüler der Spezifik unseres Umgangs mit dem lateinischen Zeichensatz in Laut und Schrift bewusst und lernen andere Normierungen kennen. Dass es dabei sinnvoll ist, auch die schulischen Fremdsprachen Englisch, Französisch, evtl. weitere, einzubeziehen (oder sogar von diesen auszugehen), liegt auf der Hand.

Anders als bei der Auseinandersetzung mit nichtlateinischen Alphabeten sind vertiefte und detaillierte Untersuchungen möglich, da die Zeichen allen Schülerinnen und Schülern grundsätzlich bekannt sind. Expertenwissen und Ressourcen der Schülerinnen und Schüler mit Migrationshintergrund können besonders gut aktiviert werden, da der Großteil von ihnen aus Sprachregionen kommt, in denen das lateinische Alphabet verwendet wird.

Schuljahr/Klasse: 4./5. bis 10.
Zeitbedarf: Pro Teilaspekt ½–1 Lektion.

Verlauf, Impulse

- Als Basis für detailliertere Untersuchungen werden die Alphabete der Klasse (und die der schulischen Fremdsprachen) mit ihren Lautzuordnungen als Poster dargestellt. Zu jedem Buchstaben wird ein Beispielwort geschrieben (bzw. zwei, falls nötig, vgl. die unterschiedliche Aussprache von c im Französischen vor hellem resp. dunklen Vokal). Ausspracheübungen mit der Klasse.
- In den Alphabeten der anderen Sprachen gibt es Buchstaben, Akzente usw., die das Deutsche nicht kennt (ç, é, è, č, ğ, ı, ċ, ë, å, œ, ø usw.): Als Tabelle darstellen. Auf die Tabelle kommen auch die für das Deutsche charakteristischen Zeichen ä, ö und ü.
  Wie geben wir die Laute wieder, für die die anderen Sprachen besondere Zeichen haben? Wie geben die anderen Sprachen unsere Umlaute wieder?
- Derselbe Laut, z. B. w, tsch, ch oder sch, wird in verschiedenen Alphabeten nicht unbedingt auf dieselbe Art wiedergegeben. Als Tabelle zusammenstellen (horizontal: Namen der Sprachen; vertikal: die betreffenden Lautwerte in deutscher Wiedergabe (w, sch, usw.), ermittelt anhand des obigen Posters).
  Diskussion unter sprach- resp. zeichenökonomischen Gesichtspunkten: Wo liegen die Schwachstellen des deutschen Alphabets (z. B. in den unökonomischen Bi- und Trigrafen ch und sch; in uneindeutigen Zeichen wie v und c, die mehrere Lautwerte repräsentieren oder beim e, das verschiedene Klangfarben hat, vgl. „geben").
  Wie verhalten sich die verschiedenen anderen Alphabete in jenen Bereichen, die beim Deutschen nicht optimal bzw. mehrdeutig gelöst sind? (z. B. Unterscheidung der Klangfarben des e im Französischen durch Akzente; Wiedergabe von sch oder tsch durch nur ein Zeichen in manchen Sprachen.)
  Gibt es Schwachstellen auch in anderen Alphabeten? (Beispiele: Die mehrdeutigen c im Französischen und Italienischen oder das ë im Albanischen, das manchmal den Lautwert ö hat und manchmal gar nicht ausgesprochen wird.)
- Experimente mit den Verschriftungsnormen anderer Sprachen: Wie würde beispielsweise das Wort „Luzern" klingen, wenn man es gemäß den französischen – englischen – bosnischen usw. Normen ausspricht? (Lüsern, Ljusörn, Lusern; immer mit stimmhaftem s!)
- Wie müsste man also z. B. das Wort „Luzern" den französischen, englischen, bosnischen Normen anpassen, damit es die dortigen Menschen tatsächlich als „Luzern" aussprechen? (Loutserne, Lootsaern, Lucern.)
- Spiele und Experimente: Unsere Namen und Namen von Orten, Personen usw. in unserem Umfeld der Schreibweise anderer Sprachen anpassen. (Authentisches Material findet sich z. B. in der albanischen Migrationspresse, wo selbstverständlich „Shtutgart, Cyrih, Mynhen, Vin" usw. geschrieben wird.)

Für Literatur- und Materialhinweise siehe die Angaben bei *UV 78*. – Unterschiede in Zeichenbestand, Schrift und Aussprache für die Sprachen Albanisch, Bosnisch/Kroatisch/Serbisch, Portugiesisch und Türkisch sind beschrieben in den Anhängen der zweisprachigen Schulwörterbücher „Die Wörterbrücke" (SCHADER [1]1996); für andere Sprachen finden sie sich meist vorne in den betreffenden zweisprachigen Wörterbüchern.

Deutsch – echt multikulti:
Internationalismen, Fremd- und Lehnwörter sammeln und vergleichen

„Cool!", „ciao!", „merci!": Unsere Alltagssprache – auch die von Kindern – ist voll von Internationalismen, von Fremd- und Lehnwörtern. (Begriffsklärung: Fremdwörter sind solche, die ihre ursprüngliche Gestalt mehr oder weniger behalten: Portefeuille, Portmonee, Fondue. Lehnwörter haben sich unserer Sprache und Lautung angepasst: Violine, Wein, Bibel. Internationalismen sind in verschiedenen Sprachen fast identisch und spontan verständlich: Text, Computer, Jeans. Die Grenzen zwischen den drei Kategorien sind allerdings nicht scharf.)

Manche dieser Wörter sind alt, andere ganz neu. Manche stammen aus dem Griechischen und Lateinischen, andere aus dem Französischen und Italienischen und zahlreiche neue aus dem Englischen. In vielen Bereichen (Computer, Internet, Sport, Gastronomie, Medizin, Grammatik usw.) sind die „fremden Wörter" unentbehrlich für die Verständigung, manchmal gibt es schon gar keine deutsche Entsprechung.

Mit der Klasse über diesen wichtigen Teil unseres Wortschatzes nachzudenken, initiiert Lernprozesse auf verschiedenen Ebenen (vgl. auch Kapitel 4.4):

■ Die eigene (unfreiwillige) „Mehrsprachigkeit" bewusst machen; Zutrauen gegenüber den schulischen Fremdsprachen aufbauen. Wenn die Kinder sich bewusst werden, wie viele englische und französische Wörter sie schon „können", bevor sie überhaupt die erste Stunde Englisch oder Französisch haben, schafft das einen zuversichtlicheren Einstieg. (Vgl. die in Kapitel 4.4 erwähnten durchschnittlich 55 englischen Wörter, die Bebermaier bei deutschen Zweitklässlern evaluierte!)

■ Gemeinsamkeiten in den verschiedenen Sprachen bewusst machen. Dies betrifft einerseits einzelne Übernahmen (Dönerkebab), vor allem aber den gemeinsamen Bestand an alten und neuen Fremdwörtern und Internationalismen, die z. T. natürlich der eigenen Orthografie unterworfen sind (pédagogie, pedagogjika, pedagoji, pedagogy).

■ Sprachliches Bewusstsein, Wissen und Interesse wecken. Gemeint ist Bewusstsein für Fremd- und Lehnwörter und Internationalismen, für ihre Herkunft (meist aus den jeweils dominierenden Weltsprachen!); für ihre vereinfachende Funktion und Bedeutung in der Kommunikation; sowie für die ursprüngliche Bedeutung einiger dieser Wörter.

Schuljahr/Klasse: 2. bis 10., mit je altersspezifischen Anforderungen.
Zeitbedarf: Teilaspekte ab 1 Lektion, je nach Inhalt und Behandlungstiefe.

Impulse, Möglichkeiten

Einstiegskontexte können z. B. sein
- ein Gespräch über Bedeutung oder Herkunft eines Fremdwortes;
- die Beobachtung, dass manche Wörter als Internationalismen in mehreren Sprachen vorkommen;
- der Einstieg in Englisch oder Französisch als neue Fremdsprache;
- der Rahmen eines mehrsprachigen Sprachprojekts;
- (in der Schweiz: die Einführung des phonetischen „Mini-Lexikons für schwierige und fremde Wörter" im Wörterbuch „Die Wörterkiste" in der 3. Klasse).

Fragestellungen, Teilthemen
- Sammeln, was wir alles an Wörtern und Wendungen aus anderen Sprachen kennen: Sensibilisierung der Schülerinnen und Schüler z. B. auf englische Wörter. Einige Beispiele als Anregung mündlich zusammentragen. Anschließend schreibt jedes Kind auf, welche weiteren englischen Wörter es kennt. Vergleichen, erläutern, evtl. Anlage einer großen Liste mit Übersetzungen (soweit es die überhaupt in kindgerechter Form gibt – z. B. für Computer oder surfen). – Dasselbe für Wörter aus anderen Sprachen (Französisch, Italienisch, Türkisch etc.; unbedingt unter Einbezug der häufigen Migrationssprachen).
- Variante: Fremdsprachige Wörter aus dem Alltagswortschatz ohne Ordnung nach Sprachen sammeln, jedes Wort kommt auf einen kleinen Zettel. Anschließend werden die Wörter nach ihrer sprachlichen Herkunft geordnet. Plakat mit den aufgeklebten Zetteln: „Englische Wörter", „Türkische Wörter", „Französische Wörter" usw.
- Der ursprünglichen Bedeutung einiger dieser Wörter nachgehen (skaten, bladen, surfen, Computer usw.). Dazu müssen englische und andere Wörterbücher, evtl. auch deutsche Herkunftswörterbücher benutzt werden. Dies kann, auch als Nachschlagetraining, in Gruppenarbeiten gemacht werden. Anschließend Präsentation.
- Wie und woher kommen Fremdwörter in unsere Sprache? Hypothesen; Erklärungen (angefangen bei den alten Römern und der Weltsprache Latein, aus welcher wir z. B. die Wörter für den bei uns unbekannten Weinbau übernahmen, bis hin zum heutigen Amerika und der Weltsprache Englisch, aus der wir die Wörter für die dort weiterentwickelte Computertechnik übernehmen).

■ Was nützen Fremdwörter? Sind sie unentbehrlich? Wie würde Deutsch ohne Fremdwörter klingen? Spielerisch einige Verdeutschungen erfinden und deren Problematik diskutieren (international nicht mehr verständlich, provinziell, oft sehr künstlich usw.; im Übrigen von Puristen vor und während dem Dritten Reich bereits ad absurdum geführt).

■ Gibt es im Empfinden der Schülerinnen und Schüler Grenzen zwischen nützlichen Fremdwörtern oder Internationalismen und überflüssigen Modewörtern? (Objektiv gibt es diese Trennung kaum.)

■ Welche Bereiche sind besonders gespickt mit Fremdwörtern? Aus welchen Sprachen kommen diese? (Siehe z. B. die Bereiche im Einführungsabschnitt zu diesem Unterrichtsvorschlag.)

■ Diskussion orthografischer Probleme. Englisch und Französisch, von wo viele unserer Fremdwörter stammen, haben eine eigene, ziemlich aphonetische Orthografie. Das erschwert die Rechtschreibung dieser Wörter. Evtl. Rechtschreibetraining zu Wörtern, die die Schülerinnen und Schüler besonders wichtig finden. (Diejenigen Wörter, die im Grundwortschatz am häufigsten vorkommen, finden sich im oben erwähnten „Mini-Lexikon".)

■ Anlage eines „Fremdwörter-Lexikons" in der Klasse. Zu jedem Wort wird eine Erklärung geschrieben. Nach einer gemeinsamen Startphase kann das Lexikon an der Peripherie des Unterrichts weiterlaufen. Periodisch werden die neuen Einträge vorgestellt. Auftrag an die Schülerinnen und Schüler, die Sammlung weiterzuführen (Fremdwörter in Zeitungen/Zeitschriften suchen; am TV und im Sprachgebrauch der Eltern und Freunde auf sie achten).

■ Welche Fremdwörter und welche Arten von Fremdwörtern gibt es in anderen Sprachen? (Z. B. Entlehnungen aus den Nachbarsprachen, alte und neue Internationalismen.) Auskünfte können auch die Lehrkräfte des herkunftssprachlichen Unterrichts geben.

■ Internationalismen sammeln und in den Sprachen der Klasse als Tabelle darstellen (horizontal die Sprachen, vertikal die Internationalismen, z. B. Computer, Rekord, Krise, Zirkus). Dabei werden auch unterschiedliche Verschriftlichungsnormen sichtbar. Beispiele: Computer, Kondukteur – bosn. kompjuter, kondukter oder (aus *UV 93*): Zirkus, cirque, circus, circo, sirk (türk.), cirk (alban.). Vgl. hierzu *UV 79* „Wie wir Lauten Zeichen zuordnen".

Ich kan schon zimlich viel Englisch.

Boys   Jungen

I Love yu   Ich Liebe dich   Speidermän : Ein

Ded   Papi   Man das eine

Mam   Momi   Spinne ist.

Wooder   Wasser

Cät   Katze   Find = Freunde

Dog   Hund

Heuriken   Wirbelsturm

Gut moning   Guten Morgen

Girls   Mädchen

Fish   Fisch

Forewer   Für immer

Schus   ~~Sohen~~
              schuhen

Leemonti   Zitronenbaum

Golden Ei   : Goldener Auge

Scool   : Schule

Ai gif iu mei hart : Gib mir dein Herz

Nancy

Mundart(en) – Standardsprache:
Ein Thema, zu dem auch die Schülerinnen und Schüler mit nicht deutscher Erstsprache etwas zu sagen haben

Der Alltag in vielen dialektgeprägten Gebieten Deutschlands, der Schweiz und Österreichs ist in selbstverständlicher Weise durch das Nebeneinander von Mundart (bzw. Mundarten) und Standardsprache charakterisiert. Das kann Probleme schaffen; vor allem, wenn man als nicht Deutschsprachige/r zwei so nah verwandte Varietäten parallel lernen und auseinander halten muss. Die Diskussion entsprechender sprachbiografischer Erfahrungen von Schülerinnen und Schülern mit nicht deutscher Erstsprache fördert das Verständnis, lässt uns über unseren eigenen Deutscherwerb und über Schwierigkeiten des Fremdspracherwerbs nachdenken.

Das Nebeneinander eröffnet aber auch Chancen. Es ergeben sich spannende Lernanlässe im Deutschunterricht, bei denen Eigenheiten der einen Form sich durch den kontrastiven Vergleich mit der anderen untersuchen und bewusst machen lassen. Dies ist der Fall z. B. bei der Lautung, beim Imperfekt (fehlt im Schweizerdeutschen!) oder bei den Relativpronomen (die in vielen Dialekten durch „wo" ersetzt werden). Vorausgesetzt ist hier allerdings ein Sprachgefühl für Mundart und Hochsprache, über das manche Schülerinnen und Schüler mit nicht deutscher Erstsprache noch nicht verfügen (vgl. die Hinweise in Kapitel 2.2.3).

Und dann wirft das Nebeneinander von verschiedenen lokalen Dialekten und einer übergreifenden Standardsprache natürlich auch Fragen auf: Wie verhält sich das eigentlich in anderen Sprachgemeinschaften? Wie verstehen sich Menschen in Ländern, die noch größer sind als das unsre? (Vgl. hierzu auch Kapitel 4.3.2 „Dialekte in den Herkunftssprachen".)

Die nachfolgenden Ausführungen geben Anregungen sowohl zum sprachbiografischen Aspekt wie auch zur Behandlung der Frage nach Dialekten und Standardsprache in anderen Kulturen.

Schuljahr/Klasse: 4./5. bis 10.
Zeitbedarf: Diverse befristbare Gesprächs- und Schreibanlässe, die je für ca. 1 Lektion geplant werden können.

Schwerpunkte, Möglichkeiten

Sprachbiografische Erfahrungen im Umgang mit Mundart und Hochsprache
(Siehe hierzu auch *UV 25* und *26* („Sprachbiografie"; „Wie lernt man eine neue Sprache?" sowie die in *UV 9* beschriebenen „Sprachbilder" zur Darstellung der eigenen Sprachsituation.)

Den Einstieg kann einer der obigen Unterrichtsvorschläge bilden oder aber die mehr grammatikorientierte Auseinandersetzung mit den Varietäten Mundart und Standardsprache.

Im zweiten Falle kann es in dialektgeprägten Regionen ein Nebenziel sein, durch die Bewusstmachung der Unterschiede zugleich besonders häufigen dialektbedingten „Fehlern" bzw. falschen Transfers entgegenzuwirken („Ich sehe der Mann, wo ... ").

Impulse für Sprech- und/oder Schreibanlässe:
- Wie erlebt ein Kind, das neu in ein dialektsprachiges Gebiet zieht, die Sprachensituation hier? (Doppelte Lernaufgabe von Mundart und Hochsprache.) Berichte von Kindern mit entsprechender Sprachbiografie.
- Was ist/was war besonders schwierig oder verwirrend?
- Sind das dieselben Dinge, die auch den hier (im Dialekt) aufwachsenden Kindern Mühe beim Hochdeutscherwerb bereite(te)n?
- Was würde die Schwierigkeiten reduzieren?
- Welches sind die hauptsächlichen Unterschiede zwischen Mundart und Standardsprache? Beispiele von Sätzen im Dialekt bzw. in Deutsch.
- Wann verwenden die „Einheimischen" die eine, wann die andere Sprachvariante?

Die letzten beiden Punkte sind besonders interessant. Sie geben Hinweise und Auskunft darüber, wie weit die einzelnen Schülerinnen und Schüler mit nicht deutscher Erstsprache überhaupt den Durchblick bezüglich der beiden Sprachformen und ihrer Verwendung haben. Die Besprechung und Klärung dieser Fragen kann der Bewusstmachung dienen und die diesbezügliche Orientierungskompetenz steigern. Dass diese hoch selektionswirksam, bei Kindern mit nicht deutscher Erstsprache aber oft ungenügend entwickelt ist, wurde oben ausgeführt (s. Kap. 2.2.3 und SCHADER 2003a).

Regionale Sprachenvielfalt und überregionale Verständigung anderswo
Bei diesem Aspekt ist Hintergrundwissen über das Herkunftsland erforderlich, über das manche Schülerinnen und Schüler in der Migration nicht mehr verfügen (siehe Kapitel 2 und 4.3.2). Da die Fragestellung trotzdem sehr interessant ist, lohnt es sich,

die betreffenden Informationen via Eltern, Lehrkräfte des herkunftssprachlichen Unterrichts oder Bekannte einholen zu lassen. Dazu muss die erforderliche Zeit eingeräumt werden.

Einen möglichen Einstieg und Kontext stellt z. B. die Behandlung der hohen topografischen Kammerung bzw. Parzellierung vieler dialektgeprägter Gebiete im Alpenraum dar. Eine von deren Konsequenzen ist die Vielfalt an Dialekten. Dies wird zuerst für unser eigenes Land veranschaulicht, anschließend erfolgt der Blick über die Grenzen.

Impulse für Sprech- und/oder Schreibanlässe, evtl. für kleine Vorträge:
- In welchen Herkunftsländern gibt es eine ähnliche Kammerung (voneinander abgeschiedene Täler usw.)? Hat das dieselbe Vielfalt von Dialekten zur Folge?
- Detailinformationen zu den Dialekten in anderen Sprachen, soweit einholbar. Wie klingen diese Dialekte (Beispiele)? Wo spricht man sie (Landkarte)? Wie unterscheiden sie sich? Sind die Dialekte untereinander verständlich?
- Verwenden alle „Einheimischen" den Dialekt als Sprache des Alltags (wie z. B. in der Deutschschweiz), oder gilt er als Sprache des (niederen) Volkes und wird nur von weniger Gebildeten gesprochen? Dabei geht es um das Prestige der beiden Varietäten, das auch innerhalb des deutschsprachigen Raums regionenspezifisch variiert.
- Gibt es eine überdialektale Schrift- und Standardsprache? (Wie z. B. die Vereinheitlichte Albanische Schriftsprache, die über den beiden großen Dialekten Toskisch und Gegisch steht und auch die Sprache der Schule und Medien ist.) Welches ist die Sprache, die in der Schule gesprochen wird?
- Werden die Dialekte, wie z. T. bei uns, im intimeren Rahmen auch als Schriftsprache verwendet? (z. B. für Briefe oder SMS an Freundinnen und Freunde.)
- Falls es in einem Land nicht nur Dialekte, sondern sogar mehrere Sprachen gibt: Wie geht man damit um? Welches sind die Rechte der einzelnen Sprachen als Schul- oder Amtssprachen? Vergleich mit den vier Landessprachen der Schweiz und den Minderheitensprachen in Deutschland und Österreich.

Hinweis: Links zu deutschen Mundartfiles (Hörproben etc.) finden sich in *UV 35* „Sprachliche Entdeckungen im Internet". Die Eingabe der Suchbegriffe „…-ische Dialekte" oder „Mundarten" (auf Deutsch oder, noch besser, in den betreffenden Sprachen) führt mit großer Wahrscheinlichkeit zu Ergebnissen auch für die nichtdeutschen Sprachen.

82 Über Einstellungen gegenüber Sprachen nachdenken

Englisch zu können, ist cooler als Kroatisch. Mit Französisch bringt man es weiter als mit Albanisch. Spanisch erinnert uns an die Ferien und klingt viel schöner als das „fiepsige" Chinesisch usw. (Vor-)Urteile dieser Art lassen sich in jeder Klasse abrufen. Spätestens vom 7. Schuljahr an können sie auch auf produktive Weise kritisch reflektiert werden. Das Thema kann damit einen Beitrag nicht nur zur Reflexion über Sprachen leisten, sondern auch zur Entwicklung einer demokratischen Haltung und zu einer Einstellung, die Sprachen ungeachtet ihres Marktwerts als gleichberechtigt sieht.

Die Arbeit an diesem Thema darf nicht zu Bloßstellungen führen. Voraussetzung ist pädagogisches Taktgefühl, ein gutes Sozialklima und eine entwickelte Gesprächskultur.

Schuljahr/Klasse:	5./6. bis 10.
Zeitbedarf:	2–3 Lektionen.
Unterrichtsbereiche:	Deutsch, Soziales Lernen/Lebenskunde.

Verlauf, Impulse für Gesprächs- und/oder Schreibanlässe

- Jede Schülerin und jeder Schüler schreibt (ohne weitere Vorbereitung) zwei Hitparaden: 1.) „Meine Lieblingssprachen" (inkl. Dialekte!), 2.) „Diese Sprachen möchte ich gerne können".
- Als Drittes kann dazu eine Rangliste kommen „Diese Sprachen/Dialekte habe ich am wenigsten gern"; dies allerdings nur, wenn es vom Sozialklima her vertretbar ist. Entschärft kann negativen Einstellungen nachgegangen werden, wenn man die betreffende Liste nur für die einheimischen Dialekte anfertigen lässt, was allerdings in Klassen mit vielen Schülerinnen und Schülern, die noch nicht lange hier leben, wenig Sinn macht.
- Gemeinsame Auswertung/Statistik.
- Gespräch über die einzelnen Rangplätze.
- Warum fehlen evtl. manche Sprachen der Klasse?
- Wieso sind Englisch- und Französischkenntnisse so wichtig?
- Wie kamen diese Sprachen historisch zu ihrem hohen Marktwert und Prestige?

■ Warum rangiert aber auch die Muttersprache sehr hoch, obwohl ihr Marktwert z. B. im Falle von Schwäbisch, Kurdisch oder Schweizerdeutsch ziemlich nahe bei null liegt?

■ Was steht eigentlich hinter „ästhetischen" Aussagen wie „Diese Sprache gefällt mir/gefällt mir nicht"? Welche Erfahrungen, Urteile oder Vorurteile prägen solche Bewertungen a) im Binnenraum unserer Sprache und ihrer Dialekte, b) international?

■ Sprachrassismus: Was bedeutet das in unserem Umfeld (Beispiele, Erfahrungen)? Was wäre dem entgegenzuhalten?

■ „Schulpolitische" Themen für die höheren Schuljahre: Wie gehen Jugendliche mit nicht deutscher Erstsprache mit der Gegebenheit um, dass in unserer Gesellschaft für jede weiterführende Karriere gute Deutschkenntnisse unerlässlich sind – obwohl die betreffenden Schülerinnen und Schüler vielleicht keine besonders gute Beziehung zu dieser Sprache haben, dafür aber eine andere Sprache zumindest mündlich fließend beherrschen? Und: Ließen sich die muttersprachlichen Kompetenzen dieser Schülerinnen und Schüler nicht besser in die Selektion einbeziehen und nutzen? Diskussion von Möglichkeiten.

Vgl. auch *UV 10* „Was kann ich wie? Genau dokumentierte Sprachkompetenzen".

Auffälligkeiten in Texten von Kindern und Jugendlichen mit nicht deutscher Erstsprache – oft spannende Inputs für Sprachbetrachtung

„Wenn gehe ich in der Schule, ich denke: Ist ein schöne Haus!". Dieser (konstruierte) Satz enthält Regelverstöße, die einem Kind mit deutscher Erstsprache kaum je unterlaufen würden. Aber gegen welche Regeln wurde eigentlich verstoßen? Und auf welchem Hintergrund kamen diese Verstöße zustande?

Typisch fremdsprachbedingte Deutsch-„Fehler" können zu sehr produktiven Lernsituationen und echten Herausforderungen im Bereich Sprachreflexion/Grammatik werden; desgleichen natürlich auch mundartbedingte Normverstöße von Kindern, die in einem deutschen Dialekt aufgewachsen sind. Voraussetzung ist, dass diese Verstöße nicht einfach still korrigiert, sondern mit der Klasse als interessantes Sprachproblem thematisiert werden. Der Verstoß gegen die Norm des Deutschen wird dann zum Anlass, über die Norm selbst, über die Regeln hinter ihr nachzudenken.

Schülerinnen und Schüler mit guten Deutschkenntnissen schärfen so ihr Sprachbewusstsein und -wissen. Sie vollziehen am konkreten Beispiel nach, mit welchen Schwierigkeiten sich ihre Deutsch lernenden Mitschülerinnen und Mitschüler auseinander setzen müssen und können ihnen besser bei deren Bewältigung helfen. Die Schülerinnen und Schüler mit nicht abgeschlossenem Deutscherwerb wiederum sehen, dass ihre Fehlleistungen oft mit Regeln und Normen zusammenhängen, über die auch die *native speakers* nicht einfach Bescheid wissen. Sie erleben, dass ihre Lernprozesse und Probleme ernst genommen und als der Betrachtung wert erachtet werden. Voraussetzung ist selbstverständlich ein Sozialklima, in dem der „Fehler" als Chance und nicht als Schande gilt.

Schuljahr/Klasse: 4./5. bis 10.
Zeitbedarf: Abhängig von der Behandlungstiefe; ab 30 Min.

Verlauf

Einstieg/Kontext

■ Ausgangspunkt ist die Beobachtung eines Normverstoßes in der Klasse oder – evtl. entlastender – in deren Umfeld. Im Gegensatz zum obigen Satz sollte es dabei nicht um ein ganzes Bündel von Verstößen gehen. Geeignete Beispiele: „Wenn ich bin fröhlich …" (Verbstellung), „Das ist ein liebe Mann." (starke/schwache Adjektivdeklination), „Auf die Straße ist …" (Verwechslung des Falls bei der Wechselpräposition „in").

Die Einstiegsbeobachtung muss so gewählt sein, dass sie auf dem Niveau der Klasse im Sinne von entdeckendem und reflexivem Lernen bearbeitbar ist. Das heißt nicht unbedingt, dass die Schülerinnen und Schüler den Befund grammatikalisch korrekt benennen und analysieren können müssen. Sie sollen aber fähig sein, die zugrunde liegenden Regeln zu erkennen, sie mit Beispielen zu veranschaulichen und sie auf eine ihrem Alter entsprechende Weise zu formulieren.

Ungeeignet als Untersuchungsbereiche sind zu komplexe oder aber zu generelle Befunde. Ein Beispiel für Letzteres wäre der Satz „Der Blume ist schön": Die falsche Artikelverwendung führt einzig zur Erkenntnis, dass es im Deutschen drei Artikel gibt, die schwierig zu lernen sind. Weitere Entdeckungen sind nicht möglich, höchstens was Lerntechnisches oder was das Artikelsystem in der Herkunftssprache des betreffenden Kindes betrifft.

Mögliche Fragestellungen für die Diskussion des „Problems" (Bearbeitung z. T. in der Großgruppe, z. T. in Partnerarbeit oder Kleingruppen, einzelne Überlegungen evtl. zunächst auch schriftlich):

- Was genau ist nicht korrekt, wie müsste es richtig heißen?
- Wo liegt da eigentlich die Schwierigkeit, was wurde verwechselt? Gäbe es Fälle, wo das, was nun als Normverstoß wirkt, richtig gewesen wäre? (Beispiel: „In der" ist falsch im Satz „Ich gehe in der Schule"; es wäre aber korrekt in einem Satz wie „In der Schule gefällt es mir").
- Beispiele zum Problembereich finden (z. B. Sätze mit „In der …"/„In die …"). Versuch, eine Regel für den richtigen Gebrauch zu formulieren.
- Wie kam dieser Normverstoß zustande? Steht vielleicht ein falscher Transfer aus der Erstsprache dahinter? (So wie z. B. bei Schweizer Schulanfängerinnen und -anfängern, wenn sie sagen „Ich sehe ein Mann, wo go posten [einkaufen] geht".)
- Wie würde der auffällige Satz in der Erstsprache des betreffenden Kinds heißen? Ergibt sich vielleicht aus der wörtlichen Übersetzung ein Hinweis? („In" wird beispielsweise in vielen Sprachen nur mit einem Fall gebildet, ungeachtet, ob es um die Bedeutung „wo" oder „wohin" geht).
- Wie könnte man das üben? Ideen für Lernhilfen und -strategien oder ein Übungsprogramm. – Natürlich kann das hier Besprochene auch auf den schulischen Fremdsprachenerwerb der Klasse selbst bezogen werden.
- Wer arbeitet mit dem betreffenden Kind daran, wie kontrollieren wir den Erfolg?

Hinweis: Ähnliche Fragestellungen wie die oben genannten ergeben sich z. T. aus den Fehlleistungen von elektronischen Übersetzungsmaschinen im Internet, dies vor allem für die schulischen Fremdsprachen. S. hierzu *UV 35* „Sprachliche Entdeckungen im Internet".

„Du nix verstehen Deutsch? – Ich dir schon lernen!" – „Gastarbeiter-" oder „Schrumpfdeutsch" und seine Regeln

Wenn Einheimische mit Fremdsprachigen sprechen, mutiert ihre Sprache bisweilen zu einem höchst seltsamen Kauderwelsch. Das so genannte „Gastarbeiterdeutsch" blüht auf Baustellen und in Fabriken. Auch im sonstigen Alltag ist es so oft zu hören, dass wir seine intuitive Kenntnis bei Schülerinnen und Schülern voraussetzen dürfen. Dazu tragen auch gewisse Ähnlichkeiten mit dem mancherorts als Gruppencode gepflegten Jugo- oder Türk-Slang bei.

Dass das „Gastarbeiterdeutsch" als gut gemeinte linguistische Schrumpfform eher die Stagnation als den Deutscherwerb der ausländischen Arbeitnehmenden fördert, ist eine Seite des Themas. Zu dieser Seite zählt auch die Frage, wie weit nicht zwangsläufig ein Nichternstnehmen mitschwingt, wenn ich mit jemandem in der Du-Form und in sprachlichen Infantilismen kommuniziere, wie ich sie mir selber vermutlich dezidiert verbitten würde (weil ich mich – eben – nicht ernst genommen bzw. diskriminiert fühlen würde).

Gastarbeiterdeutsch ist aber auch etwas sehr Spannendes. Es folgt einer eigenen Grammatik (z. B. Infinitivstil, spezifische Satzstellungen, keine Artikel) und eigenen Sprechgewohnheiten (z. B. Du-Form, Wiederholungen, oft höhere Lautstärke, Elementarwortschatz). Seine geheimen Regeln herauszufinden und zu formulieren, verlangt gründliche Reflexion. Und weil es ja um Abweichungen von den Regeln der „Normalsprache" geht, ist klar, dass auch deren Normen immer wieder zum Vergleich beigezogen und reflektiert werden müssen. So ergibt sich eine ganze Reihe von entdeckenden, experimentierenden und reflexiven Lernanlässen – an einem Gegenstand, der bei allem Ernst doch immer wieder auch viel zu lachen gibt.

Zwei Hinweise

- Die sprachliche Untersuchung setzt ein entwickeltes Gefühl für das Deutsche voraus. Manche Schülerinnen und Schüler mit nicht deutscher Erstsprache haben dies noch nicht. Die Lernteams müssen so gebildet werden, dass diese Kinder nicht unter sich bleiben.

- Das Projekt darf keinesfalls zu ungewollten Bloßstellungen führen. Darauf ist besonders zu achten, wenn das Deutsch der Eltern einzelner Schülerinnen und Schüler tatsächlich auf der Stufe des „Gastarbeiterdeutsch" fossiliert ist. Das Ziel wäre hier allenfalls, über die Hintergründe solcher Stagnationen und über ihren Zusammenhang mit dem seltsamen Input nachzudenken.

Schuljahr/Klasse:	7. bis 10., evtl. schon ab 5./6.
Zeitbedarf:	3–5 Lektionen.
Unterrichtsbereiche:	Deutsch, evtl. in Zusammenhang mit Sozialem Lernen/ Lebenskunde (Thema „Diskriminierung").

Verlauf

Einstieg

Entweder situativ oder anhand eines Zitats wie oben im Titel. Weitere Beispiele aus der Klasse sammeln oder erfinden lassen, schriftlich festhalten.

Klassengespräch zu Fragen wie:

- Wer spricht so? (Dabei geht es um die „Einheimischen" und nicht um die Fremdsprachigen, die diesen falschen Input reproduzieren.)
- Wann und mit wem sprechen die deutschsprachigen Einheimischen so?
- Warum? Weshalb sprechen sie nicht korrekt?
- Mit wem spricht man ebenfalls in sprachlichen Schrumpfformen? (z. B. mit Kleinkindern oder Tieren. Allerdings decken sich diese Varietäten nicht mit dem Gastarbeiterdeutsch; s. u. und *UV 25* „Über Sprache nachdenken und philosophieren I: Sprachbiografie, Muttersprache, Babysprache".)
- Was bewirkt die Verwendung dieser Sprachform bei den so Angesprochenen in sprachlicher Hinsicht? (Stagnation.)
- Wie kommt diese Art des Sprechens bei den so Angesprochenen an? (Evtl. auch Erfahrungen von Eltern sammeln lassen.)
- Was würde die Verwendung dieser Sprachform in anderen Situationen (im Freundeskreis, vor einer Behörde usw.) auslösen? Durch Rollenspiele veranschaulichen.

Reflexion der sprachlichen Besonderheiten, Gruppenarbeiten

Zuerst als Klassengespräch, wobei die wichtigen Punkte festgehalten werden. Dann Bearbeitung der einzelnen Punkte in sprachgemischten Gruppen. Impulse:

- Was macht eigentlich die Besonderheit dieser Sprachform aus? Was unterscheidet sie vom korrekten Deutsch? Detailbeobachtungen zu Satzbau, Wortwahl, Infinitivstil, Duzen, Lautstärke usw. (s. o.). Liste an Wandtafel oder Projektor.
- Versuche, zu einigen dieser Punkte eine Regel zu formulieren.
- Projekt: Wir machen einen Sprachführer „Schrumpfdeutsch" mit Regeln. Zu jedem unserer wichtigen Punkte gestalten wir ein Blatt mit zwei bis drei entsprechenden Beispielsätzen, darunter steht die Regel (evtl. ergänzt um die Regel zur Verwendung in korrektem Deutsch).
  Beispiel: „Du jetzt kommen! Du hier nicht spielen! Du lieb sein!" Regel: In Schrumpfdeutsch gibt es keine Befehlsform. Man macht du-Sätze mit einem Verb

in der Grundform. Das Verb steht am Schluss. Den Satz spricht man streng aus. (Im richtigen Deutsch braucht man die Befehlsform. Das Verb steht am Anfang des Satzes: „Komm jetzt! Spiel hier nicht! Sei lieb!")

- Gruppenarbeiten zu den verschiedenen, im Klassengespräch zusammengetragenen Aspekten. Auftrag: Beispiele finden, Regel formulieren, Regel an weiteren Sätzen austesten (besser: durch andere Schülerinnen und Schüler austesten lassen), evtl. Regel für das korrekte Deutsch formulieren; Blatt gestalten.

Die Präsentation der einzelnen Teile unserer „Grammatik" kann durch Rollenspiele ergänzt und aufgelockert werden.

Als spielerische Weiterführung des Projekts ließen sich „schrumpfdeutsche" Texte schreiben oder bestehende Texte umschreiben.

Eine vergleichende Paralleluntersuchung könnte den erwähnten Balkan- oder Türk-Slang betreffen oder aber das „Mutterische", d. h. jene spezielle Sprachform, in der man mit Säuglingen, kleinen Kindern und kleinen Tieren spricht. Sie unterscheidet sich vom Gastarbeiterdeutsch in verschiedener Hinsicht (Tonhöhe, Grammatik, Wortwahl usw.). Vgl. *UV 25* „Über Sprache nachdenken und philosophieren I: Sprachbiographie, Muttersprache, Babysprache".

85 Rechtschreibtraining und Wortschatzerweiterung unter Einbeziehung der Erstsprachen

Der Aufbau der Rechtschreibekompetenz erfolgt auf zwei Schienen. Die eine ist die Arbeit an den individuellen Problemen der Schülerinnen und Schüler. Die andere, um die es hier geht, meint den gemeinsamen Aufbau eines rechtschriftlichen Grundwortschatzes. Sinnvoller als das Auswendiglernenlassen vorgegebener Diktate (wenn möglich noch zu Hause, an die Eltern delegiert!) ist dabei, das Trainingsmaterial gemeinsam mit den Schülerinnen und Schülern zu erarbeiten und es dann in mehreren kurzen Sequenzen zu üben.

In diesem Sinne überlegt und wählt man beispielsweise zu Beginn der Arbeit am Sachthema „Berufe" eine oder mehrere Portionen von Wörtern, denen man bei diesem Thema immer wieder begegnen wird. Diese Wortlisten stellen dann die Basis für das Training dar. Die Schülerinnen und Schüler sind bei diesem Vorgehen aktiver einbezogen und schärfen ihr Bewusstsein für den Gebrauchswert von Wörtern.

In der mehrsprachigen Klasse erfährt dieses Vorgehen zwei kleine Zusätze. Zum einen dürfen die Schülerinnen und Schüler mit nicht deutscher Erstsprache bei der Auswahl der Wörter solche, die ihnen wichtig scheinen, die sie aber auf Deutsch nicht kennen, in ihrer Erstsprache notieren. Zum anderen muss bei allen Wörtern ein ganz besonderes Augenmerk darauf gelegt werden, dass sie von den Schülerinnen und Schülern mit nicht deutscher Erstsprache richtig, d. h. nicht nur intuitiv, verstanden werden (vgl. die Ausführungen in Kapitel 2.2.3 und zu Beginn von Kapitel 8).

Wortschatztraining, auch wenn es klar unter orthografischen Zielsetzungen erfolgt, hat in der mehrsprachigen Klasse immer auch die Zusatzbedeutung von Wortschatzarbeit und -erweiterung – und soll auch in diesem Sinne genutzt werden.

Schuljahr/Klasse: Ende 1. bis 6.
Zeitbedarf: Integriert in das normale Rechtschreibtraining, geringer Zusatzaufwand.

Verlauf

■ Einstieg, Auftrag an die Schülerinnen und Schüler: „Zum aktuellen Sachthema wollen wir 20 besonders wichtige/häufige Wörter zusammentragen. Anschließend üben wir sie während ein paar Tagen rechtschriftlich. Am Schluss gibt es eine Lernkontrolle".

Wichtig: Es sollen nicht nur Nomen, sondern auch Adjektive und Verben überlegt werden; es sollen keine seltenen oder zu fachspezifischen Wörter notiert werden (Grundwortschatzorientierung).

- Die Schülerinnen und Schüler überlegen und notieren alleine oder in Partnerarbeit wichtige Wörter zum Thema auf Zettelchen. Wer ein Wort nicht auf Deutsch weiß, schreibt es in der Erstsprache auf.

- Besprechung in der Großgruppe. Die Kinder legen ihre Zettelchen hin oder kleben sie an die Wandtafel, evtl. nach Wortarten sortiert. Genaue Verständnis- und evtl. Aussprachekontrolle; Wörter aus anderen Sprachen werden übersetzt (Wörterbuch, andere Kinder). Ähnliche Wörter werden zueinander gelegt, doppelte übereinander. Falls es zu viele Kärtchen gibt, muss überlegt werden, welche als weniger gebrauchshäufig ausgeschieden oder für eine zweite Trainingsportion verspart werden sollen. Evtl. behält sich die Lehrerin das Recht vor, einige gebrauchshäufige, aber nicht themenspezifische Wörter dazuzulegen ("sehr", "nämlich", "vielleicht").

- Abschrift der Liste, wo nötig mit der muttersprachlichen Bedeutung daneben. Partnerkorrektur; dann Beginn des Rechtschreibtrainings in verschiedenen Formen. Aus lernpsychologischen Gründen erfolgt dies verteilt auf mehrere kleine Sequenzen während einiger Tage.
Möglichkeiten für Trainingsformen: gegenseitiges Diktieren; Abschreiben der Liste nach dem ABC; sich zwei Wörter einprägen, Blatt umdrehen, aus dem Gedächtnis abschreiben; mit jedem Wort einen Satz bilden usw.

- Abschließende Lernkontrolle zur Standortbestimmung. Ist die Fehlerzahl insgesamt zu hoch, so war das Training offensichtlich ungenügend und muss fortgesetzt bzw. effizienter und intensiver gestaltet werden. Wenn nur einzelne Schülerinnen und Schüler unbefriedigende Resultate erzielen, trainieren diese, nach einem Gespräch über Ursachen und mögliche Strategien zur Verbesserung, als Gruppe weiter.

Verschiedene Kulturen kennen lernen

 ## „Sonderwochen"

Wie können wir den Schulalltag immer wieder durch etwas Besonderes auflockern, ohne den Unterricht zu beeinträchtigen – und dies erst noch in einer sehr lernwirksamen Weise? Eine mögliche Antwort sind die „Sonderwochen", wie sie in diesem Unterrichtsvorschlag beschrieben werden.

Analog zum Jahr des Kindes, dem Tag des Nichtrauchens usw. wird dabei periodisch eine Woche zur „Woche der ..." oder „Woche des ..." erklärt; dies natürlich in Absprache mit den Schülerinnen und Schülern und mit Bezug auf die Ressourcen der Klasse. Die Lehrperson hat ein Mitspracherecht bei der Themenwahl und unterstützt die zuständigen Teams.

Die Themen stammen aus den Bereichen Hobbys, Freizeit, Sonderkompetenzen und spezielles Wissen. Zu Letzterem zählt auch kulturelles und sprachliches Sonderwissen über andere Regionen und Länder, das natürlich ebenfalls thematisiert werden soll. Was so entsteht, ist das eine Mal eine Woche des Fußballs, das andere Mal eine zu Frauenberufen, dann eine zu Bosnien, eine zu Briefmarken, eine Sonderwoche Türkei, eine Woche der Hundehaltenden, eine der Rap-Fans, eine zum Bodensee, eine zum Thema Spanien und Flamenco, usw.

Zuständig ist jedesmal eine Gruppe von Schülerinnen und Schülern, die für jeden Tag der Woche kleine Präsentationen und Aktivitäten vorbereitet. Dies beansprucht nur einen Bruchteil des Unterrichts – z. B. ein- oder zweimal eine halbe Stunde täglich –, erlaubt aber doch ein vertiefteres gegenseitiges Kennenlernen. Als Klein- oder Erprobungsform sind auch „Sondertage" denkbar.

Voraussetzung dafür, dass die Schülerinnen und Schüler mit Migrationshintergrund ihr Sonderwissen zu einer anderen Sprache und Kultur ins Zentrum einer solchen Woche stellen, ist ein Klima der kulturellen Offenheit, des Vertrauens und des Dazugehörens. Wo dieses Klima fehlt, werden sie Angst und Widerstände haben, sich mit etwas zu exponieren, das sie von den andern unterscheidet. Folklorisierung, Fixierung auf einen Expertenstatus oder Zwang zum Mitmachen wären in jedem Sinne kontraproduktiv. Vgl. hierzu die Ausführungen in Kapitel 2.1 und 2.2.2.

Die Ziele solcher Wochen oder Tage betreffen den sozialen Bereich (Interesse aneinander, sich kennen lernen, zuhören, Toleranz), den personalen (etwas von sich zeigen können, Selbstdarstellung, Auftrittskompetenz, Engagement für die Klasse) und den fachlichen (Neues kennen lernen, seinen Wissenshorizont erweitern; Informationen beschaffen, verarbeiten, präsentieren). Für die Schülerinnen und Schüler mit Migrationshintergrund kommt mit der Möglichkeit, bikulturelle Identität in der Schule leben zu können und wertgeschätzt zu sehen, eine zusätzliche Komponente dazu.

Schuljahr/Klasse: 4./5. bis 10.
Zeitbedarf: Während einer Woche täglich z. B. 30 oder 2 x 30 Minuten.

Vorbereitung, weitere Hinweise

- Jede Gruppe bespricht mit der Lehrperson, welche Aktivitäten sie sich vorstellt, wie diese zeitlich zu verteilen sind und ob sie spezielle Bedürfnisse hat (Video, Kopien usw.). Die organisatorischen und planerischen Überlegungen, die hier zu leisten sind, gehören zum Lernpotenzial des Projekts und sollen den Schülerinnen und Schülern nicht abgenommen werden.

- Zur Entlastung kann mit der Klasse eine Liste möglicher Aktivitäten besprochen werden, die sich für den jeweils vorgesehenen Zeitrahmen eignen (Ideen s. u.). Die einzelnen Gruppen können auf diese Liste zurückgreifen, wenn sie keine anderen Ideen haben.

- Die Gruppen werden ermuntert, sich für die Vorbereitung an „Fachleute" zu wenden, die ihnen Tipps, Unterlagen oder Medien (Videos usw.) für die Planung geben können. (Für Länderpräsentationen: Lehrkräfte des herkunftssprachlichen Unterrichts, Reisebüros, Konsulate). Wertvolle Dienste kann auch das Internet leisten. Die Recherchen in den herkunftssprachlichen Websites stärken zugleich die Kompetenz im Handling des Internets wie auch jene in der Erstsprache.

- Wenn Gruppen personell zu klein oder sonst zu stark gefordert sind, als dass sie ein ganzes „Wochenprogramm" planen könnten, beschränkt man sich entweder auf bloß einen bis zwei Tage oder man diskutiert mögliche Zusammenschlüsse (ein Kind mit Beziehungen (Wurzeln, Ferienerlebnisse) zum Mittelmeer und zwei mit Beziehungen zur Nordsee oder zum Bodensee könnten z. B. eine Gruppe „Leben am Meer/am Wasser" bilden; dasselbe gilt für alpine, urbane u. a. Gegenden).

- Manche Themen der „Sonderwoche" lassen sich gut auch im regulären Unterricht dieser Woche aufgreifen. Solche Bezüge unterstreichen die Kooperation Lehrperson – Schülerinnen und Schüler und werten die Arbeit des Vorbereitungsteams auf.

Mögliche Elemente für die Präsentationssequenzen (in Klammern jeweils bezogen auf Gestaltung durch eine herkunftsspezifische Gruppe):

- Sachinformationen zum Thema der Sonderwoche (zum Land oder zur Region; Visualisierung mit Bildern und Landkarte; zum Herkunftsort der Eltern oder Großeltern; zur Sprache, Kostproben vorlesen oder Dialog spielen; zur Geschichte, zum Schulwesen, zu aktuellen Problemen, zu den Migrantinnen und Migranten dieses Landes bei uns usw.).
- Stellwand oder Ausstellung an Wandfläche mit Bildern, Texten, Objekten.
- Videovorführung (über das Land, zur dortigen Pop- oder Volksmusik usw.).
- Einbeziehung von Fachleuten, die für eine halbe Stunde kommen (Eltern, Lehrkräfte des herkunftssprachlichen Unterrichts, ältere Geschwister).
- Mini-Sprachkurs (siehe *UV 28*).
- Einführung eines oder zweier Lieder oder Tänze.
- Eine typische Tätigkeit erklären, evtl. lehren.
- Eine Bastelarbeit mit Bezug zum Thema/Land.
- Essen, Kochen.
- Einführung eines Spiels im Sport- und Bewegungsunterricht.
- Einschlägige Homepages und Links im Internet.
- Ein Überraschungsangebot.
- Ein Quiz o. ä. als „Schlusstest".

Kleine Ausstellungen mit Bildern, Objekten, Texten

In jedem Klassenzimmer oder Schulflur lässt sich Raum für kleine Ausstellungen schaffen. Die erforderliche Vitrine, Wandfläche oder ein verfügbares Regal im Büchergestell ist meist schon vorhanden. Oftmals ist sie in ziemlich zufälliger Weise vollgestellt mit Bastelarbeiten, Karten und bisweilen kuriosen Mitbringseln aus den Ferien.

Nutzen wir diesen Raum für Begegnungen, Gespräche und zum besseren gegenseitigen Kennenlernen! Mit der Abmachung, dass er von verschiedenen Schülerinnen- und Schülergruppen im Turnus gestaltet wird, geschieht dies in ausgesprochen unaufwändiger Weise und fern von Verschulung. Voraussetzung ist einzig, dass die Lehrperson das Begegnungspotenzial dieser Ausstellungsflächen erkennt und sachte steuert. Einige Hinweise und Verabredungen genügen dazu; die einzige Zutat ist vielleicht ein Zeitplan, der daran erinnert, wer wann an der Reihe ist.

Wenn vom Kindergarten an bewusst auch das in die Ausstellungen einbezogen wird, was die Kinder mit Migrationshintergrund an Eigenem und Besonderem beitragen können – Bilder, Andenken, Objekte von zu Hause –, trägt dies zur selbstverständlichen Präsenz und Achtung der verschiedenen Kulturen in der Gestaltung des Lebensraums Schule bei. Und es führt, am Rande des eigentlichen Schulbetriebs, zu Kontakten und Fragen über die Sprachen und Kulturen hinweg.

Schuljahr/Klasse: Kindergarten bis 6.
Zeitbedarf: Ca. $\frac{1}{2}$ Stunde zum Anschauen, Erläutern und Besprechen. Vorbereitung und weiteres Anschauen außerhalb der Unterrichtszeit.

Hinweise

- Möglichst oft sollen Objekte beschriftet oder um eine schriftliche Erklärung ergänzt werden. Dies führt zu Leseanlässen und Sprachbegegnungen am Rande des Unterrichts. In diesem Sinne sollen unbedingt auch die Herkunftssprachen verwendet werden und präsent sein (zweisprachige Beschriftungen; wichtige Begriffe in der Herkunftssprache usw.).
- Jede neue Ausstellung soll zum Anlass einer kurzen Präsentation („Vernissage") werden, bei der auch Fragen gestellt werden können. Dadurch ergeben sich

Gesprächs- und Begegnungsanlässe. Zudem rückt die Ausstellung auch mit Hinblick auf die nachfolgenden informellen Betrachtungen besser ins Zentrum der Aufmerksamkeit.

Themenvorschläge

Teams gestalten wechselnde Ausstellungen zu verschiedenen Themen oder Mottos, z. B.:

- Andenken aus den Ferien. Gemischte Ausstellung von allen Kindern; dabei ergeben sich viele Berührungspunkte und Gesprächsanlässe.
- Variante: Nur die Kinder einer bestimmten „Destination" stellen aus, Titel z. B. „Ferienandenken aus der Türkei". Im Falle der Tourismusländer kann dies zu gemischten Ausstellungsteams führen (Kinder, die ursprünglich aus dem Land selbst stammen und solche, die dort in den Ferien waren).
- Alte Sachen/Sachen von meinen Großeltern. Entstehen können eine gemischte Ausstellung von allen Kindern oder aber verschiedene Ausstellungen zu Teilthemen (z. B. länderspezifisch „Alte Sachen aus Italien" oder nach Themen, z. B. Handwerkszeug, Haushaltgeräte).
- Bilder, Bücher, Objekte, Münzen, Briefmarken usw. aus den verschiedenen Herkunftsregionen und -ländern.
- Objekte aus der Küche.
- Comics oder Bilderbücher in verschiedenen Sprachen.
- Wir stellen unser Land oder eine Region desselben vor (Texte, Karten, Fahne, Prospekte usw.; sowohl auf verschiedene Herkunftsländer und -regionen wie auch auf Deutschland, Österreich oder die Schweiz beziehbar).
- Ausstellungen zu Hobbys (Tiere, Fußball, Musikgruppen).

Andere Gruppierungen

- Jedes Kind gestaltet im Turnus eine kleine Ausstellung mit Dingen, die ihm lieb sind:
  - Meine Lieblingssachen.
  - Eine Ausstellung zu meinem Land, zu meinem Dorf.
  - Eine Ausstellung zu meinem Hobby.
- Klassenübergreifende Ausstellungen im Flur bzw. Korridor: Themen wie oben.

88 Aktualitätenwand

Was gibt es Neues in der Welt? Die Aktualitätenwand im Klassenzimmer oder im Schulflur informiert uns mit Artikeln aus der Zeitung oder aus dem Internet über Probleme bei der Olivenernte in Spanien, über eine Fußballsensation in Italien oder über eine archäologische Überraschung in Makedonien. Sie zeigt uns tagespolitische Karikaturen aus der Türkei und eine Bildreportage zu Burgen in Kroatien – und wird damit zu einem „internationalen" Ort der Begegnung im Klassenzimmer oder in der Schule. Schülerinnen und Schüler der verschiedenen Gruppen finden ihre Sprachen wieder, zugleich ist ihre Neugierde geweckt, was in den anderen Sprachen zu finden ist, was sonst auf der Welt läuft.

Dass sich nicht jeder Artikel eignet, ist klar. Der Zugang muss erleichtert werden, z. B. durch stark bildorientierte Texte oder durch eine kurze Zusammenfassung auf Deutsch. Und im Falle von Kriegen oder Krisen zwischen Herkunftsländern der Schülerinnen und Schüler muss ein Kodex abgemacht werden, damit die Wand nicht unversehens zum Forum für Polemiken wird.

Denken wir uns noch Artikel aus der hiesigen Presse und solche in den schulischen Fremdsprachen dazu, so ist klar, was die Aktualitätenwand leistet – auch als für die oberen Schuljahre passende Weiterführung der „Kleinen Ausstellungen" (siehe *UV 87*): Leseanimation (auch in den Herkunftssprachen!), Sprach- und Kulturbegegnung, interkulturelle Öffnung und Integration auch in den peripheren Bereichen des eigentlichen Unterrichts.

Selbstverständlich kann die Wand auch immer wieder Impulse für den Unterricht liefern. Sie steht in einer produktiven Wechselbeziehung zu *UV 61* „Sich mehrsprachig informieren: Aktualitäten mehrperspektivisch", bei dem es um das fokussierte Zusammentragen und Vergleichen von Beiträgen zum selben Thema geht.

Schuljahr/Klasse:	6. bis 10.
Zeitbedarf:	Initialphase ca. 2 Lektionen, nachher punktuelle Bezüge.
Unterrichtsbereiche:	Deutsch, Medienerziehung bzw. -bildung, Zeitgeschichte.
Vorbereitung:	Bereitstellen einer Wandfläche. Zeitungsartikel bringen die Schülerinnen und Schüler von zu Hause mit.

Verlauf, Hinweise zur Initialphase

Durchführungsrahmen
Das Projekt eignet sich sehr gut zur klassenübergreifenden Durchführung, wobei die Wand z. B. in einem Schulflur gestaltet wird. Dabei übernimmt mit Vorteil eine Lehrperson die Hauptzuständigkeit, z. B. für die Einhaltung eventueller Abmachungen (s. u.) und dafür, dass die Wand à jour gehalten wird und/oder sich nicht in eine ungewollte Richtung entwickelt.

Gestaltung der Wand
Eine große Wand kann in spezifische Bereiche aufgeteilt werden; entweder nach Sprachen oder aber nach Themen, in der Art einer Wandzeitung. Wird das Projekt nur in einer Klasse und mit wenig verfügbarem Platz durchgeführt, kann auf eine Einteilung auch verzichtet werden.

Vereinbarungen
Eine Reihe von Absprachen muss in der Initialphase getroffen werden, damit das Projekt nachher weitgehend selbstständig weiterläuft. Ein Teil dieser Vereinbarungen soll festgehalten und (evtl. mehrsprachig) neben der Aktualitätenwand aufgehängt werden, in der Art eines Ehrenkodex.
- Aufhängen von Artikeln aus der Presse/aus dem Internet: Zu regeln ist, ob die Schülerinnen und Schüler selbstständig Beiträge aufhängen oder ob die Lehrperson zuerst konsultiert werden muss. Letzteres ist vielleicht am Anfang nicht schlecht; nicht im zensierenden, sondern im beratenden Sinne mit Hinblick auf die Eignung (s. u.).
- Eignung: Längere, bildlose Artikel sind bestenfalls auf Deutsch zumutbar. Bei Artikeln in anderen Sprachen gibt es verschiedene Arten, Zugänglichkeit und Interesse zu steuern: Bildorientiertheit, Kürze, deutsche Erklärung oder Paraphrase.

- Deutsche Zusammenfassung: Optimal (auch im Sinne der Deutschförderung) wäre, wenn zu jedem fremdsprachigen Artikel eine kurze Inhaltsangabe auf Deutsch erfolgen würde. Schülerinnen und Schüler, die damit überfordert oder demotiviert wären, müssen unterstützt werden; z. B. indem man „Patenschaften" mit deutschstarken Schülerinnen und Schülern vereinbart.

- Inhalt der Artikel, „Ehrenkodex": Polemische Artikel, vor allem wenn sie sich gegen eine andere in der Schule vertretene Gruppe richten, werden vermieden; ebenso rassistische oder sexistische. Der Umgang mit akuten Konfliktsituationen, welche anwesende Migrationsgruppen betreffen (z. B. die kurdische und die türkische), soll mit den Schülerinnen und Schülern besprochen werden. Entweder wird das Thema von der Aktualitätenwand ausgeklammert oder aber in einer genau vereinbarten, ausgewogenen Weise aufgenommen.

- Einheimische Presse und schulische Fremdsprachen: Für Artikel aus der hiesigen Presse sind alle Schülerinnen und Schüler, vor allem aber die hier deutschsprachig Aufgewachsenen, zuständig. Auch die schulischen Fremdsprachen Englisch, Französisch, evtl. weitere, sollen vertreten sein. Falls sich keine Schülerinnen und Schüler dieser Sprachgruppen finden, übernehmen einige Kinder die Verantwortung hierfür. In der Schweiz ist für Französisch und Italienisch die Textbeschaffung mit den Gratiszeitungen von Migros und Coop problemlos, da sie auch in diesen Sprachen bezogen werden können. Für Englisch hilft möglicherweise ein Elternteil.

- Weitere Gestaltungselemente: Bei genügend Wandfläche ist denkbar, auch Postkarten, Fotos usw. zu integrieren.

Startphase und Fortführung

Der Start wird, im Anschluss an die Vorbesprechung, gemeinsam gemacht. Auf einen bestimmten Termin hin bringen die Schülerinnen und Schüler Artikel mit, die sie für geeignet halten. Sie werden in der Gruppe vorgestellt und kommentiert. Dadurch wird erstens das Interesse geweckt und zweitens kann hier die Eignungsfrage anhand konkreter Beispiele nochmals aufgegriffen werden.

In der Folgezeit „läuft" die Aktualitätenwand selbstständig am Rande des Unterrichts weiter. Auch die Lehrperson partizipiert an ihr und bekundet ihr Interesse an den Beiträgen. Dass ab und zu etwas im Unterricht aufgegriffen wird, liegt nahe; vgl. die oben ausgeführten Bezüge zu *UV 61* „Sich mehrsprachig informieren II: Aktualitäten mehrperspektivisch".

Feste, Feiertage und Bräuche aus verschiedenen Kulturen

In der mehrsprachigen Klasse gibt es mehr zu feiern als Ostern und Weihnachten. Zumal Weihnachten auch nicht immer an Weihnachten ist, sondern durchaus auch noch einmal am 6. Januar – falls wir ein serbisch-orthodoxes Kind in der Klasse haben! Der große und der kleine Bajram, das tamilisch-hinduistische Lichterfest oder das tamilische Neujahr im April – alle diese Feste sind für die Schülerinnen und Schüler der betreffenden Religionen ebenso wichtig wie die großen christlichen oder jüdischen Feiertage der schon lange hier ansässigen Kinder.

Dass diese Höhepunkte im Jahreslauf der Religionen nicht aus dem Schulzimmer ausgeklammert bleiben, versteht sich. Indem wir sie einbeziehen und zum Thema machen, fördern wir gegenseitiges Interesse, gemeinsame Freude und interreligiöse Bildung.

Schuljahr/Klasse:	Kindergarten bis 10.
Zeitbedarf:	Ca. 1 Lektion pro Anlass.
Unterrichtsbereiche:	Religion, Soziales Lernen/Lebenskunde.
Vorbereitung:	In Absprache mit den betreffenden Schülerinnen und Schülern oder mit Erwachsenen der betreffenden Religionsgemeinschaft.

Hinweise, Impulse

■ „Minimal Standard": Anlage eines großen, schön gestalteten Festkalenders, der im Schulzimmer aufgehängt wird. Er enthält die religiösen und weltlichen Feiertage, die die Kinder zu Hause feiern. Mindestens in den ersten Schuljahren ist dazu die Mithilfe von Eltern oder Lehrpersonen des herkunftssprachlichen Unterrichts nötig. Nützlich sind die interkulturellen Festkalender, wie sie von einigen Institutionen herausgegeben werden oder sich am Internet finden lassen (s. u.). Selbstverständlich enthält der Kalender auch die individuellen Feiertage, nämlich die Geburts- und evtl. Namenstage (Letztere sind z. B. im slawischen Raum wichtiger als der Geburtstag).
■ Die Anlage des Kalenders bietet einen guten Anlass zum Vergleich der Monatsnamen und ihrer Bedeutung (soweit eruierbar) in den verschiedenen Sprachen (vgl. hierzu auch JACOBI-KUHLE 1997:28ff). Thema einer weiteren kleinen Untersuchung kann sein, wie die Wochentage in den verschiedenen Sprachen heißen und was ihre Namen bedeuten.

- Was die einzelnen Feste bedeuten und wie sie gefeiert werden, erklären die Schülerinnen und Schüler der betreffenden Gruppe den anderen jeweils vor, spätestens am Festtag. Dazu gehören die Aspekte Brauchtum, typische Festspeisen, Lieder, Geschenke, Tänze, evtl. aber auch Vorbereitungs- und Familienstress.

  Vielleicht ergibt sich für die Klasse die Gelegenheit, ein zum Fest passendes Lied oder einen Brauch im Umfeld des Festes (z. B. Kochen oder Essen einer bestimmten Speise) kennen zu lernen und mit zu vollziehen.

- Wichtig ist, auch die Vielfalt innerhalb der christlichen Bekenntnisse zur Geltung kommen zu lassen und zu vergleichen. Ostern wird in Griechenland anders gefeiert als in Kroatien oder in Deutschland; Weihnachten bei uns ist, von Brauchtum, Liedern, Speisen her, nicht gleich Weihnachten auf dem Balkan oder in Portugal.

- Auch innerhalb der einheimischen Bevölkerung gibt es nicht nur eine breite Vielfalt in der Art, ein bestimmtes Fest zu feiern, sondern auch konfessionsspezifische Anlässe wie etwa die Erstkommunion, von denen die Angehörigen der jeweils anderen Konfession oft wenig wissen.

- Zum Inhalt eines eigenen Projekts – ab 5./6. Schuljahr – kann es werden, der Bedeutung der einzelnen Feste (z. B. religiöser oder nationaler Hintergrund) und der Art, sie zu feiern, vertieft nachzugehen. Den Kontext dazu bildet beispielsweise ein größeres Projekt zu verschiedenen Religionen und Konfessionen.

  Als Produkte dieser Auseinandersetzung mit einem Stück der eigenen Kultur entstehen Texte rund um den Festkalender oder kurze Vorträge. Die Zusammenarbeit mit den Lehrkräften des herkunftssprachlichen Unterrichts als wichtigen Informationsquellen liegt bei diesem Projekt besonders auf der Hand.

  Speziell eindrücklich und authentisch ist natürlich, wenn ein Geistlicher aus einer der anderen Religionsgemeinschaften für einen Besuch in der Schule zu gewinnen ist.

Literatur und Links (vollständige Angaben siehe Bibliografie): G. WAGEMANN: Feste der Religionen – Begegnung der Kulturen; H. BERGER: Von Ramadan bis Aschermittwoch. Religionen im interkulturellen Unterricht; R. KIRSTEN: Die Feste der Religionen; M. ULICH: Der Fuchs geht um …, Kapitel „Feste und Feiern" (Daten, Lieder, Texte, Rezepte usw.); Autorenteam: Religionen und ihre Feste. Ein Leitfaden durch das interkulturelle Schuljahr; Interreligiöses Forum Hamburg: Alles hat seine Zeit – Feste und Gedenktage der Religionen; Feste der Völker: Kalendarium (VAS-Verlag, Frankfurt). – Ein „interkultureller Kalender" liegt jeweils auch dem Berliner „Schilfblatt" bei. Von den diversen Links im Internet erwähnen wir besonders: www.feste-der-religionen.de/Kalender sowie www.raa.de/kalender/kalmain.html.

Theaterspielen – unter Einbeziehung der anderen Traditionen und Kulturen

Szenisches Spiel kommt vom Kindergarten bis zum 10. Schuljahr (und darüber hinaus) in verschiedenen Formen vor: Vom kleinen, improvisierten Rollenspiel, mit dem eine Textsequenz oder ein Problem veranschaulicht wird, bis zur großen Schultheateraufführung mit Musik und Gästen. Dazwischen stehen Formen wie Puppen-, Schatten-, Kasperletheater, Dramatisierung von Texten, größere Rollenspiele.

Gemeinsam ist ihnen allen, dass sie die Kompetenz im mündlichen Ausdruck und in der Selbstdarstellung wie auch die Kreativität schulen. Erweiterte Ziele kommen beim sozialen Rollenspiel dazu, z. B. Einfühlungsvermögen, Erproben alternativer Verhaltensweisen und bewusster Umgang mit Konflikten.

Die verschiedenen Formen von Theater sollen bewusst auch als Raum verstanden werden, in dem Eigenes und Besonderes aus den verschiedenen Sprachen und Kulturen zur Geltung kommen kann. Dies bedeutet dreierlei:
a) Das Aufgreifen von Theatertraditionen und -figuren aus anderen Kulturen (z. B. das türkische Schattentheater mit der populären Figur Karagöz, vgl. den griechischen Karaghiozis). Vgl. hierzu auch *UV 56* „Märchen, Fabeln, Lieder transkulturell".
b) Einbeziehung der verschiedenen Sprachen und Dialekte in Rollenspiele und kleine Theaterformen, wie sie auch sonst durchgeführt werden.
c) Rollenspiele und kleine szenische Darbietungen, in denen die verschiedenen Sprachen und Kulturen speziell im Zentrum stehen. Dabei kann der Fokus mehr auf Präsentation und Sprachbegegnung liegen oder aber auf Kommunikation und Verständigungsproblemen.

Schuljahr/Klasse: Kindergarten bis 10.
Zeitbedarf: Von 20 Min. bis zu mehreren Lektionen; je nach Projektanlage.
Vorbereitung: Je nach Vorhaben.

Hinweise

Zu a) Aufgreifen von Theatertraditionen und -figuren aus anderen Kulturen
■ Die Schülerinnen und Schüler werden gefragt, ob sie von ihrem Herkunftsland, evtl. auch vom nationalen Fernsehen, spezielle Spieltraditionen kennen und uns darüber berichten könnten. Für genaue Information und für die Umsetzung ist die

Hilfe von Lehrkräften des herkunftssprachlichen Unterrichts, Eltern, dem Internet oder von Literatur (s.u.) wichtig und wertvoll.

- Je nach Voraussetzungen, Informationen und Motivation wird die entsprechende Tradition bloß vorgeführt oder aber anschließend selber aktiv umgesetzt. Am Beispiel der indonesischen Stabpuppen kann das heißen, dass man eine entsprechende Aufführung oder einen Videofilm ansieht und es dabei bewenden lässt oder aber dass man selbst solche Puppen herzustellen versucht und ein Stück – wenn möglich ein originales – damit aufführt.

- Literatur: M. ULICH: „Der Fuchs geht um ... auch anderswo" enthält einige zweisprachige Theaterstücke sowie weiterführende Anregungen und Literaturangaben. Zwei Karagöz-Stücke finden sich bei GRABMÜLLER, 6. Jahresstufe, Band 1:106ff.

Zu b) Einbeziehung der verschiedenen Sprachen und Dialekte in Rollenspiele und kleine Theaterformen, wie sie auch sonst durchgeführt werden

- Bei diversen „konventionellen" Rollenspielen oder kleinen szenischen Improvisationen lassen sich die verschiedenen Erstsprachen und Dialekte problemlos einbauen. Die Anlässe sind die auch sonst üblichen: Dramatisierungen einer Textsequenz zur Vertiefung oder Auflockerung; soziale Rollenspiele in Zusammenhang mit Konflikten usw.

- Statt nur auf Deutsch, spielen einige Gruppen die Sequenz in ihrer Sprache. Selbstdarstellungs- und Auftrittskompetenz werden dadurch gleichwertig geschult. Für die deutsche Sprache fällt im eigentlichen Spiel zunächst nichts ab; wenn die Gruppe ihren „Text" anschließend auf Deutsch paraphrasieren muss, ist dieses „Defizit" indes zu einem guten Teil kompensiert.

- Für die zuschauenden Kinder ergeben sich authentische und oft auch lustige Begegnungen, wenn sie eine vertraute Szene plötzlich in einer anderen Sprache hören. Bewusstsein und Lernpotenzial werden gesteigert, wenn die Zuschauenden gezielte Beobachtungsaufträge erhalten, z. B. „Was verändert sich an der Szene oder an ihrer Stimmung, wenn wir sie auf Türkisch anhören?".

- Viele Anlässe finden sich in den Lehrmitteln, weitere ergeben sich aus dem Sozialleben der Klasse. Vgl. auch die Ideen bei *UV 17* (Integration in Projektwochen), *UV 32* (Rollenspiele in Zusammenhang mit einem Sprachführer), *UV 77* (Szenen zu typischen Gesten) und *UV 96* (Schulszenen).

- Auch in großen Projekten (Schultheater, Musical) brauchen die nicht deutschen Sprachen nicht ausgeklammert zu werden. Bei selbst verfassten Drehbüchern lassen sich entsprechende Szenen einbauen (mehrsprachige Straßenszenen im Hintergrund, ein witziges Verständigungsproblem usw.), und bei vorgegebenen Szenarien kann oft etwas in diesem Sinne umgeschrieben werden (ein kleiner Chor im Musical singt auf albanisch, eine Nebenrolle spricht türkisch oder russisch).

Zu c) Rollenspiele usw., in denen die verschiedenen Sprachen/Dialekte im Zentrum stehen

■ Hierbei kann es entweder darum gehen, dass eine Gruppe in einer Spielszene sich und ihre Sprache vorstellt, oder aber das Thema ist Verständigung im mehrsprachigen Umfeld.

■ Präsentationen einer nichtdeutschen Sprache oder eines einheimischen Dialekts schaffen gute Anlässe, der betreffenden Sprache in einem lebendigen, wenn möglich lustigen Kontext zu begegnen. Dazu können beispielsweise witzige Streitdialoge, Markt-, Familien-, Küchen- oder Ladenszenen vorgespielt werden, die zugleich einen Einblick in das Leben der betreffenden Kultur geben. Um dies zu unterstützen, können auch originale Requisiten eingesetzt werden. Denkbar ist auch, dass dasselbe Thema (z. B. Lebensmittel einkaufen) quer durch alle Sprachen gespielt wird. Die anschließende Diskussion bezieht sich dann nicht nur auf Spiel und Sprache, sondern auch auf die kulturellen Hintergründe.

■ Die Zuschauenden erhalten, damit der Anlass nicht zum Konsum-Spektakel verkommt, Beobachtungsaufträge. Sie beziehen sich auf das Spiel selbst (Qualität, Authentizität, akustische Verständlichkeit, Ausdruck usw.) und auf die Sprache, die hier vertieft, bzw. „in action" erlebt wurde. Beispiele: Wie klingt die Sprache für uns? Woran erinnert sie uns? Erkannten wir bekannte Wörter? Wie ist das Sprechtempo und die Melodie? – Die Kriterien für die Beurteilung der Darbietung werden selbstverständlich vorher bekannt gegeben.

■ Zum Thema von Rollenspielen können auch Verständigungsprobleme werden, wie sie sich im sprachlich fremden Umfeld stellen. Das Ziel ist dabei, durch eigenes Erleben Empathie und Verständnis zu fördern. Ideen hierfür bietet *UV 24* „Sprachbarrieren und -strategien im Rollenspiel bewusst machen".

■ Mehr auf Spaß und Ulk hin angelegt sind Szenen, in denen bewusst mit den verschiedenen Sprachen gespielt wird, um allerlei komische Missverständnisse zu provozieren (Vorgabe z. B. „Auf dem Bahnhof"). Sie stellen eine spielerische Weiterführung des in *UV 14* beschriebenen „Sprachenchaos" dar.

Hinweis: Zur dramapädagogischen Arbeit, die in mancher Hinsicht eine Fort- und Weiterführung der Arbeit mit Rollenspielen bedeutet, vgl. TSELIKAS (1999) „Dramapädagogik im Sprachunterricht". Das Buch bezieht sich auf mehrsprachige Lerngruppen von Jugendlichen und Erwachsenen; viele Anregungen lassen sich aber auch auf die Primarschule transponieren.

Interkulturelle Aspekte in fächerübergreifenden Themen und in verschiedenen Unterrichtsbereichen: Beispiele

Wohnen, Häuser, Hausbau

Das Thema „Wohnen" zählt zu den Klassikern und ist auch in Schulbüchern gut vertreten. Es betrifft einen existenziellen und kulturübergreifenden Lebensbereich. Gewohnt wird überall – nur nicht überall gleich. Eine interkulturelle Behandlung und die Einbeziehung des Wissens der Schülerinnen und Schüler mit Migrationshintergrund drängt sich insofern fast auf.

Etwas darf allerdings nicht vergessen werden: Wohnen in der Migration ist selten gleich Wohnen im Herkunftsland. Die Grenzen des unmittelbaren Expertenwissens zum Letzteren sind bei hier aufgewachsenen Schülerinnen und Schülern möglicherweise bald erreicht. Diesbezüglich falsche Rollenerwartungen führen leicht zu Bloßstellungen. Umso wertvoller sind indes die spezifischen Möglichkeiten dieser Kinder, mittelbar – über Eltern, Großeltern, Verwandte – authentische Informationen aus verschiedenen Kulturen einzuholen (vgl. Kapitel 5.6).

Die folgenden Hinweise zeigen Anknüpfungspunkte und bieten Bausteine zur interkulturellen Planung des Themas „Wohnen, Häuser, Hausbau". Die eigentliche Planung und Schwerpunktsetzung muss sich selbstverständlich am Alter und den Voraussetzungen der Klasse orientieren. Das Thema eignet sich gut für eine klassenübergreifende Durchführung, sei es innerhalb der Schule, sei es mit einer „elektronischen" Partnerklasse (vgl. *UV 47*).

Schuljahr/Klasse:	2. bis 10.
Zeitbedarf:	Variabel; als Projekt in der Regel 2–3 Wochen.
Unterrichtsbereiche:	Sachkunde/Geografie, Soziales Lernen/Lebenskunde, Kunst/Gestalten.

Bausteine, interkulturelle Aspekte

- Typische Hausformen. Sammlung und Diskussion von Bildern aus städtischen und ländlichen Siedlungsgebieten der verschiedenen Herkunftsregionen, evtl. Videos. Falls die Schülerinnen und Schüler keine eigenen Bilder haben, finden sich zur Not auch welche in Reiseführern oder -prospekten oder im Internet.

- Visualisierung auf der Landkarte. Die Bilder werden rund um eine Landkarte (Deutschland/Schweiz/Österreich, Europa, evtl. Weltkarte) aufgehängt. Von jedem Bild führt ein Wollfaden zum Standort des Hauses, der mit einem Stecknadelfähnchen auf der Karte markiert ist.

- Zusammenhang Haustypen – klimatische Gegebenheiten (in alpinen Regionen findet man überall dicke Mauern und kleine Fenster; in ärmeren Regionen meist kleine Häuser usw.).

- Zusammenhang zwischen dem Umfeld und den Ressourcen einerseits und den Materialien, aus denen Häuser gebaut werden, andrerseits. (In waldreichen Gebieten herrschen Holzhäuser vor, in holzarmen Gegenden Steinhäuser; heute ist diese Trennung durch Beton und Fertigelemente allerdings aufgeweicht.) Die Bilder aus den verschiedenen Gegenden werden unter diesem Aspekt betrachtet. Dies ist auch insofern ergiebig, als es auch bei uns eine ganze Palette von verschiedenen Haustypen gibt, von denen aus sich Bezüge und Vergleiche zu unterschiedlichen Haustypen und Ressourcen-Situationen im Ausland herstellen lassen.

- Kunst/Gestalten: Modelle (oder Schaubilder) herstellen. Beispiele: „Typische" Hausform aus dem Herkunftsland. – Typisches Zimmer (beispielsweise die Küche der Großmutter). – Modell der gegenwärtigen Wohnung oder eines Zimmers derselben. Die Modelle werden auch in der Erstsprache beschriftet.

- Liste mit den Namen der Zimmer in verschiedenen Sprachen. Interessant für Sprachbetrachtung und -vergleich ist dabei u.a. die Bildung der zusammengesetzten Wörter für Wohn-, Schlaf-, Esszimmer (Wie werden die Komposita gebildet? Was bedeutet die wörtliche Übersetzung?) und das Vorkommen von Lehnwörtern wie „Salon".

- Zehn wichtige Hauswörter (Haus, Dach, Fenster, wohnen usw.) werden in allen Sprachen der Klasse gesammelt und aufgeschrieben; dies entweder auf Poster (Beschriftungen rund um ein Haus, jede Sprache erhält eine Farbe zugeordnet) oder als Tabelle. Aussprache lernen; Sprachvergleich; evtl. ein Wort (z. B. „Haus") in allen Sprachen lernen.

- Wohnen bei uns und anderswo. Wohnen heute und früher: Berichte aus den verschiedenen Kulturen. Fragestellungen: „Wie leben die Großeltern oder andere Verwandte?" – „In welchen Wohnverhältnissen wuchsen die Großeltern auf?". Neben Gesprächsrunden ergeben sich hier diverse Schreibanlässe. Beispiele: Illustrierte Berichte. – Textsammlung „So wohnte meine Großmutter als Kind". – „Führung durch unser Haus/unsere Wohnung in ...". – „Ein Tag im Leben eines Hauses in ...". – „Das Haus meiner Großeltern erzählt".

- Fragen zu Anzahl, Zuteilung und Nutzung der verschiedenen Räume in einem „typischen" Haus bzw. einer typischen Wohnung in den verschiedenen Herkunftsregionen. Beispiele: Stellenwert und Nutzung der Küche. – Gibt es spezielle

Kinderzimmer? – Wo schlafen und spielen die Kinder? – Dieselbe Frage kann bezogen auf die gegenwärtige Wohnung beantwortet werden.

- Hausbau und -besitz bei uns und anderswo: Wer kann sich ein Haus leisten? – Wer mietet eher? – Preis eines Hauses? – Wie und von wem wird ein Haus gebaut (Baufirma, weitgehend selbst)? – Wieso sind bei uns die Hauspreise und Mieten so hoch?
- Interviews zu verschiedenen Aspekten des Wohnens und Haushaltens (hier und anderswo, heute und früher). Die Fragen werden gründlich vorbereitet, evtl. in Form eines Fragebogens. Die Ergebnisse werden gemeinsam diskutiert und ausgewertet, z. T. vielleicht in statistischer Form.
  Besonders authentische Situationen ergeben sich natürlich, wenn Eltern- oder Großeltern in die Schule kommen und der Klasse ihre Fragen beantworten bzw. etwas vom Wohnen früher oder anderswo berichten.
- Wie erlebten zugezogene Kinder und deren Eltern die Umstellung in der Wohnform (z. B. vom eigenen Bauernhaus in die Blockwohnung)? Wie erleben sie den Wechsel, wenn sie in den Ferien in ihr Herkunftsland reisen? Vor- und Nachteile.
- Schreib- und Zeichenanlässe zum Diskutieren und Vergleichen: Mein Traumhaus. – Wo und wie ich (und meine Familie) in 20 Jahren lebe. – Hausordnungen, reale und erträumte (dieses Thema ist dankbar auch mit Hinblick auf verschiedene Arten der Befehlsform). Vgl. auch die Themenvorschläge oben beim Stichwort „Wohnen bei uns und anderswo".
- Zum Aspekt integrierte Sprachförderung, am Beispiel Ortspräpositionen. Aufgabe zum Thema „Eine Wohnung einrichten": Die Schülerinnen und Schüler erhalten einen Grundriss und ein Ausschneideblatt mit Möbeln, die angeschrieben sind (mit Artikel, z. B. „der Lehnstuhl"). In sprachgemischten Partnergruppen (ein deutschstärkeres und ein -schwächeres Kind) richten sie die Wohnung ein. Dabei sind sie angehalten, ihr Tun immer gleich zu kommentieren („Ich will die Lampe lieber links vom Sofa aufstellen"). Mit diesem hohen Grad von Verbalisierung ergibt sich ein intensives Wortschatz- und Präpositionentraining. Die Arbeit mit den Grundrissen kann auch als „Einrichtediktat" weitergeführt werden („Stell das Bett hinter die Türe" usw.).

Hinweis: Eine Projektbeschreibung „Wo – Wie – Wohnen" für die 4. Klasse, mit Schwerpunkt kreatives Schreiben, findet sich bei Pommerin 1996a: 121ff. Gute (Zusatz-)Materialien finden sich bei Grabmüller u. a., 6. Schulstufe, Band 2 (Wohnen) und bei Schiele/Nodari: Deutsch für fremdsprachige Kinder, Teil 2, Lerneinheit „So wohnen wir". – Zur mehrsprachigen Informationsbeschaffung im Internet vgl. *UV 62* „Arbeit mit dem Internet".

Haus- und andere Tiere

Vom Zwerghasen bis zu den Dinosauriern: Projekte zu Tieren sprechen Schülerinnen und Schüler auf allen Stufen an. Tatsächlich bietet sich hier eine Fülle von Aspekten, Möglichkeiten und „Forschungsgebieten" – eine Fülle, die Eingrenzungen und Schwerpunkte fast unerlässlich macht. Haus-, Lieblings-, Wild-, Raubtiere, Insekten, Fische können solche Eingrenzungen sein, und auch so tut sich jedesmal noch eine ganze Welt auf.

Gemeinsam ist allen Facetten, dass sie sich bestens für die kooperative Bearbeitung in Kleingruppen eignen, dass sie gute Lernanlässe im wichtigen Bereich der selbstständigen Beschaffung und Verarbeitung von Informationen darstellen und dass mit der abschließenden Präsentation (kleiner Vortrag, Gestaltung von Sachtexten und Arbeitsblättern) zusätzliche Fertigkeiten in den Bereichen Ausdrucks- und Auftrittskompetenz trainiert werden.

Die Ressourcen der Schülerinnen und Schüler mit Migrationshintergrund einzubeziehen, ist nicht nur bei der Fokussierung auf das Teilthema Haus- und Nutztiere möglich. Wo allerdings vertieftes Hintergrundwissen aus dem Herkunftsland erforderlich ist, wird man bisweilen Zeit einräumen müssen, damit Eltern, Lehrpersonen des herkunftssprachlichen Unterrichts oder weitere Quellen, inkl. Internet, hinzugezogen werden können.

Schuljahr/Klasse: 2. bis 10.
Zeitbedarf: Variabel, in der Regel 2–3 Wochen.
Unterrichtsbereiche: Sachkunde/Biologie/Geografie, Deutsch, evtl. Kunst/Gestalten u. a.

Bausteine, interkulturelle Aspekte

- Haustiere: Welche Tiere werden bei uns als Haustiere gehalten? – Welche anderswo? Visualisierung auf einer Landkarte. Diskussion möglicher Gründe für die Unterschiede.
- Ein Beispiel für kulturelle Differenzen schildert OOMEN-WELKE (1992:75): Manche türkische Familien halten keine Haushunde, da diese angeblich die Engel vom Hause fernhalten. Katzen werden nicht im, sondern traditionellerweise beim Haus gehalten. Das Thema Hunde als Haustiere ist für türkische Kinder insofern vermut-

lich von geringerer Aktualität. (Möglicherweise wirkt überhaupt die Fülle an verschiedenen Kleintieren, die in unseren Wohnungen in Käfigen gehalten wird, auf viele Zugezogene etwas seltsam.)

▪ Welche Tiere kommen in den verschiedenen Ländern einigermaßen häufig vor? Sammlung (unter Mithilfe von Eltern oder Lehrpersonen des herkunftssprachlichen Unterrichts); Gruppierung z. B. nach Haus- und Wildtieren. – Vergleich der unterschiedlichen Tierwelten; Visualisierung auf der Karte. – Welche Bezüge lassen sich zum Klima herstellen? – Welche Tiere sind überall vertreten, welche kommen nur in einzelnen Regionen vor?

Hinweis: Da die Namen der weniger häufigen Tiere oft nicht einmal in der Erstsprache sicher beherrscht werden, sollte ein bebildertes Tierlexikon vorhanden sein.

▪ Schaubild/Tabelle mit den Bezeichnungen der wichtigsten Haustiere in den verschiedenen Sprachen. Gestaltungsvarianten: tabellarische Darstellung (geeignet v. a. für systematischere Sprachvergleiche). – Poster, auf dem z. B. rund um das Bild einer Katze das Wort „Katze" in allen Sprachen steht. – Kleine, ausgeschnittene Katzen, die in je einer Sprache angeschrieben sind.

Die Schülerinnen und Schüler lernen die Tiernamen in den anderen Sprachen aussprechen. Vielleicht erhält jedes Kind den Auftrag, zwei oder drei auswendig zu lernen. Mit dem Ziel einer möglichst umfassenden Tabelle kann die Namensuche auch auf weitere Sprachen aus dem Umfeld der Schülerinnen und Schüler sowie auf Englisch, Französisch, Latein etc. ausgedehnt werden. Dabei lässt sich zugleich die Handhabung von Wörterbüchern trainieren.

▪ Wie nennt man die Laute, die die Tiere machen (Verben wie bellen, wiehern usw.), in den verschiedenen Sprachen? – Wie geben diese (teilweise lautmalerischen) Verben den Klang wieder? – Zusammen mit den Tiernamen (s. o.) lassen sich einfache Sätze – auch Nonsenssätze und solche quer durch die Sprachen – bilden.

▪ Wie gibt man die Laute der Tiere wieder? (Auf Albanisch bellen Hunde nicht „wau wau", sondern „ham ham".) Lustig darstellbar in Form von Sprechblasen rund um ein Bild des betreffenden Tiers. Ein Beispiel für ein Arbeitsblatt hierzu findet sich bei SCHADER 1999b (A8). Im Internet findet sich eine sensationelle Zusammenstellung der Laute von zahlreichen Tieren in Dutzenden von Sprachen, samt zugehörigen Soundfiles, unter www.georgetown.edu/faculty/ballc/animals/animals.html.

▪ Häufige Hunde- und Katzennamen. Was entspricht unserem „Bello" oder „Mieze" in anderen Ländern und Sprachen?

▪ Um welche Tiere herum wachsen Kinder in verschiedenen Ländern auf? – Wie ist das bei uns in ländlichen resp. städtischen Siedlungsgebieten? – Wie war es früher? Eltern und Großeltern befragen.

- Wichtige Nutztiere in Zusammenhang mit der Landwirtschaft (vgl. *UV 94* „Landwirtschaft – bei uns und anderswo"). Auch hier wird eine mehrsprachige Liste der Bezeichnungen oder ein mehrsprachig beschriftetes Schaubild angelegt.
- Dasselbe für gefährliche Tiere, inkl. Insekten und Spinnentiere, in verschiedenen Ländern.
- Lesetexte in verschiedenen Sprachen sammeln: Tiergeschichten allgemein. – Geschichten zu einem Typus oder zu einer Art von Tieren (Haus-, Raubtiere; Hundegeschichten). – Fabeln. – Reportagen oder Artikel aus Zeitschriften und Zeitungen. – Tiergedichte. – Berichte oder Geschichten von Abenteuern mit Tieren.

  Mit den Texten kann eine große Tiergeschichtenausstellung gestaltet werden; anschließend werden sie in verschiedenen lesedidaktischen Formen in den Unterricht integriert. Beispiele: Jedes Kind liest einen Text; danach werden Leserunden von vier Kindern gebildet, in denen man sich die gelesenen Texte gegenseitig (auf Deutsch!) erzählt. – Vorstellen von Tierbüchern, bei fremdsprachigen Texten mit Hörprobe in der Originalsprache und mit einer Zusammenfassung der Geschichte auf Deutsch. – Anlage eines mehrsprachigen Tiergeschichtenhefts (Nacherzählungen der gelesenen Geschichten, eigene Texte), ergänzt um eine Tonbandkassette. Vgl. auch die Ideen in Kapitel 7 und in den Unterrichtsvorschlägen zu den Schwerpunkten „Lesen" und „Schreiben".

  Textbeschaffung (falls durch Kinder, Lehrpersonen des herkunftssprachlichen Unterrichts und Internet-Recherchen zu wenig erfolgreich): Vgl. die Hinweise in *UV 52* „Klassenbibliothek". Gute Materialien bietet ferner GRABMÜLLER u. a., 6. Schulstufe, Band 4 (Tiere). Für Albanisch sprechende Schülerinnen und Schüler findet sich eine Sammlung von einfachen bis komplexeren Tiertexten in SCHADER/BRAHA 1996, Kapitel 3 „Tiere".
- Umgang mit Sachtexten: Bei der Beschaffung von Sachinformationen (z. B. im Rahmen von Gruppenarbeiten) leisten natürlich auch Lexika, Sachbücher und einschlägige Websites in nicht deutschen Sprachen gute Dienste. Die Wiedergabe und Präsentation der dortigen Informationen erfolgt auf Deutsch. Verarbeitet wird das Gelesene z. B. im Kontext von kleinen Vorträgen oder eigenen Sachtexten. Vgl. hierzu *UV 60* „Sich mehrperspektivisch informieren I: Einbeziehung von Sachtexten aus den verschiedenen Sprachen der Klasse".
- Kreatives Schreiben: Die Schülerinnen und Schüler schreiben Tiergeschichten auf. Die Handlung kann erlebt oder erfunden sein; als unbedingte Vorgabe gilt aber, dass sie in der Herkunfts- und Sprachregion des betreffenden Kindes spielen muss. Wenn möglich sollen einige Wörter oder Wendungen in der Erstsprache bzw. im Dialekt integriert sein. Die Abfassung erfolgt entweder in der Erstsprache (mit Übersetzung/Paraphrase) oder auf Deutsch. Nach entsprechender Überarbeitung und Ausgestaltung werden die Texte zu einem Klassentierbuch gebunden, viel-

leicht sogar vervielfältigt und als Klassenlektüre eingesetzt.

Variante 1: „Ein Tag im Leben von ...", bzw. ein Tagesablauf aus der Sicht eines Haus- oder Nutztieres.

Variante 2: Ein „Klassentier" ausdenken, das in den verschiedenen Herkunftsregionen herumreist und Abenteuer erlebt. Gestaltung als mehrsprachig beschriftetes Bilderbuch, als gebundenes Geschichtenbuch oder als Comic. Vgl. *UV 38* „Eine Reise quer durch unsere Länder".

- Textrechnungen zu Tieren bzw. zu tierischen Produkten erfinden lassen. Die Rechnungen müssen von den Namen und vom Szenario her auf die unterschiedlichen Herkunftskulturen Bezug nehmen. Vgl. *UV 97* „Interkulturelles im Mathematikunterricht".

- Tierlieder aus verschiedenen Sprachen oder mehrsprachiges Tierlied (z. B. *Old Mac Donald had a farm*; mehrsprachig bei NAEGELE/HAARMANN 1993:45, dort auch weitere Lieder).

- Kunst/Gestalten (Zeichnen/Basteln): Darstellung von typischen Tieren aus den verschiedenen Regionen; als Zeichnung, aus Papiermaché oder in anderen Techniken.

93 Zirkus

Das traditionelle Thema „Zirkus" eignet sich gut zur Bearbeitung im mehrsprachigen Umfeld. Dies gilt sowohl für die Behandlung in einer einzelnen Klasse wie auch – z. B. im Rahmen einer Projektwoche – für die klassenübergreifende Arbeit.

Zu seiner Eignung trägt bei, dass die Präsenz und Zusammenarbeit von Menschen aus verschiedenen Sprach- und Kulturkreisen sowohl im Zirkus als auch im Klassenzimmer Realität ist. Mit seiner starken Handlungsorientierung integriert das Thema auch Kinder, deren Deutschkompetenzen noch schwach sind. Es lässt sie selbst im exponierteren Rahmen einer größeren Abschlussaktivität (Aufführung vor den Eltern, vor anderen Klassen usw.) mit ihren spezifischen Fähigkeiten zur Geltung kommen.

Die Handlungsorientierung bzw. das Einstudieren eigener Nummern kann die reguläre sprachunterrichtliche Arbeit etwas in den Hintergrund drängen. Dies schadet nichts, wenn dafür das kommunikative Potenzial der Handlungssituationen gut ausgeschöpft wird. Dazu gehört die Planung vieler Gesprächssituationen in der Großgruppe und in den einzelnen Teams, ein hoher Grad an Verbalisierung (vgl. Kapitel 8 „Sprachfördernde Gestaltung des gesamten Unterrichts") und eine möglichst konsequente Verwendung der Standardsprache auch in den Gruppenarbeiten.

Schuljahr/Klasse: 1. bis 6.; in kleinen Formen ab Kindergarten.
Zeitbedarf: Variabel, meist 2–3 Wochen.
Unterrichtsbereiche: Deutsch, Kunst/Gestalten, Sport/Bewegungsunterricht.

Bausteine, interkulturelle Aspekte

Begegnungen
- Besuch eines Zirkus. Wenn irgend möglich sollte dabei auch die Gelegenheit zu einer Besichtigung des Betriebs und zu Begegnungen mit Menschen im Umfeld des Zirkus geschaffen werden.
- Interviews (vorher vorbereitet) mit Artisten, Artistinnen und anderen Mitarbeitenden des Zirkus. Wie verlief ihre Ausbildung und Laufbahn? In welchen Ländern gingen sie zur Schule? Was werden sie machen, wenn sie älter sind?
- Sprachen auf dem Zirkusareal sammeln. Woher kommen die Leute? Wie verständigen sie sich? Wer spricht wie mit wem?
- Kontakt mit einem Kind, das mit dem Zirkus mitfährt (evtl. schon vorgängig schriftlich anbahnen und anschließend weiterführen).

Planung einer eigenen Zirkusaufführung, in der Klasse oder klassenübergreifend (z. B. im Rahmen einer Projektwoche)

■ Spezielle Sprachartistennummern einbauen: Das Schnabelwetz-Trio; Gül, die Schnellsprecherin; Zungenbrechereien aus aller Welt.

■ Clownereien um (fremd)sprachbedingte Missverständnisse.

■ Wort-Jongliererein (große Würfel oder Bälle mit Silben oder Buchstaben, die in verschiedener Zusammensetzung etwas anderes heißen; z. B. die Buchstaben R – O – T).

■ Wortzaubereien (Zaubertricks, bei denen sich z. B. Wörter oder Namen auf zusammenschiebbaren Kartonstreifen plötzlich verändern, plötzlich in einer anderen Sprache etwas heißen).

■ Mehrsprachige Ansagen der Nummern.

■ Nummern so planen und einstudieren, dass die verschiedenen Nationalitäten und Sprachen zum Zuge kommen (Beispiel: Juan, der Löwenbändiger, bändigt seine Löwen mit Kommandos auf Spanisch).

Sprachbetrachtung

■ Das Wort „Zirkus" in allen Sprachen sammeln und vergleichen. Dies ist deshalb besonders ergiebig, weil das Wort meist identisch ist, von der Schreibweise und Lautung her aber angepasst wird: Zirkus, cirque, circus, circo, sirk (türk.), cirk (alban.). Auffällig sind die je nach Sprache bzw. Alphabet unterschiedlichen Wiedergaben bzw. Lautwerte von z, c, k, q. Diese Beobachtung kann zur Untersuchung weiterer Laut-Buchstaben-Beziehungen in den verschiedenen Sprachen führen. Vgl. hierzu *UV 79* „Wie wir Lauten Zeichen zuordnen".

■ Die Namen der wichtigsten Zirkustiere in allen Sprachen sammeln und vergleichen. Entweder auf Tabelle (erleichtert den Vergleich) oder als verschiedenfarbige Beschriftungen von groß gezeichneten Bildern der Tiere.

■ Im Zirkus und im Zirkusprogramm Fremdwörter sammeln (Manege, Clown, Artistin usw.)

■ Der sprachlichen Herkunft von Dressurbefehlen wie „Allez!", „Hopp!", „Stopp!" nachgehen; diese Befehle in die verschiedenen Sprachen der Klasse übersetzen.

Schreibanlässe

■ Drehbuch und Beschrieb der einzelnen Nummern. Dies kann z. B. das Produkt einer Sequenz sein, in der die Schülerinnen und Schüler in Kleingruppen mögliche Nummern überlegen und planen; oder es werden im Anschluss an einen Zirkusbesuch oder die Sichtung eines Zirkusvideos einzelne Nummern beschrieben bzw. nacherzählt.

■ Mehrsprachige Einladungs- und Programmzettel.

- Mehrsprachige Zirkusplakate, groß und farbig gestaltet.
- Briefe an einen Zirkus, um Programmhefte zu erhalten (zur Inspiration und als Vorlage).
- Briefe an einzelne Artistinnen und Artisten, um Fotos und Autogramme zu bekommen; wenn möglich in der Sprache des Adressaten/der Adressatin.
- Reportage des eigenen Zirkusprojekts. (Dokumentation mit Polaroid- oder anderen Fotos; dazu Text in verschiedenen Sprachen.)
- Weitere Schreibanlässe: Ein mehrsprachig beschriftetes Zirkusbuch. – Zirkus xyz reist durch alle unsere Länder. – Wenn ich als ... im Zirkus arbeiten würde. – Was meine Eltern und Großeltern vom Zirkus in früheren Zeiten berichten. – Sachtexte zum Zirkus, im Anschluss an einen Besuch mit Interviews und Recherchen.

Hinweis: Ein größeres Unterrichtsprojekt „Das Zirkusspiel" für die mehrsprachige Elementarstufe findet sich bei KÖPPEN/RIESS 1991:45–73. Sein Schwerpunkt liegt im Bereich der musikalisch-rhythmischen Früherziehung; der Beschreibung beigegeben sind diverse Liedtexte.

Landwirtschaft – bei uns und anderswo (1. bis 3./4. Schuljahr: „Bauernhof")

Dieses Thema lässt sich auf allen Schulstufen behandeln; selbstverständlich mit unterschiedlichen Schwerpunkten und auf je unterschiedlichen Anspruchsniveaus. Authentische Begegnungen und spannende Lehrausflüge sind möglich und sollen unbedingt realisiert werden.

Bezüge zum Erfahrungshorizont der Schülerinnen und Schüler mit Migrationshintergrund ergeben sich in verschiedener Hinsicht. Erstens stammen viele von ihnen (bzw. ihre Familien) ursprünglich aus ländlichen Gegenden und haben Verwandte, die zumindest nebenberuflich noch immer mit Landwirtschaft zu tun haben.

Zweitens ist das Thema im besten Sinne kulturübergreifend und -integrierend. Bauernhäuser und Landwirtschaft gibt es in den Herkunftsregionen aller Schülerinnen und Schüler. Selbstverständlich unterscheiden sie sich in mancher Hinsicht. Das tun aber auch die verschiedenen Bauernhäuser und Landwirtschaftsformen bei uns, deren breite Palette vom ärmlichen Bergbauernhof bis zum industriellen Großbauernbetrieb reicht. Hier lassen sich viele kulturübergreifende Bezüge zwischen Siedlungsform, Topografie und Klima entdecken.

Gut geeignet sind verschiedene Formen von Gruppenarbeit. So können beispielsweise Informationen zu einer Reihe von Teilaspekten (Anbau – Tiere – Bauernhaustypen – Klima) zunächst in vier länder- oder regionenspezifischen Gruppen beschafft und aufbereitet werden. Anschließend werden vier neue Gruppen gebildet, die je einem der Teilaspekte (z. B. Anbau) vertieft nachgehen. In diesen Expertengruppen sitzt je ein Kind aus den vorherigen Ländergruppen. Die Expertinnen und Experten tauschen zunächst die regionenspezifischen Informationen zu ihrem Teilaspekt aus und bereiten dann eine gemeinsame Präsentation vor.

Das Thema eignet sich ferner gut für die klassenübergreifende Bearbeitung, vorzugsweise mit einer Partnerklasse aus einer landwirtschaftlich anders ausgerichteten Region. Vgl. hierzu die Anregungen in *UV 47* „Mailen und Chatten: Elektronische Schriftkommunikation global und multilingual".

Schuljahr/Klasse: Ab 2. bis 10.
Zeitbedarf: Variabel, ca. 3 Wochen.
Unterrichtsbereiche: Sachunterricht/Geografie/Länderkunde, Deutsch, evtl. weitere.

Bausteine, interkulturelle Aspekte

■ 1. bis 3./4. Schuljahr. Möglicher Schwerpunkt „Tiere auf dem Bauernhof": Vergleich der Tiere bei uns und anderswo. Namen und Laute in verschiedenen Sprachen (siehe diverse Ideen hierzu bei *UV 92* „Haus- und andere Tiere").

■ Mit der Klasse die zehn wichtigsten Bauernhofwörter überlegen (Bauer, Bäuerin, Stall, Kuh, Traktor, melken usw.). Damit ein Schaubild (Arbeitsblatt, Schulwandbild) oder ein in Kunst/Gestalten hergestelltes Modell beschriften – natürlich in allen Sprachen und Dialekten der Klasse. Vergleich der Wörter in den verschiedenen Sprachen.

■ Sammlung von Bildmaterial zu verschiedenen Arten von landwirtschaftlichen Betrieben in verschiedenen Regionen bei uns und in den Herkunftsländern. Erläuterung und Diskussion der Bilder. Parallelen und Unterschiede zwischen Bauernhöfen hier und anderswo.

■ Versuch, die verschiedenen Haustypen in Bezug zu klimatischen und topografischen Bedingungen zu setzen. (Wieso sind Bergbauernhäuser klein, haben dicke Mauern und kleine Fenster?) Parallelen zwischen Haus- und Anbautypen bei uns und solchen in der Herkunftsländern. Vgl. hierzu die Hinweise bei *UV 91* „Wohnen, Häuser, Hausbau".

■ Art der Landwirtschaft in den verschiedenen Regionen: Was wird angepflanzt, welche Tiere werden gehalten? Bezug zu verschiedenen Typen von Landwirtschaft (Ackerbau, Viehhaltung) und zu den sie bedingenden klimatischen Gegebenheiten. Was ist ähnlich und was doch kulturspezifisch anders bei Anbau- und Hausformen in ähnlichen Gegebenheiten, z. B. in Oberbayern, in Graubünden, in den Bergen von Kosova oder in Anatolien?

■ Kühe, Schafe, Ziegen und Schweine als primäre Nutztiere: Wo werden hauptsächlich welche Tiere gehalten; warum? Abhängigkeit von klimatischen und religiösen Gegebenheiten (z. B. kein Schweinefleisch im Islam). Auf einer „Nutztier-Karte" mit Steckfähnchen veranschaulichen.

■ Vergleich von Mechanisierung, Maschinenpark und Einsatz von Zugtieren bei vergleichbaren Betrieben in verschiedenen Ländern. Vorteile, Nachteile. Wie war das bei uns vor 50 Jahren?

■ Durchschnittsgröße von Höfen, durchschnittliche Anzahl Nutztiere in den verschiedenen Regionen. 7. bis 10. Schuljahr: Gibt es Gründe für die Hofgrößen (z. B. Erbfolge)?

■ Wirtschaftliche Probleme und ökonomischer Status des Bauernstands in den verschiedenen Regionen.

■ Besondere Probleme, die die Landwirtschaft in den verschiedenen Regionen betreffen (Wasser, Lawinen, Dürre, Hagel usw.).

- Tagesablauf eines Bauern/einer Bäuerin in verschiedenen Regionen bei uns und in den Herkunftsregionen der Schülerinnen und Schüler mit Migrationshintergrund. Die Informationen sind vermutlich nur unvollständig zu erhalten; jedenfalls muss für ihre Beschaffung Zeit eingeräumt werden. Auf die Diskussion und den Vergleich könnte ein Schreibanlass zum Thema „Ein Tag im Leben von ... in ...“ folgen. Gebunden bieten die Texte ein anschauliches Panoptikum des Bauernlebens in unterschiedlichen Gegenden.
- Wer arbeitet alles auf dem Hof mit? In welcher Funktion? Mit welchem Tagesablauf? Mit welchen Rechten und Pflichten? Authentische Gespräche und Befragungen hierzu ergeben sich anlässlich eines Lehrausflugs. Da in der Landwirtschaft viele Migrantinnen und Migranten beschäftigt sind, trifft vielleicht sogar ein Kind auf jemanden aus seinem ursprünglichen Kulturkreis.
- Wo, wem und wie verkauft der Bauer die Produkte? (Markt, Kooperative usw.).
- Was passiert mit den Produkten weiter? Schreibanlässe: „Der Weg der Kartoffel“, „Wie die Erbsen auf meinen Teller kommen“ usw.
- Desgleichen mit den Importprodukten (ein Ausflug ins nächste Lebensmittelgeschäft lehrt uns anhand der Etiketten, was von wo importiert ist). Umsetzung als Schreibanlass: Statt eines Titels wird eine Etikette hingeklebt, darunter z. B. ein Bericht in der Ich-Form („Meine Jugend verbrachte ich an einem Rebstock in Spanien ...“).
- Veränderungen im Bauernleben in den letzten Jahrzehnten (Mechanisierung, Zusammenlegen usw.): Berichte älterer Leute, Interviews.
- Die Einbeziehung von (Groß-)Eltern als Erzähler und Informantinnen ist für verschiedene Aspekte wertvoll (z. B. Wandel der Landwirtschaft; Lebensmittelrationierung und Zwangsanbau im Krieg; Erinnerungen an Besuche auf Bauernhöfen vor 25 oder 50 Jahren). Besonders eindrücklich sind authentische Berichte von Erwachsenen vor der Klasse; hier ist auch die wertvolle Möglichkeit zu Nachfragen und Gespräch gegeben.
  Wo keine Originalbegegnungen möglich sind, bilden Interviews den Ersatz. Am besten bespricht man einen Fragenkatalog vor den Sommerferien und verabredet dessen Beantwortung als „Ferienaufgabe“. Briefe an weitere Expertinnen oder Experten verhelfen zu zusätzlichen Informationen oder Unterlagen. (Mögliche Adressaten: Verwandte, Bauern, landwirtschaftliche Genossenschaft, Kulturattachés in der Botschaft.)
- Korrespondenz mit einer Partnerklasse in einem sehr ländlichem Gebiet, bzw. mit Kindern in ländlichen Gebieten, die sich z. B. bezüglich Reichtum oder Anbauprodukten unterscheiden (s. *UV 46* und *47*).
- Textrechnungen oder Rechengeschichten erfinden lassen, die von den Namen, den Produkten und vom Szenario her auf die unterschiedlichen Herkunftskulturen Bezug nehmen (vgl. *UV 45* und *97*).

95 Familie

Über Schülerinnen- und Schülernähe braucht man sich beim Thema Familie keine große Gedanken zu machen. Nichts ist Kindern und Jugendlichen näher als ihre Familie, sei es als Ort der Geborgenheit, sei es als Ort, wo auch immer wieder Konflikte und Positionskämpfe auszustehen sind. Jedes Kind hat hier eigene Erfahrungen, eigene Geschichten mitzubringen. Sache der Lehrperson ist es, das Thema auf eine behutsame Art anzugehen, die die Privatsphäre nicht verletzt und Unterschiede nicht zu Seltsamkeiten werden lässt.

Denn Unterschiede gibt es. Familie ist nicht gleich Familie, und Erziehung ist nicht gleich Erziehung. Das geht schon aus dem ganzen Spektrum der Familienkonstellationen und Erziehungsstile in unserem eigenen Kulturkreis hervor. Erst recht wird es evident, wenn dazu Formen und Stile von Zusammenleben, Erziehung, Autorität aus anderen Kulturen kommen. Deshalb ist bei der Behandlung des Themas Familie in der mehrsprachigen Klasse ganz besonders darauf zu achten, dass nicht unreflektiert unsere eigenen Vorstellungen von (Klein-)Familie und Rollenverteilung zum Maß aller Dinge gemacht werden.

Die nachfolgenden Bausteine geben Anregungen, verschiedene Arten der Organisation und Gestaltung des Zusammenlebens in der Familie zusammenzutragen und sie – wo dies möglich und sinnvoll ist – in Bezug zur wirtschaftlichen und kulturellen Situation im jeweiligen Land zu setzen. Die „Befunde" aus den verschiedenen Regionen und Kulturen sollen als unterschiedliche Möglichkeiten und möglichst ohne Wertung diskutiert und verglichen werden. (Dass das nicht heißt, dass Lehrpersonen nicht intervenieren sollen, wenn sie familiäre Verhältnisse oder Erziehungsstile für intolerabel halten, versteht sich.)

Angesichts des raschen Wandels der familiären Strukturen bei uns ist der Blick auf die jüngere Vergangenheit auch beim Thema „Familie" sehr ergiebig. Berichte von Eltern, Großeltern, älteren Menschen können dazu wertvolle Informationen bei steuern.

Schuljahr/Klasse: 2. bis 10.; mit je altersgerechter Wahl der Schwerpunkte.
Zeitbedarf: Variabel; Einzelaspekte lektionenweise; als Projektthema ca. 2 Wochen.
Unterrichtsbereiche: Soziales Lernen/Lebenskunde, Deutsch.

Bausteine, interkulturelle Aspekte

■ Familiengrößen und familiäres Zusammenleben hier und in anderen Ländern bzw. Regionen. Wer lebt normalerweise unter einem Dach bzw. in einem Haushalt? Die Frage kann z. B. anhand von noch im Herkunftsland lebenden Verwandten beantwortet werden. Die Ergebnisse werden auf einer Landkarte mit Steckfähnchen visualisiert. In den oberen Klassen lassen sie sich als Statistik darstellen und bearbeiten.

■ Anschlussfragen: Wie groß ist das Haus, die Wohnung, wo so gelebt wird? – Wie gestaltet sich das Zusammenleben? – Wo spielt es sich vor allem ab? – Wie sind die Zimmer verteilt? – Wie war das bei uns vor 50 Jahren (Großeltern befragen)? – Welches sind die Gründe des bei uns hoch parzellierten Wohnens? (Kleinfamilien.)

■ Migrationserfahrungen: Wie erlebten zugezogene Schülerinnen und Schüler den Wechsel der Wohnform? (Oder: Wie erleben sie ihn jeweils nach den Ferien?) – Wo liegen ihrer Ansicht nach die Vor- und Nachteile? – Wo sehen die in unserer westeuropäischen Kultur verwurzelten Kinder die Vor- und Nachteile des Wohnens in der Groß- resp. Kleinfamilie? – Möglicher Schreibanlass: „Wenn ich mit meiner Verwandtschaft unter einem Dach wohnen würde …".
Vgl. weitere Impulse hierzu bei *UV 91* „Wohnen".

■ Verwandtschaftsbezeichnungen: Die Wörter für „Mutter" und „Vater" in allen Sprachen zusammentragen und lernen. Vergleich. Wieso klingt das wohl oft ähnlich? Dasselbe für Bruder und Schwester.
Anhand eines Stammbaumschemas die Verwandtschaftsbezeichnungen in verschiedenen Sprachen anschreiben. In manchen Sprachen sind sie deutlich präziser und differenzierter als bei uns. Vgl. *UV 73*: „Wie heißt die Tante auf Türkisch? – Verwandtschaftsbezeichnungen im Vergleich".

■ Wer sagt zu wem wie in der Familie? Kose- und Necknamen (ohne Verletzung der Intimsphäre) in verschiedenen Sprachen. – Woher kommen sie? – Was bedeuten sie?

■ Wie heißen die Menschen in unserer Familie? – Was bedeuten ihre Vor- und Nachnamen? Vgl. *UV 71* „Vor- und Nachnamen untersuchen".

■ Arbeit mit Stammbäumen, zugleich mit dem Ziel, Migration, Mehrsprachigkeit und Multikulturalität auch in monokulturell-„alteingesessenen" Familien sichtbar zu machen. Vgl. *UV 8* „Stammbäume – Vielfalt in der eigenen Familie".

■ Familienfeste in verschiedenen Kulturen: Was wird gefeiert? Stellenwert von Geburtstag, Namenstag, religiösen und nationalen Feiertagen. – Welche Festspeisen gibt es? – Wer kommt alles? – Wohin geht man? – Was macht man? Vgl. *UV 89* „Feste, Feiertage und Bräuche aus verschiedenen Kulturen".

■ Welche Aufgabenbereiche fallen im Umfeld einer Familie an? (Kochen, Geldverdienen, -verwalten, Waschen, Putzen, Einkaufen, Hilfsarbeiten, Papierkram usw.)

Dies zunächst ganz allgemein überlegen und auflisten oder grafisch darstellen. Dann zusammentragen, auf welche Weise die Bereiche in den verschiedenen Familien verteilt sind. Ist das typisch für die betreffende Kultur?

■ Tagesabläufe der Mutter bzw. des Vaters in einem Zeitschema eintragen; inkl. Arbeiten oder Helfen im Haushalt. Vergleichen.

■ Diskussion zu verschiedenen Modellen der Rollen- und Aufgabenverteilung (auch innerhalb unserer Gesellschaft gibt es verschiedenste Varianten von Aufgabenteilung!). Vergleich mit der Aufgabenteilung, wie sie in der Jugend der Eltern bzw. der Großeltern üblich war. In Zusammenhang damit:

■ Rollenverteilungen: Wie zufrieden sind die einzelnen Familienmitglieder mit ihrer Rolle? Beziehungsweise: Mit welchen Aspekten ihrer Rolle sind sie (nicht) zufrieden? – Welche Aufgaben haben sie? – Was dürfen/müssen sie (nicht).
Auch zum Thema Rollenverteilung sollen wenn möglich über die (Groß-)Eltern Informationen zur Situation vor 25 resp. 50 Jahren eingeholt werden. Sie erlauben, Beziehungen zwischen den Zeiten und Kulturen herzustellen. (Das Maß an Autorität, das z. B. für einen Vater aus Makedonien ganz normal ist, scheint uns vielleicht sehr hoch, war aber mancherorts auch bei uns vor 50 Jahren die Norm.)

■ Witzige Rollenspiele in verschiedenen Sprachen zu typischen Familienszenen.

■ Rollenspiel „Kaffeekränzchen – Stammtisch": Die Schülerinnen und Schüler trennen sich geschlechtsspezifisch in Väter und Mütter auf. Jedes Kind spielt seinen Vater bzw. seine Mutter. Die Väter spielen Stammtisch, die Mütter Kaffeekränzchen. Sie unterhalten sich über ihre Kinder und über ihren Ehepartner bzw. ihre Ehepartnerin, sie erzählen, klönen, loben (nach GRABMÜLLER, 5. Klasse Heft 4:89).

■ Schreibanlässe in Zusammenhang mit Aufgaben und Rollen:
Steckbriefe von Müttern, Vätern, Großmüttern, Kindern usw.; entstanden anhand von Interviews mit vorher verabredeten Fragen (Aufgabenbereiche, Länge des Arbeitstages, meist geliebte/gehasste Aufgabe). Gut geeignet für Vergleiche und Diskussionen.
  – Ein Tag im Leben meiner Mutter.
  – Meine Idealfamilie.
  – Ich und meine Familie in 30 Jahren.
  – Streiche in der Familie (Ein Streich, den ich meinem Vater spielte – Ein Streich, den mein Vater als Junge/meine Großmutter als Mädchen spielte). Zu einem „Streiche-(Vorlese-)Buch" binden.

■ Zeitperspektiven: Heute leben wir und unsere Familien alle hier in x. – Wo hätten wir vor 25 oder 50 Jahren gelebt (wo lebten unsere Eltern bzw. Großeltern)? Und wo möchten wir selbst in 25 Jahren mit unserer Familie leben? Das kann sehr schön mit Fäden auf einer Welt-, Europa- und Landeskarte visualisiert werden. In der Mitte bündeln sich die Fäden am gegenwärtigen Wohnort, von dort aus gehen z. B. rot die Vergangenheitsfäden und gelb die Zukunftsfäden ab. Vgl. *UV 7* „Woher wir kommen, wohin wir wollen".

■ Spezieller Akzent auf der Rolle der Kinder heute/früher sowie hier und in anderen Ländern: Aufgaben und Pflichten im Haushalt, Freizeitgestaltung, Taschengeld, Verbote, Strafen (welche und wofür). Gut geeignet für Interviews und Originalberichte von (Groß-)Eltern im Schulzimmer.

■ Freizeitgestaltung in den Familien: Wie und mit wem verbringen die einzelnen Mitglieder ihre Freizeit?

■ Einladung von Großvätern und -müttern aus verschiedenen Kulturen, mit der Bitte, zu bestimmten Bereichen etwas zu erzählen (Freizeit, Schule, Ausbildung, Aufgaben im Haus, Streiche usw.). Ersatzform: Tonband- oder Videointerviews. Diese können, soweit sie verständlich sind, auch live abgespielt werden.

■ Diverse Ideen (Großelternfest usw.) und Schreibanlässe im Zusammenhang mit den Großeltern finden sich in *UV 44* „Großeltern-Geschichten".

Texte und Materialien

Einige (übersetzte) Geschichten zum Themenkreis „Familie" aus verschiedenen Einwanderungsländern finden sich bei ULICH „Der Fuchs geht um ... auch anderswo", S. 259-295. Albanische Texte zum Thema finden sich bei SCHADER/BRAHA 1996, Kapitel 2 „Ich und die anderen: Freundschaft, Familie, Feste, Schule". Vgl. ferner GRABMÜLLER u. a., 5. Schulstufe, Band 1 (ich – du – wir) und Band 4 (Familie); PERREGAUX 1998: 106f; (zu Rollen- und Arbeitsverteilung); SCHIELE/NODARI: Deutsch für fremdsprachige Kinder, Teil 2, Lerneinheit „Meine Familie".

96 Schule

Schule – das ist für alle Kinder ein Inhalt von unmittelbarer Aktualität. Ihn aufzugreifen, ist nicht nur auf der Sachebene interessant. Fast immer verbindet sich damit auch eine gute Gelegenheit für eine Standortbestimmung mit der Klasse und für ein Überdenken der eigenen Arbeit.

Schule ist ein Thema, das sich bevorzugt für die Einbeziehung einer interkulturellen Perspektive eignet. Gelernt wird auf der ganzen Welt. Überall müssen Kinder in die Schule (außer an jenen Orten, wo sie es nicht dürfen, weil Schulbesuch nicht überall eine Selbstverständlichkeit, sondern mancherorts auch ein Privileg ist …).

Schulen gibt es natürlich auch in allen Herkunftsländern und -regionen unserer Klasse – auch wenn sie sich von den hiesigen bisweilen deutlich unterscheiden. Im Vergleich mit der materiellen Ausrüstung unserer Klassenzimmer etwa wirken diejenigen mancher anderer Länder auf uns oft ärmlich. Über die Qualität der dortigen Schulen sagt das allerdings nichts aus. Was wir vom Unterrichtsstil mancher Länder hören (frontaler, mehr Auswendiglernen) wirkt gegenüber unseren neuen Lernformen zum Teil überholt – so wie unsere modernen Formen in 20 Jahren vermutlich ebenfalls als überholt gelten werden. Auch beim Thema Schule dürfen unsere momentanen Standards nicht unreflektiert zur Richtschnur gemacht werden. Wir würden damit Verletzungen auslösen und uns selber den offenen Blick verstellen. Die Einbeziehung einer historischen Achse – Schulerinnerungen von Eltern, Großeltern usw. – bringt auch in diesem Sinne viel.

Das Thema kann gut in Projektgruppen angegangen werden. Dabei werden zunächst Fragestellungen und Schwerpunkte sowie das, was entstehen soll, besprochen. Die Arbeit in den verschiedenen Gruppen wird ergänzt und aufgelockert durch gemeinsame Aktivitäten der Klasse. Als mögliche Produkte können eine Ausstellung, ein Buch, Vorträge, eine Zeitung, ein Video oder ein Theater zum Thema „Schule gestern – heute – morgen" oder „Schule hier und anderswo" entstehen.

Um nicht von falschen Erwartungen bezüglich Expertenwissen auszugehen, muss vorab geklärt werden, wie viele der Schülerinnen und Schüler mit Migrationshintergrund tatsächlich über authentische Schulerfahrungen in ihren Herkunftsländern verfügen. Oft sind wir für vertiefte Informationen auf Eltern, Großeltern, Lehrpersonen des herkunftssprachlichen Unterrichts oder auf per E-Mail eingeholte Informationen angewiesen (vgl. Kapitel 5.6 und *UV 47*).

Schuljahr/Klasse:	3. bis 10., mit je altersgerechten Schwerpunkten und Ansprüchen.
Zeitbedarf:	Variabel; ca. 2 Wochen.
Unterrichtsbereiche:	Soziales Lernen/Lebenskunde, Deutsch.

Bausteine, interkulturelle Aspekte

■ Das Wort für „Schule" in verschiedenen Sprachen sammeln. Wieso klingt es wohl überall ähnlich? Eventuell kleiner Ausflug in die Etymologie (altgriechisch scholè, lateinisch schola; von diesen beiden ehemaligen Weltsprachen her breitete sich der Terminus aus; er wurde als Lehnwort übernommen, da die meisten anderen damaligen Kulturen keine vergleichbaren Institutionen und dementsprechend auch kein Wort dafür hatten).

■ Weitere wichtige Schulwörter in verschiedenen Sprachen auf einer Tabelle sammeln, hören, nachsprechen, vergleichen (Lehrerin, Lehrer, Schulhaus, Bank, Tafel).

■ Schulhof- und andere Spiele der Schulkinder hier und heute, anderswo und früher: Sammeln (unter Einbeziehung von Eltern usw.); nachspielen.

■ Schule in anderen Ländern und in anderen Teilen/Regionen unseres eigenen Landes. Vorbereitung: Mit der Klasse zusammentragen, a) was man über die Schule in anderen Regionen oder in anderen Zeiten wissen möchte, b) wie man an diese Informationen kommt (Originalberichte, Interviews, Briefe, E-Mails usw.), und c) wie man die Informationen verarbeiten will (z. B. schriftliche Zusammenfassung plus Eintrag auf einer Tabelle). Das Projekt kann mehr fakten- oder aber anekdotenorientiert sein.

Interessieren könnten z. B. die folgenden Fragen: Dauer der obligatorischen Schulzeit. – Nach welchem Schuljahr werden die Kinder auf weiterführende Schulen mit unterschiedlichen Niveaus und Perspektiven aufgeteilt (Real-, Hauptschule, Gymnasium etc.)? – Welche Typen von weiterführenden Schulen gibt es? – Wann sind und wie lange dauern die Ferien? – Fächer, v.a. Fremdsprachen. – Klassengröße. – Größe bzw. Anzahl Klassen einer durchschnittlichen Schule. – Möblierung des Klassenzimmers. – Hausaufgaben. – Wie streng sind bzw. waren die Lehrpersonen (Beispiele)? – Was darf bzw. durfte man nicht? – Strafen. – Art des Unterrichts, hauptsächliche Unterrichtsformen. – Hausmeister. – Pausen. – Streiche, Anekdoten. Aus Fragen in dieser Art lässt sich ein schriftlicher Fragebogen herstellen, der in alle Sprachen übersetzt und dann verschickt wird. Dies muss einige Zeit vor dem eigentlichen Einstieg ins Thema erfolgen und erhöht die Spannung. Sollen im Internet Partnerschulen als Ansprechstellen gefunden werden, so helfen evtl. die Links in *UV 47* weiter.

Die eingeholten Informationen werden zusammengefasst und präsentiert, z. B. auf Plakaten oder als Tabellen. Im Gespräch erfolgt der inhaltliche Vergleich; die Vor- und Nachteile der verschiedenen Systeme werden aus der Sicht der Schülerinnen und Schüler diskutiert.

Hinweis: Hintergrundinformationen zu den Schulsystemen der hauptsächlichen Migrationsländer finden sich in HECKENDORN/GYGER 1999; Informationen zu den Schulsystemen diverser europäischer Länder bietet http://lernen.bildung.hessen.de/pisa/system.

■ Authentische Berichte von Kindern, die in einem anderen Land oder in einem anderen Teil unseres Landes zur Schule gegangen sind. Wenn in der eigenen Klasse wenig einschlägige Erfahrungen vorliegen, kann auch ein Kind aus einer anderen Klasse eingeladen werden.

■ Korrespondenz mit einer Klasse in einem anderen Teil unseres Landes zur Frage, wie die Schule dort ist. Wenn irgend möglich auch muttersprachliche Korrespondenzen der verschiedenen Herkunftsgruppen mit Klassen oder Gleichaltrigen in den Herkunftsregionen (Vermittlungshilfe: Verwandte, oder Lehrpersonen des herkunftssprachlichen Unterrichts, Internet). Siehe auch *UV 46* „Briefe schreiben: Klassenkorrespondenz und anderes" und *UV 47* „Mailen und Chatten: Elektronische Schriftkommunikation global und multilingual".

■ Schulerinnerungen, Episoden, Streiche aus der Schulzeit unserer Großeltern und Eltern. Am attraktivsten ist, wenn die betreffenden Personen live im Schulzimmer erzählen. Als Ersatz oder zusätzlich können mündliche Befragungen, evtl. mit Tonband, durchgeführt werden. Lebendige, anekdotische Tonbandaufnahmen werden ab Band vorgestellt; andere oder solche in nicht deutscher Sprache werden auf Deutsch zusammengefasst.

■ Schreibprojekt im Anschluss: Die Episoden werden aufgeschrieben und zu einem Buch gebunden (z. B. „Schulerinnerungen und Streiche unserer Eltern und Großeltern").

■ Rollenspiel „Schule bei uns vor 50 Jahren", aufgrund der Erzählung eines Großelternteils, der vielleicht sogar die Rolle des Lehrers/der Lehrerin übernimmt.

■ Rollenspiel „In einer türkischen Schule". Das betreffende Kind oder eine Lehrkraft des türkischen herkunftssprachlichen Unterrichts führt eine einfache Sequenz durch, z. B. Einführung der Zahlen von 1 bis 10 und Rechnungen damit oder Einführung und Repetition einiger Wörter (Sachen im Schulzimmer, Farben usw.). Die ganze Sequenz wird in der betreffenden Sprache und möglichst im landesüblichen Unterrichtsstil abgehalten. Anschließend Gespräch und Ausblick: „Einiges war für uns jetzt vielleicht etwas seltsam. Was kommt wohl Schülerinnen und Schülern, die eben aus dem Ausland zu uns gekommen sind, ‚anders', seltsam oder aber ähnlich vor?" Berichte von Kindern, die diesen Wechsel hinter sich haben.

■ Schulbücher und Arbeitsblätter aus anderen Ländern, in andern Sprachen. Unter Mithilfe der Lehrpersonen des herkunftssprachlichen Unterrichts wird eine Ausstellung gemacht. Kinder der betreffenden Sprache erklären die Materialien. Wenn möglich wird etwas Einfaches (Mathe-Blatt, Bildergeschichte) kopiert und bearbeitet. Hinweis: Deutsch-albanische Arbeitsblätter finden sich bei SCHADER/BRAHA 1996, Kapitel 1.5.

■ Die andere Schule der Schülerinnen und Schüler mit nicht deutscher Erstsprache: Der herkunftssprachliche Unterricht (in der Schweiz: Kurse in Heimatlicher Sprache und Kultur). Erzählen und zeigen, was man dort macht. Wenn möglich eine oder mehrere herkunftssprachliche Lehrpersonen einladen. Vielleicht können diese mit der Klasse eine kleine Aktivität unternehmen (etwas erzählen, etwas lehren).

■ Eigene Standortbestimmung. Klassengespräch und/oder schriftliche Reflexion zum Arbeiten und Lernen in unserer Schule. Äußerungen z. B. zu folgenden Aspekten: Was gefällt uns? Was nicht? Wie gefallen uns die verschiedenen Arbeits- und Unterrichtsformen? Welcher Unterrichtsstil gefällt uns? Was finden wir zu streng oder zu locker? Mit welchem Verhalten der Lehrperson hätten wir Mühe? Wie könnten wir das Arbeits- oder Sozialklima noch verbessern? Ferner, wichtig als Sicht von außen: Was ist oder war für Kinder, die von anderswo in unsere Schule wechselten, ungewohnt, anders, neu, seltsam? Womit haben oder hatten sie Mühe? Was wäre für Schülerinnen und Schüler mit Migrationserfahrung eine zusätzliche Unterstützung?

■ Nicht alle Menschen können und konnten eine Schule besuchen. Hintergründe, Konsequenzen, Probleme von fehlendem Schulbesuch bzw. Analphabetismus. Das Thema ist tabuisiert und muss behutsam angegangen werden. Ein Fokus kann sehr wohl sein, dass Schulbesuch auch ein Privileg ist, das bei uns zwar selbstverständlich ist, in manchen Regionen aber früher und z.T. noch heute nicht allen Kindern zugänglich war bzw. ist.

■ 7. bis 10. Schuljahr: Schulsystem und Chancenvergabe. In Deutschland und Österreich erfolgt bereits nach vier Schuljahren die Selektion auf verschiedene weiterführende Schultypen, in der Schweiz nach fünf bis sechs Jahren. Damit sind zugleich die Ausbildungs- und Berufschancen vorgezeichnet. Wie ist das in anderen Ländern (in der Türkei und vielen Balkanstaaten beispielsweise dauert die gemeinsame Volksschule acht Jahre; vgl. die oben angegebenen Quellen). Wie beurteilen die Schülerinnen und Schüler, die ursprünglich von dort stammen, unser System und ihre Chancen in ihm?

■ 7. bis 10. Schuljahr: Lektüre und Interpretation der Schulstatistik mit Hinblick auf die Verteilung der Fremdsprachigen in den verschiedenen Schultypen. (Schulstatistiken, wie sie die meisten Kultusministerien, Bildungsdirektionen u.ä. periodisch herausgeben, sollten vom Anspruchsniveau her ab 8./9. Schuljahr zugänglich sein. Sie bieten eine Fülle von kritischen „Lese-" und Interpretationsanlässen.)

■ Kurze Geschichten zum Thema Schule aus verschiedenen Ländern finden sich in ULICH „Der Fuchs geht um ...", Kapitel Schulgeschichten.

Interkulturelles im Mathematikunterricht

Mathematik – das abstrakte Reich der Zahlen – und Interkulturalität haben vordergründig wenig miteinander zu tun. Wenn wir allerdings an die Textrechnungen in früheren Rechenbüchern denken, in denen auf Tausend und zurück immer wieder mit den Setzlingen von Gärtner Maier, den Zentnersäcken von Müller Schulze oder den Eier-Sixpacks von Bäuerin Schmitt jongliert werden musste, ahnen wir, dass sehr wohl auch im Rechenunterricht kulturelle Hintergünde ein- oder ausgeblendet sein können.

Doch auch abgesehen von diesen Trübungen in der Grauzone von Sprache und Zahlen ist zumindest die im Alltag praktizierte Mathematik keineswegs kulturneutral. In manchen Sprachen schimmern noch alte bzw. andere Zahlsysteme durch; das Abzählen mit den Fingern beginnt durchaus nicht überall mit dem linken Daumen wie bei uns, und neben unserem guten alten Zählrahmen gibt es so raffinierte Geräte wie den chinesischen Abakus.

Die folgenden Hinweise fassen die Möglichkeiten zusammen, die verstreut bereits in verschiedenen Unterrichtsvorschlägen angedeutet wurden, und ergänzen sie.

Schuljahr/Klasse: 1. bis 10.
Zeitbedarf: In der Regel integriert; geringer oder kein Zusatzaufwand.

Möglichkeiten

Mehrsprachiges Rechnen mit den Zahlen von 0 bis 10 oder bis 12
- Parallel zur Einführung der Zahlen (oder zu einem späteren Zeitpunkt) wird ein großes Plakat angelegt. Darauf stehen die Namen der Zahlen in allen Sprachen der Klasse sowie die Begriffe für die Operationszeichen „+", „–", „=".
  Mit Bezug auf dieses Plakat können in Kleingruppen, unter Anleitung der Kinder der betreffenden Sprache, einfache Rechnungen in verschiedenen Sprachen gelöst werden. Dazu können auch große Würfel eingesetzt werden, auf deren Seiten die Zahlen von 1-6 stehen. Eine Zeit lang wird das „Expertenkind" die Zahlen vorsagen müssen, über kurz oder lang sind sie spielerisch eingeübt.
  Das Lernen der Zahlen von 1–10 in einer anderen Sprache lässt die Kinder Probleme der Aussprache erfahren und verhilft ihnen zu einer ersten Begegnung mit dem Fremdsprachenlernen. Meist ist der Stolz am Schluss groß. Das Vorhaben ist gut kompatibel mit *UV 32* („Einen Sprachführer herstellen"), *UV 28* („Mini-Sprachkurse") und *UV 96* („Schule").

■ Eine weitere Anwendungsmöglichkeit für die Zahlen bilden Abzählreime in verschiedenen Sprachen. Wenn möglich sollen sie von den Kindern selbst mitgebracht werden, vgl. ansonsten HÜSLER-VOGT 1997:23ff und NAEGELE/HAARMANN 1993:108. Siehe auch oben *UV 33* „Sprachen in Zungenbrechern, Kinderreimen, Abzähl- und Zauberversen begegnen".

■ Hinweis: Die Zahlen von 0–12 und die Operationszeichen in acht verschiedenen Sprachen finden sich, mit Aussprachehilfe, bei SCHADER 1999b:33; für die vier wichtigsten Migrationssprachen auch in den „Wörterbrücken" (SCHADER ¹1996), zusätzlich auf Griechisch bei HÜSLER-VOGT 1993a. Die Zahlen von 1–5 in 15 Sprachen und 8 Schriften finden sich auf dem Plakat „Welten der Schrift – Schriften der Welt", das zur „Regenbogen-Lesekiste" von BALHORN (¹1991) gehört.

■ Weiterführende Literatur für die Klassen 1–2: D. KÖPPEN: 70 Zwiebeln sind ein Beet. Mathematikmaterialien im offenen Anfangsunterricht (siehe Bibliografie). Zweisprachiges Arbeitsblatt „Rechnen auf Albanisch" bei SCHADER/BRAHA 1996, S. 1.1.4.

Wie Sprachen Zahlen bilden

Im Zentrum stehen hier zunächst sprachliche Beobachtungen zu den Zahlwörtern in verschiedenen Sprachen. In einem zweiten Schritt können sie zu mathematischen Aktivitäten führen.

■ Beobachtungen zu den Zahlen von 0–12: Anlage einer großen Tabelle mit den Zahlen von 0–12 in allen Sprachen der Klasse, ergänzt um die aktuellen schulischen Fremdsprachen. Training der Aussprache, Vergleich der Zahlwörter. Was klingt ähnlich, welche Gründe könnten dafür verantwortlich sein? – Anschließend evtl. mehrsprachiges Rechnen wie oben beschrieben.

■ Die Zahlwörter 13–19 und die Bildung der Zehner, Hunderter und Tausender: Nicht alle Sprachen bilden die Zahlen von 13–19 so wie das Deutsche. Das Französische hat eigene Wörter bis 16 und stellt dann den Zehner voran; im Türkischen zählt man „zehn eins, zehn zwei" usf., im Albanischen sagt man „eins/zwei/drei auf zehn", im Kroatischen „fünf und zehn" usw.

Ähnlich ist es mit der Bildung der Zehner. Neben speziellen Endungen („-zig", „-ty") stoßen wir hier auch auf Besonderheiten wie das französische „quatrevingt" oder das albanische „njëzet, dyzët" für 20 und 40. Ihnen liegt vermutlich ein altes System zugrunde, das von den total 20 Fingern und Zehen ausging. Einfacher ist in den meisten Sprachen die Bildung der Hunderterzahlen. Auch für dieses Thema legt man am besten eine große Tabelle an. Die Bearbeitung kann in Form eines Gesprächs in der Klasse erfolgen oder als „Forschungsauftrag" in sprachgemischten Teams, die nachher ihre Einsichten vorstellen. Die Aufgabenstellung lautet z. B.: „Findet heraus, wie die …ische Sprache die Zehner/die Hunderter/die Tausender bildet. Schreibt eine Regel und einige Beispiele dazu auf."

Hat man den „Trick" erkannt, dem die Bildung der Hunderter oder Tausender folgt, lässt sich das Gelernte in Form von Rechnungen anwenden. Ein Kind der betreffenden Sprachgruppe überprüft als Hilfslehrerin resp. Hilfslehrer die Korrektheit.

■ Die Ordnungszahlen (der erste, zweite …): Auch ihre Bildung erfolgt in jeder Sprache verschieden. Intuitiv merkt man das schnell; eine andere Sache ist, die dahinter stehende Logik herauszufinden und als Regel zu formulieren. Die Herausforderung lohnt sich. Dieses Untersuchungsgebiet eignet sich gut für zweisprachig gemischte Gruppen, z. B. zwei russisch und zwei deutsch aufgewachsene Kinder, die zusammen die Regel für die Bildung der Ordnungszahlen im Russischen formulieren. Anschließend Präsentation der Ergebnisse und Vergleich quer durch die Sprachen.

Alltags- und Schulmathematik in anderen Ländern

■ Planung einer Ausstellung mit Mathematikbüchern aus verschiedenen Ländern (evtl. unterstützt durch Lehrpersonen des herkunftssprachlichen Unterrichts oder als Auftrag über die Sommerferien). Verstehen wir, worum es auf einzelnen Seiten geht? Unterstützung und Nachhilfe können die Schülerinnen und Schüler der betreffenden Sprache bieten. Angesichts der untergeordneten Bedeutung der Sprache findet sich vielleicht eine Seite aus einem dieser Lehrmittel, die als reguläre Aufgabe bearbeitet werden kann.

■ Wie klingt das kleine Einmaleins in verschiedenen Sprachen? Wie wurde es gelernt? Berichte von Schülerinnen und Schülern, die dies in ihren Herkunftsländern erlebt haben.

■ Schriftliches Dividieren und Multiplizieren ist auf verschiedene Arten und in unterschiedlicher Darstellung möglich. Schülerinnen und Schüler, die aus dem Herkunftsland oder vom Elternhaus her andere Strategien kennen, führen dies den anderen vor. Vielleicht werden dabei sogar Konfusionen sichtbar, zu denen es ja auch zwischen Eltern und Kindern kommen kann, wenn beide unterschiedlich vorgehen.

■ Wie zählt man mit den Fingern von eins bis zehn? Verschiedene kulturspezifische Arten – z. B. beginnend mit dem kleinen Finger oder mit Zeigefinger – finden sich bei PERREGAUX 1998:141. Hier aufgewachsene Kinder sollen ihre Eltern fragen, da sie sich selbst vielleicht unserer Tradition (Beginn mit dem linken Daumen) angepasst haben.

■ Welche Hilfsmittel braucht man in anderen Ländern zum Zählen? Die Frage kann auch Anlass sein, den chinesischen Abakus vorzuführen.

Interkulturelle Textrechnungen

Dass Schülerinnen und Schüler selber Textrechnungen verfassen, ist eine gute Übung sowohl im präzisen sprachlichen Ausdruck wie auch im Rechnen. Sie bewährt sich ab Ende der zweiten Klasse. Diese Rechnungen können entweder kopiert und als Aufgaben eingesetzt werden oder wenigstens als Zusatzaufgaben dienen.

Handlungsträger der Rechnungen müssen nicht zwingend Gärtner Huber, Bauer Moser, Susanne oder Peter sein. Wir können die Schülerinnen und Schüler mit Migrationshintergrund vielmehr ermuntern, bewusst Namen, Szenario, Produkte oder Objekte und evtl. die Währung aus ihrer Herkunftskultur zu wählen. Gerechnet, geschrieben und gelesen werden muss sowieso, zugleich holen wir auf diese Weise aber ein Stück jenes Horizonts herein, der für die multikulturelle Klasse ohnehin Realität ist. Unbekannte Begriffe müssen im Text sofort geklärt werden (siehe die Beispiele unten). Anregungen:

- Rechnungen mit der Währung des betreffenden Landes. – Rechnungen mit dortigen Produkten. – Rechnungen, in denen es um Einkäufe für ein typisches Gericht geht. – Rechnungen mit Distanzen zwischen Ortschaften. – Rechnungen mit Werbeprospekten aus verschiedenen Ländern (vgl. die Hinweise in *UV 58* „Werbung – hier und überall").
  Beispiel: Frau Berisha möchte gerne Hallva zubereiten. Das ist eine albanische Süßigkeit. Für vier Personen braucht sie 3 dl Öl, 300 g Mehl und 250 g Zucker. Es sollte aber für sechs Personen reichen!
- Die Produktion interkultureller Textrechnungen ist kompatibel mit diversen anderen Unterrichtsvorschlägen; vgl. z. B. die Hinweise bei *UV 6* „Wo spricht man so? – Vielfalt auf Landkarten sichtbar machen", *UV 58* „Werbung „, *UV 94* „Landwirtschaft", *UV 96* „Schule" (Schulstatistik).

Rechengeschichten
Rechengeschichten sind Mischformen zwischen Geschichten und Textrechnungen. Das Erfinden einer geeigneten Handlung und das Vertexten sind angesichts des größeren Umfangs anspruchsvoller und werden oft zum Gegenstand eines eigenen Unterrichtsprojekts mit den Zielbereichen Schreiben, Leseverständnis, Mathematik, Sachinformation gemacht.

Der gegenüber Textrechnungen großzügigere Rahmen eignet sich bestens für Szenarien aus verschiedenen Kulturkreisen und für Texte, in denen auch Sachwissen zu den betreffenden Ländern und Regionen aufbereitet werden kann.

- Die Arbeit mit Rechengeschichten ist detailliert beschrieben in *UV 45* („Geschichten, mit denen man rechnen kann"), sodass wir hier nur noch einmal das Gerüst in Erinnerung rufen: Die Schülerinnen und Schüler verfassen längere Texte, die diverse Informationen und Zahlen enthalten. Mit diesen kann nachher gerechnet werden. Entsprechende Aufgaben bzw. Impulse schreiben die Verfasserinnen und Verfasser auf einem separaten Blatt auf. Die Geschichten können auch im Leseunterricht und im Rahmen von Werkstätten genutzt werden.

Rechnen mit verschiedenen Währungen

Vor allem nach den Ferien bietet es sich an, auf die Währungen in anderen Ländern zu sprechen zu kommen und mit diesen zu rechnen. Wichtig ist natürlich, dass die betreffenden Münzen und Noten auch präsent sind und angeschaut werden können. Dies weckt auch das Interesse für die Beschriftungen auf ihnen.

■ In den unteren Klassen kann das Rechnen mit fremden Währungen heißen, dass der Euro (bzw. in der Schweiz: der Franken) einfach einmal durch den Rubel, den Dinar oder das Pfund ersetzt wird. Probleme ergeben sich höchstens dadurch, dass in manchen Ländern sehr schnell die Tausender- oder Millionengrenze überschritten ist.

■ In den oberen Klassen führt das Umrechnen der Wechselkurse zu verschiedenen Möglichkeiten und Aufgabenstellungen. Als Vorarbeit sollte eine große Umrechnungstabelle erarbeitet und aufgehängt werden. Bereits sie kann zum Ausgangspunkt für beliebig viele Rechnungen werden: Was ist in anderen Währungen der Gegenwert dessen, was wir hier für ein Kilo Brot oder einen Liter Milch bezahlen? Wie viel würde das neue Fahrrad von Murat in den Währungen der anderen Länder kosten?

■ Interessanter als lineare Umrechnungen ist natürlich, die tatsächlichen Preise der Artikel in den verschiedenen Ländern zu vergleichen. Dazu brauchen wir zuerst die Information, was ein Liter Milch, ein Fahrrad usw. dort effektiv kostet, und zusätzlich wenn möglich Angaben über die minimalen Lebenskosten. Diese Beträge werden dann umgerechnet und tabellarisch erfasst. Daran können sich Gespräche über Preisgefälle, Lebenskosten, Ursachen der Unterschiede usw. anschließen, die über die Mathematik hinausgehen, aber auch wieder zu mathematischen Aufgabenstellungen zurückführen können.

Vgl. B. Bosch „Umgang mit Geld und Gewicht"; in: Praxis Grundschule 2/1994: 4-9.

Arbeit mit Katalogen und Prospekten

Mit Katalogen, Inseraten aus Zeitungen, Werbematerial und Prospekten zu arbeiten, ist lustvoller als die Arbeit mit dem Mathematikbuch, kann aber in manchen Zusammenhängen den selben Zweck erfüllen. Bei der Benutzung von Werbematerial aus den verschiedenen Erstsprachen (das am besten über die Ferien gesammelt werden soll), kommen dazu noch authentische Sprach- und Kulturbegegnungen.

Auf die entsprechenden Möglichkeiten geht *UV 58* „Werbung – hier und überall" ein; vgl. auch die Bemerkungen oben zum Rechnen mit anderen Währungen. Mathematisch sind folgende Punkte von Interesse:

■ Was bedeuten die Preise der Artikel in den Katalogen? Umrechnungen, Verglei-che. Voraussetzung ist die Anlage einer Umrechnungstabelle (s. o.). Je nach Schul-stufe sollen die Preise einzelner Artikel in Bezug gesetzt werden zum durchschnitt-lichen Monatseinkommen im betreffenden Land oder zum Preis eines Kilos Brot.

■ Textrechnungen erfinden, die Bezug nehmen auf Währung, Namen und Produkte des betreffenden Landes. Bei Textmaterial aus anderen Sprachen erfolgt dies in sprachgemischten Gruppen mit einem zuständigen Kind oder aber getrennt nach Sprachen. Denkbar sind Vorgaben wie „Ihr habt 100 Euro oder den Gegenwert davon. Was kauft ihr ein?". Beziehungsweise (auch in Abhängigkeit von den zur Verfügung stehenden Katalogen) „Mit euren 100 Euro solltet ihr Lebensmittel für zwei Wochen/Kleider für zwei Kinder kaufen".

Thema Zeiteinheiten

■ Arbeit mit Eisenbahn-Fahrplänen, die Bezug auf die Herkunftsländer nehmen (zu finden im internationaler Teil des Fahrplans oder im Internet) oder die sogar aus dem betreffenden Land stammen. Grundlage können auch Angaben zur Auto-fahrzeit sein.

Mit Bezug auf die verschiedenen Herkunfts- und Ferienorte der Schülerinnen und Schüler lassen sich reizvolle Besuchsreisen quer durch Europa und noch weiter aus-denken, mit kniffligen Fragen zu Distanzen, optimalen Routen und Zeitaufwand. Dies ergäbe auch ein schönes Sujet für eine Rechengeschichte (s. o. und *UV 45*).

Thema Längenmasse/Landkarte/maßstäbliche Darstellung

■ Bezug zu den Herkunfts- und Ferienorten der Schülerinnen und Schüler. Visualisie-rung auf der Karte. Erfinden von Rechnungen. Siehe die Hinweise oben bei „Zeit-einheiten" und bei *UV 6* „Wo spricht man so? – Vielfalt auf Landkarten sichtbar machen".

Thema „Post" oder Kontext Briefschreibprojekte

■ Briefmarken aus den verschiedenen Ländern mitbringen, anschauen, ausstellen. Die Bezeichnung des Landes in der betreffenden Sprache aussprechen lernen. Die Währungen kennen lernen und einfache Rechnungen damit erfinden („Frau Ak geht auf die Hauptpost in Izmir. Sie braucht …").

Literaturhinweis: MOSER: Fremdsprachige Schülerinnen und Schüler im Mathema-tikunterricht: Förderung und Auswirkungen (s. Bibliografie).

98 Interkulturelles im Mal- und Zeichenunterricht (Kunst/Gestalten I)

Bildnerischer Ausdruck geschieht anders, vielleicht unmittelbarer, als sprachlicher. Zeichnerisch lässt sich vieles ausdrücken und manchmal sogar verarbeiten, wofür die Worte fehlen. Dies gilt erst recht, wenn die Deutschkenntnisse noch gering sind, wie dies bei manchen Schülerinnen und Schülern mit nicht deutscher Erstsprache der Fall ist. Diese Kinder mit verschiedenen Arten und Techniken künstlerischen Ausdrucks vertraut zu machen, heißt zugleich, ihnen zu einer Sprache, zu einem Medium zu verhelfen, in dem sie sich gleichwertig und oft auf beeindruckende Weise mitteilen können. Indem die so entstandenen Werke ihrerseits zum Anlass für Gespräche und Erklärungen werden, führen auch sie zu kommunikativen, für die Deutschkompetenz förderlichen Anlässen.

Selbst in Klassen, in denen kein einziges Kind mit Migrationshintergrund mehr unter Sprachnot im Deutschen leidet, wird der Mal- und Zeichenunterricht immer wieder zum Thema, wenn es um die Aktivierung der verschiedenen kulturellen Ressourcen geht. Dies ist z. B. der Fall bei den unterschiedlichen Gestaltungsformen mehrsprachiger illustrierter Bücher, bei der Gestaltung von Bildern oder Plakaten im Kontext mancher sachkundlicher Projekte, aber auch in Zusammenhang mit interkultureller Kunstbetrachtung.

In verschiedenen Unterrichtsvorschlägen wurde explizit oder implizit auf Sequenzen in Kunst/Gestalten oder auf Möglichkeiten bildnerischen Ausdrucks Bezug genommen. Die nachfolgende Zusammenstellung fasst die verstreuten Hinweise zusammen und ergänzt sie.

Möglichkeiten

- Bilder zu den Herkunftsorten (oder zu den Wohnorten der Großeltern) malen. Mögliche Sujets können sein: das Dorf oder Stadtviertel, die Landschaft, das Haus, Szenen aus dem Haus. Die fertig gestellten Bilder werden erläutert und evtl. durch einen schriftlichen Text ergänzt. Kinder, die keine diesbezüglich interessanten Sujets haben, können wahlweise auch Szenen von einem Ferienort malen, der ihnen besonders nahe liegt.

■ Collagen mit Materialien aus den Herkunftsregionen bzw. aus den Ferien. Die Schülerinnen und Schüler erhalten den Auftrag, in den Ferien Materialien (Sand, Blätter, Federn, Blüten, Rinden usw.) zu sammeln, die anschließend für Collagen verwendet werden. Entstehen können Einzelarbeiten, aber auch Gruppenarbeiten, die bewusst Materialien verschiedener Länder vereinen. Neben eigentlichen Collagen sind auch Ferienbilder denkbar, bei denen vereinzelte Objekte in das Bild geklebt werden (z. B. der Sand am Strand). Vgl. auch die Hinweise bei *UV 99* „Interkulturelles im Bereich kreatives handwerkliches Gestalten".

■ Bilder zu verschiedenen sprach-/sachkundlichen Themen, in denen die Herkunftsregionen einbezogen sind. Der Mal- und Zeichenunterricht verbindet sich hier fächerübergreifend mit jenem in Deutsch und Sachkunde und liefert ihm zugleich Diskussions- und Anschauungsmaterial. Beispiele: Bilder zu den „Großeltern-Geschichten" (*UV 44*), zu Aspekten der Themen „Wohnen", „Landwirtschaft", „Familie", „Schule" (*UV 91, 94, 95, 96*) usw.

■ Bildnerische Gestaltungsaufgaben in Zusammenhang mit Gedichten. In besonders engem Bezug zu den eigenen kulturellen Wurzeln geschieht dies bei Gedichten aus dem eigenen Kulturkreis (z. B. als Ergänzung zu *UV 54* und *55* „Mehrsprachiger Gedichtvortrag" und „Gedicht-Tandems"). Sehr viel Persönliches, Eigenes werden aber auch Bilder zu selbst verfassten Gedichten enthalten (siehe *UV 40* und *41* „Selbstverfasste Gedichte", „Elfchen-Gedichte"). Wichtig ist, dass die Schülerinnen und Schüler mit verschiedenen Techniken vertraut sind, unter denen sie die zum jeweiligen Gedicht passende wählen können.

■ Eine Postkarte oder eine Fotografie aus dem Herkunftsort „weitermalen". In die Mitte eines A3-Blattes wird eine Karte oder Fotografie geklebt. Darum herum und in möglichst unauffälligem Anschluss wird das Sujet der Fotografie, d. h. die heimische Landschaft – weitergeführt.

■ Sich und seine Sprachen zeichnen. Eine vorgegebene oder selbst gemachte Silhouette wird mit verschiedenen Farben ausgemalt. Jede Farbe entspricht einer Sprache gemäß Legende. Die Lage der Sprachen im Körper und ihr quantitativer Anteil spiegeln die Beziehung, die das betreffende Kind zu den einzelnen Sprachen oder Dialekten hat. Um die Figur herum können auch die Sprachen im Umfeld des Kindes visualisiert werden. Vgl. die detaillierte Beschreibung in *UV 9* „Mehrsprachiges Sprachenporträt".

■ Selbstporträts unter Einbeziehung der Sprachen: Vgl. *UV 2* „Mehrsprachige Selbstporträts und Steckbriefe" und *UV 3* „Unsere mehrsprachige Klasse lebensgroß". Im ersten Falle steht das genaue Selbstporträt (Brustbild) im Vordergrund. Es kann auch mit einem Spiegel als Hilfsmittel angefertigt werden, sinnvollerweise erarbeitet man mit der Klasse vorab elementare Einsichten z. B. über die Proportionen oder über das Mischen eines hautähnlichen Farbtons. Als sprachliche Elemente kommen

z. B. Sprechblasen mit „Ich heiße …" in der Erstsprache dazu oder das Porträt ist integriert in einen Steckbrief, der als Ganzes gestaltet wird. – Bei den lebensgroßen Figuren stellen die Gestaltung einer möglichst lebendig bewegten Figur und die Bemalung der doch relativ großen Fläche (am besten mit Wasserfarben) besondere Ansprüche. Als Textelemente dienen auch hier Sprechblasen, die sich sogar periodisch austauschen lassen, z. B. wenn es um die Sammlung einer neuen Wendung in den verschiedenen Sprachen geht.

■ Gestaltungsaufgaben mit Schriften: Mit Schriftzügen aus verschiedenen Sprachen oder mit farbigen Streifen, die dasselbe Wort bzw. dieselbe Wendung in verschiedenen Sprachen enthalten, lassen sich sehr schöne Collagen machen (vgl. *UV 12* „Sprachencollagen"). Große, farbig gestaltete Sprechblasen mit der Entsprechung zu „Willkommen!" in allen Sprachen und Dialekten tragen zum Schmuck der Schule bei und signalisieren interkulturelle Offenheit; vgl. hierzu *UV 4* „Unsere Schule grüßt in allen Sprachen". Kalligrafische Übungen lassen sich besonders schön mit Tamil, Arabisch, Chinesisch und Japanisch durchführen, wenn möglich unter fachkundiger Anleitung. Vgl. auch *UV 78* „Meine Schrift – deine Schrift".
■ Plakate und Werbung: Das Thema „Werbung" konfrontiert die Klasse von selbst mit großen Anzeigen und Plakaten. Ihre spezielle Machart (Wirkung auf weite Distanz durch großzügige Gestaltung der Flächen; Art und Positionierung der Schriftzüge usw.) soll untersucht und besprochen werden. Die Einsichten schlagen sich in der eigenen Gestaltung von Plakaten nieder. In *UV 58* wird auf die Möglichkeit hingewiesen, Werbung für ein Produkt aus dem eigenen Land zu machen oder aber ein Plakat für ein internationales Produkt mit Texten in der eigenen Sprache zu gestalten. Gut geeignet zur Einbeziehung kultureller Ressourcen sind

auch Plakate für das eigene Land bzw. die eigene Herkunftsregion. Vorausgehen soll wenn möglich eine Betrachtung und Besprechung von bestehenden Reiseplakaten. – Die eigenen Bilder werden im Anschluss erläutert und diskutiert. Wie die anderen Plakate auch werden sie am besten in Partner- oder Kleingruppenarbeit gestaltet.

- Bilderbücher: Im Bilderbuch hat das Bild gegenüber dem Text ein besonderes Gewicht und mehr Autonomie als dort, wo es bloße Illustration ist. Durch die Kinder selbst illustrierte Bilderbücher (siehe *UV 36*), die anschließend mehrsprachig vertextet werden (um das Bild herum oder auf der ihm gegenüberliegenden Seite), bieten insofern ein großes Maß an gestalterischer Entfaltungsmöglichkeit. Dies gilt vor allem, wenn jedes Kind ein eigenes Blatt gestaltet und dafür genügend Zeit zur Verfügung hat. Bei selbst erfundenen Geschichten ist die Identifikation mit dem Inhalt oft höher als bei vorgegebenen. Eine Ausnahme sind Geschichten und Figuren, zu denen die Kinder eine besondere Beziehung haben. Dies kann z. B. der Fall sein, wenn es um die bilderbuchmäßige Gestaltung eines Märchens aus der eigenen Kultur geht. Bevor sie zu einem Buch gebunden und in die Klassenbibliothek integriert werden, hängt man die Blätter als Ausstellung auf und liest bzw. hört die Texte in den verschiedenen Sprachen.

- Illustrierte, mehrsprachige Geschichtenbücher (siehe *UV 37* „Wir machen ein Buch – nicht nur auf Deutsch"). Hier ist das Bild in der Regel eher Illustration und dem Text untergeordnet. Vom Format her sind die Möglichkeiten meist eingeschränkter (A5 oder A4). Zu beachten ist, dass sich manche Zeichen- oder Maltechniken nicht eignen, wenn das Buch anschließend vervielfältigt werden soll.
Die spezifischen Bedingungen des illustrierten Geschichtenbuchs stellen aber auch gestalterisch eine Herausforderung dar, die mit den Schülerinnen und Schülern diskutiert und anhand von Beispielen reflektiert werden soll. Zu klären ist etwa, welche der geeigneten, „kopiertauglichen" Techniken gewählt werden soll (Kohlestift, schwarze Kreide, Linolschnitt, Stempeldruck, geeignete Collagenformen usw.) und wie die gestalterischen und layoutmäßigen Fragen, die hier vermehrt in den Vordergrund treten, gelöst werden sollen (in den Text integrierte Bilder oder separate Bildseiten, Rahmen um die Bilder usw.).

- Mehrsprachige Comics: Kreativität und künstlerischer Ausdruck finden hier weniger im Zeichnerischen, als im Gestalterischen und im Layout der Seiten statt. Die Dynamik der Geschichte und die vielen (6-8) zu zeichnenden Einzelbilder lassen es als empfehlenswert erscheinen, den eigentlichen Zeichenprozess zu vereinfachen. Ein praktikables Mittel dazu ist die Arbeit mit „Finger-Stempel-Figürchen", wie sie in *UV 57* „Comics" ausgeführt wird. Statt dass jede Figur gezeichnet wird, nimmt man als Körper den Stempelabdruck einer Fingerbeere, ergänzt ihn um Kopf, Beine, Arme usw. und erhält auf diese Weise unaufwändig Figuren, die passabel aussehen.

- Große Kunstschaffende aus den verschiedenen Ländern und Regionen. Hier geht es nicht um das eigene Gestalten, sondern um kunsterzieherische Aspekte (Bildbetrachtungen usw.). Selbstverständlich gab und gibt es in allen Herkunftsregionen der Schülerinnen und Schüler bedeutende Kunstschaffende, auch wenn diese vom offiziellen Kunstbetrieb bisweilen nicht zur Kenntnis genommen werden und ihre Werke selten als Reproduktionen zur Verfügung stehen. Die Einbeziehung dieser Künstlerinnen und Künstler schafft authentische Bezüge und trägt zur gleichwertigen Behandlung der verschiedenen Kulturen bei. Bei der Materialbeschaffung ist man auf die Hilfe der Schülerinnen und Schüler und ihres Umfelds angewiesen. Dass es manchmal bei qualitativ fragwürdigen Reproduktionen aus Zeitschriften bleibt (falls wirklich auch das Internet nichts hergibt), spielt angesichts der Integrations- und Begegnungsaspekte keine Rolle. – Vom 7. Schuljahr an sind eigentliche Ausstellungen mit Bildern, Plakaten, Präsentationen aus der Geschichte und Gegenwart der Kunst der einzelnen Länder bzw. Regionen planbar.

Wichtig: Ästhetik und Geschmack sind zeit- und kulturspezifisch. Wenn Schülerinnen und Schüler mit Migrationshintergrund Kunstwerke oder -produkte aus ihrer Kultur mitbringen, kann es dabei einiges haben, was auf uns als pathetisch, kitschig oder schwülstig wirkt. Es ist eine Sache des interkulturellen Feingefühls, diese Werke vor dem Hintergrund ihrer Kultur zu betrachten und gelten zu lassen; gegebenenfalls mit einem Seitenblick darauf, was bei uns vor 40 oder 50 Jahren als schön galt. (Repräsentativ für die betreffende Kultur müssen die Bilder sowieso nicht sein. Wenn wir Kinder aus alteingesessenen „einheimischen" Familien Bilder mitbringen lassen, die ihnen besonders gefallen, wird sich dabei auch allerlei Kurios-Kitschiges finden.)

Blicke in die Geschichte der Kunst der einzelnen Länder fördern oft Erstaunliches zu Tage; auf dem Balkan etwa eine Fülle spektakulärer griechischer und römischer Bau- und Kunstwerke. Eine Einstiegsfrage in ein entsprechendes kunstgeschichtliches Projekt könnte lauten: „Was geschah in unseren verschiedenen Herkunftsregionen kulturell vor 2000 Jahren?"

Interkulturelles im Bereich kreatives handwerkliches Gestalten (Kunst/Gestalten II)

Dem handwerklichen Gestalten (in der Schweiz: „Werken") kommt in der mehrsprachigen Klasse eine Bedeutung in doppelter Hinsicht zu. Das eine ist, dass dieser Teilbereich des Fachs Kunst/Gestalten einen handlungsorientierten, kreativen Rahmen bietet, um kulturspezifisches Wissen aufzugreifen und umzusetzen. Dies betrifft z. B. handwerkliche Techniken und Materialien, aber auch besondere Spielzeuge oder Arten der Textilverarbeitung. Oft werden dabei Informationen von Eltern oder Großeltern nötig sein, da ein Teil dieses Wissens vielleicht nicht mehr präsent ist. Dies gilt allerdings für alle Kinder. – Nicht nur Kulturspezifisches, sondern die aktuelle Mehrsprachigkeit selbst kann in diesem Unterrichtsbereich zum Thema werden, wenn etwa fächerübergreifend mit Sprache/Deutsch „Übersetzungsmaschinen" und „Sprachencomputer" ausgetüftelt und gebaut werden.

Das zweite betrifft die sprachliche Förderung. Während beim Zeichenunterricht oft individuell gearbeitet wird, stehen beim handwerklichen Gestalten und Basteln kooperative und kommunikative Lernsituationen im Vordergrund. Auf das beträchtliche Sprachpotenzial solcher „informeller" Situationen wurde in den Ausführungen zur sprachfördernden Anlage des gesamten Unterrichts (Kapitel 8) hingewiesen. Richtig entwickeln kann es sich nur unter der Voraussetzung, dass die Lehrperson es erkennt und stützt, z. B. durch Aufforderungen zu bewusst hoher Verbalisierung und – in dialektgeprägten Regionen – durch die bewusste Verwendung von Hochdeutsch als Unterrichtssprache auch in diesen Sequenzen. Wo dies geschieht, kann der Deutscherwerb in hohem Maße profitieren.

Die nachfolgende Übersicht fasst die in verschiedenen Unterrichtsvorschlägen verstreuten Hinweise auf Situationen kreativen Gestaltens zusammen und ergänzt sie.

Möglichkeiten

- In verschiedenen Kulturen gibt es spezielle Techniken z. B. des Schnitzens oder Rindenschälens. Sie werden angewendet etwa zum Herstellen eines Wanderstockes, eines Löffels, zur Verzierung eines Bogens, zum Schnitzen eines Gefäßes oder von Pfeifen. Fragen in diesem Zusammenhang: Was wurde hergestellt? Wer machte diese Arbeiten und für wen? Welche Werkzeuge werden dafür verwendet? Wie heißen sie? Wer verwendete die Produkte und wozu? Ideal wäre, wenn ein Vater oder Großvater eine Technik in der Schule vorführen würde. Auf jeden

Fall sollten entsprechende Erzeugnisse gezeigt und betrachtet werden können, bevor man eigene Versuche unternimmt.

Viele Schülerinnen und Schüler wissen wenig oder nichts von diesem kulturellen Erbe; seine Aktivierung bedarf bewusster Impulse durch die Lehrperson, oft ist auch die Unterstützung durch Eltern, Großeltern oder Lehrpersonen des herkunftssprachlichen Unterrichts nötig. Zur Informationsbeschaffung vor Ort kann z. B. vor den Sommerferien der Auftrag erteilt werden, entsprechende Nachforschungen anzustellen.

- Stricken: Stricken, aber auch Wolle spinnen und färben kann man auf ganz verschiedene Weisen. Hier sind die Erfahrungen der Mütter und Großmütter gefragt. Wenn man sie zusätzlich befragt (oder sie es uns sogar in der Schule zeigen), welche Handarbeiten sie darüber hinaus als Mädchen und junge Frauen verrichteten, kommen möglicherweise weitere interessante Impulse zusammen.

- Musikinstrumente herstellen. Den Kontext bilden hier Sequenzen im Musikunterricht, während derer man Instrumente der in- und ausländischen Volksmusik kennen lernt (siehe *UV 101* „Interkulturelles im Bereich Gesang/Musik"). Die Hilfe der Schülerinnen und Schüler bzw. von Lehrpersonen des herkunftssprachlichen Unterrichts oder Eltern ist unerlässlich. Dies gilt auch, wenn es um die Beschaffung musikalischer Kostproben oder von Videoaufnahmen geht, auf denen man die Instrumente im Einsatz sieht.

  In vereinfachter Form lassen sich allerlei Instrumente nachbauen, von einfachen Pfeifen bis zu kleinen Trommeln und Rasseln, evtl. sogar ein- oder zweisaitige Saiteninstrumente. Ein Original sollte als Muster vorhanden sein. Wenn möglich gibt ein Elternteil praktische Anweisungen und zeigt, wie das Instrument klingt und was auf ihm gespielt werden kann. Selbstverständlich bleibt es nicht beim bloßen Basteln. – Bastelanleitungen für zwei albanische Instrumente (Laute und Trommel) finden sich bei Schader/Braha 1996:1.2.8.

- Kinderspielzeug und kindliche Bastelarbeiten (Holztierchen, Drachen, Puppen und Autos aus Abfallmaterialien, Würfelspiele): Mit welchen selbst verfertigten Gegenständen spielen und spielten Kinder in anderen Ländern? Was sind oder waren ihre bevorzugten Bastelarbeiten? Der Vergleich quer durch die Kulturen wird – gerade beim Rückgriff auf die Berichte von Eltern und Großeltern – neben Unterschiedlichem auch manches Ähnliche zu Tage fördern.

  Einige der selbst gemachten Spielsachen der Eltern und Großeltern werden nachgebastelt, und manche Spiele, von denen erzählt wurde, werden nachgespielt. Den Abschluss des Projekts könnte eine Ausstellung oder ein internationales Spielbuch darstellen.

- Modelle: Modelle von Häusern oder Interieurs aus verschiedenen Herkunftsregionen zu basteln, bietet sich besonders beim Thema „Wohnen" (siehe *UV 91*) an.

Von der einfachen Kartonschachtel bis zu aufwändigen Modellen aus Sperrholz sind dabei stufenspezifisch verschiedene Variationen denkbar.

- Tiere basteln: Aus Papiermaché lassen sich schöne, bemalte Tiere herstellen. Die Auswahl kann dabei so bestimmt werden, dass jedes Kind z. B. ein in seiner Kultur besonders wichtiges Haus-, Nutz- oder Wildtier herstellt. Bei der Präsentation der Tiere erfährt man etwas über ihren Stellenwert in der betreffenden Region und lernt ihren Namen in den nicht deutschen Sprachen. Vgl. auch *UV 92* „Haus- und andere Tiere".

- Gestalten mit Materialien aus den Herkunftsländern und -regionen (bzw. aus den Ferien oder von einem Ausflug): Für die Ferien erhalten die Schülerinnen und Schüler den Auftrag, Materialien mitzubringen, aus denen im Fach Kunst/Gestalten etwas entstehen könnte. Dabei kann es sich um Sand, Muscheln, Rinden, Blätter, Verpackungen und kleine Objekte aller Art handeln. Den Kindern wie auch ihren Eltern muss klar sein, dass es keineswegs um „schönes" oder repräsentatives Material, sondern um Verbrauchsmaterial für den geplanten Gestaltungsanlass geht.

  Das gesammelte Material wird gesichtet und in verschiedenen, auch von seiner Art abhängigen Formen verwendet. Varianten: Jedes Kind gestaltet mit den Sachen aus seinen Ferien bzw. seinem Land ein Mobile, eine Collage, ein Objekt. – Dasselbe in sprachlich gemischten Kleingruppen; es entsteht ein Produkt, das Materialien aus ganz verschiedenen Gegenden vereint. – Dasselbe in kulturell homogenen Gruppen; jede Ländergruppe bastelt etwas zu ihrem Land, mit ihren Materialien. Anschließend stellt man sich die Arbeiten vor.

- Souvenirs als Reflexions- und Gestaltungsimpulse. Fast jede Region hat ihre „typischen" Souvenirs (z. B. Strohpüppchen, Schnitzereien, Holzpantinen, Folkloresujets auf Postkarten). Wenn man sich nicht auf den oft ziemlich kitschigen und lebensfremd folklorisierten Charakter dieser Objekte fixiert, können sich manchmal interessante Anlässe für Gespräche über kulturelle Hintergründe und Handwerkstraditionen ergeben. Beispiele für Fragestellungen: Trug wirklich jemand solche Holzpantinen? Wer? Wann? – Gab es Leute, die tatsächlich Kleider aus Stroh trugen? Wann und wozu? – Wieso trugen die Schweizer Sennen lederne Käppis? Wie stellt man so ein Käppi her? – Bei welcher Gelegenheit trug oder trägt man die reich bestickten Trachten, wie sie für viele Landschaften charakteristisch sind? Hatten alle Frauen eine solche Tracht? Was kostete sie? Bei der Beantwortung werden einmal mehr Großeltern und Eltern Unterstützung bieten müssen. Oft ergeben sich auch – z. B. im Falle von Kleidungsstücken – Parallelen über die Kulturen hinweg. Zum Thema kann und soll in oberen Klassen auch die Folklorisierung selbst werden: Wieso greifen die meisten Gesellschaften zur Selbstdarstellung auf Sujets und Symbole aus einer vorindustriell-agrarischen Zeit zurück, die mit der Realität herzlich wenig zu tun haben?

Einige Objekte, auf die wir durch Souvenirs oder Bilder aufmerksam werden, reizen durchaus zum probeweisen eigenen „Nachbau" an (ein Püppchen aus Stroh, ein Käppi usw.). Im besten Falle findet sich dabei sogar jemand aus der betreffenden Kultur, der die Technik fachmännisch vorführen kann. Andere Sujets können die Kreativität für die zeichnerische Umsetzung anregen (z. B. Fantasietrachten).

- Lernspiele für den mehrsprachigen Unterricht basteln. Manches Lern- oder Spielmaterial stellt man besser selber her, als dass man es kauft. Nicht nur wegen der Kosten, sondern weil der Prozess der Herstellung selbst ein kreativer und oft auch kognitiv herausfordernder Akt ist. Dies gilt z. B. für die Formen Domino, Quartett und Memory, die in *UV 27* „Spielerisch fremde Wörter lernen" beschrieben werden. Die gemeinsame Produktion führt hier zu Sprachbegegnungen, Fragen und Interaktionsprozessen, die ebenso wertvoll sind wie das anschließende Spiel selbst.

- „Sprachencomputer", „Übersetzungsmaschinen" usw. In *UV 68-70* „Sprach-Tüfteleien I-III" werden verschiedene Arten von Übersetzungsmaschinen, Röhrencomputern und Satzgeneratoren vorgestellt. Ihre Herstellung vereint in exemplarischer Weise sprachliche und gestalterische Anteile. Die „Hardware", z. B. die Schachtel, die den Röhrencomputer in *UV 68* bildet, will möglichst „computerlike" und kreativ gestaltet werden. Die Software, d. h. das zu verarbeitende Sprachmaterial, muss funktionieren, d. h. sprachlich korrekt konzipiert sein und erst noch mit der Hardware übereinstimmen. Die Kreation und Produktion der Maschinen verlangt eine Menge strikte sprachbezogener Interaktion, sodass sie auch in dieser Hinsicht lernwirksam ist.

Interkulturelles im Sport- und Bewegungsunterricht

Sport ist bestimmt nicht das erste Fach, das einem beim Stichwort Interkulturalität einfällt. Die großen Sportarten tragen kaum mehr landestypische Züge, sie sind international und werden überall nach den selben Regeln gespielt. (Dies geschieht zum Teil allerdings in Teams, die in sich sehr multikulturell sind und Kooperation über die Grenzen der Kulturen beinahe exemplarisch vorleben, wie es etwa der Fußball beweist.) Die Kehrseite des völkerverbindenden Charakters ist, dass nationale und regionale Spieltraditionen tendenziell in den Hintergrund treten, wenn sie nicht gar in Vergessenheit geraten.

Nahtstellen zur Einbeziehung einer interkulturellen Perspektive gibt es allerdings auch im Sport- und Bewegungsunterricht. Bevor wir auf sie eingehen, sollen zuerst zwei Punkte angesprochen werden, in denen kulturspezifische Unterschiede bisweilen zu Missverständnissen und Fehlinterpretationen führen können (diese und viele der folgenden Hinweise verdanke ich BRUNO EGLOFF, Sportdidaktiker in Zürich).

Gemeint ist zum einen der unterschiedliche Stellenwert der Leistungsdimension. Während der Sportunterricht sich bei uns mehr in Richtung Bewegungsunterricht öffnet und Aspekte wie soziale Begegnung (vgl. z. B. die New Games), freie Bewegung im Tanz usw. hoch rangieren, ist er in anderen Regionen (z. B. Ost- und Südosteuropa) stärker leistungsorientiert, wird in engerem Bezug zur Vorbereitung auf den Spitzensport, auf Ausscheidungen und Meisterschaften gesehen. Die unterschiedlichen Traditionen, verinnerlichten Haltungen und Erwartungen können seitens der betreffenden Schülerinnen und Schüler zu Enttäuschungen, Frustrationen oder gar Unterrichtsstörungen führen, ebenso aber seitens der hiesigen Lehrerinnen und Lehrer zu Fehleinschätzungen wie „aggressiver Charakter" usw. Gespräche zur Thematisierung der Standpunkte und zur Erklärung unserer „Werte" im Sport sind wichtig; dass der Einstellungswandel Zeit braucht, ist klar.

Das andere ist die Einstellung zu Körperlichkeit, zu körperlichen Berührungen, zum eigenen Körper. Unsere diesbezüglichen „Standards" sind nicht universal. Sie können je nach Herkunftsregion und Religion variieren. Sich beispielsweise in geschlechtergemischten Gruppen anzufassen oder spielerisch miteinander zu kämpfen, kann für manche Kinder eine sehr unangenehme Verletzung der Normen des eigenen Kulturkreises bedeuten. Das Gleiche gilt für geschlechtergemischten Schwimmunterricht oder Übernachtungen auf Klassenfahrten oder in auswärtigen Projektwochen.

In beiden Fällen können neben klärenden Gesprächen mit den betreffenden Schülerinnen und Schülern und ihren Eltern (dies z. B. im Falle des Schwimmunterrichts und gemeinsamer Übernachtungen) die Lehrkräfte des herkunftssprachlichen Unterrichts eine wichtige Rolle als Kulturmediatoren und Vermittlerinnen einnehmen.

Eltern, Großeltern (natürlich auch die der einheimischen Kinder!) und die Lehrpersonen des herkunftssprachlichen Unterrichts können aber auch eine wichtige Funktion erfüllen, wo es um die Erschließung der Ressourcen für eine interkulturelle Öffnung des Sport- und Bewegungsunterrichts geht. Für den Kindergarten und die ersten Schuljahre stehen in diesem Zusammenhang vor allem die verschiedenen Arten von Freizeit-, Kreis- und Bewegungsspielen im Vordergrund. Sie sind sich quer durch die Kulturen bisweilen erstaunlich ähnlich – abgesehen natürlich von den sie begleitenden Versen oder Liedern – und können im Sportunterricht gut aufgegriffen werden. Auch in den mittleren und höheren Klassen werden Spieltraditionen aus verschiedenen Ländern und Regionen (altersgerechte Spiele, regionale Sportarten) einbezogen und nachgespielt. Dazu treten hier vermehrt auch Gespräche und Präsentationen. In Letzteren werden z. B. regionale Sporttraditionen, -klubs und -stars etwa im Rahmen von Kurzvorträgen vorgestellt.

Ein übergreifendes Thema für alle Klassen und Sprachregionen sind die Volkstänze, deren Behandlung fächerübergreifend mit Musik geschieht. Dazu kommen Freizeitspiele in der Art unseres „Räuber und Gendarm" (bzw. „Räuber und Poli[zist]"), wie sie von Kindern und Jugendlichen überall gespielt werden und wurden. Sie zu sammeln, gibt zugleich Impulse für das außerschulische Spielen.

Die folgende Liste fasst die verstreuten Hinweise aus anderen Unterrichtsvorschlägen zusammen und ergänzt sie.

Möglichkeiten

Spiele, Aktivitäten
- Freizeitspiele: Was spielen Kinder in anderen Regionen und Ländern, so wie Kinder hier Verstecken, Himmel und Hölle oder Räuber und Gendarm spielen? Was spielten unsere Eltern und Großeltern, als sie Kinder waren? Wie lauten die Regeln dieser Spiele? Diesen spannenden Fragen muss zunächst, fächerübergreifend mit Sachkunde und Deutsch, nachgegangen werden, bevor wir zur Umsetzung im

Sportunterricht kommen. Das kleine „Forschungsprojekt", das sich gut auch klassenübergreifend durchführen lässt, hat ein hohes Potenzial an Gesprächs-, Begegnungs- und Schreibanlässen. Als Produkt könnte ein „internationales Spielebuch" entstehen, das auf dem Schulhof, im Unterricht, in der Turnhalle und hoffentlich auch in der Freizeit Verwendung findet.

■ Abzählreime: Abzählreime, um auszumachen, wer in einem Spiel beginnt, gibt es in verschiedenen Sprachen. Sie sind kurz und wegen ihres oft sprachspielerisch-klangmalerischen Charakters leicht zu lernen. Die Chancen, in den Familien der Schülerinnen und Schüler solche Reime zu finden und damit eine Sammlung anzulegen, stehen gut. In der Literatur, die allerdings nur zur Not beigezogen werden soll, finden sich Beispiele bei NAEGELE/HAARMANN (1993:108; italienisch, türkisch, serbisch/kroatisch), ULICH (1993:26-32; türkisch, kroatisch, slowenisch, griechisch, italienisch, portugiesisch, z. T. in Liedform), SCHADER/BRAHA (1996: 7.2.1a; albanisch)

■ Fangspiele („Wer hat Angst vor dem bösen Wolf"), Brückenspiele („Macht auf das Tor"), Spiele wie „Himmel und Hölle": Hier gilt dasselbe wie bei den Kreisspielen. Entsprechungen gibt es in vielen Ländern; zumindest mittelbar über Eltern, Großeltern und Lehrpersonen des herkunftssprachlichen Unterrichts sind die betreffenden Informationen zu erfahren. Die reiche Sammlung, die ULICH (1993:50-75) auch hierzu bietet, kann zur Klärung eventueller Verständnisschwierigkeiten und zur Ergänzung beigezogen werden.

■ Kreisspiele/„Angstspiele" (Kindergarten, 1./2. Klasse): Spiele in der Art von „Dreht euch nicht um, der Plumpssack (bzw. der Fuchs) geht um" gibt es nicht nur bei uns. Auf Italienisch heißt dasselbe z. B. „il pungiglione", auf Slowenisch „Gnilo jajce" – das faule Ei (wie ja auch bei uns mancherorts) und auf Türkisch „Yağ satarım" (Butter verkauf ich). Mit ihrem leichten Grusel und der Abwechslung von gespanntem Warten und raschem Rennen sind sie vor allem bei kleineren Kindern sehr beliebt. Sie in der Sprache einer Mitschülerin bzw. eines Mitschülers zu spielen, stellt wegen der einfachen Texte kein Problem dar und führt zu spielerischen Sprachbegegnungen. Die Spiele sollten von zu Hause mitgebracht und evtl. von einem Elternteil oder einer Lehrperson des herkunftssprachlichen Unterrichts eingeführt werden.
Eine Sammlung in verschiedenen Sprachen findet sich bei ULICH 1993: 33-49.
Angstspiele können Anlass zu interessanten Gesprächen bieten; siehe hierzu unten.

■ Sing- und Bewegungsspiele („Es tanzt ein Bi-Ba-Butzemann" usw.): Diese Spiele können sowohl im Klassenzimmer (zur Einstimmung und Auflockerung) wie auch in der Turnhalle gespielt werden. Neben den einsprachigen Spielen, die die Kinder mitbringen, sei auf NAEGELE/HAARMANN (1993) verwiesen, wo sich auch einige mehrsprachige finden.

■ „Internationale Flüster-Telefone" in der Turnhalle: Vgl. *UV 20.*

■ Volkstänze: In jeder Kultur existieren Volkstänze mit einfachen Grundschritten und einfachen, aber attraktiven Choreografien. Diese Tänze können bereits von kleinen Kindern eingeübt werden. Zusammen mit der Musik aus dem betreffenden Land vermitteln sie einen positiven, unbeschwerten Zugang zu einem Stück anderer Kultur. Das Einstudieren der Schritte und Bewegungen soll wenn möglich durch jemanden aus dem Herkunftsland erfolgen. Möglicherweise können Kontakte zu Folkloregruppen (solchen der verschiedenen Migrationsgruppen wie auch einheimischen) geschaffen werden. Parallel lassen sich im Singunterricht Melodien aus den betreffenden Regionen hören oder Lieder lernen.

Volkstänze werden traditionell in Tracht getanzt. Da die meisten Fernsehstationen der Migrationsgruppen immer wieder Folkloresendungen bringen, sollte es, falls sich keine originalen Begegnungen schaffen lassen, kein Problem sein, eine Volkstanzsequenz mit Trachten auf Video vorführen zu können und damit ein Stück kulturellen Hintergrunds zum selbst eingeübten Tanz zu liefern. Im größeren Rahmen lässt sich dies ausbauen zu einem eigentlichen Projekt „Volkstänze aus unseren Regionen und Ländern", bei dem es auch um Betrachtungen und Vergleiche im Bereich der Melodien, der Instrumente und Trachten geht. Wichtig ist natürlich, dass Klischierungen und falsch verstandene Folklorisierung vermieden werden.

Kinder- und Volkstänze aus den Ländern Türkei, Serbien, Griechenland, Italien, Spanien, Portugal finden sich bei ULICH 1993:105-131; ein albanischer Tanz ist beschrieben bei SCHADER/BRAHA (1996:8.0.2; Lied dazu 8.9).

■ Lehrpersonenwechsel, „Die Turnstunde als Sprachstunde": Zur Abwechslung kann eine Turnlektion durch eine Lehrperson des herkunftssprachlichen Unterrichts oder ein Elternteil geleitet werden; evtl. in der Tradition des jeweiligen Landes und mit Spielen von dort.

In diesem Kontext, aber auch unabhängig davon, können auch einfache Wendungen wie „Fang!", „Gib!", „Hopp!", „Schieß!" usw. in verschiedenen Sprachen gelernt werden. Fächerübergreifend mit dem Sprachunterricht lässt sich dies ausbauen zu einem internationalen Sportsprachführer, der das sprachliche Überleben in Sportstadien auf der ganzen Welt sicherstellt. Dieses Projekt wäre nicht zuletzt angesichts der vielen Internationalismen interessant, die in je sprachspezifischer Art verschriftlicht werden.

Die folgenden Impulse betreffen nicht sportliche Aktivitäten selbst, sondern interessante Aspekte des Themas Sport. Angesichts der Schülernähe dieses Inhalts können sie im umliegenden Unterricht (Sachunterricht, Geografie, Soziales Lernen/Lebenskunde) zum Gegenstand von Klassengesprächen oder Kurzvorträgen werden oder aber als vereinbarter Bestandteil in Länderpräsentationen, Wandzeitungen usw. integriert werden.

Themen für Klassengespräche

■ Klassengespräch, evtl. eingeleitet durch eine Sequenz schriftlicher Reflexion: Einstellungen zu Sport, Spiel, „Fun" und Leistung. Worauf kommt es den einzelnen Schülerinnen und Schülern primär an, wo legen sie das Schwergewicht in einer Sportstunde, bei einem Match?

■ Klassengespräch zum Thema Angst und Angstfiguren: In Zusammenhang mit den „Angstspielen" können spannende Gespräche über Angstfiguren in den verschiedenen Kulturen geführt werden. Was entspricht anderswo Figuren wie dem „Schwarzen Mann", der Hexe, dem bösen Wolf usw.? Lassen sich sogar – in den höheren Schuljahren – Bezüge zu realen oder früheren gesellschaftlichen Ängsten herstellen? (Der „Schwarze Mann" bei uns z. B. geht auf die Pest im Mittelalter zurück; das „Hakenmännchen" aus der Bodenseeregion sollte die Kinder vom als bedrohlich erlebten Wasser fern halten.)

■ Klassengespräch zum Thema „mythische Kraftfiguren" (bei uns z. B. Riesen).

■ Klassengespräch zum Thema Körperideale. Was macht eine besonders schöne Frau, einen besonders schönen Mann aus? Wie sollte sie/er sein? Wie variieren diese Vorstellungen in den verschiedenen Herkunftsregionen?
Wie waren sie zur Zeit unserer Großeltern? – Wie müsste mein Körper sein, dass ich mich in ihm so richtig toll fühlen würde?

Berichte

■ Sportarten: Welche Sportarten oder Spieltraditionen sind – neben den internationalen wie Fußball – in den verschiedenen Ländern von Bedeutung (z. B. Boccia, Fingerhakeln, Tauziehen, Schwingen)? Wer spielt sie? Wie sind die Regeln? Gibt es Turniere? Können wir sie im Sportunterricht oder in der Freizeit aufgreifen und nachspielen? – Wenn möglich kurze Demonstration life oder Einblick mittels einer Videosequenz.

■ Die Bedeutung des Sports in den einzelnen Regionen. Wer treibt welche Formen von Sport? Welche Formen unseres Freizeitsports sind bekannt; welche anderen gibt es zusätzlich oder stattdessen?

■ „Passiv-Sport"; Sport und Medien: Welche öffentlichen Sportanlässe gibt es? Wer geht hin? Wie weit dominieren wichtige Fußballspiele das Tagesgespräch und die Medien? Welche anderen Sportarten werden an Fernsehen und Radio gezeigt? Sind das dieselben wie bei uns?

■ Sportgrößen, wichtige Fußballmannschaften und -stars der verschiedenen Länder: Porträts im Rahmen von Kurzvorträgen, wenn möglich auch kurzer Ausschnitt aus einem Video; Poster an der Wand. Woher stammen die Leute in den großen Ländermannschaften?

- Frauen und Sport: Treiben in der betreffenden Kultur auch Frauen Sport? Welche Sportarten? Gibt es Frauenturnvereine wie bei uns?
- Sportunterricht: Wie geht er vonstatten? Worauf kommt es der Lehrperson an? – Wie sieht Sportunterricht dort aus, wo es keine oder nur viel einfacher ausgerüstete Turnhallen gibt? Wie war das früher bei uns?

Hinweis: Knappe Bemerkungen zum Thema finden sich bei ERNST/BUCHER (1997):7-8.

Interkulturelles im Bereich Gesang/Musik

Für Gesang und Musik liegen die Bezüge zu anderen Kulturen und Sprachen nahe. Musik ist international, angefangen von der klassischen Musik bis zur Popkultur der Gegenwart. Tatsächlich werden denn auch in fast allen Klassen schon in den unteren Klassen auch englische, italienische, französische und bisweilen hebräische Lieder gesungen. Das ist umso sinnvoller, als es eine frühe und unbelastete Gewöhnung an andere Sprachen und Klänge unterstützt.

Was bei dieser Internationalität allerdings oft ausgespart bleibt, sind die musikalischen Beiträge aus den Kulturen und Traditionen gerade jener Migrationsgruppen, die bei uns zahlenmäßig besonders stark vertreten sind.

Die nachfolgende Zusammenstellung fasst Anregungen aus den anderen Unterrichtsvorschlägen zusammen und ergänzt sie. Sie will auf Möglichkeiten hinweisen, die Ressourcen und Hintergründe der Klasse einzubeziehen und die verschiedenen musikalischen Kulturen und Traditionen in einer Weise zur Geltung zu bringen, die über das bisweilige Singen eines Liedes in den einzelnen Sprachen hinausgeht.

Wo es möglich ist, werden Literaturhinweise gegeben. Authentischer sind natürlich Beiträge, die die Schülerinnen und Schüler selber mitbringen. Wertvolle Tipps können von den Lehrpersonen des herkunftssprachlichen Unterrichts stammen; lohnend sind auch Recherchen im Internet (s. *UV 62*).
Bei der Erarbeitung eines Liedes in einer nicht deutschen Sprache kommt selbstverständlich den Kindern der betreffenden Sprache eine wichtige Rolle zu. Zugleich bieten sich hier besonders gute Gelegenheiten, Eltern oder eine Lehrperson des herkunftssprachlichen Unterrichts einzubeziehen.

Möglichkeiten

- Dasselbe Lied in allen Sprachen der Klasse singen (Kindergarten bis 10. Schuljahr; vgl. *UV 56*):
  Lieder wie „Happy birthday" oder „Bruder Jakob/Frère Jacques" gibt es in verschiedenen Sprachen. Wo noch keine Übersetzung vorliegt, kann sie durch die betreffenden Kinder (evtl. mit Hilfspersonen) selbst angefertigt werden. Die Übersetzungen der in beiden Fällen extrem einfachen Texte sollen in allen Sprachen

aufgehängt und auch zum Anlass für Sprachbetrachtung und -vergleich gemacht werden.

Quellen: NAEGELE/HAARMANN 1993 (div. zwei- und mehrsprachige Lieder); SCHADER 1999b:67ff (Happy birthday, Frère Jacques und ein „internationales Morgenlied" in 12 Sprachen); BÜCHEL u. a. 1990:95–96 (Bruder Jakob, Häschen in der Grube in fünf bzw. drei Sprachen); KÖPPEN/RIESS 1990:84–93 (div. Lieder türkisch-deutsch, für die unteren Klassen); Grundschulzeitschrift 43/1981:63 (Herenu Shalom Aleichem in neun Sprachen).

■ Selber ein mehrsprachiges Klassenlied erfinden (ab 2. Klasse):

Ausgangspunkt bildet einerseits ein einfacher Satz (z. B. „Hallo, liebe Leute, wir sind die dritte Klasse aus XY") oder ein kurzer Liedtext, und andrerseits eine einfache Melodie, die auch von einem bestehenden Lied übernommen werden kann. Text und Melodievorschläge sollen von den Schülerinnen und Schülern erarbeitet werden, evtl. als Wettbewerb in Gruppenarbeit. Der Text wird in alle Sprachen übersetzt, aufgeschrieben und gelernt. Eine einfache Begleitung mit Instrumenten kann das Projekt ergänzen.

■ Einen zwei- oder mehrsprachigen Rap erfinden (ab 5./6. Schuljahr):

Raps vermitteln Botschaften, die oft in Zusammenhang mit antirassistischen Anliegen stehen. Dies sowie ihre Attraktivität bezüglich Rhythmus und Präsentation machen sie vor allem für die Schuljahre 7 bis 10 zum geeigneten Inhalt. Einen fächerübergreifenden Kontext könnte die Behandlung von Rassismus in Soziales Lernen/Lebenskunde darstellen.

Besonders geeignet sind zweisprachige Raps, bei denen sich die verschiedenen Sprachen abwechseln. Sie können in verschiedenen Formen dargeboten werden. (Variante 1: Der ganze Text wird durch Schülerinnen und Schüler einer Sprachgruppe vorgetragen. Variante 2: Die deutschen Passagen werden durch Deutsch-Muttersprachige, die nicht deutschen durch Schülerinnen und Schüler der betreffenden Sprache vorgetragen.) Dialekte lassen sich natürlich gut einbeziehen. Wichtig ist die musikalische Begleitung. Die fertigen Raps werden auf eine Tonband- oder Videokassette aufgenommen.

Hilfreich ist, vorher Beispiele zu hören und zu diskutieren. Speziell für die Schuljahre 1 bis 6 sei verwiesen auf: TOBIAS FREY: Das Rap-Buch; Küsnacht (Verlag Music Vision), 2. Aufl. 1999.

■ Lieder aus anderen Sprachregionen singen (Kindergarten bis 10. Schuljahr):

Lieder aus den Sprachen und Kulturen aller Schülerinnen und Schüler der Klasse gehören zum festen Repertoire der Klasse. Neben dem Einüben von Aussprache und Melodie kann und soll ihre Erarbeitung auch zur Sprachbegegnung genutzt werden. Das Lied liefert ja authentisches „Sprachmaterial", das auf Wortklänge, Ähnlichkeiten zu anderen Sprachen, evtl. Satzstellung usw. hin untersucht werden kann. Die Einführung von Liedern aus den Sprachen der Schülerinnen und Schüler kann gut im Rahmen von Sprachpräsentationen, -workshops und Mini-Kursen durchgeführt werden (vgl. *UV 17, 28, 29, 86*). Auf die Rolle der Schülerinnen und Schüler der betreffenden Sprache bei der Einführung bzw. auf die Beiziehung von Eltern oder Lehrpersonen des herkunftssprachlichen Unterrichts (auch bei der Suche nach Liedtexten und -noten) wurde oben hingewiesen.

Weitere Quellen: HÖFELE 2002 (div. europäische Sprachen, mit CD), HÖFELE 2000 (div. Sprachen der Welt, mit CD); ULICH 1993: 77-104, 237-255 (Türkei, Kroatien, Griechenland, Italien, Spanien, Slowenien, Portugal); BÜCHEL u. a. 1990:97-100 (Spanien, Portugal, Italien, Griechenland, Türkei, Kroatien); NAEGELE/HAARMANN 1993 (v.a. Türkisch, Serbisch/Kroatisch, Griechisch, Spanisch, Portugiesisch, Italienisch); SCHADER/BRAHA 1996, Kapitel 8 (10 albanische Lieder mit Aussprachehilfe und Übersetzung); HÜSLER-VOGT 1987:78–82 und 135–145; HOFFMANN (1992).

- Eine mehrsprachige Liedkassette/Minidisc/DVD herstellen (ab 3./4. bis 10. Schuljahr):

  a) Selbst gesungene Lieder: Sobald die Klasse Lieder aus den verschiedenen Sprachen und Dialekten der Kinder kann (evtl. ergänzt um weitere Sprachen), bietet sich ein Projekt „Liedkassette" an. Es lässt sich gut auch klassenübergreifend oder in eine Projektwoche integriert durchführen. Für die Aufnahme muss u. a. geklärt werden, ob und wie instrumentale Begleitungen eingeübt werden sollen und wie die Ansagen der einzelnen Lieder und Sprachen erfolgen sollen. Die fertige Kassette wird in der Klassenbibliothek zugänglich gemacht; sie kann aber auch kopiert und als Muttertagsgeschenk oder origineller Verkaufsartikel für einen Bazar verwendet werden.

  b) Tonbandaufnahmen von Schlagern, Hits oder Volksliedern aus den verschiedenen Regionen: Wenn Schülerinnen und Schüler verschiedener Herkunftsregionen sich die Volksmusik oder die aktuelle Musikszene ihrer Heimat präsentieren (siehe unten), kann parallel dazu eine Kassette (oder ein anderer Tonträger) hergestellt werden. Sie wird unter ein Motto wie z. B. „Unsere Lieblingslieder", „Volkslieder aus unseren Ländern" oder „Popstars aus unseren Ländern" gestellt. Auch wenn die Wiedergabequalität unter dem doppelten Aufnehmen etwas leiden wird, steht die Kassette immerhin in engem Bezug zu den Schülerinnen und Schülern. Sie soll in der Klassenbibliothek zur Ausleihe verfügbar sein.

- Gedichte vertonen (selbst gemachte oder bestehende):
  Vgl. *UV 40* „Sprachen in selbstverfassten Gedichten begegnen", *UV 41* „Elfchen-Gedichte" und *UV 54* „Projekt Mehrsprachiger Gedichtvortrag".

- Sing- und Tanzspiele in verschiedenen Sprachen (Kindergarten bis 3./4. Schuljahr)
  Vgl. hierzu die Hinweise bei *UV 100* „Interkulturelles im Sport- und Bewegungsunterricht".

- Tänze aus verschiedenen Kulturen (ab Kindergarten bis 10. Schuljahr):
Vgl. hierzu die Hinweise bei *UV 100* „Interkulturelles im Sport- und Bewegungs-unterricht".

- Volksmusik aus verschiedenen Regionen und Ländern kennen lernen (alle Schul-stufen):
Im Rahmen eines über mehrere Wochen verteilten Projekts stellen Schülerinnen und Schüler ein oder mehrere Beispiele der Volksmusik aus ihren Herkunftsregio-nen vor. Zu entscheiden ist, ob als Basis nur Tonträger oder Soundfiles aus dem In-ternet dienen sollen (was der Konzentration auf die eigentlich musikalischen Ele-mente wie Melodie, Rhythmus, Klang entgegenkommt) oder ob man eher mit Videoaufnahmen (ab Fernsehen) arbeiten will. Letzteres lenkt vielleicht etwas von der Musik ab, vermittelt aber ein authentischeres Ambiente und erlaubt auch Be-trachtungen und Vergleiche von Elementen wie Tanz und Trachten.
Je nach Schulstufe werden unterschiedlich anspruchsvolle Höraufträge und Impul-se für Beobachtungen und Vergleiche gegeben. Beim bloßen Abhören soll es je-denfalls nicht bleiben. Auf diese Weise bliebe das Potenzial an musikalischer Wahrnehmung und Sensibilisierung ungenutzt, und im schlimmsten Fall würden einfach Vorurteile zementiert. Ein Erfolg ist das Projekt dann, wenn die Schülerin-nen und Schüler merken, dass bei differenziertem Hinhören auch ein Teil der oft als „öde" verpönten einheimischen Volksmusik und die „ewig gleiche" orientali-sche Musik sehr wohl etwas hergeben – ohne dass man deswegen gleich zu ihrem Fan werden muss.

- Instrumente kennen lernen, evtl. nachbauen (4./5. bis 10. Schuljahr):
Jedes Land hat seine eigenen Instrumente, die vor allem in der Volksmusik zum Einsatz kommen. Diese Instrumente können in loser Folge vorgestellt werden, selbstverständlich unter Einbeziehung der einheimischen (Alphorn, Schifferklavier, Zither, Hackbrett usw.). Zu jeder Präsentation gehören zumindest ein Bild und eine Beschreibung, wo immer möglich aber eine Hör- oder Sehprobe (ab Videokas-sette). Da Volksmusik- und Folkloresendungen zum festen Bestand der Fernseh-stationen vieler Migrationsgruppen gehören, dürfte dies kein großes Problem dar-stellen. Die Bilder und Beschreibungen werden in einem Ordner gesammelt. Wenn sie nach Blas-, Streich-, Schlaginstrumenten usw. geordnet werden, ergeben sich mit der Zeit auch Vergleichsmöglichkeiten quer durch die Länder. Wertvoll sind zusätzliche Informationen, welche Eltern und Lehrpersonen des herkunftssprach-lichen Unterrichts beitragen können (z. B. wann und wo werden die Instrumente gespielt). Im Idealfall findet sich jemand, der der Klasse das Instrument live er-klären und etwas darauf vorspielen kann.
Einfachere Instrumente können vielleicht nachgebaut werden; vgl. dazu *UV 99* „Interkulturelles im Bereich kreatives handwerkliches Gestalten".

- Die gegenwärtige Musikszene kennen lernen (6./7. bis 10. Schuljahr):
Wie klingen die Bands, Sängerinnen und Sänger, die in den verschiedenen Herkunftsregionen und -ländern gerade in sind; wie sehen ihre Videoclips aus? Die Präsentation von Beispielen der aktuellen Popmusik verläuft analog derjenigen zur Volksmusik (s. o.) und kann sich über einige Wochen verteilen. Die Beschaffung von Videoclips ist für die Schülerinnen und Schüler der größeren Migrationsgruppen unter Umständen einfacher als für monokulturell-einheimische Kinder, die z. B. eine nur regional bekannte Gruppe vorstellen möchte. Trotzdem sollte wenn möglich nicht auf Videos verzichtet werden, da sie oft sehr viele interessante Zusatzinformationen und Einblicke in die (Jugend-)Kultur der einzelnen Länder und Regionen vermitteln. – Jede Sprachgruppe bereitet ihre Präsentation vor, wozu eine kurze Einführung zur Gruppe resp. zur Sängerin/zum Sänger und eine Übersetzung oder Paraphrase der Songtexte gehört. Die Klasse erhält Hör- und Beobachtungsaufträge in altersgerechter Komplexität. Diese tragen dazu bei, die Präsentation auch im Sinne der musikunterrichtlichen Ziele fruchtbar zu machen, und strukturieren die anschließende Gesprächs- und Fragerunde.
- Große Musikschaffende und ihre Werke: Vorträge und Werkbetrachtungen (7. bis 10. Schuljahr):
Der Aufbau entspricht demjenigen der Präsentationen von Beispielen aus der Volks- oder Popmusik (s. o.). Für die Beschaffung der Tonbeispiele und der Informationen zu den Komponisten bzw. Komponistinnen ist die Hinzuziehung von Eltern, Lehrpersonen des herkunftssprachlichen Unterrichts, Lexika oder Internet-Files besonders wichtig. Vortragstechnische Aspekte und Pflichtinhalte (z. B. Biografie des Komponisten bzw. der Komponistin; musikgeschichtliche Situierung der Hörprobe; Instrumentierung usw.) müssen vorher mit der Klasse besprochen werden. Die Dokumentationen, die zu den einzelnen Vorträgen vereinbart und verlangt werden können, werden in einem Ordner gesammelt. Wenn möglich sollte die Lehrperson die vorgesehene Hörprobe vorab selber anhören, um geeignete Höraufträge zu überlegen. Diese sind hier schwieriger zu formulieren, da klassische Musik im Vergleich zu Volksmusik und Pop oft höhere Ansprüche an die Zuhörenden stellt.

LITERATURVERZEICHNIS

Aufgeführt sind die im Text erwähnten Titel sowie weitere wichtige Beiträge zum Thema des Buches.

Mit * markiert sind Bücher oder Aufsätze mit unterrichtspraktischen Anteilen (Unterrichtsmodelle, -anregungen, -materialien; meist eingebettet in Hintergrundüberlegungen)

Allemann-Ghionda, Cristina (Hg.) (1994): Multikultur und Bildung in Europa; Bern (Lang)

Allemann-Ghionda, Cristina (1997): Mehrsprachige Bildung in Europa; in: LIFE, Kap. 1.1.1

Allemann-Ghionda, Cristina u. a. (1998): Formation des enseignants et pluralité linguistique et culturelle. Rapport final au Fonds National de la Recherche Scientifique; Bern

Allemann-Ghionda, Cristina (1999a): Schule, Bildung und Pluralität. Sechs Fallstudien im europäischen Vergleich; Bern usw. (Lang)

Allemann-Ghionda, Cristina (1999b): Brücken bauen und Grenzen überwinden. Schule und die Pluralität der Sprachen und Kulturen; in: NZZ vom 1. Juli 1999, S. 81

* Ambühl-Christen, Elisabeth; Claudia Neugebauer; Claudio Nodari (1994): Kontakt 1. Deutsch für fremdsprachige Jugendliche. Textbuch, Grammatik und Übungen, Kommentar; Zürich (Lehrmittelverlag des Kantons Zürich)

* Anne Frank-Haus Amsterdam (Hg.) (1995): Das sind wir. Interkulturelle Unterrichtsideen für Klasse 4–6 aller Schularten; Weinheim und Basel (Beltz) (Bestandteile: Videokassette, Lesebuch, Anregungen für den Unterricht)

* Apeltauer, Ernst u.a. (Hg.) (1998): Erziehung für Babylon; Baltmannsweiler (Schneider-Verlag Hohengehren) (= Interkulturelle Erziehung in Praxis und Theorie Bd. 22)

Auernheimer, Georg (³2003): Einführung in die Interkulturelle Erziehung; Darmstadt (Wissenschaftliche Buchgesellschaft)

* Autorenkollektiv (2003): Werkstatt Deutsch als Zweitsprache. Hannover (Schroedel) (4 Hefte)

* Autorenteam (2000): Religionen und ihre Feste. Ein Leitfaden durch das interkulturelle Schuljahr. Zürich (Verlag Pestalozzianum/PHZH)

* Babylonia. Zeitschrift für Sprachunterricht und Sprachenlernen. Herausgegeben von der Fondazione Lingue e Culture, 6949 Comano (u. a. Heft 2/1999, Thema „Begegnung mit Sprachen")

* Balhorn, Heiko; Hans Brügelmann u.a. (Hg.) (¹1991): Regenbogen-Lesekiste. Texte für Erstleser. Bücher, Poster, Spiele, Kopiervorlagen. Materialien für den Anfängerunterricht. Hamburg (Verlag für pädagogische Medien)

* Balhorn, Heiko; Hans Brügelmann (1993): Bedeutungen erfinden – im Kopf, mit Schrift und miteinander; Lengwil (Faude) (= 5. Jahrbuch der Deutschen Gesellschaft für Lesen und Schreiben)

* Balhorn, Heiko; Heide Niemann (1997): Sprachen werden Schrift. Mündlichkeit, Schriftlichkeit, Mehrsprachigkeit; Lengwil (Faude) (= 7. Jahrbuch der Deutschen Gesellschaft für Lesen und Schreiben)

Barkowski, Hans (1992): Interkulturelles Lernen in ethnisch gemischten Gruppen; in: Pommerin-Götze; S. 186-198

* Barkowski, Hans (1993): „Ich und -e, das gehört zusammen …". Ein unterrichtspraktischer Beitrag zum interkulturellen Lernen in der Grundschule; in: Deutsch lernen 3/1993, S. 211-221

Barkowski, Hans; Renate Faistauer (Hg.) (2002): … in Sachen Deutsch als Fremdsprache. Festschrift für H.-J. Baltmannsweiler (Schneider Hohengehren)

Baur, Rupprecht S. u. a. (Hg.) (1992): Interkulturelle Erziehung und Zweisprachigkeit. Hohengehren (Schneider) (= Interkulturelle Erziehung in Praxis und Theorie Bd. 15)

Bebermeier, Hans (1992): Begegnung mit Fremdsprachen in der Lebenswirklichkeit von Grundschulkindern; in: Landesinstitut 1992b, S. 28f

* Belke, Gerlind (1999): Mehrsprachigkeit im Deutschunterricht. Sprachspiele, Spracherwerb und Sprachvermittlung. Baltmannsweiler (Schneider)

* Bennett, Christine I. (1995): Comprehensive Multicultural Education. Theory and Practice; Boston usw. (Allyn and Bacon), 3. Aufl.

* Berger, Hartwig (1989): Von Ramadan bis Aschermittwoch. Religionen im interkulturellen Unterricht; Weinheim/Basel (Beltz)

* Berliner Landesinstitut für Schule und Medien (Hg.): Schilfblatt. Nachrichten für Lehrkräfte von Migranten (erscheint jährlich)

* Bildungsdirektion des Kantons Zürich/Pestalozzianum (Hg.) (1998): Religionen und ihre Feste. Ein Leitfaden durch das interkulturelle Schuljahr; Zürich (Verlag Pestalozzianum)

Bildungsdirektion des Kantons Zürich (2003): Hochdeutsch als Unterrichtssprache; Befunde und Perspektiven. Zürich (Bildungsdirektion/Volksschulamt)

* Bosch, Brigitte (1994): Umgang mit Geld und Gewicht. Anregungen zum handelnden, entdeckenden und spielerischen Lernen; in: Praxis Grundschule 2/1994, S. 4-6

* Böttcher, Ingrid, u. a. (Hg.): Kreatives Schreiben. Grundlagen, Methoden. Frankfurt/M. (Cornelsen Scriptor)

Bremerich-Vos, Albert (1999): Nachdenken über Sprache: kontrastiv. Grundschulkinder untersuchen Aspekte des Sptacherwerbs; in: Grundschule 5/1999, S. 27-30

* Brügelmann, Hans, u. a. (Hg.) (1995): Am Rande der Schrift. Zwischen Sprachenvielfalt und Analphabetismus; Lengwil (Libelle)

* Brügelmann, Hans (Hg.) (1998): Kinder lernen anders; Lengwil (Libelle)

* Büchel, Patricia u. a. (1990): Franca und Mehmet im Kindergarten. Schweizerdeutsch für fremdsprachige Kinder; Zürich (Lehrmittelverlag des Kantons Zürich)

* Büchner, Inge (1998): Sprachenvielfalt – was tun?; in: Brügelmann, 1998, S. 199-214

Bühlmann, Cécile (1999): Migration und Schule; in: Gyger 1999, S. 27-38

* Burk, Karlheinz: (Hg.) (1985): Mehr gestalten als verwalten! Teil 4: Konzepte der Schulleitung zur gemeinsamen Förderung ausländischer und deutscher Kinder; Frankfurt/M (= Beiträge zur Reform der Grundschule, Sonderband S. 48)

Burk, Karlheinz (1985): Kulturbegegnung – eine Aufgabe der Schule; in: Burk 1985, S. 8-16

* Burk, Karlheinz (Hg.) (1992): Fremdsprachen und fremde Sprachen in der Grundschule; Frankfurt/M (= Beiträge zur Reform der Grundschule, Sonderband S. 53)

* Couillaud, Xavier; Verity Saifullah Khan (1984): Sprachenvielfalt im interkulturellen Unterricht: Das „Children's Language Project"; in: Hans H. Reich/Fritz Wittek (Hg.): Migration – Bildungspolitik – Pädagogik; Essen/Landau (alfa)

Crystal, David (1993): Die Cambridge Enzyklopädie der Sprache; Zürich (Verlag NZZ); (engl. Ausgabe ²1998 Stuttgart (Klett)

Cummins, J. (1980): The Entry and Exit Fallacy in Bilingual Education. In: NABE-Journal 4 (3), S. 25-59

Cummins, J. (1981): The Role of Primary Language Development in Promoting Educational Success for Language Minority Students. In: Schooling and Language Minority Students: Theoretical Framework. Los Angeles (Evaluation and Dissemination and Assessment Center)

Cummins, J. (1991): Conversational and academic proficience in bilingual contexts. In: AILA Review 8, S. 75-89

* DaZ-Box. Deutsch als Zweitsprache (2002). Oberursel (Finken-Verlag)

Diehl, Erika; Helen Christen u. a. (2000): Grammatikunterricht: Alles für die Katz? Untersuchungen zum Zweitspracherwerb Deutsch. Tübingen (Niemeyer)

* Die Grundschulzeitschrift Nr. 43/April 1991 (Thema „Mehr Sprache für alle Kinder"), Nr. 56/Juli 1992 (Thema „Fremd?Sprachen") und Nr. 106/Juli 1997 (Thema „Mehrsprachigkeit"); Seelze (Friedrich-Verlag)

* Ebermann, Gabi; Hella Schirmer (1991): Weltmäuse. Sprachenvielfalt sichtbar machen; in: Die Grundschulzeitschrift 43/April 1991, S. 14-15 und 64

Eder, Ulrike; Marianne Harzenhauser; Silke Rabus (1998): Jugendliteratur gegen Rassismus und Fremdenfeindlichkeit. Wien (Hg.: Internationales Institut für Jugendliteratur und Leseforschung)

* Eggers, Clemens (1988): Darko und Sven – Inge und Ayse. Gemeinsam lernen. Deutsch als Zweitsprache in der Regelklasse; Heinsberg (Dieck)

* Eggers, Clemens (1992): Ziel- und Zweitsprache Deutsch. Anfangsunterricht im Primar- und Sekundarbereich; Heinsberg (Dieck)

Ehlers, Swantje (2002): Modelle für eine zweisprachige Erziehung von Minderheitskindern in der BRD. In: Hans Barkowski und Renate Faistauer (Hg.): ... in Sachen Deutsch als Fremdsprache. Festschrift für Hans-Jürg Krumm; Baltmannsweiler (Schneider) 2002

* Erichson, Christa (1993): Von Lichtjahren, Pyramiden und einem regen Wurm. Texte, mit denen man rechnen muss; Verlag für pädagogische Medien, Hamburg. Auslieferung für die Schweiz: sabe-Verlag

* Erichson, Christa (2003): Von Giganten, Medaillen und einem regen Wurm. Geschichten, mit denen man rechnen muss; Verlag für pädagogische Medien, Hamburg. Auslieferung für die Schweiz: sabe-Verlag

Eriksson, Brigit (1995): Der Einfluss der Erstsprache beim Zweitspracherwerb; in: Babylonia 2/1995, S. 16-20

Eriksson, Brigit (1999): Welche Rolle spielt die Sprachkompetenz in der Erstsprache beim Lernen einer Zweitsprache?; in: slz 7/1999, S. 11-13

* Eriksson, Brigit, Christine Le Racine, Hans Reutener (2000): Prêt-à-partir. Immersion in der Praxis. Zürich (Verlag Pestalozzianum/PHZH)

* Ernst, Karl; Walter Bucher (1997): Sporterziehung. Band 1, Broschüre 7. Herausgegeben von der Eidgenössischen Sportkommission (ESK); Bern

* Ernst Ulrike und Christian (1994): Das sprichwort als gegenstand integrativen arbeitens und lernens; in: Oomen-Welke 1994, S. 158-168

Erziehungsdirektion des Kantons Zürich (Hg.) (1991): Lehrplan für die Volksschule des Kantons Zürich; Zürich (Lehrmittelverlag des Kantons Zürich)

Essinger, Helmut (1986): Annäherung an Theorie und Praxis Interkultureller Erziehung; in: A. Tumat (Hg.): Migration und Integration; Baltmannsweiler (= Interkulturelle Erziehung in Praxis und Theorie, Bd. 3), S. 237-245

EUNIT (1998): Arbeitsgruppe des EUNIT (European Network for Intercultural Teacher Education; Hg.): Skills and Abilities required for Teaching in Multilingual Schools. Handbook for Teacher Training (...) Qualifikationen für das Unterrichten in mehrsprachigen Schulen. Ein Handbuch für die Lehrerbildung; Münster (Waxmann)

Ewald, Horst (1993): Fördern ausländischer Kinder; in: Burk, Karlheinz (Hg.): Fördern und

Förderunterricht; Frankfurt/M (= Beiträge zur Reform der Grundschule, Sonderband S 55), S.142-145

* Faulmann, Carl (1985): Das Buch der Schrift. Enthaltend die Schriftzeichen und Alphabete aller Zeiten und aller Völker des Erdenkreises; Nördlingen (Greno) (Original 1878, 2. Aufl. 1880)

Faulmann, Carl (1989): Illustrierte Geschichte der Schrift (...); Nördlingen (Greno) (Original 1880)

Fremdsprachen lehren und lernen, 26. Jg./1997: Themenschwerpunkt Language awareness; Tübingen (Gunter Narr)

* Frey, Karl (⁹2002): Die Projektmethode; Weinheim/Basel (Beltz)

* Frey, Tobias (1999): Das Rap-Buch; Küsnacht (Verlag MusicVision) (Buch plus CD)

* Furrer, Priska; Romano Müller (Hg.) (1992): Kinder aus der Türkei; Bern (Lehrmittelverlag)

* Galliker, Stephan (o.J.): eDix. Elektronisches Wörterbuch Deutsch und 12 Fremdsprachen. Zürich (Lehrmittelverlag des Kantons Zürich) (CD-ROM)

Gallagher, Kathleen (1999): Einbetten des Englischen auf der Unterstufe; in: Infos und Akzente 1/99, S. 13-16

* Gallin, Peter; Urs Ruf (1993): Sprache und Mathematik in der Schule; Zürich (Verlag LCH)

Gesamtsprachenkonzept: siehe Schweiz. Konferenz der kantonalen Erziehungsdirektoren

Glumpler, Edith (1996): Interkulturelles Lernen im Sachunterricht; Bad Heilbrunn (Klinkhardt)

* Glumpler, Edith; Ernst Apeltauer (1997): Ausländische Kinder lernen Deutsch. Lernvoraussetzungen, methodische Entscheidungen, Projekte; Berlin (Cornelsen Scriptor)

Gogolin, Ingrid (1988): Erziehungsziel Zweisprachigkeit. Konturen eines sprachpädagogischen Konzepts für die multikulturelle Schule; Hamburg (Bergmann und Helbig)

* Gogolin, Ingrid; Ursula Neumann (1991): Sprachliches Handeln in der Grundschule; in: die Grundschulzeitschrift 43/1991, S. 6-13

Gogolin, Ingrid (1994a): Vielsprachige Klassen – einsprachiger Unterricht. Über eine Variante von Sprachvariation; in: Klotz/Sieber (1994), S. 192-203

Gogolin, Ingrid (1994b): Der monolinguale Habitus der multilingualen Schule; Münster/New York (Waxmann)

* Good, Bruno, u. a. (1997): Treffpunkt Sprache. Interkantonales Sprachbuch für das 4. (bzw. 5. bzw. 6.) Schuljahr; Zürich (Lehrmittelverlag des Kantons Zürich) (3 Bände, je mit Arbeitsbuch und -heft sowie Kommentar, dazu übergreifend eine Übungskartei)

* Grabmüller, Karin u. a. (¹1992-1994): Interkulturelles Lernen. Deutsch. 5. bis 7. Schulstufe; je 4 Bände; herausgegeben vom Bundesministerium für Unterricht und Kunst, Abt. I/a, Wien (je vier thematische Bände pro Klasse)

Griesmayer, Norbert; Werner Wintersteiner (Hg.) (2000): Jenseits von Babylon. Wege zu einer interkulturellen Deutschdidaktik. Innsbruck/Wien/München (Studien-Verlag)

Grosjean, François (1996): Bilingualismus und Bikulturalismus. Versuch einer Definition; in: Schneider/Hollenweger (Hg.); S. 161-184

* Grundschule, Heft 10/Oktober 1989; Thema „Ausländische Kinder bei uns"

* Grundschule Sprachen, sämtliche Nummern und Materialpakete (erscheint seit 2000 vierteljährlich in der Kallmeyerschen Verlagsbuchhandlung)

Gyger, Mathilde; Brigitte Heckendorn (1999): Erfolgreich integriert? Fremd- und mehrsprachige Kinder und Jugendliche in der Schweiz; Bern (Berner Lehrmittel- und Medienverlag) (dazu Kopiervorlagen; s. bei Heckendorn)

Häcki Buhofer, Annelies (1994): Sprache – gesehen mit den Augen von Laien; in: Klotz/Sieber; S. 204-215

Häcki Buhofer, Annelies; Harald Burger (1998): Wie Deutschschweizer Kinder Hochdeutsch lernen; Stuttgart (Franz Steiner) (= Zeitschrift für Dialektologie und Linguistik, Beiheft 98)

* Hackl, Bernd (Hg.) (1993): Miteinander lernen: Interkulturelle Unterrichtsprojekte in der Schulpraxis; Innsbruck (Österreichischer Studienverlag)
  Häusler, Myrtha (1999): Innovation in multikulturellen Schulen. Fallstudien über fünf Schulen in der Deutschschweiz; Zürich (Orell Füssli)
* Heckendorn-Heinimann, Brigitte; Mathilde Gyger (1999): Erfolgreich integriert? Kopiervorlagen Aufnahme und Einschulung; Bern (Berner Lehrmittel- und Medienverlag)
* Hegele, Irmintraud; Gabriele Pommerin (1983): Gemeinsam Deutsch lernen. Interkulturelle Spracharbeit mit ausländischen und deutschen Schülern; Heidelberg (Quelle & Meyer)
* Hegele, Irmintraud, u. a. (1994): Kinder begegnen Fremdsprachen; Braunschweig (Westermann)
* Höfele, Hartmut (2000): In 870 Tönen um die Welt. Münster (Ökotopia)
* Höfele, Hartmut (2002): Europa in 80 Tönen. Volkslieder und Tänze aus ganz Europa – in Deutsch und in Originalsprache gesungen. Münster (Ökotopia)
* Hoffmann, Karl. W.; Rudolf Mika (1992): So singt und spielt man anderswo. Duisburg (Verlag aktive Musik/Igelbuch)
* Hölscher, Petra (Hg.) (1994): Interkulturelles Lernen. Projekte und Materialien für die Sekundarstufe 1; Frankfurt/Main (Cornelsen)
* Hölscher, Petra u. a. (1997): Vom Curriculum zum interkulturellen Unterricht: Hinweise zur Umsetzung; in: LIFE, Kap. 1.1.2.1
  Hornung, Antonie (2002): Zur eigenen Sprache finden. Modell einer plurilingualen Schreibdidaktik. Tübingen (Niemeyer)
* Houlton, David (1985): All Our Languages. A Handbook for the Multilingual Classroom; London (Edward Arnold)
* Hüsler-Vogt, Silvia (1987): Tres tristes tigres ... Zaubersprüche, Geschichten, Verse, Lieder und Spiele für die mehrsprachige Kinder-(Garten-)Gruppe; Freiburg (Lambertus)
* Hüsler-Vogt, Silvia (1993a): Unsere Klasse hat viele Gesichter. Arbeitsmappe für den interkulturellen Unterricht vom 5.-7. Schuljahr; Bern/Zürich (Schulstelle Dritte Welt/Caritas Schweiz)
* Hüsler-Vogt, Silvia (1993b): Zauber Zauber Zauber-Ei. Ein interkulturelles Leseheft; Zürich (Lehrmittelverlag des Kantons Zürich)
* Hüsler-Vogt, Silvia (1993c): Al fin Serafin. Kinderverse aus vielen Ländern; Zürich (Atlantis/Pro Juventute/UNICEF) (mit Begleitkassette)
* Hüsler-Vogt, Silvia (1995): Der Topf der Riesin. Il pentolino della gigante. Ein italienisches Märchen auf Deutsch und Italienisch; Zürich (Lehrmittelverlag des Kantons Zürich)
* Hüsler, Silvia; Radmila Blickenstorfer (1997): Märchen überleben. Märchen in fünf Sprachen; Zürich (Pestalozzianum) (mit Begleitkassette)
* Im andern Land: s. Schweizerisches Jugendbuchunstitut
  Infos und Akzente. Zeitschrift des Pestalozzianums Zürich. Nr. 1/99; Thema „Immersiver Unterricht"
* Interdialogos (Zeitschrift; erscheint 2 x jährlich); Neuchâtel
* Isler, Dieter; Elsbeth Büchel (2000): Sprachfenster. Sprachlehrmittel für die Unterstufe; Zürich (Interkantonale Lehrmittelzentrale/Lehrmittelverlag des Kantons Zürich)
  Jackson, Donald (1981): Alphabet. Die Geschichte vom Schreiben; Frankfurt/Main (Fischer)
* Jacobi, Brunhilde; Christa Kuhle (1997): Begegnung mit Sprachen. Lerngelegenheiten finden. Begegnungsphasen planen. Authentische Materialien nutzen; Berlin (Cornelsen Scriptor)
* James, Carl; Peter Garrett (1992): Language Awareness in the Classroom; London/New York (Longman)
* Jaumann, Olga; Karin Wolf-Kramer (1993): Elfchen: „... ich schreibe ein Gedicht – schön"; in: Balhorn/Brügelmann, S. 262-265

* Kirste, Reinhard (1995): Die Feste der Religionen. Ein interreligiöser Kalender; Gütersloh (Gütersloher Verlagshaus)

Klauser, Walter (1992): Änderungen im Bildungssystem als Gegengewicht zur raschen Anpassung von Immigrantenkindern; in: Lanfranchi/Hagmann, S.93–107

Klein, Wolfgang (1992): Zweitspracherwerb. Eine Einführung; Frankfurt/M. (athenäum/hain)

Klotz, Peter; Peter Sieber (Hg.) (1994): Vielerlei Deutsch. Umgang mit Sprachvarietäten in der Schule; Stuttgart (Klett)

Knapp, Werner (1999): Verdeckte Sprachschwierigkeiten; in: Grundschule 5/1999, S. 30-33

* Köppen, Dagmar; Brigitte Ries (1990): Mal sehen, ob unsere Füsse hören können. Musik und Bewegung im Anfangsunterricht; Weinheim/Basel (Beltz)

* Köppen, Dagmar (1993): 70 Zwiebeln sind ein Beet. Mathematikmaterialien im offenen Anfangsunterricht; Weinheim/Basel (Beltz)

Krumm, Hans-Jürgen (1992): „Grenzgänger" – vom Selbstverständnis und Profil des interkulturellen Lehrers; in: Pommerin-Götze 1992, S. 280-291

* Krumm, Hans-Jürgen (2002): „Mein Bauch ist italienisch". Kinder sprechen über Sprache. In: Grundschule Sprachen 7/2002, S. 36-39

Kuhs, Katharina; Wolfgang Steinig (Hg.) (1998): Pfade durch Babylon. Konzepte und Beispiele für den Umgang mit sprachlicher Vielfalt in Schule und Gesellschaft; Freiburg i.B. (Fillibach)

* Kupfer-Schreiner, Claudia (1992): „Es geht auch anders!" – Zweisprachige Erziehung in der Regelklasse; in: Pommerin-Götze 1992, S. 349-371

Landesinstitut für Schule und Weiterbildung [des Landes Nordrhein-Westfalen] (Hg.) (1992a): Begegnung mit Sprachen in der Grundschule. Leitfaden für Konferenzen; Soest (Soester Verlagskontor)

Landesinstitut für Schule und Weiterbildung [des Landes Nordrhein-Westfalen] (Hg.) (1992b): Sprachliche Begegnung und fremdsprachliches Lernen in der Grundschule. Ergebnisse einer Fachtagung; Soest (Soester Verlagskontor)

Lanfranchi, Andrea (1993): Immigranten und Schule. Transformationsprozesse in traditionalen Familienwelten als Voraussetzung für schulisches Überleben von Immigrantenkindern; Opladen (Leske und Budrich)

Lanfranchi, Andrea (1999): Bedingungen des Schulerfolgs – Die Bedeutung der Elternarbeit; in: Gyger/Heckendorn, S. 147-160

Lanfranchi, Andrea (2002): Schulerfolg von Migrationskindern. Die Bedeutung familienergänzender Betreuung im Vorschulalter. Opladen (Leske und Budrich, Reihe Familie und Gesellschaft, Band 28)

Lehmann, Helen (1996): Interkulturelle Pädagogik in der Lehrerbildung. Ergebnisse einer EDK-Umfrage; Bern (Informationsstelle IDES) (Typoskript)

* LIFE (1997). Ideen und Materialien für interkulturelles Lernen. Hg. BMW AG, München, Projektleitung I. Eberhard, P. Hölscher, J. Knobloch; Lichtenau (AOL-Verlag). (Basisordner gratis; Ergänzungen kostenpflichtig)

Luchtenberg, Sigrid (1992): Language awareness: Ein Ansatz für interkulturelle sprachliche Bildung; in: Interkulturell. Forum für Interkulturelle Kommunikation, Erziehung und Bildung; Freiburg (Forschungsstelle Migration und Integration/PH Freiburg), Heft 3/4, 1992, S. 64-87

Luchtenberg, Sigrid (1993): Interkultureller Sprachunterricht Deutsch: Ansätze und Perspektiven; in: Hans H. Reich, Ulrike Pörnbacher: Interkulturelle Didaktiken. Fächerübergreifende und fächerspezifische Ansätze; Münster/New York (Waxmann), S. 61–84.

Luchtenberg, Sigrid (1994): Zweisprachigkeit und interkultureller Unterricht; in: Oomen-Welke 1994, S. 206-212

Luchtenberg, Sigrid (1995): Interkulturelle Sprachliche Bildung. Zur Bedeutung von Zwei- und Mehrsprachigkeit für Schule und Unterricht; Münster (Waxmann)

* LÜK-Programme „Deutsch als Fremdsprache", von Heinz Vogel (1980); Braunschweig (Westermann) (6 Hefte: 2 x Wortschatz für Anfänger, 4 x Grammatik für Anfänger)

Massow, Britta v. (1992): [ungetiteltes Kästchen zu sprachlichen Sonderkompetenzen Fremdsprachiger]; in: Die Grundschulzeitschrift 56/1992:9

Moser, Anton (1997): Thesen zum interkulturellen Lernen als Auftrag der Schule; in: Life, Kap. 1.1.3.2:1-6

Moser, Urs (1998): Fremdsprachige Schülerinnen und Schüler im Mathematikunterricht: Förderung und Auswirkungen; in: Bildungsforschung und Bildungspraxis Nr. 1/1998

Müller, Romano (1992): Über die Zweisprachigkeit von Kindern; in: Furrer/Müller, S. 45-70

Müller, Romano (1997): Sozialpsychologische Grundlagen des schulischen Zweitspracherwerbs bei MigrantenschülerInnen; Aarau (Sauerländer)

* Naegele, Ingrid; Dieter Haarmann (1993): Darf ich mitspielen? Kinder verständigen sich in vielen Sprachen. Anregungen zur interkulturellen Kommunikationsförderung; Weinheim/Basel (Beltz), 4. Aufl.

* Neugebauer, Claudia; Claudio Nodari (1999): Aspekte der Sprachförderung; in: Gyger, S. 161-175

* Neugebauer, Claudia (2000): Sprachen und Dialekte: In unserer Klasse – in unserer Welt. Zürich (Interkantonale Lehrmittelzentrale/Lehrmittelverlag des Kantons Zürich) (= Themenheft 5 zum ilz-Sprachlehrmittel für die Unterstufe «Sprachfenster»)

* Neumann, Dagmar (2003): „Guck mal, was ich kann". Das „Ich-Buch" in der Vorschulklasse. In: Grundschule Sprachen, Heft 10/2003, S. 10-11

Nieke, Wolfgang (1992): Konzepte Interkultureller Erziehung: Perspektivenwechsel in der Arbeit mit ausländischen Kindern und Jugendlichen; in: R. Baur u.a. (Hg.): Interkulturelle Erziehung und Zweisprachigkeit; Baltmannsweiler (= Interkulturelle Erziehung in Praxis und Theorie, Bd. 15), S. 47-70

Nieke, Wolfgang (^{2}2000): Interkulturelle Erziehung und Bildung. Wertorientierungen im Alltag; Opladen (Leske und Budrich)

* Niemann, Heide (1995): Frühes Fremdsprachenlernen – Spielerischer Umgang mit derr Fremdsprache; in: Brügelmann u. a. (Hg.), S. 189-195

* Nodari, Claudio (1993): Deutsch für fremdsprachige Kinder. Grundlagen für den Unterricht. Theoretischer Teil; Aarau (ILZ/Lehrmittelverlag des Kantons Aargau), 3. Aufl.

* Nodari, Claudio; Elisabeth Ambühl; Claudia Neugebauer (1994/95): Kontakt. Deutsch für fremdsprachige Jugendliche; Zürich (Interkantonale Lehrmittelzentrale/Lehrmittelverlag des Kantons Zürich) (2 Teile, je mit Kommentar, Grammatik-/Übungs- und Textteil)

* Nodari, Claudio; Claudia Neugebauer (2002-2004): Pipapo. Deutsch für fremdsprachige Kinder und Jugendliche. Buchs/Zürich (Interkantonale Lehrmittelzentrale) (3 Bände, je mit Kommentar, Text- und Arbeitsbuch und CD-ROM)

Ochsner, Peter; Urs Kenny; Priska Sieber (2000): Vom Störfall zum Normalfall: Kulturelle Vielfalt in der Schule. Chur/Zürich (Rüegger)

Ohlsen, Ingrid (1995): Unterrichten in sprachlich und kulturell heterogenen Klassen; in: schweizer schule 2/1995, S. 19-27

Oomen-Welke, Ingelore (1992): Beobachtungen aus der schulischen Praxis; in: Baur 1992: S. 71-94.

* Oomen-Welke, Ingelore (Hg.) (1994): Brückenschlag. Von anderen lernen – miteinander handeln; Stuttgart (Klett) 1994

Oomen-Welke, Ingelore (1994): Umrisse einer interkulturellen Didaktik für den gegenwärtigen Deutschunterricht; in: der Deutschunterricht 43, 2/1991; S. 6–27; gekürzt in: Oomen-Welke 1994; S. 170-180

* Oomen-Welke, Ingelore (1998): „… ich kann da nix!" Mehr zutrauen im Deutschunterricht; Freiburg i.B. (Fillibach)

* Pädagogische Beiträge, Heft 12/Dez. 1987; Thema „Ausländische Kinder. Kultur- und Sprachenvielfalt in der Schule"
* Perregaux, Christiane (Deutsche Bearbeitung: C. Nodari u. a.) (1998): Odyssea. Ansätze einer interkulturellen Pädagogik; Zürich (Lehrmittelverlag des Kantons Zürich) (Franz. Original: Odyssea. Accueils et approches interculturelles; Neuchâtel [Corome] 1994)
* Pestalozzianum Zürich (Hg.): Das interkulturelle Schuljahr; Zürich (Verlag Pestalozzianum) (jährlich erscheinender Festkalender)
  Poglia, Edo u.a. (Hg.) (1995): Interkulturelle Bildung in der Schweiz. Fremde Heimat; Bern usw. (Lang)
* Pommerin, Gabriele (²1995): Clustern macht Spaß! Kreatives Schreiben im interkulturellen Kontext; in: Gabriele Pommerin (Hg.): „Und im Ausland sind die Deutschen auch Fremde...". Interkulturelles Lernen in der Grundschule; Frankfurt/M 1988 (= Beiträge zur Reform der Grundschule, Bd. 74), S. 105-116
* Pommerin, Gabriele (²1995b): „Komm, ich zeig dir mein Land!" Kreatives Schreiben zu authentischen Bildern aus Lateinamerika; in: Gabriele Pommerin (Hg.): „Und im Ausland sind die Deutschen auch Fremde...". Interkulturelles Lernen in der Grundschule; Frankfurt/M ²1995 (= Beiträge zur Reform der Grundschule, Bd. 74), S. 117-128
* Pommerin-Götze, Gabriele u. a. (Hg.) (1992): Es geht auch anders! Leben und Lernen in der multikulturellen Gesellschaft; Frankfurt/Main (Dagyeli) 1992
* Pommerin, Gabriele, u. a. (Hg.) (1996a): Kreatives Schreiben. Handbuch für den deutschen und interkulturellen Sprachunterricht, Klassen 1-10; Weinheim/Basel (Beltz)
* Pommerin, Gabriele (1996b): Tanzen die Wörter in meinem Kopf. Kreatives Schreiben für den DaF-Unterricht; München (Hueber)
* Portmann-Tselikas, Paul R. (1998): Sprachförderung im Unterricht. Handbuch für den Sach- und Sprachunterricht in mehrsprachigen Klassen; Zürich (Orell Füssli)
* Praxis Deutsch, Nr. 157/September 1999; Thema „Sprachen in der Klasse"
* Praxis Grundschule, Heft 3/Mai 1999: In vielen Sprachen lernen
  Prengel, Annedore (1995): Pädagogik der Vielfalt. Verschiedenheit und Gleichberechtigung in Interkultureller, Feministischer und Integrativer Pädagogik; Opladen (Leske und Budrich)
* Rasenberg, Anita (o.J. [1988]): Kijk taal! Een programma voor intercultureel taalbeschouwingsonderwijs voor de bovenbouw van de basisschool; o.O. (Malmberg Den Bosch)
* Reich, Hans H. (1987): Sprachenvielfalt im Unterricht; in: Pädagogische Beiträge 12/1987, S. 31-35
  Reich, Hans H.; Ulrike Pörnbacher (1993): Interkulturelle Didaktiken. Fächerübergreifende und fächerspezifische Ansätze; Münster (Waxmann)
  Reich, Hans H. (1994): Interkulturelle Pädagogik – eine Zwischenbilanz; in: Allemann-Ghionda (Hg.), 1994, S. 55-81
  Reich, Hans H. (1998): Vielsprachigkeit als Herausforderung der Lehrerbildung; in: EUNIT, S. 6-17
  Reich, Hans H; Hans-Joachim Roth (2001): Zum Stand der nationalen und internationalen Forschung zum Spracherwerb zweisprachig aufwachsender Kinder und Jugendlicher. Hamburg/Landau in der Pfalz (hg. vom Amt für Schule)
* Rico, Gabriele (²2002): Garantiert schreiben lernen. Sprachliche Kreativität methodisch entwickeln – ein Intensivkurs auf der Grundlage der modernen Gehirnforschung; Reinbek (Rowohlt)
  Rüesch, Peter (1999): Gute Schulen im multikulturellen Umfeld. Ergebnisse aus der Forschung zur Qualitätssicherung; Zürich (Orell Füssli)
* Ruf, Urs; Peter Gallin (1995): Ich – du – wir. Sprache und Mathematik 1.-3. Schuljahr; Zürich (Lehrmittelverlag des Kantons Zürich)
  Ruf, Urs; Peter Gallin (1999): Ich-du-wir. Sprache und Mathematik 4.-6. Schuljahr; Zürich (Lehrmittelverlag des Kantons Zürich) (2 Bände)

* Sandfuchs, Uwe (Hg.) (1990): Förderunterricht konkret. Materialien und Unterrichtsbeispiele für die Jahrgangsstufen 5-9; Bad Heilbrunn (Klinkhardt)

Sassen, Saskia (1996): Migranten, Siedler, Flüchtlinge. Von der Massenauswanderung zur Festung Europa; Frankfurt/M (Fischer)

* Schader, Basil (¹1994): Die Wörterkiste. Wörterbüchlein für die 3./4. Klasse; Zürich (Interkantonale Lehrmittelzentrale/Lehrmittelverlag des Kantons Zürich)

* Schader, Basil; Femzi Braha (1996): Shqip! Unterrichtsmaterialien für Albanisch sprechende Schülerinnen und Schüler und für den interkulturellen Unterricht in der Regel- und Kleinklasse. Mit Unterrichtsvorschlägen und Hintergrundinformationen; Zürich (Verlag LCH) (Auslieferung: Lehrmittelverlag des Kantons Zürich)

* Schader, Basil (¹1996): Die Wörterbrücke. Zweisprachiges Schulwörterbuch (Ausgaben: Deutsch – Albanisch; Dt. – Bosnisch/Serbisch/Kroatisch; Dt. – Portugiesisch; Dt. – Türkisch); Zürich (Lehrmittelverlag des Kantons Zürich)

Schader, Basil (1998a): Struktur eines Curriculums für den interkulturellen (Sprach-)Unterricht; in: Kuhs/Steinig (Hg.), S. 181-198

Schader, Basil (1998b): Schritte auf dem Weg zu einer interkulturellen Öffnung der kursorischen Deutschdidaktik; in: EUNIT, S. 179-202

* Schader, Basil (1999a) (Ill.: Jürg Obrist): «Hilfe! Help! Aiuto!»; Zürich (Orell Füssli) (Erstlesetext)

* Schader, Basil (1999b): Begegnung mit Sprachen auf der Unterstufe. Didaktisches Begleitheft zur Geschichte „Hilfe! Help! Aiuto!". Mit weiterführenden Ideen und Informationen zu Sprachenprojekten und zum interkulturellen Unterricht; Zürich (Orell Füssli)

* Schader, Basil (2002): „Die Wörterbrücke". Schulwörterbuch für Migrationskinder. In: Grundschule Sprachen, 8/2002, S. 36-38

Schader, Basil (2003a): Schwiizerdütsch oder Hochdeutsch. Sprachliche Orientierungskompetenz; in: zlv-Magazin 3/03, S. 8-13

Schader, Basil (2003b).: Albanisch – kann doch jede/r Zweite. Ergebnisse einer Untersuchung zum informellen Albanisch-Erwerb von nicht-albanischsprachigen Oberstufen-SchülerInnen. In: Albanische Hefte 1/2003, S. 19-25. Kurzfassung in: NZZ vom 26.3.2003

* Schiele, Barbara; Claudio Nodari (1991–1993): Deutsch für fremdsprachige Kinder, Teil 1 und Teil 2 und Theorieteil (letzterer nur von C. Nodari); Lehrmittelverlag des Kantons Aargau

Schilfblatt: s. Berliner Landesinstitut für Schule und Medien

Schmidt-Dumant, geralde (1996): Die Kinder von 1001 Nacht – Interkulturelle Erziehung durch Kinder- und Jugendliteratur aus islamischen Ländern und von Migrantenautoren und -autorinnen. Frankfurt/M (AG Jugendliteratur und Medien in der GEW)

Schneider, Hansjakob; Judith Hollenweger (Hg.) (1996): Mehrsprachigkeit und Fremdsprachigkeit. Arbeit für die Sonderpädagogik?; Luzern (Ed. SZH/SPC)

* Schweizerisches Jugendbuchinstitut (Hg.) (1993): Im anderen Land. Kinder- und Jugendbücher als Verständigungsmittel zwischen ausländischen und schweizerischen Kindern; Zürich

Schweizerische Konferenz der kantonalen Erziehungsdirektoren (EDK; Hg.) (1998): Welche Sprachen sollen die Schülerinnen und Schüler der Schweiz während der obligatorischen Schulzeit lernen? Bericht einer von der Kommission für allgemeine Bildung eingesetzten Expertengruppe «Gesamtsprachenkonzept» an die schweizerische Konferenz der kantonalen Erziehungsdirektoren; Bern (Generalsekretariat EDK; Typoskript); Kurzfassung in: Babylonia 2/1998

Sieber, Peter (1990): Perspektiven einer Deutschdidaktik für die deutsche Schweiz; Aarau (Sauerländer)

Skutnabb-Kangas, Tove (1983): Bilingualism or Not. The Education of Minorities. Clevedon (Multilingual Matters

* Spitta, Gudrun; Horst Bartnitzki (1999): Schreibkonferenzen in der Klasse 3 und 4. Frankfurt (Cornelsen Scriptor)

Steiner-Khamsi, Gitta (1995): Zur Geschichte und den Perspektiven der interkulturellen Pädagogik in der Schweiz und in Europa; in: Poglia u.a., S. 45-66

Stern, Otto, u. a. (1995): Französisch lernen im Sachunterricht; in: schweizer schule 3/1995, S. 3-12

Stern, Otto, u.a. (1998): Französisch – Deutsch. Zweisprachiges Lernen auf der Sekundarstufe I. Umsetzungsbericht; Bern und Aarau (Nationales Forschungsprogramm 33/Schweiz. Koordinationsstelle für Bildungsforschung)

Sträuli Arslan, Barbara (1995): Einsprachiger Unterricht – mehrsprachige Schülerschaft – und die Notwendigkeit einer geistigen Ummöblierung der Schule; in: schweizer schule 2/1995, S. 3-13

* Tselikas, Elektra I. (1999): Dramapädagogik im Sprachunterricht; Zürich (Orell Füssli)

Truniger, Markus (1992): Interkulturelle Pädagogik: Begründungen, Zielsetzungen, Inhalte sowie Stand und Perspektiven im Kanton Zürich; in: Schulblatt des Kantons Zürich, Mai 1992, S. 598-613

* Ulich, Michaela (1993): Der Fuchs geht um … auch anderswo. Kinderkultur aus den Ländern Türkei – Jugoslawien – Griechenland – Italien – Spanien – Portugal. Ein multikulturelles Spiel- und Arbeitsbuch; Weinheim und Basel (Beltz) (1. Auflage 1987)

* Ulich, Michaela (1994): Es war einmal, es war keinmal … Geschichten aus den Ländern Türkei – Jugoslawien – Griechenland – Italien – Spanien – Portugal. Ein multikulturelles Lese- und Arbeitsbuch; Weinheim und Basel (Beltz) (1. Auflage 1985)

* Ulich, Michaela, u. a. (2001): Die Welt trifft sich im Kindergarten. Interkulturelle Arbeit und Sprachförderung. Weinheim (Beltz)

* Ulrich, Anna Katharina (Hg.) (1990): Das fliegende Haus. Interkantonales Lesebuch für das vierte Schuljahr; Zürich (Lehrmittelverlag des Kantons Zürich)

Volmert, Johannes (1999): Das Eigene im Fremden. Neue didaktische und pädagogische Einstellungen im Umgang mit sprachlichen Austauschprozessen; in: Der Deutschunterricht 3/1999, S. 3-16

* Wagemann, Gertrud (1996): Feste der Religionen – Begegnung der Kulturen; München (Kösel)

Wode, Henning (1990): Immersion: Mehrsprachigkeit durch mehrsprachigen Unterricht; Eichstätt (EKIB)

Wode, Henning (1995): Lernen in der Fremdsprache. Grundzüge von Immersion und bilingualem Unterricht; München (Hueber)

Ziberi-Luginbühl, Johanna (1999): Zweitsprachunterricht im obligatorischen Schulsystem. Umsetzungsbericht; Bern und Aarau (Nationales Forschungsprogramm 33/Schweiz. Koordinationsstelle für Bildungsforschung)

Zimmer, Dieter E. (1994): So kommt der Mensch zur Sprache. Über Spracherwerb, Sprachentstehung, Sprache und Denken; München (Heyne)

* Zopfi, Crista und Emil (2001): Wörter mit Flügeln. Werkbuch kreatives Schreiben. Gümlingen (Zytglogge)

* Zwimpfer, Moritz (1999): Mit Buchstaben Wörter machen (ABC-Schiene); Zürich (Lehrmittelverlag des Kantons Zürich)

Suchhilfe:
Detailübersicht über die Unterrichtsvorschläge nach Stufen und Art der Aktivität

Vorbemerkung und Legende

Die Unterrichtsvorschläge sind in die folgenden, nicht immer trennscharfen Rubriken gegliedert:
- Sprachliche und kulturelle Vielfalt bewusst machen und erleben (UV 1-17)
- Spiele mit Sprachen (UV 18-23)
- Über das Lernen von und Probleme mit Sprache nachdenken (UV 24-26)
- Die Sprachen der anderen kennen lernen (UV 27–35)
- Schwerpunkt Schreiben (UV 36-51)
- Schwerpunkt Lesen und Medien (UV 52-64)
- Schwerpunkt Sprachbetrachtung und Grammatik (UV 65-85)
- Verschiedene Kulturen kennen lernen (UV 86–90)
- Interkulturelle Aspekte in fächerübergreifenden Themen und in verschiedenen Unterrichtsbereichen: Beispiele (UV 91-101)

Auf einen Schwerpunkt „Hören und Sprechen" wurde verzichtet, da dieser Aspekt in fast allen Unterrichtsvorschlägen vorkommt.

Zu jedem Unterrichtsvorschlag werden mit dunkelgrau die Klassen bzw. Schuljahre sowie die Durchführungsarten angegeben, für die er sich besonders eignet.
Hellgrau markiert sind ebenfalls denkbare Klassen bzw. ebenfalls mögliche Durchführungsarten.

Legende

K/1   Kindergarten und erste Hälfte 1. Schuljahr (bis Abschluss der Alphabetisierung)
1–10 Schuljahre, für die sich der Vorschlag besonders eignet (1. Klasse: ab 2. Halbjahr)
gP   größeres Projekt (mehr als 3 Lektionen)
kA   kleinere Aktivität (bis ca. 3 Lektionen)
kü   geeignet für klassenübergreifende Bearbeitung

Übersicht nach Schuljahr und Art der Aktivität

Sprachliche und kulturelle Vielfalt bewusst machen und erleben

		Schuljahr											Aktivität		
		K1	1	2	3	4	5	6	7	8	9	10	gP	kA	kü
1	„Minial Standard": Die Sprachentabelle im Klassenzimmer	█	█	█	█	█	█	█	█	█	█	█		█	█
2	Sich kennen lernen: Mehrsprachige Selbstporträts und Steckbriefe		█	█	█	█	█	█	█	█	█	█	█	█	
3	Unsere mehrsprachige Klasse lebensgroß	█	█	█	█	█	█	█	█	█	█	█	█	█	█
4	Unsere Schule grüßt in allen Sprachen		█	█	█	█	█	█	█	█	█	█	█		
5	Wer kann mit wem in welcher Sprache sprechen?	█	█	█	█	█	█	█	█	█	█	█	█	█	
6	Wo spricht man so? – Vielfalt auf Landkarten sichtbar machen				█	█	█	█	█	█	█	█	█		
7	Woher wir kommen, wohin wir wollen				█	█	█	█	█	█	█	█	█		
8	„Stammbäume" – Vielfalt in der eigenen Familie				█	█	█	█	█	█	█	█	█	█	
9	Sprachbilder: Die eigene Sprachensituation zeichnen		█	█	█	█	█	█	█	█	█	█		█	█
10	Was kann ich wie? Genau dokumentierte Sprachkompetenzen			█	█	█	█	█	█	█	█	█	█	█	
11	Mit Sprachen gestalten I: Sprachenwand			█	█	█	█	█	█	█	█	█	█	█	█
12	Mit Sprachen gestalten II: Sprachencollagen			█	█	█	█	█	█	█	█	█	█	█	█
13	Mit Sprachen gestalten III: Sprachenvielfalt dreidimensional; Mobiles, Objekte			█	█	█	█	█	█	█	█	█	█	█	█
14	„Sprachenchaos" spielen und erleben	█	█	█	█	█	█	█	█	█	█	█	█		
15	Ein Tisch ist eine table ist ein stol ist eine tavolina ...: Mehrsprachige Beschriftungen	█	█	█	█	█	█	█	█	█	█	█	█	█	█
16	Erst-Klassiges: Sprachenvielfalt bei der Buchstabeneinführung	█	█										█	█	
17	Projektwochen: Vielfalt als Thema und Programm. Hinweise und ein Beispiel	█	█	█	█	█	█	█	█	█	█	█	█		█

Spiele mit Sprachen

	Schuljahr											Aktivität		
	K1	1	2	3	4	5	6	7	8	9	10	gP	kA	kü
18 Mehrsprachiges Namenspiel	■	■	■	■								■		
19 Genau hinhören! – „Gemüsesuppe" und „Löffelspiel international"	▨	■	■	■		▨	▨					■		
20 Gut hinhören, genau wiedergeben: Internationale Flüster-Telefone	■	■	■	■			▨	▨				■		
21 „Obstsalat international" – ein Spiel mit den Sprachen der Klasse		■	■									■		
22 Spiele mit Klängen, Buchstaben und Reimen – in den Sprachen, quer durch die Sprachen			■	■	■	■	■	■	■	■	■	■		
23 „Stadt, Land, Fluss" – fairer und anregender dank mehrsprachiger Anlage				■	■	■	■	■	■	■	■	■		

Über das Lernen von und Probleme mit Sprache nachdenken

	Schuljahr											Aktivität		
	K1	1	2	3	4	5	6	7	8	9	10	gP	kA	kü
24 Sprachbarrieren und -strategien im Rollenspiel bewusst machen			■	■	■	■	■	■	■	■	■	■		
25 Über Sprache nachdenken und philosophieren I: Sprachbiografie, Muttersprache, Babysprache			■	■	■	■	■	■	■	■	■		▨	
26 Über Sprache nachdenken und philosophieren II: Wie lernt man eine neue Sprache		▨	■	■	■	■	■	■	■	■	■	■		

Die Sprachen der anderen kennen lernen

	Schuljahr											Aktivität		
	K1	1	2	3	4	5	6	7	8	9	10	gP	kA	kü
27 Spielerisch fremde Wörter lernen: Memory, Quartett, Domino		■	■	■	░	░						■		
28 Ich lehr dir was aus meiner Sprache: Mini-Sprachkurse und Workshops			■	■	■	■	■	■	■	■	■	■		
29 Sprachen stellen sich vor					■	■	■	■	■	■	■	■		
30 Wörter, Sätze, Sprachen, Schriften sammeln		■	■	■	■	■	■	■	■	■	■	■		
31 Mit dem Tonband auf Sprachenjagd				■	■	■	■	■	■	■	■	■		
32 Einen Sprachführer herstellen				■	■	■	■	■	■	■	■	■		░
33 Sprachen in Zungenbrechern, Kinderreimen, Abzähl- und Zauberversen begegnen	■	■	■	■	░	░	■	■	■	■	■	■		
34 Zweisprachige Wörterbücher kennen lernen			░	░	■	■	■	■	■	■	■	■	■	
35 Sprachliche Entdeckungen im Internet: Wörterbücher, Übersetzungsmaschinen, Hörproben			░	░	░	■	■	■	■	■	■	■	■	

Schwerpunkt schreiben

	Schuljahr											Aktivität		
	K1	1	2	3	4	5	6	7	8	9	10	gP	kA	kü
36 Selbst gemachte Bilderbücher, mehrsprachig		■	■	■	■		■	■			■	■	▫	
37 Wir machen ein Buch – nicht nur auf Deutsch					■	■	■	■	■	■	■			▫
38 Eine Reise quer durch unsere Länder – Projekt „interkulturelles Abenteuerbuch"					■	■	■	■	■	■	■			■
39 Schüler/innen-Zeitung, polyglott					■	■	■	■	■	■	■			■
40 Sprachen in selbst verfassten Gedichten begegnen		▫	■	■	■	■	■	■	■	■	■	■		
41 „Elfchen-Gedichte": Poetisch und sehr einfach – nicht nur auf deutsch		■	■	■	■	■	■	▫	▫	▫		■		
42 *Creative writing* – auf Deutsch und in den Herkunftssprachen I: Vom Cluster bis zum multilingualen Schreibteam		■	■	■	■	■	■	■	■	■	■	■		
43 *Creative writing* auf Deutsch und in den Herkunftssprachen II: Schreibimpulse		■	■	■	■	■	■	■	■	■	■	■		
44 Großeltern-Geschichten			■	■	■	■	■	■	■	■	■	■		
45 Geschichten, mit denen man rechnen kann				▫	■	■	■	■	■	■	■			
46 Briefe schreiben: Klassenkorrespondenz und anderes		■	■	■	■	■	■	■	■	■	■		▫	
47 Mailen und Chatten: Elektronische Schriftkommunikation global und multilingual					■	■	■	■	■	■	■		▫	
48 Piktogramme – Botschaften in vielen Sprachen			■	■	■	■	■	■	■	■	■			
49 Fotoromane machen – ein multimedialer Lernspaß					▫	■	■	■	■	■	■			
50 SMS: Spannende MehrSprachige Experimente mit einer neuen Textsorte					▫	■	■	■	■	■	■			
51 Das Fenster nach außen: Unsere multilinguale Homepage							■	■	■	■	■	■		■

Schwerpunkt Lesen und Medien

	Schuljahr											Aktivität		
	K1	1	2	3	4	5	6	7	8	9	10	gP	kA	kü
52 Leseanimation I: Die mehrsprachige Lese-ecke und Klassen- bzw. Schulbibliothek														
53 Leseanimation II: Lieblingsbücher vorstellen														
54 Projekt „ Mehrsprachiger Gedichtvor-trag – live und auf Tonband"														
55 Gedicht-Tandems														
56 Märchen, Fabeln, Lieder transkulturell: Dasselbe in verschiedenen Sprachen														
57 Was heißt „Ächz!" auf Spanisch? – Arbeit mit Comics in verschiedenen Sprachen														
58 Werbung – hier und überall														
59 Am Rand des Unterrichts: Mehr-sprachige Witz- und Rätselsammlungen														
60 Sich mehrsprachig informieren I: Einbe-ziehung von Sachtexten aus verschiede-nen Sprachen der Klasse														
61 Sich mehrsprachig informieren II: Aktualitäten mehrspektivisch														
62 Arbeit mit dem Internet: Mehr als mehrsprachige Informationsbeschaffung														
63 Fernsehsendungen von überall her: Anschaulichkeit pur														
64 Kritisches Lesen: Migrantinnen und Migranten in Lehrmitteln, Kinder- und Jugendzeitschriften														

Schwerpunkt Sprachbetrachtung/Grammatik

	Schuljahr											Aktivität		
	K1	1	2	3	4	5	6	7	8	9	10	gP	kA	kü
65 Ein Einstiegsimpuls mit Folgen: Das Rahmenprojekt „Sprache untersuchen		░	■	■	■	■	■	■	■	■	■	■		
66 Sprachliche Phänomene, interkulturell untersucht: Der Blick über die Grenzen und zurück		░	■	■	■	■	■	■	■	■	■		■	
67 Sprachvergleiche Wort für Wort: Spannende Einsichten im Detail				■	■	■	■	■	■	■	■		■	
68 Sprach-Tüfteleien I: Übersetzungsmaschinen basteln						■	■	■	░	■	■		■	
69 Sprach-Tüfteleien II: „Röhren-Computer" als kreativ gestaltete Trainingsgeräte			■	■	■	■	■	░	■	■	░		■	
70 Sprach-Tüfteleien III: Formen-Trainer und Satz-Generatoren			■	■	■	■	■	■	■	■	■		■	
71 Vor- und Nachnamen untersuchen				░	■	■	■	■	■	■	■		■	
72 Sprachbilder, lustige Vergleiche und Teekesselwörter			■	■	■	■	░	■	■	■	■		■	
73 Wie heißt die Tante auf Türkisch? – Verwandschaftsbezeichnungen im Vergleich					░	■	■	■	■	■	■		■	
74 Sprechende Orts- und Flurnamen					■	■	■	░	■	■	■		■	
75 Sprichwörter und Redewendungen aus aller Welt			■	■	■	■	■	■	■	■	■		■	
76 Gruß-, Abschieds- und Dankformeln bei uns und anderswo			■	■	■	■	■	■	■	■	■		■	
77 Gestik, Mimik, Körpersprache		░	░	■	■	■	■	■	■	■	■		■	
78 Meine Schrift – deine Schrift: Impulse zum Thema „Schriften"			■	■	■	■	■	■	■	■	■		■	
79 Wie wir Lauten Zeichen zuordnen – in Deutsch/doyç/dojtsh und anderswo					■	■	■	■	■	░	■		■	
80 Deutsch – echt multikulti: Internationalismen Fremd- und Lehnwörter sammeln und vergleichen		░	■	■	■	■	■	■	■	■	■		■	
81 Mundart(en) – Standardsprache: Ein Thema, zu dem auch Schülerinnen und Schüler mit nicht deutscher Erstsprache etwas zu sagen haben				░	■	■	■	■	■	■	■		■	
82 Über Einstellungen gegenüber Sprachen nachdenken					░	■	■	■	■	■	■		■	

	Schuljahr											Aktivität		
	K1	1	2	3	4	5	6	7	8	9	10	gP	kA	kü
83 Auffälligkeiten in Texten von Kindern und Jugendlichen mit nicht deutscher Erstsprache – oft spannende Inputs für Sprachbetrachtung					■	■	■	■	■	■	■		■	
84 „Du nix verstehen Deutsch? – Ich dir schon lernen!" – „Gastarbeiter-" oder „Schrumpfdeutsch" und seine Regeln						■	■	■	■	■	■		■	
85 Rechtschreibtraining und Wortschatzerweiterung unter Einbeziehung der Erstsprachen		■	■	■	■	■	■	■				■		

Verschiedene Kulturen kennen lernen

	Schuljahr											Aktivität		
	K1	1	2	3	4	5	6	7	8	9	10	gP	kA	kü
86 „Sonderwochen"					■	■	■	■	■	■	■		■	
87 Kleine Ausstellungen mit Bildern, Objekten, Texten	■	■	■	■		■								
88 Aktualitätenwand							■	■	■	■	■			
89 Feste, Feiertage und Bräuche aus verschiedenen Kulturen	■	■	■	■	■	■	■	■	■	■	■		■	
90 Theaterspielen – unter Einbeziehung der anderen Traditionen und Kulturen	■	■	■	■	■	■	■	■	■	■	■	■		

Interkulturelle Aspekte in fächerübergreifenden Themen und in verschiedenen Unterrichtsbereichen: Beispiele

	Schuljahr											Aktivität		
	K1	1	2	3	4	5	6	7	8	9	10	gP	kA	kü
91 Wohnen, Häuser, Hausbau			■	■	■	■	■	■	■	■	■	■		
92 Haus- und andere Tiere		▨	■	■	■	■	■	■	■	■	■	■		
93 Zirkus	▨		■	■	■	■	■	▨	■		■	■		▨
94 Landwirtschaft – bei uns und anderswo (1. bis 3./4. Schuljahr: „Bauernhof")			■	■	■	■	■	■	■	■	■	■		
95 Familie			■	■	■	■	■	■	■	■	■	■		
96 Schule		■		■	■	■	■	■	■	■	■	■		
97 Interkulturelles im Mathematikunterricht	■	■	■	■	■	■	■	■	■	■	■		■	
98 Interkulturelles im Mal- und Zeichenunterricht (Kunst/Gestalten I)	■	■	■	■	■	■	■	■	■	■	■		■	
99 Interkulturelles im Bereich kreatives handwerkliches Gestalten (Kunst/Gestalten II)	■	■	■	■	■	■	■	■	■	■	■		■	
100 Interkulturelles im Sport- und Bewegungsunterricht	■	■	■	■	■	■	■	■	■	■	■		■	
101 Interkulturelles im Bereich Gesang/Musik	■	■	■	■	■	■	■	■	■	■	■		■	

Anhang: Konkordanz der Nummern der Unterrichtsvorschläge in der Ausgabe von „Sprachenvielfalt als Chance" des Orell Füssli Verlags und des Bildungsverlags EINS

Orell Füssli, Zürich 2000	Bildungsverlag EINS, Troisdorf 2004	Orell Füssli, Zürich 2000	Bildungsverlag EINS, Troisdorf 2004
UV 1-34	1-34	67	73
	35 neu	68	74
35	36	69	75
36	37	70	76
37	38	71	77
38	39	72	78
39	40	73	79
40	41	74	80
41	42	75	81
	43 neu	76	82
42	44	77	83
43	45	78	84
44	46	79	85
	47 neu	80	86
45	48	81	87
46	49	82	88
	50 neu	83	89
	51 neu	84	90
47	52	85	91
48	53	86	92
49	54	87	93
50	55	88	94
51	56	89	95
52	57	90	96
53	58	91	97
54	59	92	98
55	60	93	99
56	61	94	100
	62 neu	95	101
57	63		
58	64		
59	65		
60	66		
61	67		
62	68		
63	69		
64	70		
65	71		
66	72		